ENTREPRENEURIAL
PARTNER
MANAGEMENT

创业搭档管理

黄德华◎著

清华大学出版社
北京

内 容 简 介

  这是中国本土专注创业搭档及其关系的权威教材，讲述的是创业者设计、选择和管理创业搭档，并拥有高质量的创业搭档关系。由富有卓越实战经验的浙江大学 MBA、浙江工业大学 MBA、宁波大学 MBA 兼职教授历经 12 年的实践和教学创作而成。

  本书厚基于中国传统文化，植根于中国本土环境，着眼于国际视野。融合了中国传统文化、创业管理等近 10 门学科的最新原理与实践，如国学四象思维的管理运用。书中全部案例均为中国本土初创企业，具有极强的真实性和很高的借鉴意义。实现了创业搭档领域的管理实践与前沿理论的完美融合。

  本书适合作为 MBA、EMBA 的教材，也适用于创业管理专业的本科生、研究生教学。并适用于企业管理者（包括创业者）和想创业的人们自学。那些党政一把手或组织部领导，也是本书的可能读者，事业搭档与工作搭档也可以将本书作为参考。

本书封面贴有清华大学出版社防伪标签，无标签者不得销售。
版权所有，侵权必究。举报：010-62782989，beiqinquan@tup.tsinghua.edu.cn

图书在版编目（CIP）数据

创业搭档管理/黄德华著. —北京：清华大学出版社，2020.3（2023.9 重印）
ISBN 978-7-302-54872-0

Ⅰ. ①创… Ⅱ. ①黄… Ⅲ. ①创业－管理 Ⅳ. ①F272.2

中国版本图书馆 CIP 数据核字 (2020) 第 027502 号

责任编辑：杜　星
封面设计：李伯骥
责任校对：王荣静
责任印制：杨　艳

出版发行：清华大学出版社
    网　　址：http://www.tup.com.cn, http://www.wqbook.com
    地　　址：北京清华大学学研大厦 A 座　　邮　　编：100084
    社 总 机：010-83470000　　邮　　购：010-62786544
    投稿与读者服务：010-62776969，c-service@tup.tsinghua.edu.cn
    质 量 反 馈：010-62772015，zhiliang@tup.tsinghua.edu.cn
印 装 者：三河市君旺印务有限公司
经　　销：全国新华书店
开　　本：190mm×260mm　　印 张：17　　字　数：378 千字
版　　次：2020 年 4 月第 1 版　　印　次：2023 年 9 月第 2 次印刷
定　　价：128.00 元

产品编号：086361-01

人类的历史，就是一部创业史。数以亿计的创业者推动着人类社会不断进步，反映在经济领域尤甚。通过创业，提高资源的利用率，让有限的资源尽可能满足人类的更多欲望。因此，创业是伟大的人类活动，是伟大事业的源头。如果创业者队伍过于弱小，就意味着整个社会的失败。

今天的中国，已进入"双创"的新时代，我国政府将创业视为中国经济发展之源、富民之本、强国之基，出台了很多政策来推动人民创业，尤其是推动大学生创业。社会崇尚创业之风蔚然兴起，中国进入造就大量创业者的时代，中国正变成人民创业的沃土，创业被全国人民视为社会经济发展的核心和灵魂。更为可喜的是，创业的教育也得到了蓬勃发展。数百家高校设立了创业学院，开发了很多与创业有关的课程；数以万计的高校老师纷纷研究创业，有的还亲自加入创业队伍。有关创业的书籍纷纷上市，创业教育也进入崭新的时代。但创业的失败率依然居高不下，学术界虽然做了大量的研究，他们却把研究关注在外因上，如技术、市场环境、市场机遇、商业模式、融资、生产管理、运营管理等；他们对于创办新企业的人，即创业者，尤其是成功创办新企业的人，研究得太少，歌颂得太多。本书的最大亮点就是着眼于创业者及其搭档的所有问题。

创业，什么最重要？本人认为创业搭档最重要。因此，从2008年起，本人就开始研究创业者这个特殊的群体，试图找到经营和管理创业搭档的科学与艺术，从而帮助创业者（包括我自己）提升创办企业的成功率。

创业者，寻找创业搭档其实不难，但要找到适合自己的好搭档，却比找终身伴侣还要难。无论是东方还是西方，无论是中国还是美国，那些因创业搭档关系处理不好而失败的初创企业，都是为数不少的。当今的世界，单独创业的越来越少，集体创业或搭档创业越来越多。研究创业搭档的专业领域，在国外的发展极为迅速，这些领域已经涉及创业者及其搭档之间的管理，可惜的是，目前还没有出现系统化和结构化的著作或教材。

本人于1992年7月来到杭州化工局，在杭州树脂厂工作。前任厂长章永清先生的创业故事引起了本人的好奇。正是他与他的创业搭档的齐心协力，才把杭州树脂厂带到了顶峰：树脂的产量占全国总产量的25%左右；在市属企业中，利润第一。第二代企业管理班子在1993年组建完毕。没过多久，管理班子就出现内讧，企业发展速度明显放缓。到1995年7月，本人离开之际，企业已经出现衰败势头。因此，关于创业者及其搭档对创业的重要性，继任班子对企业发展的重要性，本人有了较深刻的感触。

1995年7月，本人加入某外资企业，它是一家拥有50多年企业史的、由第三代掌舵的、典型的家族企业。在企业文化的学习中，聆听到创一代、创二代的故事。这些故事，引起了本人对家族企业创业者的兴趣。1997年8月，因1996年被评为公司全球最佳销售员，本人作为企业的后备力量（"雏鹰"成员），到美国学习。在学习《适应性销售技巧》时，有幸接触到DISC行为风格理论，课堂上列举的创业班子组建和继任班子组建的例子，更加吸引了本人对创业搭档的关注。本人更加坚信，关注创业者及其搭档，关注企业高管班子搭建，关注企业高管班子的传承，将更加有意义、更加有价值。

2008年1月，本人开始了创业实践，亲身参与和创业搭档一起创业的实践。2009年5月，参加了国际劳工组织的创业教育（中国）项目培训班学习，当时决定选择创业者及其搭档作为长期的研究领域。2009年6月，受浙江大学MBA李小东教授的邀请，给浙江大学竺可桢学院的创新创业强化班，做"成功创业好搭档的TOPK模型"讲座，TOPK模型得到了同学们的高度认可。2012年，浙江工业大学MBA开设创业MBA班，邀请本人给创业MBA班的学生授课，课程名称定为"创业搭档管理"，直到今天，这门课受到了学生们的热烈欢迎。2012年以后，本人先后给杭州大学生创业学院、杭州大学生创业联盟、浙江大学研究生创业素质拓展班、浙江财经大学MBA、宁波大学MBA等讲授了"创业搭档管理"课程。

2008年，创业已有8年的某互联网企业（单独创业）创始人邀请本人加入他的创业队伍，由于本人和他的性格都属于TOPK模型中的P型。本人以某种理由延缓变成他的创业搭档，答应先从顾问开始。这一年和他一起物色到了T型搭档，2009年，物色到了K型搭档。2010年，物色到了IT技术高手的O型搭档，从而组建了符合TOPK组合的创业班子，公司开始扭亏为盈。在2011年12月底，本人决定退出它的顾问，观察它的发展态势。令本人自豪的是，在本人离开后，这家企业在快速而健康地发展下，在2014年获得了马化腾先生的千万元投资。这就验证了本人的观点：创业搭档TOPK组合，一旦让企业形成发展的态势，想不发展也难。2015年，这家公司发展为行业的领军企业。遗憾的是，2016年5月，O型的搭档离职，创业搭档从4变成3，四元型的创业班子变成了三元型的创业班子。公司的发展态势开始趋缓，至今依然如此。而这家公司的竞争对手，一直是三元型的创业搭档1.0，呈现超越它的态势。

本人还有两次创业经历，第一次是创办培训机构。这家培训机构由两位创始人创办，本人是第三个加进去的。按照TOPK模型，两位创始人，分别是K型、O型。是K型创始人，把本人拉进去的。本人是P型性格，组成了OPK型的创业班子，磨合了半年多，本人决定退出，因为和O型创始人的思维方式与行为方式有很大的差异性，根本无法认可他的企业战略和战术——他把培训项目限制在质量管理培训、车间管理培训、财务管理培训。本人的第二次创业，是加入一家知名的培训机构。当时两位创始人已经分手了。按照TOPK模型，走掉的是T型创始人，留下的是有魄力的O型创始人。本人因外向而激情且富有外资企业的成功经历加入该企业，组成了创业班子性格的OP组合。过了半年，来了一位有耐心的O型创业搭档，招聘了O型的客户总监。再没过多久，本人主动退出。为什么呢？因为创业班子变成O2P1组合，管理班子是O3P1组合，整个公司的O型风格太浓。本人退出以后，T型的创始人又回到了公司，创业班子是T1O2组合；后来引进第四位创业搭档，女性的P型。创业班子是T1O2P1组合，仅仅半年时间，整个公司风格大变，果敢、热情、团结、认真，业绩来了个大突破。第九个月的时候，P型的创业搭档因人际关系的压力离职了，创业班子又回到 T1O2 组合，公司的业务增长速度明显放缓。

有位同学想请本人加入他的创业班子，由于有了前两次创业的经历和第一次的顾问经历，本人决定先从顾问开始。按照 TOPK 模型，蔡同学是有魄力的 O 型风格，其夫人是有耐心的 O 型，其哥哥是有魄力的 K 型，创业班子是 O2K1 组合。本人如果加进去，可以弥补他们的风格，创业班子变成 O2P1K1 组合，让整个公司积极快乐奋斗。蔡同学用了 5 年多的时间劝本人跟他一起创业，本人一直没有加进去，真正的缘由是，蔡同学是做销售出身的，而本人也是做销售出身的，两个人的销售能力或销售管理能力相似，不符合能力的差异互补化原则。通过做顾问、担任战略部长，本人发现在销售、销售队伍管理、市场营销等领域，有很多的共同语言，可以顺畅地进行相互讨论和切磋，但决策拍板的方案却有很大的差异。于是，本人琢磨出创业搭档的 VCAT 模型。

浙江工业大学创业 MBA 班的朱小芳同学，在 2009 年，夫妻一起创办企业，公司发展缓慢。2013 年来浙江工业大学读创业 MBA，学完"创业搭档管理"课程后，他们按照 VCAT 模型和 TOPK 模型，用两年的时间，用心完善了他们的创业搭档。2015 年组建了 TOPK 型创业班子，再经过 3 年多的磨合，这个创业班子的 VCAT 也趋向丰满，PRAPC 也相对合理。2017 年的营业额达到 4.7 亿元，是 2014 年的 9.6 倍，并呈现良好的快速发展态势。

从 2008 年起至今，12 年的时间内，本人给无数个创业的朋友、学生进行了创业搭档方面的咨询，批改了数千个学生创业搭档方面的论文，对 600 多个初创企业和 100 多家知名企业的初创期进行了研究。这些实践和教学、咨询的努力，最终形成了本书的实质性内容。

更为幸运的是，清华大学出版社及其编辑、浙江大学 MBA、浙江工业大学 MBA、浙江财经大学 MBA、宁波大学 MBA 及其学生给予了本人非常宝贵的机会。正是他们给《创业搭档管理》的创作和出版以很大的帮助与支持，这本书才得以成功和大家见面，成为专注创业者及其搭档管理的中国教材。

本书的新颖之处

（1）原创性。本书是原创性的中国教材，它不仅原创了创业搭档的概念，不仅原创了 BMSP 模型、VCAT 模型、TOPK 模型、PRAPC 模型，而且尝试构建了创业搭档管理的理论框架体系。

（2）聚焦性。本书聚焦在创业者与创业搭档的关系管理，它不是讲述如何创办企业，如何改善企业，如何扩大企业，而是集中探讨创业者与创业搭档之间，如何进行专业化的管理，从而提高创办企业的成功率。本书的使命，就是探讨如何管理创业搭档，包括联合创始人在内，帮助创业者拥有高质量的创业搭档关系。管理创业搭档并非易事，其难度会随着公司的成长和压力的增强而提升。本书用 12 章进行了有力的探讨，为降低创业搭档管理的难度提供了理论指导和实践方法的借鉴。

（3）整合性。本书整合了中外关于创业搭档的管理原理与实践，整合了创业学、创业管理、人力资源管理、组织行为学、领导学、心理学、经济学、管理学、历史学等领域的经典原理与最新实践。

（4）本土化。本书使用的实例 90%来自中国的企业，案例全部来自中国的企业，厚基于中国这个大环境。本书的 BMSP 模型、VCAT 模型、TOPK 模型、PRAPC 模型，都根基于中国优秀的传统文化。

（5）相容性。本书是创业管理领域的理论前沿成果与创业搭档管理实践的完美结合，通过来自真实世界的素材，把创业搭档管理理论和提升创业搭档关系质量的实践展现给本书的读者，是一本非常具有实用价值的前瞻性教材。

（6）多样性。虽然本书主要是为 MBA 的教学而创作的，但是它同样适用于创业管理专业的本科生使用，适用于 EMBA 的教学使用，适用于企业管理者和想创业的人自学，也适用于家族企业的创二代自学。那些党政一把手或组织部的领导，也是本书的可能读者，因为事业搭档与工作搭档也可以将本书作为参考。本书既可以供高校教学使用，也可以供咨询与培训界使用；既可以供正在创业的人自学使用，也可以供想创业但仍未创业的人自学使用。

本书的目标之一，就是提供能够适用于各行业的有效的专业的创业搭档管理。尽管在高校的教学中，不是所有学过创业管理的学生都会成为创业者，但是，学生在"创业搭档管理"课程中，可以系统地学到创业搭档管理的基本原理，从而使他们在公司没有提供额外的培训时，就可以自信地与创业者进行合作和沟通，因为他们有了共同的语言。

本书的结构

为了让本书在创业管理领域领先市场，我们聚焦在创业者以及组成的创业搭档。本书主要分为四个部分。

（1）创业搭档管理概述。本篇的两章为本书的其他部分奠定了基础。第 1 章介绍了创业搭档管理的内涵、理论框架及其意义。第 2 章讨论了创业搭档的类型、选择途径、选择原则、VCAT 模型。

（2）创业搭档的心智模式（第 3~6 章）。本篇探讨的是创业搭档之间的个人关系。第 3 章介绍了创业搭档的价值观原则。第 4 章论述了创业搭档的性格管理，着重介绍 TOPK 模型在搭档性格管理中的运用。第 5 章为创业搭档的能力管理及其原则。第 6 章主要是创业搭档的信任管理及其原则。

（3）创业搭档的治理结构管理（第 7~10 章）。本篇探讨的是创业搭档之间的商业关系。第 7 章探讨了初创企业的愿景与战略意图。第 8 章是初创企业的股权管理。第 9 章讨论了创业搭档的组织关系，包括他们的职责、头衔、权力与地位以及初创企业的治理。第 10 章是创业搭档的薪酬管理。

（4）创业搭档的关系管理（第 11~12 章）。本篇主要是从冲突和流动两个方面，探讨如何有效管理创业搭档，从而提升创业搭档关系的质量。第 11 章探讨创业搭档的冲突管理。第 12 章探讨创业搭档的流动管理。

本书的致谢

许多人对本书的出版有直接的贡献，因为这是站在同人肩膀上的智慧结晶。对于这些贡献，本人尽最大努力在文章标注或参考文献中进行标明加以致谢。那些无法标注而引起写作灵感的，本人在此表示最衷心、最虔诚的感谢。

感谢浙江工业大学 MBA 教育中心、宁波大学 MBA 教育中心提供授课的平台，浙江大学管理学院、浙江大学 MBA 教育中心提供的讲座平台！感谢浙江大学管理学院吴晓波教授、魏江教授、郑刚教授、李小东教授，浙江工业大学管理学院夏建胜教授、陈铁军教授，宁波大学商学院 MBA 中心的李宏宇教授、汪杰峰主任，感谢浙江财经大学龚刚敏教授，感谢浙江工业大学、浙江财经大学、宁波大学 MBA 的学生，他们提供了很多素材。这些被感谢的人们给予了本人创作本书的动力！

非常感谢在 10 年来的创业实践中进行合作的朋友。虽然这里，把相关的公司和人进行了虚拟化。感谢清华大学出版社的创造性工作和创值性努力。感谢本人的家人徐敏女士和黄子澈，感谢他们对本书写作所耗费时间的耐心和理解，感谢他们在本人研究与创作本书的过程中所给予的鼓励和支持。

最后，感谢本书的读者，感谢读者抽出时间与精力来学习本书中的知识！本人殷切盼望能够随时随地听到读者的呼声。由于这是原创性的系统化结构化的关于创业搭档管理的教材，虽然很多知识点是站在前人的基础上，但系统化结构化方面没有书籍可供参考，是真正的完全创新。虽然本人花费了 12 年时间，尽了洪荒之力去完善，但预计会有很多遗漏，甚至不够严谨的地方，欢迎读者和同行给予批评指正。欢迎通过电邮：1248960031@qq.com 来共同探讨创业搭档管理，交流创业搭档管理话题。

黄德华

2019 年 7 月于杭州老和山下

第一篇　创业搭档管理概述

第1章　创业搭档的管理范畴 3
本章要点 3
1.1 成功创业的 BMSP 模型 3
1.2 什么是创业搭档 6
1.3 创业搭档与创业团队的差异 8
1.4 成功创业为什么需要搭档 10
1.5 什么是创业搭档管理 12
1.6 为什么要进行创业搭档管理 12
1.7 创业搭档管理也是一门科学 14
1.8 创业搭档管理为什么很难 15
本章小结 16
本章思考题 16
本章案例　创业搭档需要管理吗？ 16

第2章　创业搭档的设计与选择 18
本章要点 18
2.1 创业搭档的数量 18
2.2 创业搭档的类型 19
2.3 人类找搭档的社会学原理 21
2.4 好搭档的 VCAT 模型 24
2.5 成功创业好搭档的路线图 27
本章小结 29
本章思考题 30
本章案例　我原以为创业搭档越多越好 30

第二篇　创业搭档的心智模式

第3章　创业搭档的价值观管理 35
本章要点 35

3.1 价值观及其作用 35
3.2 好搭档的价值观 37
3.3 识别他人的价值观 38
3.4 测量个人的价值观 40
3.5 好搭档的企业价值观 41
3.6 好搭档的创业精神 44
本章小结 44
本章思考题 45
本章案例 家庭婚姻失败的人，能做创业搭档吗 45

第4章 创业搭档的性格管理 47

本章要点 47
4.1 性格及其作用 47
4.2 性格与大脑生理结构及功能 48
4.3 性格与大脑的心理认知功能 50
4.4 正确获得与运用测量性格 52
4.5 TOPK 性格模型 57
    4.5.1 TOPK 性格模型概述 57
    4.5.2 TOPK 性格模型为什么用四个动物来比喻 59
    4.5.3 老虎型性格 60
    4.5.4 猫头鹰型性格 61
    4.5.5 孔雀型性格 62
    4.5.6 考拉型性格 63
    4.5.7 TOPK 性格模型的特征 63
4.6 成功创业为什么用 TOPK 性格模型 65
4.7 TOPK 性格模型的中国传统文化基础 66
4.8 TOPK 性格模型和其他性格学说的关联 70
4.9 TOPK 性格模型的训练 75
4.10 创业者的性格类型 94
4.11 创业班子的性格组合 96
4.12 好搭档的 TOPK 原则 98
4.13 TOPK 性格模型创业搭档的实证 101
    4.13.1 向开朝皇帝学习组建创业班子 101
    4.13.2 向知名企业的创始人学习选择创业搭档 109
    4.13.3 用 TOPK 性格模型设计与选择创业搭档的注意事项 116

	本章小结	134
	本章思考题	134
	本章案例　柳倪之争起源于性格冲突	137
	本章 TOPK 性格模型训练 60 题的答案	140
第 5 章	创业搭档的能力管理	142
	本章要点	142
	5.1　能力的概述	142
	5.2　创业者的能力	144
	5.3　好搭档的能力原则	145
	5.4　创业者的能力误区	148
	本章小结	152
	本章思考题	153
	本章案例　都是能力强惹的祸？	153
第 6 章	创业搭档的信任管理	155
	本章要点	155
	6.1　信任要素	155
	6.2　好搭档的信任原则	158
	6.3　创业者的信任误区	161
	6.4　成功创业的信任管理	164
	本章小结	173
	本章思考题	173
	本章案例　没有如期全职创业，就没有了信任吗	173

第三篇　创业搭档的治理结构管理

第 7 章	初创企业的战略管理	177
	本章要点	177
	7.1　创业班子的企业愿景	177
	7.2　创业班子的企业目标	179
	7.3　创业班子的战略计划	181
	本章小结	183
	本章思考题	183
	本章案例　赚钱了，因公司的发展方向出现分歧而散伙	184
第 8 章	初创企业的股权管理	185
	本章要点	185

8.1 股权的含义和意义 ··· 185
8.2 初创企业的股权结构设计 ··· 188
8.3 创业搭档的股权分配 ·· 190
8.4 技术入股的股权分配 ·· 194
8.5 创业搭档的股权调整 ·· 196
8.6 创业搭档的股权退出与继承 ······································ 197
本章小结 ··· 199
本章思考题 ·· 200
本章案例 真功夫的股权之争 ·· 200

第9章 创业搭档的组织关系管理 ·· 202

本章要点 ··· 202
9.1 创业搭档的经营管理权 ·· 202
  9.1.1 成功创业的PRAPC模型 ·································· 202
  9.1.2 初创企业的董事会 ··· 208
9.2 创业搭档的组织关系类型 ··· 209
9.3 初创企业管理岗位的TOPK原则 ································· 210
本章小结 ··· 216
本章思考题 ·· 217
本章案例 迪智公司有创业分工的陷阱吗 ························· 217

第10章 创业搭档的薪酬管理 ·· 220

本章要点 ··· 220
10.1 创业搭档的薪酬设计 ··· 220
10.2 创业搭档的薪酬协议 ··· 223
本章小结 ··· 224
本章思考题 ·· 224
本章案例 创业搭档因家庭缘故需要钱引起的分歧 ············· 225

第四篇 创业搭档的关系管理

第11章 创业搭档的冲突管理 ·· 229

本章要点 ··· 229
11.1 树立正确的冲突观 ·· 229
  11.1.1 冲突的概念与特性 ·· 229
  11.1.2 冲突的利与弊 ·· 230
  11.1.3 冲突与绩效的关系 ·· 231

        11.1.4 冲突发展的五个阶段 ··· 231
        11.1.5 创业搭档冲突的类型 ··· 232
   11.2 成功化解创业搭档的冲突 ··· 233
        11.2.1 冲突化解的时机 ··· 233
        11.2.2 沟通因素导致的冲突化解 ··· 234
        11.2.3 性格因素导致的冲突化解 ··· 235
        11.2.4 冲突化解的七种方法 ··· 237
        11.2.5 协商化解冲突的五种策略 ··· 238
   本章小结 ··· 240
   本章思考题 ··· 240
   本章案例　懂性格，创业的冲突就容易化解 ·· 240

第 12 章　创业搭档的流动管理 ··· 242
   本章要点 ··· 242
   12.1 创业搭档的引进管理 ··· 242
   12.2 创业搭档的退出管理 ··· 243
   12.3 创业搭档的意外管理 ··· 245
   12.4 成功创业的搭档关系章程 ··· 246
   本章小结 ··· 248
   本章思考题 ··· 248
   本章案例　创始人引进创业搭档，最后却退出合伙创业 ······························ 248

附录 ··· 251
   [综合案例 1] ··· 251
   [综合案例 2] ··· 251
   [综合案例 3] ··· 254
   [综合思考题] ··· 256

参考文献 ··· 257

第一篇　创业搭档管理概述

第1章 创业搭档的管理范畴

本章要点

讨论新时代成功创业的 BMSP 模型
界定创业搭档的内涵，分析创业搭档与创业团队的区别
界定创业搭档管理的内涵，描述创业搭档管理的流程

1.1 成功创业的 BMSP 模型

经过 10 多年的创业实践和教学，本书提出成功创办一家企业，在创业者的自我管理和组织管理的基础上，需要四个关键因素：好的商业项目、好的资金、好的销售和好的创业搭档，本书称之为创业的 BMSP 模型，如图 1-1 所示。

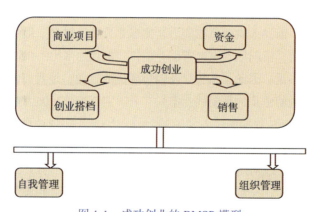

图 1-1　成功创业的 BMSP 模型

商业项目，本书用 business 来表示，包括商业技术、科学技术、工艺流程、产品设计等，这是创业者面临的第一个要素：创办的企业生产什么、为谁生产、怎样进行生产、盈利模式是什么。成功创业，要有好的商业项目。好的商业项目，通常是好的商业模式和好的技术做到了相宜。创业者和投资者都在关注它，很多创业大赛都是围绕着它而展开。

资金，本书用 money 来表示，成功创业，要有好的资金。在 20 世纪，创业资金非常稀缺，而在 21 世纪的今天，创业资金非常充足，不仅有政府的创业资助（政策性的资金资助和创业场所资助），还有无数的天使投资、风险投资等。在双创的新时代，融资的渠道非常多，创业者可以快速敏捷地获得创业资金。创业者和投资者都在关注它，很多创业大赛主要目的是获得融资。

销售，本书用 sale 来表示。是销售而不是营销，是"sale"而不是"marketing"。一个好的商业技术项目，通过好的资金，把它变成了好的产品或好的服务，这是创业成功第一步中的半步，之后创办企业成功的关键因素，就变成了能否顺利有效地把好产品变成好的现金流，即销售。

本书作者在《销售队伍管理》这本教材中，给销售的定义是：销售是主动把产品或服务卖出去，卖给那些需要的人类伙伴，并在他们犹豫不决的时候，提供信息给他们，帮助他们作出明智的决定。销售是传递价值并帮助他人的活动。而营销，就是营造把产品或服务卖出去的氛围，让销售更容易进行。营销就是为更容易地为销售产品创造条件。销售是把产品变成现金，营销是把现金变成氛围。

我国高等教育设立了市场营销专业，是教学生怎样把现金变成容易销售的氛围，通俗地讲，是教学生如何花钱的。这个花钱的目的，是让产品或服务的销售更容易进行。而没有一门课，教学生如何把产品变成现金。我国高校的商学教育没有销售这门课。通俗地讲，我国的市场营销专业没有教学生如何赚钱，更没有教他们如何带领一群生意人更好地做生意，即没有"销售队伍管理"这门课。我国培养的市场营销人才，做销售工作时，也只能靠自身的悟性，靠企业本身零星而散乱的训练。因此，我国的销售型人才，无论是创业性销售人才，还是专业性销售人才都非常匮乏。我国的销售型人才，多半是自生自长的。因此，具有区域性特点。浙江人做销售的能力，比东北人要强得多。但浙江人，往往是超级销售员。他自己做销售，没问题，更接近创业销售。但让他带出一批能征善战的销售员，他们往往心有余而力不足。因此，销售以及销售队伍的管理，是我们创业者的短板。

有个例子就可以说明销售的重要性：本人有个学生李斋，2006 年年底创办一家企业，杭州潢川科技有限公司。从最初的 3 人发展到 20 人，2008 年实现销售额 400 万元，比 2007 年增长了 3 倍，2009 年已签订的合同总额 1 000 万元。这些销售都是通过自己的人脉和政府创业政策得以实现的。政府用政策把大学生创办的企业扶上了马，也送了一程。但 2010 年，政府资助政策结束了，一切要依靠自己的力量，参与市场竞争来拿到订单，2010 年上半年，订单急降。他的苦恼不是技术，不是产品，而是怎么把东西卖出去。仓促之间招了 50 名销售人员，没想到，公司亏损。因为销售额不仅没有起色，而支付销售员的成本增加了不少。非常遗憾的是，2011 年 12 月，杭州潢川科技有限公司最终破产了。

创业搭档，本书用 partner 来表示。有了好的商业项目、好的资金、好的销售，能否在激烈的市场竞争中生存下去并发展壮大呢？项目、资金和市场都差不多，天时和地利也是无私的，为什么成功的仅仅是少数人而大多数人失败了？这些少数人有什么常人没有的特质？本人认为，这些少数人是那些拥有大智慧的人，这个大智慧就是他们找到了各自合适的创业搭档，并拥有高质量的创业搭档关系，无论是搭档之间的个人关系，还是搭档之间的商业关系。

企业依靠创业者一人来推进，是难以持续的，他的精力、智力是有限的。而依靠职业经理人，风险是很大的。要求职业经理人以老板的心态来从事工作，是不现实的。如果把职业经理人变成创业者的合伙人，即让他拥有创业搭档的身份，他就容易或者乐意以所有者身份从事工作。替别人打工是不自由的，而搭档创业，虽然自由是有限的（彼此要相互约束和负责），但做共同所有者的自由，远胜于做员工的自由。因此，与合适的搭档创业，是企业最终脱颖而出的撒手锏。

戴维·盖奇在《好搭档，创业成功的起点》一书中说，美国马凯特大学企业家精神研究中心对 2 000 家企业进行了一项研究，这样研究表明，94%的高成长企业都是由合伙人共同组建，而且其中很多企业都是由三位以上的创建者共同创办的。本书作者的一项研究表明，在 600 多家的初创企业中，98%的是搭档创业。在创新创业的新时代，集体创业正成为主流。当然创业搭档关系的失败，也会让创业者及其企业损失惨重，最终导致创业失败的概率非常大。在 588 家搭档创业的企业里，在第 6 年还剩下 85 家，生存率 14.5%，失败率也高达 85.5%。

创业者及其创业搭档却成了商学院看不见的群体。成功的创业搭档关系，会带来创业的成功；而糟糕的创业搭档关系，则会给创业以致命打击。商学院原本能够教给学生怎样把创业搭档纠纷的风险降到最低。尽管在"双创"的新时代，商学院的创业教育已经有了很大的改善，他们开始教学生怎么去创业，开设了很多创业课程，包括创业管理课程、创业营销课程、创业领导力课程等，但对于怎样做一个创业搭档、如何选择适合自己的创业搭档、如何科学管理创业搭档关系，他们几乎没有传授给学生任何东西。

当今中国的商学院或创业学院，虽然开设很多创业课程，告诉学生要组建创业团队，进行高效的创业团队管理，但这与真正的搭档关系几乎毫无关联。大多数离开校门，就开始创业的学生，将来总有一天会拥有真正的创业搭档，而他们却没有管理创业搭档及其关系的任何知识储备和智慧。本书作者的研究表明，搭档创业初创企业的失败，都是因为创业搭档关系没有管理好。因此，对于当今的中国而言，创业搭档及其管理，是创业者的第二个短板。

这四个关键性要素，哪一个重要呢？本书认为，很难回答。不同情况的创业，其答案会有所不同。这四个关键要素，哪个排在第一呢？本书认为，也很难回答。不同情景下的创业，会有所不同。例如，在 20 世纪 80 年代的中国，资金排在第一。在双创的新时代，也许创业搭档排在第一。对于传统行业和竞争激烈的行业，也许销售排在第一；对于新兴行业和高科技行业，也许商业项目排在第一。真正的创业者，不会关心这四个关键要素的排序和重要性，而是适应时势地注入精力，让这四个要素全部或者局部变成企业壮大的核心竞争优势，从而获得创业的成功。

某科技公司是 2016 年成立的一家专注光电设备、激光雷达及其核心芯片研发设计的高新技术企业。公司对未来 5 年的专利进行了战略布局，项目前景非常好。2019 年，公司共

第 1 章　创业搭档的管理范畴

有员工 60 余人，研发团队占比公司总人数九成以上，其中硕士以上学历占据 91.7%，科研实力雄厚，同时，公司凭借自身实力和很多高校保持良好关系，在建立产学研合作平台的基础上，获得多位顶尖行业专家的长期顾问服务。公司已经完成了 5 轮融资，融资额超亿元，资金充足。从图 1-2 可以看出，2019 年 12 月，公司还没有销售部门，所有的销售任务是由总经理 A 和研发总监 B 对接完成。

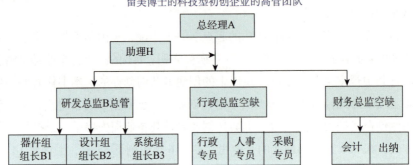

图 1-2　某科技型初创企业的管理结构

A 作为总经理，统管公司研发、财务和人事等所有事务。B 作为研发总监，主管项目研发，是公司建立初期从国有研究所挖来的技术骨干。到 2019 年 12 月，公司一直在招聘行政经理，但是始终没有找到合适的人来担任这份工作，招聘来的人不下 10 人，有些来了几天就走了，时间长的也待不到一个月，导致后勤部门看似功能齐全，却缺乏统筹，人心不齐，企业文化很难建设。

公司现有股东 20 个，A 个人占股 51%，公司留有 7% 左右的股份作为员工持股平台（目前没有分给员工，由 A 通过合伙企业的形式代持），其余股份都已经分给各个产业资本、投资机构等，除了 A 以外，没有一个股东的股份是超过 10% 的，公司内部成员，除了 A 以外，没有人拥有股份。因此，A 是单独创业，没有创业搭档。根据 BMSP 模型，这家高科技初创企业，销售和搭档是其短板。本作者的研究发现，这是科技初创企业的通病。

1.2　什么是创业搭档

创业搭档首先是创业者，何为创业者呢？创业者一词源于法语"entreprendre"，意思是"去执行"。该词由法国经济学家 Richard Cantillon 于 1755 年首次引入经济学，法国经济学家萨伊（Say）首次界定了创业者，他认为创业者是将经济资源从生产效率低的区域转移到生产效率高的区域的人。他还进一步认为，创业者是经济活动的代理人。通俗地讲，创业者从事的是使经济资源的效率从低转高的工作。

著名的熊彼特认为，创业就是实现企业组织的新组合，而创业者应该是通过创新或提前行动制造变化与不均衡的人们。在欧美企业界和学术界，普遍认为，创业者是指组织、管理一个生意或企业并承担其风险的人们。对应的英文单词是"entrepreneur",它包含两个方面的基本含义:第一,创业者是企业家,是企业负责经营和决策的领导人。第二,创始人,是创办新企业的领导人。欧美俗称它为起业者。美国的诺姆教授认为,创办新企业的人们,就是创业者。东西方的主流观点认为,创业者是指某个人发现某种信息、资源、机会或掌握某种技术,利用或借用相应的平台或载体,将其发现的信息、资源、机会或掌握的技术,以一定的方式转化、创造成更多的财富、价值,并实现某种追求或目标的过程的人。

在我国传统文化里,创的本义,是指用刀斧砍凿木料,建成圆形粮仓。后引申为富于想象力的新建、开辟和始作。业的本义是,众多人在艰辛地劳作。后引申为部门、财富、重大成就、使命、行当等,如工业、家业、事业。因此,传统意义上,创业是指开创基业,开创事业。《孟子·梁惠王章句下》:君子创业垂统,方可继也。创业者,就是开创基业的人。

搭,在我国文化体系里,是动词,本义是架设、共同抬、配合。档,是名词,本义是橱架、材料、级别。搭档,在我国文化体系里,是指紧密的合伙、合作、合伙人、合作者,通常是指同另一个人紧密联合或联系以组成一对。搭档的直义是共同抬橱架。引申义,就是共同抬橱架的人们。本书用搭档,而不用伙伴,是因为,搭档,更主动地共同参与做某事。而伙伴,主动性方面稍逊些,着重点在伴。本书用搭档,而不用合伙,是因为搭档更紧密。工作可以搭档,称为工作搭档;事业可以搭档,称为事业搭档。夫妻也可以搭档,称作夫妻搭档。在一个组织里,有两个同级领导,也可称搭档,如我国解放军体系的将军和政委,如省长和省委书记,称为管理搭档。

我们知道,企业一般是指以盈利为目的,运用各种生产要素(土地、劳动力、资本、技术和企业家才能等),向市场提供商品或服务,实行自主经营、自负盈亏、独立核算的法人或其他社会经济组织。故本书认为,创业就是创办新的企业,或者把企业推向更新的高度,而创业者就是创办新企业或者把企业推向更新的高度的人们。广义的创业者,是指创办新的事业,并把事业推向更新的高度的人们。本书探索的是狭义的创业者。

本书认为,创业搭档,就是两个或更多的人走到一起,共同投入他们的资金、时间、精力和才能,共同去冒险,共同创造或建立某种可以持续的企业。在这过程中,他们共进退、共患难、共富贵、共荣辱,共同拥有企业的所有权。创业搭档,就是紧密联系在一起的同舟共济的创业者,他们肝胆相照,荣辱与共。

既有创业能力,又有创业心态,有3~5年全职投入创业的人,是创业搭档。他们是公司未来一个相当长的时间内能全职投入预期努力的创业者,因为创业公司的价值是经过公司所有创业搭档一起努力一个相当长的时间后才能实现。因此,对于中途退出的联合创始人,在从公司退出后,不应该继续成为公司的创业搭档,但可成为顾问或者股东。创业搭档之间是长期的、强关系的深度绑定。

本书讨论的创业搭档,在公司发展的哪个阶段呢?本书认为创业公司的发展阶段有两种划分情形。

第一种情形,如图1-3所示。

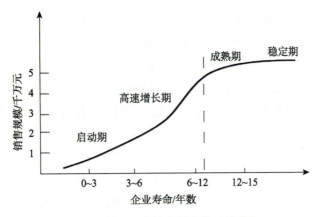

图 1-3　创业企业的成长曲线（过程）

初创企业一般是指处在启动时期的企业，0~6 年内，员工人数为 0~50 人，销售额为 1 000 万元以内。这种企业还未达到稳定期，它是创业最危险的阶段，创业班子的管理模式一般是亲力亲为，榜样化管理。接下来是企业的高速增长期，6~12 年，员工人数 100 人左右，销售额 3 000 万元左右，这是企业第二个危险期。企业虽然度过启动期，进入高速增长期，但倒闭经常发生在这个时期。多半是因管理跟不上或者创业搭档职责混乱及其关系没有处理好。本书讨论的创业搭档管理，就是在企业的启动期和高速增长期的创业搭档管理。达到企业稳定期的创业搭档组成的管理班子，不在本书讨论范围内。

第二种情形，是把创业公司划分为创立、启动和正常运行三阶段。在公司的创立阶段，公司还没有能力吸引外部融资，所有资金都来自创始人，以及公司运行带回的现金。如果创业失败，就意味着不仅仅投入的资金打水漂了，而且失业了。启动阶段，就是指公司在运营过程中，已经开始有盈利（赚钱）或者吸引到了外部投资。正常运行阶段，是指公司的盈利中，扣除运营成本后，还能剩下与市场水平相当的资金。三个阶段的具体年限，不同的创业公司是不一样的。本书讨论的创业搭档管理，包括这三个阶段，重点在前两个阶段。

本书认为，那些具有集体创业精神的创业者，能带领员工使得企业生机勃勃，他们灵感喷涌，想出一个个好的主意，他们一道攻克重重难关，他们相互取长补短，他们深深地知道相互帮助可以让大家做得更好。他们各有所长，懂得彼此之间应该充分学习别人的经验。每一个参与者都不断地调整和改进自己的工作，这些小改进加速了整个创新过程，加速了初创企业的茁壮成长。集体创新成长的能力，比个体创新成长的能力要大得多，只要管理得当，创业的成功率也就大得多。不仅创业者成功了，变成了英雄，而且创造了一大批集体英雄。这些集体英雄，不仅仅包括创业搭档，还包括创业团队成员。

1.3　创业搭档与创业团队的差异

本书认为，股东不是创业搭档，他们是投资人；初创时期的员工，是创业团队的成员，但不是创业搭档。为什么呢？我们先看创业团队的经典定义，Kamm 和 Shuman（1990 年）

提出的创业团队的定义，是学者们引用比较多的，他们认为，创业团队是指两个或两个以上个体成员为了实现共同的目标而一起从事创业行为，建立一个新创企业并共享其财务权益的团体。

本书在上一节认为，创业搭档由多个创业者组成。因此，创业团队，包括创业搭档，但不限于创业搭档。创业团队还包括投资人、专家顾问、初创期的雇员等。它和创业搭档的区别，如图1-4所示。图1-4以出钱和出力作为两个坐标（维度），出钱为横坐标，从左到右，出钱从少到多；出力为纵坐标，从下往上，出力是从少到多，这样就得出了创业成员的四象图。

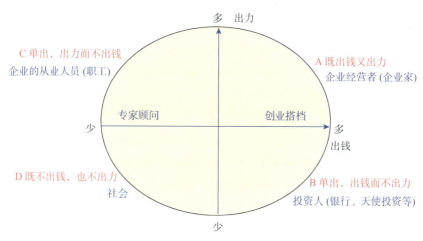

图1-4　创业成员的四象图

创业搭档是指A象限的人们，他们既出钱又出力，是出钱出力均很高的创业成员。出钱多而出力少的或单出钱的人，无论是银行，还是天使投资、风险投资，他们都是投资人，是股东，他们派出的代表，即股东代表，是创业团队成员，在四象图里，是B象限的人。还有一种人，他们是资源的提供者或承诺者。很多创业者在创业早期，可能需要借助很多资源为公司的发展起步，这个时候，创业公司最容易给早期的资源承诺者许诺过多的股权，把资源承诺者变成公司股东。创业公司的价值需要整个创业搭档长期投入时间和精力去实现，因此，对于只是承诺投入资源（俗称出关系），但不全职参与创业的人，本书建议优先考虑项目提成，谈利益合作，而不是股权绑定。至多作为投资人处理，给予少量的股权。出钱少而出力多或单出力，这里的力，包括体力、心力、智力。无论是初创企业的雇员还是专家顾问，都是C象限的人。那些既不出钱也不出力的，或者出钱也少出力也少的人，是社会团体或政府，如很多孵化器或孵化园区的管理者，位于D象限。紧密的政府或社会组织代表，可以视为创业团队成员，但不是创业搭档。从图1-4来看，创业成员，可以理解为A+B+C+D；创业团队，则理解为A+B+C；创业搭档，理解为A。创业搭档是创业团队成员，但创业团队成员不一定是创业搭档。因此，从数量上来看，创业搭档的人数少于创业团队。创业团队人数一般在5人以上、15人以下；而创业搭档一般在2人以上、8人以下。本书认为，根据我国《公司法》，股权在10%以上（包括10%）且全职参加创业的人，才是创业搭档。

浙江工业大学 MBA 学生陈某，和 3 位曾经的同事创办 A 公司，陈某是全职的，负责运营，而另 3 位是入股的，同时利用各自关系整合资源为 A 公司所用。陈某的股权为 20%，其他 3 位分别是 24%、26%、30%。每两周召开一次股东会议，每次都是股权为 30%的股东主持。陈某虽然是总经理，既拿管理职务的薪资，也作为股东有年底分红。但陈某觉得非常累，因为很多权限在股东会议，他们 3 个创始人老是插手日常具体的运营管理。陈某提出给销售队伍设计有竞争力的奖金条例，同时，自己也要拿相应的奖金。股东会议却难以统一意见，每次都在虎头蛇尾中结束会议。最后陈某退出创业不干了，他说很累很累。其实，陈某的创业是单独创业，其他 3 个创始人不是创业搭档，是股东；但股东又经常兼职插手公司的日常运营工作，股东错位，且职责混淆不清。把创业搭档、创业团队、股东三者混为一谈的情形，在我国当前的创业浪潮中很常见。这是创业失败的重要原因之一。

1.4 成功创业为什么需要搭档

一般而言，不是所有的创业都需要创业搭档，尤其是那些小本生意，如微小的培训公司、小商店、小网店、小酒吧、小的经销商等。除此之外的创业，由于社会的进步与竞争，创业的难度越来越大，创业的成功率越来越低，初创企业的寿命越来越短，于是创业者开始牺牲一点自主，来换取"智力和心理"的支持。因为拥有创业搭档，就可以给创业注入更多的智力，创业者还会获得心理安全感；因为拥有创业搭档，就会感到创业或经营企业的风险降低了许多，就会感到"有人和我同舟共济"。与搭档创业，会让创始人各自只能拥有企业的一部分，不能再爱干什么就干什么，创业搭档要对彼此负责。

创业是一个充满不确定性的事业，创业者需要面临智力和心理的巨大挑战。创业竞争的加剧，更多的人加入创业，以及创业活动的复杂性，这是创业者需要创业搭档的根本原因。与没有搭档的创业者相比，那些有搭档的创业者更有希望取得企业的成功，通过汇集创业搭档的长处而取得成功的企业，其数量要远远多于单独创业的成功企业。拥有搭档创业的公司，在成功的初创企业中，数量上占有绝对优势。绝大多数的高绩效初创企业，都是由创业搭档共同创办的。在本人对 600 家初创企业的研究中，只有 2%的企业是单独创业。

如果把中国历史上的朝代看成创业的话，从有文字的历史来看，单独创业被搭档创业（俗称集体创业）所取代；单独创业被搭档创业所打败。夏朝的建立，是夏启直接用武力取代伯益的受禅让而来的王位，不服者，直接征伐。这被记录在《尚书·甘誓》。

商朝成功取代了夏朝，为什么呢？孟子曰：汤先有伊尹、莱朱，而后有天下。夏朝的夏桀有贤相关龙逄而不用，重用赵梁，赵梁助桀为虐，如果把夏桀和赵梁作为守业一方，核心成员有两人，把商汤作为创业一方，核心成员有三人，夏商的核心人数比是 2∶3，夏桀的守业失败了，而商汤的创业成功了。商汤的创业成功属于创业的铁三角或金三角，虽然这三人没有任何血缘关系。

周朝取代商朝的成功，按照类似的思维，我们惊讶地发现，周朝的建立者有四个核心人物：周武王姬发、姜子牙吕尚、周公姬旦、散宜生。而纣王帝辛，有三仁而不用，只用三个脾气相似才能相似的费仲、蜚廉、恶来，虽然商周的核心人数比是4∶4，但姬发和姬旦是兄弟关系，创业搭档里有血缘关系的创业者。

如果把战国七雄看成7个企业，为什么6个企业被秦国这个企业所兼并呢？因为，作为创N代的秦始皇，拥有卓越的至少7位创业搭档，武有王翦父子、蒙恬父子，所谓战将如云，猛将成群。文有军事家尉缭子、内管家丞相王绾、隗林，外交家上卿姚贾、顿弱，所谓济济多士，文臣满堂。因此，深入中国人心中的智慧是：一个好汉三个帮，一个篱笆三个桩。中国人血液里流淌着搭档创业。

本书认为，如果从创业的角度看《西游记》，《西游记》就是描写孙悟空三次创业的经典小说，向读者展示了孙悟空从单独创业到搭档创业的历程：孙悟空作为草根，凭借自己的胆识，率先自由进出水帘洞，从而创建了花果山水帘洞有限公司，他被跟随者（众猴）尊奉为美猴王。这是孙悟空的第一次创业，解决了企业生存和富裕的问题。第二次创业，是孙悟空凭借从菩提祖师那里学来的本领（技术）：七十二变化和筋斗云等，回到花果山，打败侵占他地盘的混世魔王（相当于孙悟空的原有公司，被混世魔王无情残暴地兼并了），重建花果山水帘洞有限公司，并进行扩张，兼并其他七十二洞，发展为花果山水帘洞集团有限公司，最后发展为齐天集团有限公司，解决了企业的规模和寿命问题。齐天有限公司，继续扩张，想兼并东天有限公司（玉皇大帝当董事长的天国），没想到被东天公司的伙伴——西天有限公司的如来打败。个人英雄打不过集体英雄，孙悟空被压在五行山下。这就告诉我们：技术领先的个人英雄的创业，最终会败给英雄们的集体创业。第三次创业，孙悟空作为第二个创业者，加入唐僧的西天取经有限公司。随着白龙马、猪八戒、沙僧加入，组成了五人组合的创业搭档，如图1-5所示。唐僧和他的四个搭档，经过九九八十一难，最终取回真经。孙悟空完成了个人英雄主义到集体英雄主义的转变。从文化和历史的角度来看，我国有抱团创业或者搭档创业的基因或传统。

图1-5　西天取经有限公司的五位创业成员

美国的戴维·盖奇，通过长期的研究归纳，认为创业者拥有创业搭档有五大优势：
- 搭档可以分担压力和责任。
- 搭档可以替你完成你不擅长或者没有兴趣做的工作。
- 搭档可以带来资源（智力、精力、资金或人脉等），让你获得原本无法把握的机会，并且能够迅速利用这些机会。
- 有了搭档，在创业路上的你，就能够享受友谊的乐趣，而不会感到"高处不胜寒"。而是感到有人与我同舟共济。
- 有了搭档，就拥有在企业最高层实现协同配合和优化决策的潜力。

本书认为，创业搭档除了这五个优势外，创业搭档还会给创业者带来心理支持，给创业者壮胆，增加创业者的勇气，提高创业者的自信，给创业者提供安全感。面对激烈竞争的市场环境，一个人的力量是有限的，需要抱团创业才有成功的希望。

1.5 什么是创业搭档管理

创业搭档管理，就是创业者对自己的创业搭档、创业搭档之间的关系及其相关活动主动进行的管理。创业者及其搭档，主动处理相互之间的人际关系、相互之间的商业关系、组织关系、财务关系、法律关系等，主动协同各自的企业经营管理理念和行为。创业搭档管理的内容，主要包括创业者的企业愿景和企业战略、创业者的所有权（股权及其设计）、创业者的职责和头衔权力地位、创业者的财务（取出和分享）、初创企业的治理、创业搭档的价值观融合、创业搭档的性格（行为风格）的调适、创业搭档的能力提升、创业搭档之间信任度的培养、创业搭档之间的公平状况、创业章程的制定和修改、创业冲突的化解、创业搭档意外事故预防措施、新增加创业搭档的条件和标准等。

1.6 为什么要进行创业搭档管理

创业活动，包括三大类：第一，找到一个可以实施的企业想法。产生企业想法、识别和评估商业机会、研发与设计产品、商业计划书的完稿。第二，如何组建一家企业。选择合适的市场、生产和经营地址、建立产品生产流水线、企业的法律形式、计算与筹措创业资金、创办企业的政策与途径。第三，如何经营一家企业。员工的招聘和管理、生产管理、销售管理、供货商选择（采购管理）、财务管理等。因此，创业活动本身就需要管理（计划、组织、领导和控制）。

对于两个或两个以上的创业搭档而言，他们本身就是两个或两个以上的大脑，他们对创业活动的理解肯定会有差异。这些差异如何解决，就需要管理。每个创业搭档，都会有自己的价值观、性格（脾气）、能力（主见）、相互的信任度、商业愿景等，这些都会影响创业搭档关系的质量高低。如何拥有高质量的搭档关系，这就需要科学的管理和高超的艺术。

搭档创造了协同配合，为提高创业成功率注入了保障。正如任何事情有正反两面性一样，搭档也有坏的一面，搭档容易产生冲突，这种冲突如果不加以合适管理，就会带来失败的风险，管理不当，要么毁掉双方终生的相互关系，要么毁掉公司。高强度的冲突，带来的是公司剧烈衰退；低强度的冲突，由于直接大量地消耗了搭档的时间和精力，带来的是公司患上慢性癌症，从而慢慢走向死亡。因此，搭档创业，也创造了内讧的可能。而管理创业搭档，就是消灭这种可能。

本人调解了一家两个合伙人创建8年的咨询公司，他们两个人各占50%的股份，其中张三总觉得受到黄五的支配，心怀怨愤，于是不再像最初那样努力地工作，以拖拉、推诿等方式向黄五表达抗议，这种消极进攻的方式，加剧了黄五的判断，张三不能胜任工作，于是黄五就更有理由变得独裁，他甚至觉得自己是被迫这样做的。在他俩你来我往的内讧下，员工要么恐惧出逃，要么消极看笑话，要么陷入内战使事情更复杂，结果，两个合伙人遭受了巨大的个人伤痛，而公司的财务也遭受巨大损失。

在本人研究的600家初创企业（创办时间在5年和5年以上）中，588家企业有创业搭档。其中没有活过10年的企业，100%的都是创业搭档关系恶化，是创业搭档冲突没有管理好而造成的，他们的失败原因非市场，也非竞争对手。

美国的戴维·盖奇，通过长期的研究归纳，认为创业搭档冲突有如下12个代价。

（1）搭档、搭档的配偶以及其他亲人需要付出个人情感代价。
（2）搭档需要付出的相互关系的代价。
（3）某个搭档表现不佳所导致的损失，有时候会持续很长时间。
（4）搭档在管理和创业活动之外的时间损失。
（5）因员工卷入搭档的战争而导致的对工作的不满、较高的缺勤率和低下的工作效率。
（6）因员工（往往是最优秀的员工）为了摆脱冲突而离职所导致的损失。
（7）搭档冲突带来的调解、仲裁和诉讼成本。
（8）买断搭档股权的现金支出。
（9）失去搭档所导致的销售收入的损失。
（10）寻找新的搭档或员工需要付出的时间和资金。
（11）创业者和公司员工，为了让新的搭档或员工融入公司而损失的工作效率。
（12）由于违背非竞争性条款决裂后导致的诉讼。

这些冲突和代价，在我国的初创企业同样存在。失败的搭档创业，在我国，经常会毁掉他们一生的关系，搭档冲突一旦没有管理好，最后连朋友也没法做。朋友关系就跟着毁掉了，甚至变成敌人或仇人，而不仅是竞争对手。搭档创业，因没有管理好搭档关系而噩梦连连，有的，不仅毁掉了公司，毁掉了友谊，还毁掉了自己，也牵连了家人。因此电影《中国合伙人》里有句警言：千万不要跟最好的朋友合伙开公司。这句话，也许是血的教训，但不是真理。它说明了搭档关系管理不好，最终会毁掉朋友关系。这里针对的是失败的初创企业的失败的搭档关系管理而言的。而那些成功的企业，其创业搭档往往是他们最好的朋友。为什么呢？那些与搭档创业取得成功的企业，无论是企业顺利的时候还是企业逆境的时候，都非常重视搭档管理，他们对搭档及其相互关系的重视，超过了对产品、技术和管理的重视。他们花费大量的时间和精力，呵护着、经营着彼此的搭档关系，密切关注和用心提升彼此相互关系的质量。因为他们认为，高质量的搭档关系对公司的成功至关重要，高质量的搭档关系是公司上下内外各种关系的榜样。

经常有人把创业搭档比喻为婚姻伴侣。实际上，经营创业搭档关系，会比经营夫妻关系更难。夫妻之间，是人生伴侣，虽然也没有血缘关系，但是他们的孩子，拥有他们俩的基因血缘，最终很多问题都会因孩子而妥协。而创业搭档之间，是事业伴侣，是工作伴侣，他们之间没有孩子这个天然的血缘保障，他们纯粹是因事业和友谊而在一起奋进。一旦事业或友谊受损，他们很快就会解散。企业的解体和他们之间的分手也非常简单，直接通过法律途径。创业搭档共处的时间会比他们与配偶在一起的时间多得多。共处的时间多，对于两个不同的大脑而言，也就意味着左右手打架的次数，如果不加以主动协调，也会增多。简单地说，共处时间多，冲突的可能性会增多；这些冲突，若不加以适当的用心管理，冲突就会激化，矛盾就会加深，从而带来低质量的搭档关系，最终导致搭档关系的破裂而企业解散。我们这个世界，所谓的风雨同舟、患难与共的成功婚姻常有，但充满遗憾的婚姻也不少，伟大的搭档创业比真正美好的婚姻少得更多。

不论好坏，与搭档创业是把彼此的命运和未来绑在一起。创业过程中，选择了创业搭档，就会对自己的生活和工作带来深远的影响。这种影响，是好事还是坏事，全部取决于搭档关系的质量高低。高质量的搭档关系，将推动双方事业的发展和幸福的提升。伟大的创业搭档，是用心用智慧寻找并经营出来的，不仅仅是缘分或运气。

1.7 创业搭档管理也是一门科学

创业搭档管理，不仅仅是经营搭档关系、提升搭档关系质量的艺术，而且也是一门科学。说是艺术，因为涉及搭档之间的个人关系、家庭关系和个人隐私。说是科学，因为个人关系中的价值观、性格和能力，有规律可循，因为搭档之间的商业关系有规章可循。如图 1-6 所示。

本书认为，好的创业搭档是设计出来的，而不是天上掉下来的。创业者，在创业前期，要对创业搭档进行计划：要不要找搭档、去哪里找搭档、什么样的搭档最适合自己、搭档在哪里办公等。要对创业搭档进行组织：找多少个搭档、什么时候找到搭档、搭档如何分工、搭档的职务、搭档的薪酬、搭档的学习成长、搭档的退出等。要对创业搭档进行领导：搭档适合负责哪一块创业活动、搭档之间的沟通机制、搭档之间的冲突协调解决机制、搭档之间的激励、搭档之间的信任度提升、搭档友谊的加深等。要对创业搭档进行控制：谁来评估搭档的绩效？如何评估搭档的绩效？对搭档的活动和预初设定的目标进行比较和关注，以确保搭档带领的队伍按照计划完成，并纠正有关偏差。

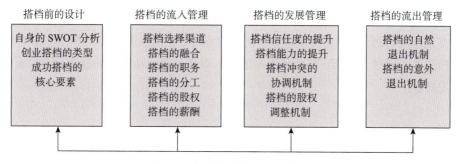

图 1-6 创业搭档管理是门科学

1.8 创业搭档管理为什么很难

找到合适的好搭档,组成好的创业班子。这是万里长征的第一步!创业成功有了很好的保障基础!接下来,最为关键的是,如何管理好创业搭档以达到高质量的搭档关系。

根据12年的创业实践和创业搭档管理的教学,本人认为,尽管创业搭档管理也是一门学科,有章可循,但创业搭档的管理,是创业过程中最难的最具挑战性的事务。相对其他的管理而言,如销售队伍的管理、研发队伍的管理,创业搭档的管理要难得多!创业搭档管理很难,有以下三个根本的原因。

第一,他们都是公司的所有者。创办初期的创业搭档,都是公司的创始人。他们地位的平等性是企业里最高的,很难用管理岗位的管理权力进行管理。一些创业者,自觉地管理创业搭档,但他用的是企业管理或者商业管理的方式,把创业搭档管理等同于企业管理,从而导致失败。

第二,他们认为创业搭档不需要管理。作为公司的所有者应该自我管理,没有管理创业搭档的意识。无数的创业者,没有意识到创业搭档需要管理。有些意识到了,却无从下手,因为他们的知识结构里,没有这方面的内容,也没有接受这方面的训练。他们还认为,经营和管理搭档关系会侵犯创业搭档的隐私。

第三,相对创业班子的治理结构而言,他们的心智结构更缺少理论指导。大量的实践表明,一个卓越并获得成功的创业班子,他们既拥有优秀的心智结构,也拥有优秀的治理结构。既拥有优秀的心智关系,也拥有优秀的商业关系。在创业搭档关系中,股权关系、职务关系、权益关系属于外显,中外很多学者和实践者都总结出很多有效的管理措施。本书把这些外显的关系称作创业搭档的商业关系,或创业搭档的治理结构,本书将在第三篇详细展开这方面的讨论。而他们的价值观属于内隐的心理变量,性格半内隐、潜能内隐、信任半内隐,而且涉及隐私,本书把它们称作创业搭档的心智模式。创业搭档的心智模式优化,虽然有 VCAT 模型来进行指导,但具体的落实运用,需要艺术性,需要具体问题具体分析,因此,在创业搭档的个人关系管理方面,需要运用到艺术性,所以说,创业搭档管理也是一门艺术。这方面的知识及其结构的运用与探索,于创业者本身和创业者的研究者，都是非常大的挑战。本书在第二篇进行详细探讨。

本书创作的目的，就是降低创业搭档的管理难度，让创业者重视并学会管理创业搭档，提升搭档的关系质量，从而让创业更容易进行，提高创业成功率，并让企业走向更健康的持续性发展。

 本章小结

（1）成功创业需要四个关键因素：好的商业项目、好的资金、好的销售和好的创业搭档。

（2）创业搭档，就是两个或更多的人走到一起，共同投入他们的资金、时间、精力和才能，共同去冒险，共同创造或建立某种可以持续的企业或事业。创业搭档是指处在创业成员的四象图第一象限的创业者。而创业团队，包括创业搭档，但不限于创业搭档。创业团队还包括投资人、专家顾问、初创期的雇员等。

（3）创业搭档管理，就是创业者对自己的创业搭档、创业搭档之间的关系及其相关活动主动进行的管理。

（4）创业搭档管理是门科学，它包括搭档前的设计、搭档的流入管理、搭档的发展管理和搭档的流出管理等四个环节。

（5）创业搭档管理也是一门艺术，因为涉及创业搭档心智模式的优化，以及个人关系的精心维护和提升。虽然有规律可循，但具体落实需要具体问题具体分析。

 本章思考题

1. 创业搭档和创业团队有什么区别？兼职的创业者，为什么不是创业搭档？
2. 当今的创业，为什么需要搭档？
3. 为什么说中国人的身上流淌着集体创业的血液？
4. 与搭档进行创业有五个优势，为什么搭档创业的失败率还是很高？
5. 为什么要对创业搭档及其关系进行管理？
6. 创业搭档的管理，为什么会很难？

 本章案例

创业搭档需要管理吗？

浙江大学的黄仕柳和同学王东波、李仕虎、赵世明、导师董齐昌一起创业，创办了浦阳有限公司。导师董齐昌是技术指导，占3%的股权，每月定期两天来到公司进行指导。浦阳有限公司的黄仕柳等创业者，若有问题，随时都可以找董齐昌，董齐昌是浙江大学的在职老师。赵世明，杭州本地人，很有人脉资源，占公司20%的股权，他除了提供资源，或需要他出面协调关系外，基本上不来公司，也不过问公司的经营管理事务，每月一次的经营管理会议也经常不参加。

黄仕柳负责技术，包括产品研发和生产，王东波负责行政和人力资源以及财务管理，李仕虎负责市场营销和产品销售。王东波占公司4%的股权，其薪酬收入与市场薪酬非常接近。李仕虎占公司10%的股权，其薪酬收入低于市场薪酬。王东波的股权、董齐昌的股权、李仕虎的股权，都是黄仕柳从他起初的80%股权中拿出来赠送给他们的。

第一年，他们五人同舟共济，齐心协力，合力促进，互为倚柱，浦阳有限公司很快就拿出了符合市场需要的合格产品，第二年大家分工合作，各自把自己的事情做到好，销售也达到了预期目标。

第三年，导师董齐昌因出国访学，来公司指导的次数和时间大大减少。李仕虎提出要增加自己的股权，对赵世明拥有20%的股权不满意。王东波因工作量增加，而薪酬没有增加，虽然没有表露出来，但心里有些埋怨，工作没有以前那么积极，经常请假。该年年度经营目标没有实现，大家开始相互推诿和指责。

三年来，他们除了每月一定的经营管理会议，以及元旦、春节前后的聚餐活动外，很少在一起从事放松的活动，比如登山活动、比如一起看电影等。除了工作，很少有其他的交流与融合。黄仕柳总经理说，要把时间用到刀刃上，既然大家都是创业搭档，工作时就要有主人翁精神，无须那么复杂的客套和没有生产力的人际活动。

讨论：

（1）浦阳有限公司的黄仕柳、王东波、李仕虎、赵世明、董齐昌是创业搭档吗？为什么？

（2）黄仕柳总经理懂得创业搭档管理吗？为什么？

第2章 创业搭档的设计与选择

讨论创业搭档的类型及其特点
阐述人类找搭档的社会学原理
解构创业搭档的 VCAT 模型

2.1 创业搭档的数量

多少个创业搭档才是最好的呢？没有最好，只有合适。创业搭档的具体人数，因行业、因环境有所不同。在我国的 20 世纪八九十年代，通常是 2~3 个。一个主内，一个主外。进入 21 世纪，尤其是"双创"的新时代，我国初创企业的创业搭档人数通常是 2~4 个。大学生创业，通常是 4~5 个。两人组合的模式已经退出历史舞台，所谓铁三角、金三角、四大天王、八大金刚的组合，正成为新时代合伙打天下的主流。

诺姆教授在《创业者的窘境》中的一项研究显示，创业搭档人数最多的是 7 人，只占 0.6%左右。在本人 600 家初创企业的研究中，12%是二人组合，22%是三人组合，41%是四人组合，20%是五人组合。即创业搭档人数在 2~5 位。如图 2-1 所示，中外研究表明，创业搭档一般在 2 人以上、8 人以下，通常的都是 2~4 人。也有特例，如阿里巴巴的马云，有 17 位创业搭档，俗称"阿里十八罗汉"。小米的雷军，有 7 位创业搭档，俗称"小米八大金刚"。

对于没有经验的创业者来说，本书建议创业搭档的数量从少开始，不要追求数量越多越好。创业搭档数量少，容易管理，管得好的可能性大。带着创业搭档管理的知识，和第一个创业搭档进行磨合，会提升自己管理创业搭档的能力。等到有管理创业搭档的实践能力后，若企业确实需要增加创业搭档，再引进第二个创业搭档。如此循环下去，这是务实而成功地与搭档创大业的路线图。

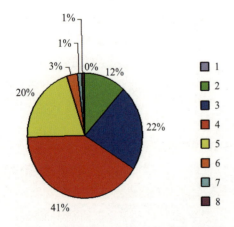

图 2-1 初创企业的创业搭档人数比例图

吴承恩的《西游记》给了我们很好的启示：观音给唐僧引入搭档是分批进行的。如图 2-2 所示。浙江的马云，第一次创业，是创业者的三人组合，第三次创业才是创业者的 18 人组合。浙江的郭广昌，第一次创业，是创业者的两人组合，第二次创业，才是创业者的五人组合。

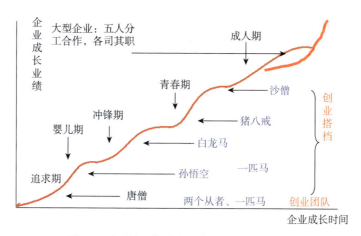

图 2-2 《西游记》演绎的创业搭档管理智慧

那些有创业经历的，或者高级知识分子的创业者，如大学生、高校老师、科研单位的创业者，在创业一开始，就有 4~5 个创业搭档组成的创业班子。这种创业成功的代表有携程，携程一开始就是创业搭档 4 人组合。本书认为，成功创业，不在于创业搭档数量的多少，而在于创业搭档关系的质量高低，在于创业搭档关系的经营好坏。

2.2 创业搭档的类型

本书把创业搭档的类型分为以下五种。

第一种，以血缘关系为纽带的创业搭档。本书称为创业搭档的 1.0，简称创业搭档 1.0，俗称家族搭档，如夫妻搭档、父子搭档、兄弟搭档、兄妹搭档、叔侄搭档等。例如浙江传化，它的前身宁围宁新合作净洗剂厂是徐传化与他的儿子徐冠巨共同创办的企业。徐冠巨在万向工作过 5 年，后因病在家休养。1986 年，与父亲正式创业，创办萧山第一个注册为"私营"的企业，从化工起步。美国的创业搭档 1.0，多于我国的创业搭档 1.0。其原因在于国家体制和经济发展模式的不同。如图 2-4 所示。

第二种，外力选派任命的创业搭档。本书称为创业搭档的 2.0，简称创业搭档 2.0，俗称他力搭档，如政府搭班子、股东派出的管理者（代表股东的管理者）、集团总部搭班子（内部创业居多）等。例如杭州娃哈哈、万事利、万向集团、华立集团、海康威视等。由于我国的经济发展模式非常独特，在 20 世纪 60 年代—90 年代初，乡镇企业、集体企业非常多，这些企业的创办，都是借助政府的力量，在个别创业者的主导下进行的。因此，这种类型的创业搭档在我国特别多，而且远远高于美国的创业搭档类型。如图 2-3、图 2-4 所示。本人的第一个工作单位，是杭州化工局下属的杭州树脂总厂，其前身就是上城区杭州永明树脂厂，再前身就是章永清先生 1965 年创办的光明化工厂，再前身就是章永清先生和部队在 1959 年共同创办的红旗化工厂。这 4 家企业，一脉相承，都是以章永清先生为主导，政府为他配搭档（一般是党支部书记、党委书记），这些搭档不是章永清先生找的，是政府为他找的，是政府任命的。当然政府会根据组织原则和民主协商原则，就搭档人选征求章永清先生的意见。这种搭档的加入，要经过相关方的多次协商才会成功。这种搭档的离开，却非常简单，一个组织任命调动就走了。

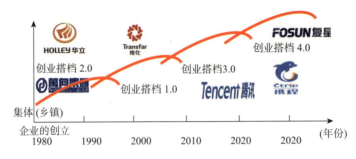

图 2-3　不同类型的创业搭档在中国发展的历史与趋势

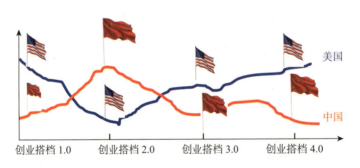

图 2-4　不同类型的创业搭档在中国和美国的差异

第三种，创业者自主凭感觉在同学、同事等熟人圈内找来的创业搭档。本书称为创业搭档 3.0，俗称自由搭档。比如新东方。我国由于实行了计划生育，这类创业搭档越来越多。创业者若是独生子女，他们多半会选择创业搭档 3.0。即使是二胎的创业者，供他可选的愿意创业的家族成员也很少，他们多半会选择创业搭档 3.0。他们选择创业搭档，完全靠自己的感觉或直觉，凭运气。比如马化腾和他的四位搭档创办深圳腾讯公司。由于我国重视大众创业比美国晚，所以我国的创业搭档 3.0 目前比美国的要少，但呈现增多的趋势，今后肯定会超过创业搭档 2.0。

第四种，创业者自主自觉地运用搭档智慧找来的创业搭档。本书称为创业搭档 4.0，也称自觉搭档。创业者拥有寻找创业搭档的知识，主动自觉地用搭档智慧设计搭档标准、寻找合适的搭档，主动经营管理彼此的关系从而拥有高质量的搭档关系。这种类型的创业搭档，也许是在顾问的帮助下完成的，但主动权在创业者手中。比如，郭广昌的复星公司、季琦的携程公司。在双创时代，随着创业教育的重视与普及，创业搭档 4.0 在快速增多。由于我国重视和普及创业教育比美国晚，所以我国的创业搭档 4.0，目前比美国的要少。

第五种类型的创业搭档，是以上四种方式中的两种、三种或四种的混合体。本书称为混合型的创业搭档，俗称交叉型创业搭档。比如阿里巴巴公司，其创业搭档类型是创业搭档 1.0、创业搭档 3.0、创业搭档 4.0 的混合。创业搭档组成的创业班子里既有夫人也有同事也有以前的下属，也有自己通过学习创业搭档的经营管理知识，用心用智慧主动找来的。

2.3 人类找搭档的社会学原理

创业者，找搭档创业是两难的决策。不找搭档，创业的成功率很低。找到搭档，创业的失败率也很高，而且会毁掉双方的友谊。于是，有人说，找到好搭档，才是王道。但找到好搭档，却没有经营管理好搭档的关系，带来失败的例子也比比皆是。那些成功的创业者，每个都拥有自己的好搭档。这里面有什么奥秘呢？这正是本节和下一节要探讨的话题。本节探讨人类找搭档的规律，下一节探讨什么是好搭档。

本书认为，人类找搭档，包括创业搭档在内，会自觉不自觉地遵循两大社会学原理：第一个原理是，人类的喜欢原理。是指人们选择搭档时，往往倾向于选择自己喜欢的人。我们知道喜欢，往往来自他们的相似性。也就是说，人们会对与自己相似的人更有好感，不管这些相似性是观点、个性、背景、经历、兴趣还是生活方式。人们的相似性，就好比化学领域的相似相溶原理：结构相似的物质，容易相溶在一起。相似的人们，也容易产生和谐的合作关系或者团结关系。相似的两个人，彼此之间容易心有灵犀一点通，从而导致愉快而高效的紧密合作。喜欢会提升熟悉度，从而提升信任度。熟悉虽然不一定会提高喜好度，但通过愉快的接触产生的熟悉，通常会导致人们彼此间的好感（喜欢）。通过非不愉快的接触产生的熟悉感，通常会提升信任度。熟悉的感觉，如果是愉快的，那熟悉的人就容易被吸引。愉快的接触，其实是人们之间的共同经历，可以作为相似的经历，因此，没有不愉快的经历的熟悉，可以理解为相似性。因此，除了找喜欢的人做搭档外，退而求其次，人们会在熟悉的人群中找合适的作为搭档。古人把它称为人以群分，物以类聚。现代人把它称为同质相吸，同频共振。人们总是容易被与自己相似的人吸引，总是倾向于跟自己的同类待在一起。

相似通常会令人心安，令人舒服，从而彼此喜欢。相似点越多，彼此越喜欢，人们的工作效率与执行力都会提高很多。相似点是人们相互吸引的主要因素。我们中国人，喜欢或擅长没同找同，找到同，就放心了一大半。根据国学四象原理，我们以非血缘到血缘为纵坐标，以无共同经历到共同经历为横坐标，就会产生中国式的"同"图，如图 2-5 所示。如果创业搭档是 A 象限的同家，那是创业搭档 1.0。第三象限，非血缘无共同经历，看起来没有相同之处，但中国人会找到同生肖、同星座、同生日、同好等同，把它们当作相似点。

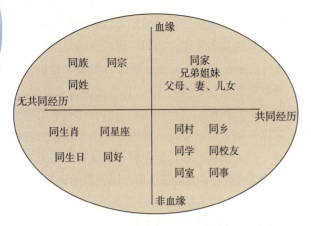

图 2-5 "中国同"的四象图

因为相似的感觉会带来安全感和亲切感,从而增加喜欢度。

第二个原理是,人类的黑白相吸原理。是指人类选择搭档时,因为具有渴求互补的心理,也会倾向于选择互补性的人。俗称互补原理或互补定律。因为互补,才不会恐惧;因为互补,才会完整;因为互补,增值变得有可能;因为互补,会得到更多的光和热;因为互补,会得到质的提升;因为互补,会更加成功。人类的异性相吸,也属于第二个社会学原理。互补性相吸,好比物理界的正负(异性)相吸,也好比道教的阴阳太极图,阴阳鱼构成完美的圆(无极)。《道德经》曰:"万物负阴而抱阳"。个体往往会被另一个体身上最终令他们厌恶的特点或没有的特点所吸引。比如期待别人支配自己的人,往往会被喜欢主动支配他人的人所吸引,他们在一起,相得益彰,都获得相应的满足感,因此他们会用心维持彼此的良好关系。他们坚信:互补性,虽然飞蛾扑火,但会浴火重生,凤凰涅槃。持黑白相吸的互补增值原理的人们,即便是万劫不复也甘之如饴。事实上,正因为两个人不一样,才能冷静清晰地看到对方的缺点和优点,而不至于总是"惺惺相惜"却难免功败垂成。这同时也意味着:会时刻有一个人不断提出反面意见,使双方在争论和探讨中更成熟地考虑问题;在一个人头脑发热时,另一个人能保持足够的清醒;当遭遇一个人不擅长的问题时,另一个人可能恰恰可以轻而易举地解决。

互补的内容,主要包括知识互补、能力互补、性格互补、年龄互补、性别互补、关系互补、资源互补等。其中最为重要的是性格互补,性格互补通常称为心理品质互补,它是满足型互补。性格的互补原理,源于人类寻求完整(或完美)自我的心理和适应环境的需要。每个人都具有隐性性格(俗称影子性格)和显性性格,当遇到自己的影子性格的人,人们心中常常会有喜欢雀跃的感觉,因为对方彰显出他自己所缺乏(或已被压抑)的性格。例如内向沉默的人,遇到一个外向活跃的人,前者的影子性格(外向活跃)就被对方的外向活跃所感召,整个人就感到心里满足和心理舒适。其次是能力的互补,它是需要型互补,能力互补容易实现优势互补,取长补短。互补结果有三种:互补增值,互补减值,互补无增无减。彼此的互补让彼此的获得超过由此而来的损失,他们之间的人际关系才会持续。互补性搭档,需要用心管理,才能做到互补增值。因为互补就意味着不同,不同就容易产生冲突。俗话说,不是冤家不聚头。

第一个原理,是说人们有获得相同的需要;第二个原理,是说人们有获得自己所欠缺的东西的需要。这两个原理运用智慧的高低,会决定搭档质量的高低。第一个原理会导致人们倾向于找自己的同类作为搭档。创业要面对大量的不确定性,风险也很大,是否具有共同的兴趣点，是否具有共同的创业理想等，对于提升和保持凝聚力和战斗力也很关键。如果不把同的部分进行分类，一股劲地认为相同点越多的搭档，就是最好的搭档。那就容易产生同质化，即同质化搭档。同质化搭档，一般是非理性原则指导下的产物，多半属于趣味相投。同质化搭档，具有短期优势和长期劣势特征。短期优势是，他们之间更容易沟通交流，在讨论不同的观点和意见时，更加宽容彼此，不会轻易破裂关系。但长期劣势是，一山难容二虎，容易产生俄罗斯套娃现象和跛腿现象，乃至缺乏创新基因。某些工作大家争着做，而另一些工作却无人去做。他们在一起容易产生极端，虽然执行力很高，但创新性、灵活性、适应性等很差。最终结局就是古人所告诫的：同而不继。相同点很多的人，往往适合做朋友，而非创业搭档。在找搭档时，一定要克服惺惺相惜而惺惺相吸。

第二个原理会导致人们倾向于找自己的异类作为搭档。如果不把异的部分进行分类，一股劲地认为异质越多的搭档，就是最好的搭档，那就容易产生异质化，即异质化搭档。异质化搭档，一般是理性原则指导下的产物。异质化搭档具有短期劣势和长期优势特征，彼此的交流沟通费时费力，经常出现"虎鱼不相干"或"同床异梦"或"战斗连连"现象。长期而言，相互替补，形成合作，创新不息，从而更好地应对复杂而多变的创业环境。

古人用了一个太极图来传承这两个社会学原理，如图 2-6 所示。西方人，比如《基业长青》的作者柯林斯，他用他所理解的我国二元哲学里的阴阳太极图，如图 2-7 所示，去分析高瞻远瞩公司的成功秘籍，发现那些高瞻远瞩的基业长青的公司，总是想出方法做到兼容黑白。本书把图 2-7，称为西方人理解的太极图，也称简化太极图。图 2-6，是我国古人传下来的太极图，俗称东式太极图，也称正宗太极图。它们的共同点，均揭示了人类要综合运用这两个社会学原理：根据第一个社会学原理，黑吸引黑，黑在一起；白吸引白，白在一起。根据第二个社会学原理，黑吸引白，白吸引黑，结果就成了圆，而圆是世界上运动起来，受到阻力最少的一个。古代埃及人认为，圆，是神赐给人的神圣图形。我国《周易·系辞上》云：圆而神。我国的墨子（约公元前 468—前 376 年）最早给圆下了一个定义：圆，一中同长也。意思是说，圆有一个圆心，圆心到圆周的长都相等。古人云：天道曰圆。黑白兼容的圆，和而不同；和实生物，生生不息。如果把白比喻为男的，黑比喻为女的，男女结婚，人生圆满。把白理解为阳，黑理解为阴，阴阳和谐（和合），万物生焉。

图 2-6　正宗太极图　　　图 2-7　简化太极图

第 2 章　创业搭档的设计与选择

本人研究国学多年，认为正宗太极图是伏羲四象思维的变异和发展，与伏羲智慧一脉相承。它告诉我们，在同的地方，也要考虑差异。打比方说，黑是内向性格，白是外向性格，而内向性格继续分的话，可以分为内向的内向、内向的外向，黑中的黑，好比内向的内向；黑中的白，好比内向的外向。黑中的白，我们古人形象地比喻为黑鱼的白眼睛。提示我们，不要只追求纯白或纯黑，不能只看到白或者黑，不能用纯白或纯黑看待世界，要注意到白中的差异或黑中的差异，要看到白中的黑或黑中的白。要差异化看世界，而不是同质化看世界。做一只有眼睛的活鱼，而不是没有眼睛的死鱼。

我们找创业搭档，要按照正宗太极图蕴藏的智慧去找。比如，世界观、人生观和价值观要相似，其中，世界观和人生观，最好完全相同，而价值观能相似即可，允许价值观有差异。比如，能力要有不同，不同中也有相似，一个擅长销售，另一个擅长技术，但彼此的体质能力相似。

本书认为，根据上述找搭档的两大社会学原理，找到的好搭档，求同存异。辩证地处理好相似性和差异性的关系：同中有异，异中有同，同异组成中国式的正宗太极图。同质性（相似性）表现在：三观（世界观、人生观、价值观）、创业动机、创业目标、创业格局、创业担责、创业契约等。异质性表现在：性格（行为风格）、能力（方法）、专长、年龄、角色与分工、视角等。至于行业背景、人生经历等硬性要素，是否同质化还是异质化，本人认为，它们不是寻找创业搭档的关键因素，不必在这个问题花费过多的精力。

2.4 好搭档的 VCAT 模型

创业找搭档，不是找最成功的人，也不是找最完美的人，而是找适合自己的人。什么样的创业搭档，才是适合自己的好搭档呢？本书认为好的创业搭档要和自己组成具有竞争力的心智结构。那么，什么样的心智结构具有竞争力呢？

本书认为成功的创业搭档需要有四个心智特质：①创业者的价值观类似（志同道合）：价值观相类似、目标相容、期望明确，尤其是办企业的核心价值观要有相似性。②创业者的性格差异但能相互珍惜：合伙人要熟悉彼此的性格、并相互珍惜差异性，尤其是主要性格要有差异性。③创业者的能力卓越并能互补：专业能力互补，专业能力要差异化发展。④创业者愿意培养和提升彼此的信任度：成为团队合作者的能力与意愿都比较强而高，并相互信任、相互尊重。本书认为这四个心智特质，组成创业搭档组合的心智结构模型，即 VCAT 心智结构模型。因为这四个心智特质的英文单词的第一个字母，组合在一起就是 VCAT。

V: values，即价值观。创业搭档的价值观要有相似性和兼容性。相似性和兼容性越高，创业搭档的关系越容易管理，创业搭档的关系质量也越高，创业搭档越不容易散伙，即使是散伙，也是好聚好散。价值观的相似并兼容，就是我们常说的志同道合。价值观是创业成功的心智模式中最关键最基础的要素，也属于内隐的软性要素，也是找搭档过程中，最难搞定的部分。本书认为，创业者的软性要素，需要经常性的探讨和交流，坦诚交流贯穿始终。具体会在第3章进行阐述。

其他与创业价值观有关联的心智因素有：创业者的世界观、人生观、素质（如创业者的人品）、动机、精神、创业目标（创业理想）等，也是很重要的。美国的诺姆教授针对蒂姆·巴特勒调查的2 000位创业者的研究数据，就其研究的13种工作动机：参与感、奉献精神、自主权、财富、智力挑战、改变生活方式、管理欲望、地位、权力（影响力）、威信、认同感、安全感、丰富阅历进行了新的统计和分析，发现创业者的工作动机和其他工作者不同。创业者排在前5位的工作动机是：权力（影响力）、自主权、财富、奉献精神和丰富阅历。

假设两人一起创业，创业动机把权力和财富都排在前两位，这样就可能出现三种情况：第一，两人都把权力获得排在第一；第二，两人都把财富获得排在第一；第三，一个创业者把权力获得排在第一，另一位把财富获得排在第一。第一种情况和第二种情况，就属于创业动机相同，第三种情况，属于创业动机相似并兼容。第二种情况，虽然相同，但可兼容，同可继也。而第一种情况，属于相同但不能兼容，同而不继，在创业过程中，会出现权力之争。故，创业者不仅要清楚自己的创业动机，也要尽早知道搭档的创业动机，从而判断是否契合，最好的方式是坦诚讨论。在这里，把财富和权力排序，是属于价值观的范畴，虽然财富和权力是创业动机。并非所有的创业者，其创业动机都是赚钱，有些是为了证明自己的创意，有些是为了体验不同的人生，有些是为了实现自己的梦想，有些是为了打造属于自己的"帝国"，等等，创业动机多样化而不一定要求相同。

C：character，即性格，西方学者喜欢称它为行为风格。我国学者喜欢称它为个性、人格。性格决定命运，创业者及其搭档的性格会决定创业的成败。性格相同的创业者一起创业，往往是刚开始的时候，干劲十足，创业遭受逆境或顺境之后，创业搭档往往会因性格相同而散伙。创业者的性格相同，他们的地位往往相差不大，都是创始人（或创业者），都是企业的所有者。故他们的竞争很容易变成恶性竞争，无数次的人类实践告诉我们，创业者性格相同是弊大于利的。详细论述见本书的第4.12节。但因性格差异产生冲突而散伙的也有很多。比如，浙江的马云第一次创业，他的搭档，除了自己的夫人，还有何一兵。马云外向而直觉，何一兵内向而缜密，性格迥异，互补性极强。互补性极强的性格，在现实中，最容易产生冲突，冲突的风险也极大，往往最终因相互讨厌而分手。马云的第一次创业，因驾驭不了性格冲突，很快就散伙了，第一次创业失败了。性格相同不好，性格差异互补也不好，那该怎么办呢？无数学者提出创业者性格要有差异性，这种差异性不一定完全互补。但是差异性大，互补性强。创业活动是复杂的系统的竞争性的商业活动，它的成功，需要完整的性格组合才行。而个体，很难拥有完整性或完美型的性格。同样的性格，意味着同样的或类似的行为模式（或解决问题的模式），那就表明除了精力外，另外一个人就是多余的。本人的实践和研究认为，创业要选择价值观类似和性格有差异的搭档，还需要创业者用心去管理搭档关系。那么，如何对性格有差异的搭档进行管理，创业才会成功呢？本书在第4章会进行具体阐述。

A：ability，即能力，本书阐述的能力限于专业能力。能力有常规能力和专业能力之分。如创业者的自我管理能力、创业者的自我激励能力、创业者的体质能力等是常规能力。专业能力是指他们擅长的工作技能，如销售能力、销售队伍管理能力、市场营销能力、基础技术研究能力、产品设计开发能力、财务能力、行政能力等。工作能力，既属于创业者的硬性要素，也属于软性要素。有一部分可以看得出，也可借助工具进行评估，但工作潜在的能力（简称工作潜能）却难以量化和评估。专业能力（包括专业思维）要有互补性，本书在第 5 章会具体阐述。

  T: trust，即信任。信任是合作的基础，人无信而不立，企业无信而不长。稳定或确定的环境下的合作，常人一般都可以做得到。但非稳定或不确定的环境下的合作，要做到信任却很难。创业是不确定的企业活动，它更需要创业者的相互信任，才可以同舟共济走出不确定环境。信任如何培养和管理，请详见本书的第 6 章。

  价值观、性格、能力和信任都属于软性要素。除了能力外，其他的属于心理范畴，被称为创业者的隐性要素。能力既属于显性要素，也属于隐性要素，潜在的能力，属于隐性要素。故把能力称为半个隐性要素。这三个半的隐性要素，在冰山理论中，处在水平面以下，没有露出来，不容易观察到。但是，创业者必须花时间和精力掌握它，并躬身入局地去实践它。因为实践并掌握了它，创业就成功了一大半。

  合作中出现了问题，就要反省是什么原因造成的。只要不是价值观出现问题，就尽量不要解散，因为重新寻找创业搭档的成本更高。如果是性格造成的，那就做些性格测试并进行性格的讨论，或者找到性格导师进行辅导，创业搭档彼此进行性格知识的学习，并就彼此的性格展开讨论。从而做到相互熟悉和相互珍惜。一般来说，知道了对方的性格，我们就可以预测对方的行为，因为性格是一种习惯了的思维方式和行为方式。所以作为企业咨询师，接到创始人不和的咨询，首先就要请他们做性格测试，并就测试结果和他们展开讨论。如果是创始人性格造成的问题，本书建议采取劝和的方式。为了避免合作出现问题，建议创业搭档利用 TOPK 工具进行性格分析，以便更好地了解对方的性格。

  经过实践和研究，本人认为那些成功的创业搭档，符合 VCAT 模型，并且其 VCAT 模型均具有竞争力，价值观类似并兼容、性格有差异并珍惜，能力互补而卓越，信任度高而合作。比如，微软比尔·盖茨的创业搭档、百度的创业搭档、阿里巴巴的创业搭档、华为的创业搭档等。

  本书建议用 VCAT 模型判断对方是否是适合自己的创业好搭档。如图 2-8 所示。图中 B 公司的创业搭档，要好于 A 公司的创业搭档。A、B 公司的创业搭档的价值观兼容指数非常接近，能力互补指数也接近，不同的是性格差异指数和信任指数，B 公司的创业搭档的性格差异指数大于 A 公司，信任指数约小于 A 公司。我们知道要改变性格差异指数的难度是大于提高信任指数的，也就是说，信任容易培养，而性格很难改变。性格的差异指数越大，虽然他们的冲突也许会越大，但创新度也会很高，只要 B 公司

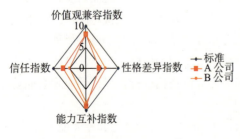

图 2-8　好搭档的 VCAT 模型

的创业搭档不散伙，B 公司的成功率会高于 A 公司。用 VCAT 模型来筛选搭档，能组成健康而具竞争力的 VCAT 模型的创业搭档，才是好搭档。因此，符合 VCAT 模型的创业搭档，他们的关系质量一般来说，容易达到高质量的好关系。图 2-8 所示模型中，价值观兼容指数满分为 10 分、性格差异指数为 10 分，能力互补指数为 10 分，信任指数为 10 分，四个心智特质皆为满分者，本书认为是最具竞争力的 VCAT。指数均为 5 分以下的 VCAT 或者 V 值为 5 分以下的 VCAT 型的创业班子，其竞争力相对偏弱。当然，他们比不符合 VCAT 模型的创业班子，要好得多，前者相比后者，也是有竞争力的。

2.5 成功创业好搭档的路线图

本书认为，无论从哪里找创业搭档，比如在家族成员里找，比如在同学校友里找，比如在同事朋友里找，比如从客户那里找，比如从创业团队里找，比如通过猎头公司找；无论是创业者你主动去找创业搭档，还是别人来找你做搭档创业，最好遵循图 2-9 所示的路线图，这样就容易拥有成功而安全的搭档关系。

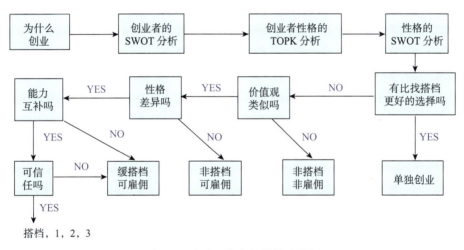

图 2-9　成功而安全的搭档路线图

创业者首先要对自己有理性而清楚的认识，知道自己，了解自己。《道德经》曰：自知者明。先从理清自己的创业动机、创业意愿、创业原因、创业使命以及创业理想等开始，接着，对自己的创业进行 SWOT 分析，找出自己创业的优劣势、机会和威胁。之后，对自己的性格进行分析（本书建议用 TOPK 性格模型进行分析），知道自己的性格类型，之后再对自己的性格进行 SWOT 分析。对自己有了全面了解之后，静下心来，思考：这次创业，有没有比找搭档来一起创业更好的选择？如果有，那就先单独创业。

如果经过自我分析，创业者发现自己有以下特征，戴维·盖奇认为，请暂时不要找搭档。

（1）如果创业者认为自己不是做合伙人的料。

（2）如果创业者不是真的需要一个合伙人。

（3）如果创业者在开始合伙之前就感觉不好。

（4）如果创业者认为法律文件会让创业者和搭档避免相互间的冲突。

（5）如果创业者认为，花费时间和精力去关注搭档双方的关系，是没有必要的，是浪费的行为。

（6）如果创业者认为，搭档之间存在不明确的地方，没有必要去理会，任其自然。作为企业共同所有者，应该自己主动服从公司整体利益。

如果经过理性的自我分析，发现自己没有以上特征，戴维·盖奇建议创业者，在找搭档之前，继续要问自己以下四个关键性问题。

（1）自己为什么希望拥有一家企业？

（2）自己为什么希望拥有一个搭档？

（3）还有比吸纳一个搭档更好的选择吗？

（4）看中的搭档是最合适的搭档吗？

第三个话题，也在本书"成功而安全的搭档路线图"中，这是针对自己进行了明智分析后的关键性决策话题。如果有比吸纳一个搭档更好的选择，那就不要找创业搭档。如果没有比吸纳搭档来创业更好的选择，那就要回答什么样的创业搭档是适合自己的，即创业者要回答自己需要什么样的创业搭档，即要知道对方核心的四个心智特质，以及和自己组成的 VCAT 结构如何。

在找创业搭档的路上，创业者也需要了解未来的创业搭档，他为什么希望拥有一家企业，他希望拥有什么样的创业搭档，他有没有比找搭档创业更好的选择，他心中的合适的创业搭档有哪些特征？因此，创业者在找搭档交流之前，需要熟悉掌握 VCAT 模型和 TOPK 模型。

本书认为，戴维·盖奇的第一个关键性的问题，涉及创业动机，而创业动机是深层次的话题，自己很难发现对方的创业动机。创业者需要和未来的创业搭档进行策略性交流，针对对方创业的动机，可以策略地交流：为什么创业？创业的梦想与使命是什么？诸如家人对创业的支持情况、创业风险的看法等。耐心观察对方的人品，包括世界观和人生观。如果双方能坦然地交流这个话题，发现创业动机有相容或相似之处，这是最可喜可贺的事情。因为拥有相似或相容的创业动机，创业的成功率就高很多。

创业者彼此方，还要坦诚交流和探讨以下四个关键性的心智方面的话题。

第一，你我的价值观各是什么？从彼此坦诚的交流信息中，理性分析彼此价值观的兼容性，客观判断彼此价值观是否类似？理性分析价值观的兼容情况，如果价值观类似性大并且兼容度高，那就进入第二个关键性话题。

第二，你我的性格（或性格类型）各是什么？你我的性格有差异吗？差异何在？你我愿意珍惜这个性格差异吗？除了能欣赏彼此的性格优点，能容忍彼此性格的缺点吗？

第三，你我各自擅长的能力是什么？你我的能力能够形成互补吗？你我愿意在各自的能力领域内学习和提升吗？能力的互补性越大，愿意扶持彼此提升各自的专长能力而不妒忌。这是能力互补成为搭档的基石。

如果有这种基石，那就可以继续探讨第四个话题：你愿意信任我吗？我愿意信任你吗？你我愿意为提升信任度而不懈努力吗？

如果这四个方面的话题，均是YES型的回答，那么就可以确定创业的搭档关系。如果不是，就暂缓进入创业搭档关系或者不能把对方作为创业搭档。

这四个方面的心智话题，是按照它们对创业成功的重要性而展开的。俗话说，江山易改，本性难移。本书把信任和能力比喻为江山，信任可培养，能力可提升，故分别放在第四、第三。本书把性格和价值观理解为本性。性格虽然后天可习，但成年人的性格具有稳定性。职场中的性格和休闲中的性格，成年人会差异化调整；特殊场合中，成年人的性格也会变化。但其天生的性格难以改变，其改变难度仅次于价值观的改变。现实生活中，价值观的改变是最难的，比登天还难，本人把价值观的改变之路比喻为蜀道，俗话说，蜀道之难难于上青天。因此，价值观类似的人，是非常稀缺的，稀缺就很珍贵，尤其对于创业者而言。因此，按照稀缺性或者重要性，价值观排在第一，性格排在第二，能力排在第三，信任排在第四。这就是成功创业四个核心的心智要素。价值观类似的创业者，他们之间很容易产生信任感。性格差异越大，冲突也越大，其信任度容易降低。增加性格知识，彼此熟悉性格，可以提高信任度。

做一个概括，本书认为创业者在进入创业搭档关系前，要认真地思考或者交流以下问题，这些问题都是围绕创业搭档的心智结构VCAT模型而展开的。

（1）我了解自己吗？我了解这个人吗？反过来呢？
（2）我创业的优缺点是什么？他创业的优缺点是什么？
（3）我和他的价值观，尤其是公司愿景和经营哲学有相同之处吗？
（4）我的性格优缺点，他的性格优缺点各是什么？彼此能相互容忍对方的性格缺点吗？
（5）我的能力和他的能力能够形成互补，并同频提升吗？
（6）他信任我吗？有多信任？反过来呢？（我们能做到肝胆相照吗？）
（7）他出了任何问题，我都愿意帮助他吗？反过来呢？
（8）未来的若干年内，我们能做到荣辱与共吗？

本章小结

（1）创业搭档的数量要坚持适度和循序渐进的原则。不能太少，也不要贪多。不能太慢，也不能太快。没有创业经验或创业知识的创业者，要采取逐渐增加搭档数量的策略。

（2）创业搭档有五种类型：创业搭档1.0、创业搭档2.0、创业搭档3.0、创业搭档4.0、混合型创业搭档。

（3）人类找搭档的两大社会学原理：相似喜欢原理和互补相吸原理。

（4）创业搭档的 VCAT 模型由四个要素构成：价值观、性格、能力、信任。它们是成功创业的四大核心软要素。符合 VCAT 模型的创业搭档，是好的创业搭档。

（5）成功而安全的搭档路线图：先弄清楚为什么要创业，依次进行创业的 SWOT 分析，进行性格的 TOPK 分析，进行性格的 SWOT 分析，接着询问自己有没有比找搭档来一起创业更好的选择。如果有，那就单独创业。如果没有，那就进行 VCAT 提问：价值观一致吗？如果是，接着问：性格有差异吗？如果是，接着问：能力互补吗？如果是，最后问：可以相互信任吗？或彼此愿意提高互信度吗？如果是，那就把彼此作为创业搭档。

本章思考题

1. 唐僧师徒去西天取经，是 5 人而不是更少，如 3 人；也不是更多，如 8 人，这给予创业者什么启示？
2. 请分析创业搭档 2.0 的利与弊。
3. 为什么说正宗的太极图蕴含有设计创业搭档的好智慧？
4. 创业搭档的心智结构为什么是 VCAT，而不是 ATVC？
5. 请用 VCAT 模型分析《西游记》中的唐僧师徒 5 人。

本章案例

我原以为创业搭档越多越好

黄文灿在浙江工业大学读本科期间，就喜欢在读书之余做些小买卖，既发挥了其经商的天赋，也磨炼和提升了其经商的能力。这些小买卖，让黄文灿认识了很多同样对经商感兴趣的同学。大学三年级时，黄文灿和 9 个同学在浙江工业大学创业梦工场一起创办了黄氏科技有限公司，并在老师的指导下，在大学四年级参加全国创业大赛，获得了全国创业大赛亚军。

毕业以后，9 个同学把公司搬进了银江孵化器园。这 9 个同学，来自五湖四海，有浙江的，也有江西的，也有安徽的。有计算机学院的，也有经贸学院的，也有信息学院的，还有理学院的，还有设计艺术学院的。9 个同学，全部是全职创业，大家都很年轻，激情燃烧，精力充沛，当然莽撞也常常有，争吵天天有。

黄文灿占 20%的股，其他 8 个创业者，每个都是 10%的股。2 个搞技术研发、2 个从事运营，1 个从事财务，1 个从事行政和招聘，1 个从事客户维护，2 个从事销售。其中黄文灿全面协调，并从事销售。3 个月后，李某因恋爱原因离开杭州去了北京；4 个月后，陈某因和黄文灿性格冲突，离开了公司，回到老家金华去创业了；9 个创业者，剩下了 7 个。那两位退出的创业搭档，其股权由公司收回，黄文灿得 8%，其他 6 个各分得 2%。此时，黄文灿拥有 28%的股权。

5 个月后，王某参加了研究生考试；赵某和钱某订婚了；孙某（男）出国深造，他推荐其妹妹孙某（女）加入黄氏科技有限公司，继承他的全部股权，除了左某，黄文灿等其他创业者都同意。孙某（女）加入创业班子后，总觉得很难融入公司；王某考上了研究生，希望保留股权，边读书边创业。黄文灿认为可以接受，而赵某认为这样不妥，双方发生争执。在长时间的争执过程中，孙某（女）偏向支持赵某，黄文灿感到前所未有的压力。但认为自己股权最大，又是法人，固执而强硬地支持王某兼职创业，并保留股权。

赵某、钱某、孙某（女）在春节过后，退出黄氏科技有限公司，股权由公司回购。黄文灿38%股权，王某12%，吴某22%，左某22%，左某代持6%。黄文灿负责销售和运营，王某、吴某负责技术研发，左某负责财务行政。吴某对黄文灿允许王某持股，并兼职创业一事，也心中不满。尤其得知王某的堂妹以员工身份加入公司后，由心生埋怨到公开提出反对。黄文灿不为所动。过了3个月，吴某和左某退出黄氏科技有限公司，两人再次搭档创立新的公司。

因资金匮乏，黄文灿很快引入天使投资，天使投资占30%的股权，黄文灿的股权为51%，王某占9%，股权池为10%，由黄文灿代持。黄文灿把其堂弟黄文炳招进公司，接替左某的工作，允诺其堂弟半年后，如果公司依然在，给予他10%的股权。在这一年里，黄文灿很辛苦，也很困惑：发展势头很好的企业，为什么会停滞并徘徊不前？

讨论：

1. 从创业搭档的数量及其变化，分析黄文灿创业搭档管理的得失。
2. 从创业搭档的类型及其变化，分析黄文灿创业搭档管理的得失。

第二篇 创业搭档的心智模式

第3章 创业搭档的价值观管理

界定价值观的内涵,分析其意义
用四象思维分析法找出共同的价值观
弄清楚个人价值观和企业价值观的联系与区别

3.1 价值观及其作用

价值观一词,是对 values view 的翻译。世界观、人生观更多的是个人的事情,而价值观更多的是人际或一个组织内的事情。20世纪80年代前,我国常提世界观和人生观,20世纪80年代后,迄今为止,我国常提价值观。

价值观和世界观、人生观有什么关系呢?如图 3-1 所示。世界观,也叫宇宙观,是哲学的朴素形态。世界观是人们对整个世界总的看法和根本观点。人生观是指对人生的看法,也就是对于人类生存的目的、价值和意义的看法。人生观是由世界观决定的。本人认为,按照中文的字面含义,价值观就是对与商品对等的货币数额的看法和认识,也是对是否有正面作用的看法和认识,也是对是否是有序化运动或能量的看法和认识。它是人最看重、最根本的利益和意图,激励着、吸引着、驱动着人,是人赖以确定前进方向的路标,指引人通过每天都要面对的微妙处境,它是大多数人决策过程的基础。

不同的国家,不同的学者,对价值观的定义是不同的。斯蒂芬·罗宾斯教授认为,价值观代表了人们的基本信念:从个人或社会的角度来看,某种具体行为模式或存在的最终状态比与之相反的行为模式或存在状态更可取。这个定义包含判断的成分,反映出个体对于正确和错误、好与坏、可取或不可取、重要性排序等的看法与观念;这个定义包括内容和强度两种属性,内容属性指的是某种行为模式或存在状态是重要的,即什么是重要的。强度属性界定的是它有多重要。即价值观内容的重要性

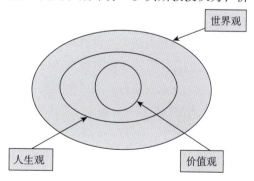

图 3-1 人生观、世界观、价值观的关系

排序。比如黄中理的价值观是：善良、坚强、诚信、正直等。按照黄中理本人认为的重要性排序：正直、诚信、善良、坚强。那么，在黄中理心中，正直的强度大于诚信的强度。也许，黄元吉的价值观，也是这四个。但黄元吉认为这些价值观的重要性排序是：坚强、正直、诚信、善良，那么对黄元吉而言，坚强的价值观强度大于正直的价值观强度。因此，创业搭档，不仅要知道彼此的价值观内容，还要清楚彼此的价值观强度。

　　清华大学的张德教授认为，价值观是指个体对事物的意义、重要性的总评价和总看法。黄培伦教授认为，价值观是指个体对事物的意义和重要性的总体看法。王国元教授认为，价值观是指人对他或他在满足主体需要方面的有用性、有效性、重要性和意义等轻重大小好坏的总体评价及其排序体系。人对世界的认识可分为两种：事实判断（判断真伪问题）和价值判断（判断意义问题）。司马迁认为，"人固有一死，或重于泰山，或轻于鸿毛"。人固有一死，是事实判断；或重于泰山，或轻于鸿毛，属于价值判断。而价值观包括事实判断和价值判断。他认为，价值观更接近于内心世界，而态度更接近于行为。本书认为，态度更接近于性格（行为风格）。

　　秦志华教授认为，价值观影响人的知觉判断，引导人的行为动机和促成人的行为准则。单大明教授认为，价值观是了解人的动机和态度的基础。价值观是事物或行为价值的主观反映，它以人的需要为基础，是一个具有不同层次的不同类型的结构系统，它是个性心理结构中的核心要素，它是个性倾向中高层次的定向系统，是人适应社会环境，参与社会生活的内在调整机构，保证人在生活中作出对他本人有重要意义的选择。所以，它直接决定了一个人的理想、信念、生活目标和追求方向的性质。它也调节和制约个性倾向中低层次的需求、动机、兴趣与愿望等内在倾向。它对人的性格和能力等心理特征均有制约和影响作用。

　　本书认为，价值观是人衡量自己行为与目标的参照点和选择标准。价值观引导人在薪酬不同情况下，行为的过程或成果的偏好。是对好坏或对错的认知，是人的动机、决策和行为的道德指南。人会把价值观按照偏好层次进行排列，从而形成独特的价值观体系。不同的人，其价值观是不一样的。同一个人，其价值体系在不同时期会有所变化或细微的变化。价值观会影响性格，与性格有一定的关联，但不是决定关系。价值观回答的是：什么有价值、这些有价值的东西如何排序。而性格回答的是：怎么做。

　　我国主流观点认为，价值观是指人们在认识各种具体事物的价值的基础上，形成的对事物价值的总的看法和根本观点。一方面表现为价值取向、价值追求，凝结为一定的价值目标；另一方面表现为价值尺度和准则，成为人们判断事物有无价值及价值大小的评价标准。一个人的价值观一旦确立，便具有相对稳定性。对诸事物的看法和评价在心目中的主次、轻重的排列次序，构成了价值观体系。价值观和价值观体系是决定人的行为的心理基础。

　　价值观及其体系，从何处来呢？张德教授认为，一部分是遗传，一部分是家教家风，其余则受到社会环境的影响。从社会历史来看，人类的价值观经历了数千年，在文明中沉淀下来的价值观，因合理有用而代代相传，诸如和平、民主、自由、正直、公正等。它们具有相对的稳定性，几乎不变，即使变动，也极其缓慢。多半是价值观的强度，在不同的社会或阶段会有所不同；多半是价值观的表现形式，在不同的社会或历史时期会有所不同。从个体来看，一个人出生后，就在现实社会中接受社会文化的洗礼，在社会规范的作用和塑造下，建构起自己的价值观及其体系，在这一过程中，人们所处的家庭、社会生产方式及经济地位对他的价值观的形成有决定性影响。他们懂得了什么对他们重要，也学会了对这些重要性进行判断和排序。个体的价值观一旦形成，就如社会文化价值观一样，具有相对稳定性和持久性。当然，随着环境的变化会有所修正，但修正的难度很大，而且往往修正的是价值观的强度属性，而不是价值观的内容属性。

为自己的价值观而努力的人，是最幸福的。他们通常更快乐、更积极。他们的价值观给了他们活力、方向、意义和目标。意义与目标的实现，会让他们感到幸福，而这种幸福会强化他们的价值观，因此，这是一个自我增强的好循环。价值观是人类最深层次的话题，文化的不同，价值观会有很大的差异。世界的冲突，是文化的冲突；创业者的冲突，如果是价值观的冲突，那么创业肯定是要散伙的。

3.2　好搭档的价值观

创业者的价值观决定创业者的态度、意愿和欲望。对社会科学家而言，创业者的态度，就是创业者对某些具体创业活动（具体事物、个人）形成的相对稳定的个人感受、信念和行为倾向的集合。理清自己的价值观，了解搭档的价值观，并弄清楚这些价值观与自己的价值观有怎样的联系，这是找搭档的最关键，也是最重要的一步。不仅仅要看双方的价值观内容是否有相似性，还要看价值观的重要性是否有相似性。如果价值内容相似，但重要性排序相差甚大，也就是价值观强度相差甚大。强度有差异，价值观的兼容性会强。但强度相差甚大，往往也会产生价值观冲突。此时，也要谨慎组成搭档，建议不做搭档，至少要暂缓搭档。

如何了解彼此的价值观呢？本书认为，一般有三个方法：第一，坚持不懈地观察对方及其周边的人。第二，相互坦诚地沟通。第三，借助测量工具。本节探讨的是相互坦诚沟通的途径。

本书建议，创业者利用国学四象分析图，探讨各自的价值观，并一起完成国学四象价值分析图。每个创业者各自拟出自己认可和不认可的价值观，比如创业者 A 拟出五个认可的价值观，标注为 a1、a2、a3、a4、a5；不认可的价值观五个，标注为 a6、a7、a8、a9、a10；创业者 B 拟出五个认可的价值观，标注为 b1、b2、b3、b4、b5；不认可的价值观五个，标注为 b6、b7、b8、b9、b10；接着填入黄氏四象价值分析图。国学四象价值图，以创业者 A 的价值观为横坐标，左边不认可，右边认可；以创业者 B 的价值观为纵坐标，下端为不认可，上端为认可。如图 3-2 所示。这里的 1、2、3、4、5，是认可的重要性排序，1，最重要；2，次重要；以此类推。6、7、8、9、10，是不认可的重要性排序，10 是最不认可，9 次之，以此类推。

假设创业者 A 的 a1、a2、a3，和创业者 B 的 b2、b3、b5 是相同的，都填入 A 象限，标注为 a1b2、a2b3、a3b5。出现 3 个左右的相同的，即双方认可的，就可以认为价值观相似，也就可以考虑为创业搭档。a5 属于创业者 B 没有提到的价值观，那就放在横坐标轴的右侧，b10 属于创业者 A 没有提到的价值观，放在纵坐标轴的下侧。处在 D 象限的，属于双方都不认可的价值观。双方都不认可的价值观，处在 A、D 象限的价值观，越多越好；处在 B、C 象限的价值观，越少越好，需谨慎对待。B、C 象限的价值观，有的有兼容性，如图中的 a6b1、a7b4、a4b6。如果是 a10b1、a9b2，那就没有兼容性。a10b1 含义，是创业者 A 最不认可的，而创业者 B 认为最重要；a9b2 含义，是创业者 A 排在第二位不认可的，创业者 B 却把其排在认可的重要性第二，因此，这两个价值观属于没有兼容度的价值观，是引起冲突的根源所在。如果出现这种情况，就要审视没有兼容的价值观，影不影响企业的核心价值观？如果会影响所创办企业的核心价值观，那就最好不要做搭档，尽管有 1~2 个处在 A 象限的价值观。

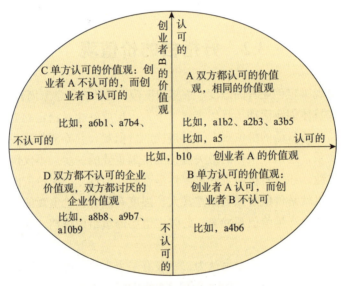

图 3-2　国学四象分析价值观相似性示图

3.3　识别他人的价值观

我国是地球上唯一文明没有中断的国家，我们的文明有 5000 年以上的历史。我们的先祖很早就意识到了知人识人的重要性，并留下了很多知人识人的智慧。《尚书·皋陶谟》云："知人则哲，能官人。"《道德经》云："知人者智，自知者明。"《孙子兵法》："知彼知己，百战不殆。"

我国传统文化，知人识人方面，非常注重人的德。德的甲骨文本义是：在十字路口，用眼睛看天，然后选择前进的方向。道家认为，符合天道的思想和方法，就是德。儒家认为，符合是非标准的思想品质就是德。《山海经》记载了凤凰五采而文，首文曰德。《周易》主张尚德。《周易·十翼》主张厚德载物，记载了君子四德。《道德经》认为："早服道，谓之重积德。"《孙子兵法》记载了将者五德，《尚书》记载了皋陶九德，大禹的祗台德先，伯益的惟德动天，也记载了箕子的义用三德。《诗经》里有23处出现德，比如，我求懿德，肆于时夏。《论语》记载了儒者五德。《中庸》记载了孔子三达德。

当今的定义，德就是对规律的认识、理解和实践。但日常生活中，中国人眼中的"德"，是人品和人文素养。中国传统文化里，没有价值观这一词，价值观是外来词，是当代中国人普遍接受的概念。价值观只属于中国传统"德"的一小部分。因此，古人知人识人，包括识"德"的方法，依然有借鉴意义。怎么知道对方的德呢？《道德经》云："万物并作，吾以观其复。"

《论语·为政》记载了孔子识人三步法：视其所以、观其所由、察其所安。战国初期魏国著名政治家、法学家李悝提出了"识人五法"，察人五视：第一，居，视其所亲。看一个人平常都与谁在一起：如与贤人亲，则可重用，若与小人为伍，就要当心。第二，富，视其所与。看一个人如何支配自己的财富：如只满足自己的私欲，贪图享乐，则不能重用，如接济穷人，或培植有为之士，则可重用。第三，达，视其所举。一个人处于显赫之时，就要看他如何选拔部属：若任人唯贤，则是良士真人，反之，则不可重用。第四，窘，视其所不为。当一个人处于困境时，就要看其操守如何：若不做苟且之事，不出卖良心，则可重用，反之，则不可用。第五，贫，视其所不取。人在贫困潦倒之际也不取不义之财，则可重用，反之，不可重用。

吕不韦在《吕氏春秋·论人》中，提出识人的"八观六验、六戚四隐"法，非常值得我们学习与借鉴，对我们识别他人的价值观有所帮助。

八观："通则观其所礼，贵则观其所进，富则观其所养，听则观其所行，止则观其所好，习则观其所言，穷则观其所不受，贱则观其所不为。"即在一个人通达、过着很顺利的日子的时候，要注意看他礼遇的是些什么人。在他显贵、发达的时候，要注意看他举荐些什么人。在他富贵的时候，要注意看他供养、收养些什么人。在他听取意见的时候，要注意他将采取些什么行动。在他闲暇无事的时候，要注意看他有些什么喜好和嗜癖。在与他探讨问题的时候，要注意他说些什么话、怎样说话。当他贫穷的时候，要看他不接受什么东西。当他社会地位处在下贱阶层的时候，要看他绝对不做什么事情。

六验：喜之以验其守，乐之以验其僻，怒之以验其节，惧之以验其特，哀之以验其人，苦之以验其志。

喜之以验其守：验其节制能力，不得意忘形。当一个人"得意"时，看他是否"忘形"。如果一个人遇到点好事就飘飘然，那么这个人不仅不成熟，操守可能也不达标。更进一步，若有人因为一点点小成绩就骄傲自满，到处宣扬，那么他在事业上也肯定不会有所成就。

乐之以验其僻：验其僻性爱好，不玩物丧志。处在一个充满诱惑的场合，而能岿然不动，不生邪念，这样的人，才是难能可贵的。若一个人平时待人有礼如谦谦君子，一旦处于娱乐场所便放浪形骸，那么此人肯定是伪君子。不管在什么场合都一如既往，做人做事有礼有节，这样的人才是真正的君子。

怒之以验其节：验其控制能力，不失去理智。当一个人生气时，看他自我控制和约束情绪的能力，以考察其气度与节制。那些因为一点小事就火冒三丈而失去理性与判断能力的人，往往容易造成工作上的失误与漏洞，甚至是非常严重的后果。王阳明说："虽怒，却此心廓然，不曾动些子气，方才是正。"谁都免不了有愤怒等情绪，但在动怒之时内心仍然冷静清明，不失去理智，能够中正行事，这样的人，才有在复杂的局面中改变现状的能力。

惧之以验其特：验其是否勇于负责，当铮铮好汉。当一个人恐惧时，看他能否意志坚定，坚持自己的立场，拥有不变的信念。意志坚定者认为对的，不会因别人的威胁而否定自己，而盲从别人的观点。反之，如果明知是真理，被别人一恐吓就立马胆怯地掉转船头，违心附和，那么此人不堪大用。

哀之以验其人：验其是否悲观失望，怨天尤人。看到伤心之人，能动恻隐之心，能不遗余力伸出援手奉献爱心，说明他懂得体恤，懂得慈悲，这样的人心必然坏不到哪里去。反之，如果一个人对你嘘寒问暖，对待需要帮助的可怜人却麻木不仁，你就要小心了，此人对你一定有所谋。

苦之以验其志：验其是否有坚韧不拔的气度，能否吃苦耐劳。当一个人面对困苦考验的时候，看他是否具有坚定的意志。吃得苦中苦，方为人上人。如果碰到一点苦就打退堂鼓，这样的人不堪重用。生活中往往锦上添花者多、雪中送炭者少，在逆境和低谷期还能对你不离不弃的人，请好好珍惜。

六戚四隐：六类亲戚（六戚）是：父、母、兄、弟、妻、子；四类接近他的人（四隐）是：朋友、熟人（老相识或同事或同学）、乡亲和邻居。用六戚四隐识人：要听取他六类亲戚、四种接近他的人对他所做的评价来认识他。

识别他人的价值观：一要观察，二要审听，三要验行。尽可能把价值观和世界观、人生观、品德（人品），以及精神等区隔开来。

价值观，不是道德观念，它是人以什么样的规则和周边的人相处，以什么样的规则来处理事情。阿里前COO关明生认为，企业的价值观，不是道德观念，而是企业的"游戏规则"。本书认为，道德观念，可以理解为价值条规。价值观，是拥有强烈的情感力量的信念。它一旦被侵犯，人们就会奋起反抗，甚至不惜付出生命。而道德观（即价值条规），尤其是那些缺乏情感力量支撑的道德条规，它被侵犯时，人们缺乏捍卫的勇气和动力，顶多"道德谴责几句"，还得是在没有风险的情况下才会去做的。这是价值观和道德观的最核心区别所在。

3.4 测量个人的价值观

价值观是内隐而软性的心理特征，故观察、沟通个人（包括自己）的价值观，需要漫长的时间，而且主观性很强。西方国家的学者，就提出用心理测量工具或开发心理测量软件来测试人的价值观，以减少主观性和缩短时间。

戴维·盖奇经常使用小托马斯·里特开发的"个人价值观"测量工具，这个工具，要求测试对象回答几十个问题，然后就可以迅速地生成一份价值观概述，来显示在测试对象心目中八种价值观各自的地位。他认为，这种价值观测量的作用有三个：第一，在许多潜在的价值观当中，这八种价值观与他们最关心的共事以及和睦相处密切相关。第二，价值观的概述，尤其是价值观的重要性排序，有利于创业者及其搭档的对照，有助于创业者及其搭档理解彼此的相似点和不同点，有助于他们借助测试结果进行坦诚而深度的沟通。第三，他所测试的对象普遍认同这些"客观"的结论。里特的个人价值观测量工具的八种个人价值观是：审美追求、人道主义追求、个人主义追求、物质追求、权力追求、形式主义追求、精神追求和理论追求。

目前我国还没有创业者价值观测试，但引进了很多职业价值观测试。职业价值观测试可以作为参考，如米尔顿·罗克奇的价值观测试、霍兰德的职业价值观测试、WVI职业价值观测试等。

本书认为，所有的测试，都会与真实的情况有差距，只凭做一份价值观测试，就认为熟悉和清楚彼此的价值观，是远远不够的。长期严谨的用心观察、坦诚而深度的交流、选择主流的价值观测试，这三种方式，要综合使用。

3.5 好搭档的企业价值观

企业价值观，是指企业在追求经营成功的过程中所推崇的基本信念和奉献的准则以及目标。它是企业文化的核心，企业精神的灵魂，企业判断是非的唯一标准，是企业内部人际关系的基础和保证，是企业走进社会的通行证。伪装的企业价值观比企业价值观的缺失，对企业和社会而言，更为危险，更为可怕。

创业者及其搭档的价值观，反映到企业和组织层面，就上升到他们的企业价值观。创业者的个人价值观，会决定初创企业的组织价值观，尤其是组织的核心价值观，无论是有意还是无意。初创企业的文化，就是创业者价值观在企业文化中的体现。初创企业的组织价值观（企业价值观）要和社会价值观具有兼容性，兼容性越高，企业的美誉度和知名度就会借势而成长，就越容易吸引优秀人才。单独创业者，其个人表现出来的创办企业的价值观，就是企业的价值观。如果他个人的价值观，不够清晰且凌乱，那么他所创办企业的价值观也是混乱的，员工的个体价值观就无法和混乱的企业价值观趋向一致。这种初创企业，很快就会失去活力和竞争力，从而失败。阿里巴巴初期，关明生来到公司，就说阿里巴巴是混乱的游击队，他需要把它变成核心价值观明朗的正规军。

创业者需要厘清自己办企业的价值观，并与创业搭档交流彼此办企业的价值观，列出3~5个核心价值观，找出相同的部分，并把这个相同的部分列为企业的核心价值观。本书用四象分析法，进行分析。这里以创业者A的企业价值观为横坐标，创业者B的企业价值观为纵坐标。就会演绎出四种情形，如图3-3所示。进入A象限的价值观，果敢而快速地定位为初创企业的核心价值观。核心价值观不能多，4~5 个即可。A 象限是核心价值观区域。B、C 象限的价值观，不要列为企业核心价值观。D 象限的价值观，坚决不能成为企业的核心价值观。

在现实工作中，很多创业者，想当然地或主观地认为，自己认可的核心价值观，尤其是企业的核心价值观，搭档自然就会认可；不认可，对方就不会来做创业搭档。这种想法，风险极大。本人调解和研究的案例里，这种主观而自负的做法，非常多。也就是把 B 象限的价值观作为企业核心价值观的现象，非常普遍。这是创业搭档关系冲突隐性而杀伤力最大的根源所在。创业者 A 为了吸引创业者 B 成为创业搭档，委曲求全，把 C 象限的价值观定为企业的核心价值观，以讨好创业者 B。这也为今后的关系冲突埋下了伏笔。

创业搭档 1.0，创业搭档 2.0，出现 B、C 情形的例子比较多，D 情形，偶尔会出现在创业搭档 2.0。创业搭档 2.0 的创业失败多半是 D 情形。创业搭档 2.0 的低效，一般是 B、C 情形，在冲突不可调解的情形下，退出一方而勉强维持。如果采取一进一出的策略，那换进的搭档是 A 象限的搭档，才是明智的做法。

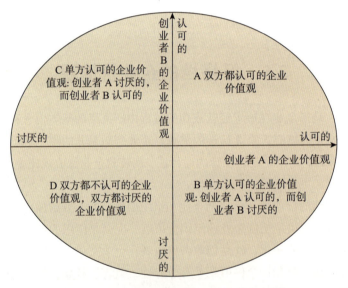

图 3-3　创业搭档企业价值观的四象分析图

本书建议，创业者和创业搭档运用国学四象分析法，坦诚地交流、探讨和规划出初创企业的核心价值观。不仅仅是双方进一步熟悉和了解，加深友谊的工作，更是共同创办企业文化的关键性工作。明确双方都认可的企业价值观，并把它作为企业的核心价值观，这是创办企业很关键的环节，因为个体对企业核心价值观的认同，是影响组织效能的重要因素；因为价值观会影响人们的知觉和判断。个人价值观和组织价值观的吻合度（一致性）越高，工作就越有成效，工作就越满意。阿里巴巴的成功，就是 2003 年核心价值观的明确，并致力于核心价值观的宣讲和考核。

创业者要把自己的个人价值观和企业价值观（组织价值观）区隔开来，尤其是与搭档创业的创业者。因为企业是带领一群人进行创造价值的商业性组织，不是一个人进行价值创造。当然，创业者个人的核心价值观要和企业的核心价值观有高度的融合性。最好在"个人价值观—企业价值观"四象图中的 A 象限。如图 3-4 所示。这个象限的创业者，其创业的满意度很高，与创业搭档一起创业的激情也很高，对创业搭档也很满意。

如果创业搭档宣布了一套企业的价值观，他们就必须遵守这些价值观，并且确保员工也这样做。因为价值观会引发期望。如果企业价值观没有得到遵循，员工的期望就没有得到满足，那么冷嘲热讽和怀疑就会滋生蔓延，创业搭档的处境就会变得很糟糕，还不如压根儿就别确立企业的价值观。创业搭档必须确保各自在图 3-3 的 A 象限，即确保他们选定的企业价值观与他们自己的个人价值观一致。

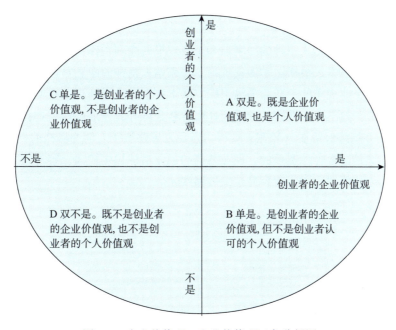

图 3-4　个人价值观—企业价值观四象分析图

本书把创业者的企业价值观，简称为创业价值观。它和创业动机是有区别的。创业动机，不一定是创业价值观。创业动机是创业者愿意冒着各种风险去创办新企业的激励因素。为什么创业？这是创业动机议题。而创办怎样的企业，企业凭什么生存下来？客户为什么要购买企业的产品？等等，这些属于创业价值观。

为什么创业？可能有很多原因，这些原因，很多并不能成为企业的价值观。比如，黄选突是为了赚钱而创业，赚钱是他的创业动机之一。赚钱不能成为创业价值观，通过为客户创造价值而合法合规赚钱，则可以成为创业价值观。黄选突除了赚钱，也许还有重振家族声誉的创业动机。而重振家族声誉，也不能变成创业价值观。也许他创业是为了证实自己的能力，而证实能力也不能变成创业价值观。黄选突认为创业过程中，要以客户为中心，以奋斗者为根本，全心全意为客户服务。这三点主张，如果写入企业章程并身体力行，就是创业价值观。创业动机和创业价值观的相同之处，就是它们是鼓励和引导创业者为实现创业成功而行动的内在力量。

3.6 好搭档的创业精神

创始人（创业者及其搭档）的创业精神，属于创业者的企业价值观范畴，克里斯·祖克在《创始人精神》中认为，创始人精神就是他们把自己定位为新生力量，不断地挑战行业及其行业准则以及服务那些没有受到良好服务的客户或者他们协同作战，创造一个崭新的行业。创始人的创业精神具有三大特点：新生力量具有的使命感、主人翁精神、重视一线业务。本书认为，这三大特点的前两个，创业者之间，有一个相同即可考虑成为搭档；三个相同，那就是天生的好搭档。

克里斯·祖克以创始人精神的净利益和企业规模的净利益作为考量指标，规划出企业的四条发展路线图。本人根据国学四象理论，将创始人精神的净利益作为横坐标，从左到右是从低到高；企业规模的净利益为纵坐标，从下往上是从低到高。企业的四种状态就形象地展现出来了，如图3-5所示。初创企业就是B象限，其发展路线要选择①，把企业发展到A象限，并持续保留在A象限，要极力避免发展路线④。创业搭档的创业精神相同，发展路线①、②是非常容易实现的。创业搭档的创业精神相差较大，容易走发展路线③，当创业搭档的创业精神变弱，就容易走发展路线④。

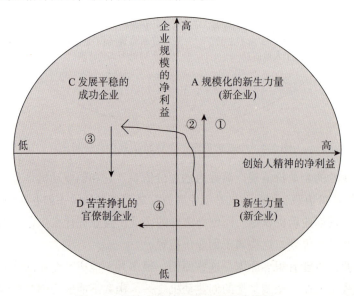

图3-5 创始人精神与企业发展路线图

1. 价值观是人衡量自己行为与目标的参照点和选择标准。价值观引导人在薪酬不同情

况下，行为的过程或成果的偏好。人会把价值观按照偏好层次进行排列，从而形成独特的价值观体系。

2. 创业者，用四象思维分析彼此双方价值观的相似情形，如果彼此的价值观在第一象限的比较多，那就是志同道合的创业者。

3. 创业者要和创业搭档一起，交流和提炼企业的价值观，把彼此认可的企业价值观作为创办企业的核心价值观。股权大的创业者，不能采取强压的方式，把自己认可的企业价值观作为企业的核心价值观。

4. 知道对方的价值观，是创业者找搭档最为关键的技能。知道对方的价值观有三条途径：亲自观察、做测试题、相互交流。

5. 创业精神，属于价值观，不属于道德品质。创业精神具有三大特点：新生力量具有的使命感、主人翁精神、重视一线业务。

本章思考题

1. 请阐述价值观和性格的差异性。
2. 黄五自认为他的价值观是：和平、民主、自由、正直、公正；徐六自认为他的价值观是：公正、正直、民主、和平、自由。请问，黄五和徐六的价值观是一样的吗？为什么？
3. 如何处理观察价值观、测量价值观和沟通价值观三者之间的关系？
4. 请阐述价值观和道德品质之间的联系与区别。
5. 请阐述创业价值观和创业动机之间的联系与区别。

本章案例

家庭婚姻失败的人，能做创业搭档吗

宁波大学的 MBA 学生黄章敖和刘元璋、李政三人共同创办了一家生物科技公司，生产无抗饲料添加剂。

黄章敖是海归博士，拥有诸多技术专利，回国创业的动机是我国养殖业发展迅速，国家禁止养殖业在饲料中加入抗生素。他不想错过这个机会，为了实现自己的人生价值，让自己的专利变成市场真正需要的产品。刘元璋是黄章敖的本科同学，擅长销售，在两家公司从事过销售工作，黄章敖回国创办企业时，多次找老同学刘元璋叙旧聊天，得知刘元璋因家庭婚姻纠纷弄得筋疲力尽，且无法在原单位工作，至今处在工作空档期，就主动邀请刘元璋以创业搭档身份加入他的公司，并许诺，如果在第二年，他带领的销售团队实现了 1 000 万元的销售额，就赠送给他 5% 的股权，一次性兑现成熟。如果他带领的销售团队实现了 3 000 万元的销售额，再赠送给他 5% 的股权，分四年逐年兑现成熟。如果他带领的销售团队实现了 5 000 万元的销售额，再赠送给他 5% 的股权，分四年兑现成熟。刘元璋把自

己家庭婚姻危机的大概情况告诉了黄章敫，黄章敫认为，家庭婚姻危机的对错难以判断，属于隐私，属于私人范畴，与创业不是一码事。再说，本科时代是同学，彼此知根知底。比如刘元璋花心较重，异性朋友比较多，为人热情、义气、爱面子、喜吹嘘，等等。但杀人放火的事情不会干，坑人害人的事情也不会做。李政是黄章敫的母亲家乡人介绍认识的，李政需要赚更多的钱，而原公司给予的薪酬收入不高，希望换公司。李政擅长做行政和财务工作。黄章敫因回国时间不长，需要一位行政财务管理人员。黄章敫除了给予李政约高于市场行情的薪酬外，许诺他，当公司实现 5 000 万元的销售目标时，就赠送给他 3% 的股权，分三年兑现成熟。三人一起探讨公司的核心价值观，很快就达成共识：为中国的无抗养殖努力奋斗，客户第一、担当社会责任、诚信创新、团队合作。

经过一年的搭档创业，三人彼此的关系不错，能够同心协力促进企业发展，遇到重大问题，三人能够一起协商探讨解决方案。只是，刘元璋的办公室非常乱，经常不在办公室。公司创办的第一年，就实现了 1 000 万元的销售目标，黄章敫也很快兑现了承诺，赠送给刘元璋 5% 的股权，并在工商管理局进行了登记。第二年，刘元璋的干劲十足，只是有些飘飘然，经常拿些非预算内的应酬发票来报销，开支有些偏大。这时，他的前妻找到黄章敫，说尽刘元璋的坏话：什么贪污，什么家暴，什么不孝敬父母，什么转移房产，什么赌博，什么嫖娼，等等。还拿出证据给到黄章敫看，这些证据都表明刘元璋的人品很坏。他的前妻请求黄章敫尽快开除刘元璋。黄章敫为此事非常头疼：刘元璋虽然是个创业能手，他会不会也背叛公司呢？他会不会拿到公司的某些把柄威胁公司呢？他的人品很坏，会不会影响公司的进一步发展呢？要不要插手刘元璋的家庭事务呢？我之前对刘元璋的承诺要不要收回来呢？黄章敫经过三个多月的深思，在顾问的指导下，决定不理睬刘元璋前妻的话，继续三人的搭档创业。

第二年，刘元璋带领的销售团队实现了 3 000 万元的销售目标，尽管有些销售方法不符合公司政策，比如销售费用超支，比如出现销售曲棍球棒现象等。但黄章敫依然选择兑现股权。李政在年底也获得丰厚的奖金，看到了未来，积极性增加了不少。公司呈现欣欣向荣的景象。

第三年，刘元璋的前妻再次来找黄章敫，说刘元璋的坏话，也找到李政，说刘元璋的坏话。李政非常同情刘元璋的前妻，认为人品坏的人，无论多么能干，最终会让公司受到很大的损害。李政虽然没有明讲，但多次暗示黄章敫换将。

讨论：

1. 创业者刘元璋的个人价值观，会不会伤害企业的价值观？为什么？

2. 李政不认可刘元璋的个人价值观，甚至认为他的人品会影响公司发展，作为黄章敫，应该如何处理这件事？

第4章 创业搭档的性格管理

 **本章要点**

界定性格的内涵以及意义

描述性格与大脑生理结构之间的联系

阐述性格的 TOPK 模型，描述各种性格学说之间的联系

探讨创业搭档的性格组合，实证创业搭档的 TOPK 原则

4.1 性格及其作用

张德教授认为，性格是一个人对现实的态度和习惯化的行为方式中所表现出来的较为稳定的心理特征，即人对现实的稳定态度和习惯化的行为方式。他还认为，从管理角度来看，人格（或个性）是影响个体行为的心理特征，是个体所有反应方式以及与他人交往方式的总和。

秦志华教授采用人格一词（personality），他认为人格有两个基本点：独特性和行为模式。他还认为，人格来自遗传、学习和情景，具有一定的稳定性。相似的情景，个体会有相似的行为方式，因此，人格类型的掌握，有助于预测他人的行为方式，有助于事先调适自己的行为方式以应对他人。

黄培伦教授认为，性格是人们对现实中客观事物的经常性和稳定性的态度以及与之相应的习惯化的行为方式，即性格=态度+行为方式。王国元先生认为，性格反映的是人们处世待人的方式和习惯，是人们在后天的环境影响以及学习中逐渐形成的稳定态度和习惯化的行为方式。

西方学者喜欢使用人格一词，使用最多的人格定义是戈登·奥尔波特的定义。戈登先生认为，人格是个体内部身心系统的动态组织，它决定了个体对环境独特的调节方式。斯蒂芬·罗宾斯教授认为，人格是指个体对他人的反应方式和交往方式的总和，有真实人格和测量人格之分。也有不少西方学者将人格定义为：个人表现出的独特的相对稳定的行为、思想和情绪模式。

本人认为，性格，就是人们习惯了的思维方式和行为方式。性格是人具有的与他人相区别的独特而稳定的思维方式和行为风格。性格不是性情品格，它是思维方式和行为风格。

性格不是性情，也不是品格，它与道德品质、价值观是完全可以区隔的关于人的心理与行为特征。

本人认为，价值观是回答什么重要及其重要性排序的心智议题，价值观回答了判断的标准；而性格回答了人们的判断方式。性格显示人们思考的方式和应对的行为方式，即如何思考，如何行动。诸如如何决策（决策风格）、如何沟通（沟通风格）、如何领导（领导风格）、如何利用时间、如何控制情绪、如何应对紧张、如何影响他人、如何处理冲突等。价值观回答 what 类的提问，而性格回答 how 类的提问。举例来说，助人为乐是价值观或目标，性格就是如何助人为乐：TOPK 模型中的老虎型性格，表现为果敢快速、直接有力的助人为乐；孔雀型性格，表现为热情豪爽、灵活机动的助人为乐；猫头鹰型性格，表现为认真严谨、有礼有节的助人为乐；考拉型性格，从细枝末节发现对方的难处，给予细致的关心和支持，即亲和稳重、耐心细致的助人为乐。

本人认为，性格也有真实性格与测量性格之分。真实性格是指个体内心真实的思维方式和完全放松情况下的行为方式；测量性格，是指通过各种测量工具测试出来的性格。测量性格与真实性格往往会有较大的差异，尤其是多次做性格测试的人。性格还有天生性格与后天性格之分，天生的性格是指 3~7 岁养成的思维方式和行为方式，后天性格是指上学以后，训练出来的思维方式和行为方式。

那么，如何知道自己的真实性格和搭档的真实性格呢？本书认为，分三步进行：第一，双方都要学习性格理论，找到可靠的主流的性格理论，每个人从自身的深度静心地学习，感悟自己的性格类型，然后双方坦诚交流。以性格工具观己，而非猜测。第二，找到一个权威的性格测试工具（软件或试题），按照心理测试要求，测试各自的性格类型，并坦诚交流。第三，以性格工具观察搭档的性格类型，比如用 TOPK 模型观察对方的性格，而非以己观人。鉴人察性，本人的理解是鉴人之价值观，察人之性格。以己观人，实则以心度他心，主观性太强，识别同类还行，识别异类偏误很大。曾国藩说："以己观人，能识同体之善，而失异体之美。"

我们都知道，性格决定命运，人的思维方式和行为方式，决定了他的未来。性格的冲突与管理，尤其创业者与创业搭档的性格冲突与管理，决定了创业的成败。

4.2　性格与大脑生理结构及功能

我们的思维方式和行为风格，受到大脑的调控。性格是有物质基础的。脑科学是研究脑和心智现象及其规律的科学。从心理现象来看，大脑有感觉、知觉和记忆等心理活动过程，以及意识、思维等复杂的心理活动。

人脑位于颅腔内，上面是布满皱纹沟回的大脑，其下是间脑（丘脑及周边组织）、脑干（中脑、脑桥和延脑）和小脑。脑干的延脑部分，又称延髓，与脊髓相连接，联络外周围神经组织和脑神经。小脑协调身体运动，并影响某些类型的学习过程，间脑在动机、情绪和记忆中具有重要作用。大脑及其皮层整合感觉信息、协调运动、促进抽象思维和推理、负责语言思维等高级心理功能。

人的大脑有左右两个半球,中间由横行纤维(胼胝体)相连,每个半球有背外侧、内侧和基底三个面,分布着深浅不等的沟回。神经科学家分别从垂直和水平两个方向按照沟回的走向,将每个半球在脑皮层划分为不同的叶区(脑叶),包括额叶(自额极至中央沟和外侧裂)、顶叶(中央前后沟之间)、枕叶(顶枕裂至枕极)、颞叶(枕极至颞极)以及脑岛(外侧裂底部的岛叶和嗅脑构成的边缘叶)等。

心智活动主要是在人脑中相互联络的皮层中发生,其余多为支持组织。呈灰色的大脑皮层是高级神经活动的物质基础,约有 100 亿以上的神经细胞,以自内向外分层方式排列。皮层下呈现白色的是神经元之间相互连接的神经纤维,将皮层神经细胞聚集成一个不可分割的有机整体,神经的联结由遗传与强化运用所决定。全部皮层可分成若干区域,不同的区域反映一定的心理功能。额叶具有运动控制和认知活动的功能,如计划、决策和目标设定等。顶叶负责触觉、痛觉和温度觉等,枕叶负责视觉过程,颞叶负责听觉过程。不同的人,这些区域的发育程度会有所不同。那么,其视觉、听觉、运动等也会有所不同。

美国加利福尼亚大学教授、著名生物学家斯佩里通过实验发现大脑两半球的功能不同,但可以相互补偿和协调。左右脑两部分由 3 亿个活性神经细胞组成的胼胝体联结成一个整体,不断平稳着外界输入的信息,并将抽象的、整体的图像与具体的逻辑信息连接起来。胼胝体位于大脑半球纵裂的底部,连接左右两侧大脑半球的横行神经纤维束,是大脑半球中最大的连合纤维。

1981 年,他因此荣获了诺贝尔生理学或医学奖。大脑左半球优势主要集中于需要语言和计算的任务,如说话、阅读、思考和推理。大脑右半球的优势在于非语言任务,如空间关系的理解、图片识别和音乐欣赏等;左半球负责语言数字,右半球负责运动空间。大脑的左右半球具有整体协调性,但具有不同信息的处理特点:左半球是分析式,倾向于信息系列加工;右半球是全息式,倾向于整体加工信息。

左脑具有语言、逻辑、分析、数字、短期记忆等特质,它以强记知识为主,称为"学术性"脑。右脑具有创意、直觉、图像、情绪控制等特质,它以创新、协调、爱心为主,称为"创造性"脑。右脑学习既可以发展创新思维,又可以让人"肚里可撑船",右脑学习者通常较为积极、协调能力强并富有爱心,还可以提高学习速度和记忆能力。因为右脑还有深层记忆中心。

左脑就像个雄辩家,善于语言和逻辑分析;又像一个科学家,长于抽象思维和复杂计算,但刻板,缺少幽默和丰富的情感。右脑就像个艺术家,长于非语言的形象思维和直觉,对音乐、美术、舞蹈等艺术活动有超常的感悟力,空间想象力极强。不善言辞,但充满激情与创造力,感情丰富、幽默、有人情味。左脑是现代脑,右脑是祖先脑。左半球,倾向事的关注;右半球,倾向人的关注。如果把性格以左右脑来划分,左脑型性格,对应 TOPK 性格模型中的老虎和猫头鹰两种性格,右脑型性格,对应 TOPK 性格模型中的孔雀和考拉两种性格。

最新脑功能定位（多功能模块）观念和理论认为，即便是简单的感知活动，也绝非只是某个特殊脑部结构部位的功能，而是由数十个脑部结构，按照一定顺序一起参与的结果，所形成的功能模块也是会不断发生变化的。现代研究主张，要提高自己的潜能，左右脑要交替使用。

4.3 性格与大脑的心理认知功能

人的性格与大脑认知有什么关系呢？伊凡·彼得罗维奇·巴甫洛夫创立了高级神经活动的学说，是高级神经活动生理学的奠基人。世界著名的行为主义派的先驱和领军学者，1904年荣获诺贝尔生理学奖。巴甫洛夫认为，人的气质是由人的高级神经活动类型决定的。大脑皮层的基本神经过程有强度、均衡性和灵活性三种基本特性。根据这三种特性，将个体的神经活动分为不同的神经活动类型：强而不均灵活型、强而均灵活型、强而均不灵活型和弱而不均不灵活型四种类型。分别以兴奋型（冲动型）、活泼型、安静型和抑制型（压制型）来表述，它分别对应气质学说中的胆汁质、多血质、黏液质和抑郁质，也分别对应TOPK性格模型中的老虎型、孔雀型、猫头鹰型和考拉型。

我国神经管理学教授毛翠云，提出结构与认知关联图，如图4-1所示，本人对关联图做了些微调。我们知道，大脑的认知，包括心理实体中比较高的心理过程，如知识、智力、思维、意识、想象、创造、计划和策略的形成、推理、推测、问题解决、概念化、分类等过程。脑科学的心理学研究表明，大脑生理结构整体上可以分为六个区，各个区域有着不同的心理认知功能。

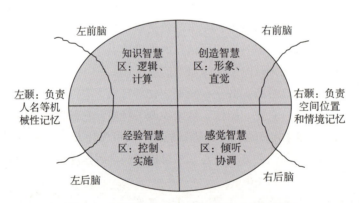

图 4-1 大脑生理结构与心理认知功能关联图

左脑负责抽象思维和逻辑思维，左前脑发达的人：思路明晰、数学运算、逻辑推理、演绎推理、分析决策、遵纪守法。与TOPK模型中的O型性格类似，也许是O型性格的大脑活动区域；左后脑负责抽象思维和知觉思维，左后脑发达的人：行动快速、决策果敢、控制欲强、执行力强。与TOPK模型中的T型性格类似，也许是T性格的大脑活动区域；右前脑负责形象思维和直觉判断，右前脑发达的人：构想未来、愿景规划、直觉敏锐、富于想象、创意连连。与TOPK模型中的P型性格类似，也许是P型性格的大脑活动区域；右后脑负责感觉思维和人际关系的建立，右后脑发达的人：友爱沟通、善于倾听、团结互助、善解人意、听觉敏锐。与TOPK模型中的K型性格类似，也许是K型性格的大脑活动区域。

毛翠云教授研究了创业潜质胜任力与脑象图优势特征关系，建立了创业者行为心理特征与不同脑部功能特征之间的关系图，如图4-2所示，本人稍微做了些调整。

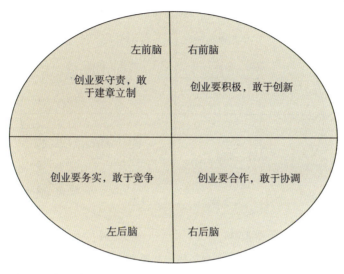

图4-2 创业者行为心理特征与不同脑部功能特征之间的关系图

美国最著名的性格与大脑的关系研究，要数美国GE公司奈德·赫曼（Ned Herrmann）博士的全脑研究，他在20世纪70年代提出全脑模型（whole brain model），主要是描述人的思维方式。1976年经由德州大学以脑电仪证明HBDI理论的成立，是一种被用来分析个人和组织的思维方式的方法。1978年，在GE公司的支持下，赫曼发展出HBDI问卷（Herrmann Brain Dominance Instrument），用以测评人的大脑思维偏好。它的第一个重要科学依据，是1981年诺贝尔奖获得者斯佩里教授的研究。斯佩里教授认为，大脑其实分成两个部分，一边左脑，一边右脑。大脑左半球长于语言和计算。大脑右半球虽不善说写，但对语言和字义仍有相当的理解。它对空间的识别，对音乐、艺术、情绪的感知，优于大脑左半球。大脑左半球习惯做逐步分析，右半球偏向于整体直观。这两种不同的感受和思维功能分工合作，相辅相成，令人不禁感到造化之妙。左脑主语言、数学公式、逻辑、数字、次序、线条、分析、歌词。右脑则主格式空间、空间操作、旋律、音乐欣赏、影像/图形、想象、白日梦、多面向还有格局。

它的第二个重要科学依据，是美国神经学家麦克连教授的三层系统。麦克连教授发现脑有一个新皮质，新皮质就是指我们脑的上半部，这是认知的系统。第二部分是边缘系统，边缘系统是脑的下半部，这是感知的系统，上脑是认知，下脑是感知。左边是主记忆，右边是主情绪，还有第三个部分的脑干、小脑等。因此，赫曼将斯佩里教授的左、右脑，以及麦克连教授的上脑、下脑整成一个全脑的模型，即大脑的四分法。赫曼认为，人们在职场，要提高竞争力，脑的四个部分都要进行严格训练，从而获得全脑优势。美国理查德教授把它运用在领导风格研究，认为卓越型的领导会灵活自如地运用这四种领导风格。本人在《销售队伍管理》一书中，把这种领导称为适应性领导。如图 4-3 所示。本人稍微做了调整。

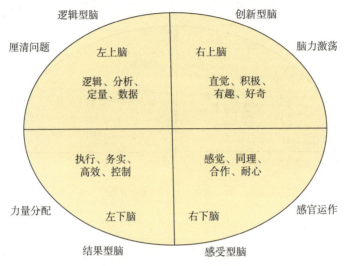

图 4-3　理查德领导风格与赫曼全脑模型的关联图

本书就上一节和本节人类的研究成果，认为性格是有物质基础的，性格是有结构的，它的结构基础在于人类的大脑结构以及大脑的生理活动类型。本书认为，图 4-3 中的左上脑，也称逻辑型脑、分析型脑，其性格特征与 TOPK 模型中的 O 型性格类似；图 4-3 中的左下脑，也称结果型脑、执行型脑，其性格特征与 TOPK 模型中的 T 型性格类似；图 4-3 中的右上脑，也称创新型脑、梦想型脑，其性格特征与 TOPK 模型中的 P 型性格类似；图 4-3 中的右下脑，也称感受型脑、协调型脑，其性格特征与 TOPK 模型中的 K 型性格类似。

4.4　正确获得与运用测量性格

如何知道自己的性格类型？如何识别他人的性格类型？这是人生永恒而有趣的话题。识别他人的性格类型，就得有性格方面的知识结构，懂得人性心理学。我国 5 000 多年的文明沉淀中，有很多识别性格类型的方式方法，这些方式方法，至今依然有效，并为人们所运用，但因主观性很强，普通人使用它们，往往会失效或效果不佳。比如颜色识别他人的性格，是一个简洁直观的方法，但需要多次观察，不能只凭几次观察颜色，就认定他/她的天生性格，只能判断他/她此时此刻想表达的性格。还有些特殊情况，他/她所穿的衣服/小饰品，不是他/她自己购买的，而是别人帮他买的。具体会在本章第七节阐述。为此，西方学者研发了很多性格测试题。目前网络中也有很多在线性格测试，有些是免费的。这些测量出来的性格类型，本人称之为测量性格。测量性格与测量价值观一样，它们与真实性格会有差距,有的差距会很大,其原因是什么呢?通过性格测试24年的实践,本人认为有以下几个原因:第一,测试者的性格知识。如果测试者的性格知识很丰富,测量性格与真实性格差距就会很大。第二,测试者所用的测试时间。如果测试者做测试题时,不是凭感觉或直觉来做的话,老是要通过思考才拿出答案,测试往往会严重超时。测试时间超时的,测量性格就不是真实性格的反映。第三,测试者的测试动机。如果测试者参与性格测试,目的不是发现真实的自我,而是玩玩的态度,或想证实测试题不准,那么测量性格是不可能向真实性格逼近的。第四,测试者多次做性格测试。一套性格测试题,多次重复地做,或在一段时期内,做很多性格测试题,这种情况下,测试出来的性格会严重失真。

请本书的读者,在阅读本章第5节前,做《猜猜我是谁》的性格测试题,目的是帮助读者通过测试性格,找到自己的真实性格。这套测试题,可以用来识别创业搭档的测量性格、配偶的测量性格、员工的测量性格(用来招聘员工)等。

请您在5分钟内完成以下30道提问,打钩即可。回答问题时,不是依据别人眼中的您来判断,而是您认为您本质上是不是这样的。

举例说明,第一道题:安静到多话,是1、2、3、4。如果您觉得您安静,那么就选择1;您觉得您不安静但偏向安静,那么就选择2;如果您觉得您多话,那么就选择4;您觉得您不多话,但倾向多话(比如,说话多于安静),那就选择3。其他29题,类似。

1.安静　　　　　　　　　　多话
1　　　　2　　　　3　　　　4
2.优柔寡断　　　　　　　　当机立断
1　　　　2　　　　3　　　　4
3.趋从的　　　　　　　　　掌管的
1　　　　2　　　　3　　　　4
4.支持的　　　　　　　　　挑战的
1　　　　2　　　　3　　　　4
5.顺从的　　　　　　　　　统治的
1　　　　2　　　　3　　　　4
6.深思熟虑　　　　　　　　快速决定
1　　　　2　　　　3　　　　4
7.问问题　　　　　　　　　做声明
1　　　　2　　　　3　　　　4
8.合作的　　　　　　　　　竞争的
1　　　　2　　　　3　　　　4
9.避免风险　　　　　　　　敢冒风险
1　　　　2　　　　3　　　　4
10.慢节奏的　　　　　　　　快节奏的
1　　　　2　　　　3　　　　4
11.谨慎的　　　　　　　　　轻松的
1　　　　2　　　　3　　　　4

12.纵容的				严格的
1	2	3	4	
13.无自信的				自信的
1	2	3	4	
14.圆滑的				切合实际的
1	2	3	4	
15.含蓄的				直率的
1	2	3	4	
16.外向的				内向的
1	2	3	4	
17.易于冲动				深思熟虑
1	2	3	4	
18.观点为重				事实为重
1	2	3	4	
19.非正式的				正式的
1	2	3	4	
20.感性的				理性的
1	2	3	4	
21.易于了解				很难了解
1	2	3	4	
22.热情				冷漠
1	2	3	4	
23.易兴奋				平静
1	2	3	4	
24.栩栩如生				面无表情
1	2	3	4	
25.看重人的				看重事的
1	2	3	4	
26.无意识的				有意识的
1	2	3	4	
27.积极响应				消极响应
1	2	3	4	
28.幽默的				严肃的
1	2	3	4	
29.冲动的				有条理的
1	2	3	4	
30.轻松的				紧张的
1	2	3	4	

测试打分规则或评卷规则：第一，得分规则：选择1，就得1分；选择2，就得2分；选择3，就得3分；选择4，就得4分。第二，1~15题，得分汇总除以15，除不尽，取小

数点后两位。此数值记为 X，为横坐标的数据。第三，16~30 题，得分汇总除以 15，除不尽，取小数点后两位。此数值记为 Y，为纵坐标的数据。第四，把两个数据标在图 4-4 中，阅读完下一节的内容，便知自己的性格类型。

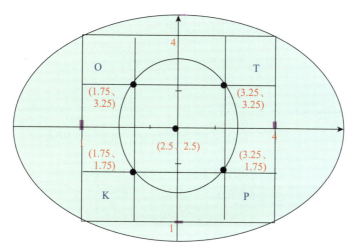

图 4-4　杭州黄氏 TOPK 性格四象图

本书提供第二个测量性格的方法，这个方法也非常简单有效。心理学家认为一个人大部分的行为是为了满足其行为需求。持这种观点的顶尖作者有：Hertzberg、McGregor、Maslow、Skinner 与 McClelland。虽然，他们所使用的术语可能不同，但是基本上他们同意人类的行为是为了满足需求。综合这些一流行为科学家的著作及论点，我们推论人类有六大基本心理需求；这些需求会在每个人的行为风格（personality style）中反映出来。六大基本心理需求是：①权力（power）；②成就（achievement）；③认同（recognition）；④合作（affiliation）；⑤安全（safety/security）；⑥秩序（order）。

创业者及其创业搭档，各自把六个心理需求按照各自认为的重要性（1、2、3、4、5、6）进行排序，其中 1 是最重要的，2 其次，以此类推。对心理需求所对应的行为，进行举例说明。在填写表格时，不能交流。如表 4-1 所示。每个人填写完了以后进行汇总，如表 4-2 所示。

表 4-1　心理需求重要性排序

心理需求重要性排序				
心理需求	重要性	姓名	举例说明该心理需求相应的行为	备注
权力				
成就				
认同				
秩序				
安全				
合作				

创业搭档管理

表 4-2　心理需求重要性排序汇总

心理需求重要性排序汇总						
心理需求	重要性	姓名	姓名	姓名	姓名	姓名
权力	1					
成就	2					
认同	3					
秩序	4					
安全	5					
合作	6					

心理需求排在前两位的，一般会出现 30 种情况，如表 4-3 所示。

表 4-3　心理需求重要性排序前两位的组合分析

心理需求重要性排序前两位的组合分析							
心理需求	重要性	重要性前两位的组合情况					象限类型
权力	1	权力	权力	权力	权力	权力	第一象限
	2	成就	认同	秩序	安全	合作	
成就	1	成就	成就	成就	成就	成就	待定象限
	2	权力	认同	秩序	安全	合作	
认同	1	认同	认同	认同	认同	认同	第四象限
	2	权力	成就	秩序	安全	合作	
秩序	1	秩序	秩序	秩序	秩序	秩序	第二象限
	2	权力	成就	认同	安全	合作	
安全	1	安全	安全	安全	安全	安全	待定象限
	2	权力	成就	认同	秩序	合作	
合作	1	合作	合作	合作	合作	合作	第三象限
	2	权力	成就	认同	秩序	安全	

本书认为，权力需求排在第一的，它属于四象性格图中的第一象限；认同需求排在第一的，它属于四项性格图中的第四象限；秩序需求排在第一的，它属于四项性格图中的第二象限；合作需求排在第一的，它属于四项性格图中的第三象限。

待定象限有 10 种情形：成就—权力，属于第一象限；成就—认同，属于第四象限；安全—合作，属于第三象限；安全—秩序，属于第二象限。剩下 6 种情形：成就—秩序、成就—安全、成就—合作、安全—权力、安全—成就、安全—认同。需要根据重要性排序在第三的心理需求来确认其象限属性。如果第三个心理需求为权力的话：成就—秩序—权力、成就—安全—权力、成就—合作—权力、安全—权力—成就、安全—成就—权力五种情形即可放入第一象限。而安全—认同—权力的情形待定。如果第三个心理需求是认同的话：成就—秩序—认同、成就—安全—认同、成就—合作—认同、安全—成就—认同四种情形即可放入第四象限。而安全—权力—认同、安全—认同—权力两种情形待定。搞不定的极少数情形，再来一次排序，此次排序是四个心理需求里只选一个：权力、认同、秩序、合作。

六大心理需求和 TOPK 性格模型有什么关系呢？一般而言，权力处在第一象限，认同处在第四象限，秩序处在第二象限，合作处在第三象限。安全是第二象限、第三象限的共同心理需求；成就是第一象限、第四象限的共同心理需求。如图 4-5 所示。

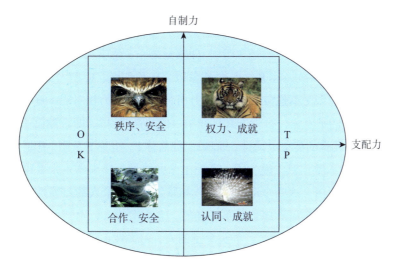

图 4-5　翰溪黄氏 TOPK 十字圆盘性格模型

4.5　TOPK 性格模型

4.5.1　TOPK 性格模型概述

人类的性格是有结构的，本书用 TOPK 性格模型来描述人类的性格结构。其中，最大比例的性格类型，也称主型（或主导）性格。主型性格就是人经常表现出来的性格类型。比例第二的性格类型，称为亚型性格。TOPK 性格模型是把人的性格分为四个类型，它以支配力为横坐标，从左到右，是从弱到强；以自制力为纵坐标，从下往上，是从弱到强。外面有个圆圈。如图 4-5 所示。

这里的支配力，是指一个人希望运用威权的力量，来控制或支配别人；但并不是说此人目前的职务有此权力，而是一种由其精神或个性的本质衍生形成的，并且自然地向他人展现的力量。这里的自制力，是指一个人自我约束的力量或程度。也说明一个人是否很正经或很正式，或者是不拘小节的。外加圆的本义，寓意是指四种性格混合在一起，是个混沌。每个人都有这四种性格，只是比例不同而已。每个人都可以站在圆上根据环境的变化，自觉地调整自己的性格以适应环境。

第一象限是双强象限：支配力强，自制力也强。这个象限的人，其思维方式排在第一位的是知觉，行为方式排在第一位的是直接"做"。即知觉第一，行动第一。本人用老虎来比喻，老虎的英文单词是 tiger，故简称 T，也称 T 象限、T 型性格、T 型人。

第二象限是弱强象限（单强象限）：支配力相对弱，自制力相对强。这个象限的人，其思维方式排在第一位的是逻辑，行为方式排在第一位的是"想"，爱思考，擅长分析。即逻辑第一，思考第一。本人用猫头鹰来比喻，猫头鹰的英文单词是 owl，故简称 O，也称 O 象限、O 型性格、O 型人。

第三象限是双弱象限：支配力弱、自制力亦弱。这个象限的人，其思维方式排在第一的是感觉，行为方式排在第一位的是"听"。即感觉第一，悉听第一。本人用考拉来比喻，考拉的英文单词是 koala，故简称 K，也称 K 象限、K 型性格、K 型人。

第四象限是强弱象限（单强象限）：支配力相对强，自制力相对弱。这个象限的人，其思维方式排在第一位的是直觉，行为方式排在第一位的是"说"。即直觉第一，说话第一。本人用孔雀来比喻，孔雀的英文单词是 peacock，故简称 P，也称 P 象限、P 型性格、P 型人。

人类的四个行为：做、想、说、听。老虎主张做得到，猫头鹰主张看得见，孔雀主张讲清楚，考拉主张听明白。这四个动作，每个人都会。但每个人的习惯性动作，是不一样的。每个人这四个动作的先后顺序也是不一样的。老虎型的人，习惯性地把"做"排在第一，四选一的时候，他们选择"做"；猫头鹰型的人，习惯性地把"想"排在第一，四选一的时候，他们往往选择"想"；孔雀型的人，习惯性地把"说"排在第一，四选一的时候，他们往往选择"说"；考拉型的人，习惯性地把"听"排在第一，四选一的时候，他们往往选择"听"。

四个动物英文单词的首个字母，按照 T、O、P、K 组合就是 TOPK，为什么不是 TOKP？因为 TOPK 的排列与我国传统文化中的 8 字形思维相关，《周易·说卦传》曰：数往者顺，知来者逆。来者逆，往者顺。故，图 4-6 所示的 TOPK 性格模型顺序图，采取的是"先逆时针，再顺时针"走向从而构成一个完整的 8 字。

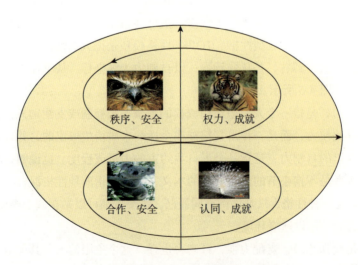

图 4-6　翰溪黄氏 TOPK 性格模型的顺序图

4.5.2　TOPK 性格模型为什么用四个动物来比喻

TOPK 性格模型，使用四个动物来比喻，其原因是本人的黄氏家学所传，更为重要的是形象逼真、容易记住，在日常生活工作中也容易使用。更深层次的是"支配力–自制力"组成的四个象限，其所体现出的行为风格与这四个动物的行为习性很相像。

长久以来，老虎是威武的象征，因为它行动迅猛，力量强大。成年老虎都单独捕猎，有着说走就走和毫无牵挂的特性。虎的啸声能传到两三公里以外的地方，出色的爆发力是老虎在野外常用的狩猎手段，老虎在短距离奔跑时的速度非常快，但这种速度无法维持很久。古人云："猛虎出山，势不可当；虎跑疾风，野狼也惊。虎步关右，所向无前。虎步生风，势如破竹。"老虎捕食时迅速而果断，以消耗最小的能量来获取尽可能的收获。老虎看到猎物时会伏低，并且寻找掩护，慢慢潜近，等到猎物在攻击距离内，突然飞速去追，追上的话，它就美餐一顿；没有追上，左瞧东望，吼几声，没有事。继续寻找下一个猎物。老虎的这一特质与图 4-5 中第一象限的一群人很相似：他们在干，做了再说。判断快，行动快，胆量大，失败了，短暂的难过之后，继续奋斗。跌倒了，没关系，大不了重来。胆商高，魄力大。

猫头鹰在古希腊神话中，是智慧女神雅典娜的爱鸟。因此，古希腊人对猫头鹰非常崇拜，认为它是智慧的象征。在古印度，猫头鹰为神鸟。在中国，枭雄中的枭（鸮），为猫头鹰中的一种。猫头鹰的视觉与听觉都很发达，但视觉更为发达，火眼金睛。古人云："枭眼夜视，尽收眼底，无一逃脱。"猫头鹰在捕食中视觉和听觉的作用是相辅相成的。猫头鹰是夜晚出来觅食的猛禽，一到夜晚，尽是它的天下。民间称其为"夜猫子"。《庄子·秋水》云："鸱鸺夜拾蚤虱，察毫末，昼出瞋目而不见丘山。"古人云："鸱视虎顾。"清朝黄遵宪云："鸱视鼠每吓。"明朝学者曹学佺著的《蜀中广记》中形象地说它"昼不见泰山，夜能察秋毫"。有诗云："一对猫眼夜光灯，两个利爪锁敌喉。"还有诗云："一双电眼识敌情，专食田鼠为粮农。"还有诗云："黑夜沉沉树无声，目光炯炯猫头鹰。"每到夜幕降临，万籁俱寂的时候，猫头鹰就悄悄地蹲在树上，转动着灵活的脖子，如千里眼般，沉着而又机灵地进行搜索。发现了田鼠以后，就迅速地飞扑过去，用利爪牢牢地将其抓住。猫头鹰看见猎物，眼睛快速转动，目测距离、猎物的速度与方向，之后，迅速展开翅膀，飞向猎物，准确率很高。遗憾的就是，快速转动眼睛或未展翅膀前，猎物可能不见了。这时，猫头鹰就只能等待下个猎物出现。猫头鹰思考再行动的特质，与图 4-5 中第二象限的一群人很相似：他们在想，遇到机会，分析思考，深思熟虑，枭视八方，实地调研，缜密推理，追求精细，准确率高，爱动脑，智商高。

孔雀在希腊神话中，是赫拉女神的象征。古印度认为孔雀是圣物。在中国，孔雀又称越鸟，百鸟之王，是优美（美丽）与吉祥的象征。唐朝李郢《孔雀》云："一身金翠画不得，万里山川来者稀。"北宋李纲《孔雀》云："孔雀来自海上村，参差修尾灿金文。"白天在地上游荡觅食，夜间在高树上栖息。孔雀生性机警，脚强健，善奔跑，不善飞行，但下落时速度较快；喜群居生活，很少单独活动，秋冬群集更大。古人云："摇动金翠尾，飞舞碧梧桐。"孔雀在开屏的同时，经常发出响亮的如同吹号般的"啊—喔，啊—喔"的叫声，有时会把尾巴抖得哗哗响。故孔雀翩翩，美貌奇声，喜迎伙伴，恐吓敌人。雄孔雀在它的配偶面前会开屏，还不停地做出各种各样优美的舞蹈动作，向雌孔雀炫耀自己的美丽，以此吸引雌孔雀。民间古人云："孔雀开屏，自作多情。"在它的天敌前面，也开屏。一旦遇到天敌而又来不及逃跑或者受到惊吓时，孔雀便突然开屏，然后抖动尾巴"哗哗"作响，很多的眼状斑随之乱动起来，天敌畏惧这种"多眼怪兽"，也就不贸然前进了。在朋友面前开屏，在敌人面前也开屏，孔雀开屏这一行为特质，与图4-5中第四象限的人很相似：他们在说，先说为快，在朋友面前爱说，在敌人面前也控制不住地说。不说难过，说了也不后悔。精力充沛，激情四射，活力无比。给人炫耀、趾高气扬、自鸣得意、气质高雅、绚丽华美之感。

考拉是澳大利亚特有的珍稀动物，性情温和，行动笨拙，憨态可掬，从不对其他动物构成威胁。在澳洲的土著语言中，考拉意为"不喝水"。长满密毛的两只大耳朵，高高地竖立在头部的两边。考拉能够发出超低音，它的耳朵很大，所以细小的声音也可以听得到。如顺风耳般，沉着而又从容地搜索声波。考拉的眼睛能和猫头鹰的眼睛一样调节光线，夜里张开瞳孔就能视物，白天合上瞳孔即能遮光。另外。考拉拥有非常灵敏的鼻子，能闻到自己爱吃的尤加利树叶的香气，或同伴的气味。考拉的新陈代谢非常缓慢，从而保证食物可以长时间地停留在消化系统中，并最大限度地消化吸收食物中的营养物质。这种非常低下缓慢的新陈代谢活动，同时也让考拉可以最大限度地节省能量，保存体力。每只考拉都有自己的家域范围，并且一辈子只守护它需要的桉树，它拥有一片、一丛桉树就够了。考拉的这一特质：富有耐力、擅长倾听，与图4-5中第三象限的一群人很相似：他们在听，听得非常有耐心，亲和稳健，宽容而细腻，守护着自己的一分三亩田。

TOPK 的"老虎、猫头鹰、孔雀、考拉"不带有任何歧视、不带有任何迷信、不带有任何遗传、不带价值观判断等色彩，对性格的识别，非常准确而高效。而且，四个动物都在自然界存在，作为高级动物的人类很容易，也很快地记住与把握其风格特征，非常贴切生动，无须通过漫长的经历或训练去领悟自己以及对方的行为风格。

4.5.3　老虎型性格

老虎型的人：做事当机立断，根据事实进行决策，敢于冒风险，在做决策前，会寻找几个替代方案，更多地关注现在，忽视未来与过去。对事情非常敏感，对人不敏感，属于工作导向型，注重结果而忽视过程，工作节奏非常快，很容易与别人起冲突。他们的口号是：现在就去做，用有效的方式去做。

老虎型的人，其长处：负责、主动、独立、自信、注重结果、工作导向。其弱点：没有耐心、冷淡、易起摩擦、太喜欢命令。基本风格需求：权力与成就。

老虎型的人，其主要表现有：①办事雷厉风行，精力旺盛。②说话直来直去，不绕弯子。③好辩善斗，不甘屈服。其优势主要有：①具有很强的决断能力。②目标明确，执行力强。③直面现实，不怕挫折。④勇于快速应变。其弱势主要是：①控制欲过强，不考虑他人的感受。②工作方法多样。③急躁、没有耐心。

老虎型的人，迈步常行，行天下难行之事。动如猛虎，动如脱兔。他们喜欢被授权，授权给他决定，他会觉得真棒。其缺点是干得太多，自大鲁莽，自以为是，急躁而狂。主张活在当下，不喜欢浪费时间，追求效率，崇尚执行高于一切。害怕失去控制。典型代表：孙悟空、商鞅、管子、秦始皇、韩信、左宗棠等。

老虎型的管理者，又称指挥型领导、命令型领导、控制型领导、威权型领导，他的领导风格，倾向于表现出独断支配的个人风格。具有这种领导风格的管理者，通常要求高、缺乏耐心、他们不会容忍挑战，反而会立即回应并强调自己的立场，制止任何可能出现的威胁。他们权威导向、目标导向、自信果断、雷厉风行、速度快、强悍、重实质报酬，行动优先，拿业绩（实力）说话。他们是实践专家、是变革专家。他们主张身先足以率人。他们喜欢采取营造竞争的工作环境、利益激励、权力激励、目标激励四种管理方法。

老虎型的管理者，其管理沟通的风格是：①直接、简短、重点式答复。②关注成果、强调利益。③提供挑战、自由和机会。④多问现况。

4.5.4　猫头鹰型性格

猫头鹰型的人：非常崇尚事实、原则和逻辑，做事情深思熟虑，有条不紊，意志坚定，很有纪律性，擅长系统地分析现实，把过去作为预测未来事态的依据。追求周密与精确，没有证据极难说服他们。对事情非常敏感，而对人不敏感，也属于工作导向型，但注重工作证据，决策速度比较缓慢，为人很严肃，难以通融。遇到快速变化的环境，很容易与别人起摩擦。他们的口号：证据在这里，所以要去做。

猫头鹰型的人，其长处：控制、准确、讲求秩序、分析、喜欢发问、工作导向。其弱点：封闭、有距离、不易了解、过于理性、过于严谨、严肃。基本风格需求：秩序与安全。

猫头鹰型的人，其主要表现有：①心思缜密，追求证据。②严肃、文静、规律性强。③举止得体、爱整洁。④善于思考，条理性强。其优势主要有：①做事认真负责，精益求精。②考虑问题深远而细致周到。③有条不紊，严格按部署实行。④具有很强的洞察力。其弱势主要是：①对人不敏感、易受伤害。②对未来多情绪忧郁。③为了安全而多疑。④不擅长非逻辑性（跳跃）思维。

猫头鹰型的人，大脑能思，思天下难思之事。眼观六路，目光深邃。他们喜欢被理解，给予他充足的理解，他会觉得真好。喜欢别人对他说：有道理。其缺点是想得太多，大脑自动高速运转，逻辑性强，孤僻好静，自作聪明，胆怯而狷狂。主张要有价值与意义，不喜欢马马虎虎，喜欢追求精益求精，崇尚细节决定成败。害怕做错事而挨批评。典型代表：千里眼、唐僧、老子、墨子、朱元璋、刘基、曾国藩等。

猫头鹰型的管理者，又称分析型领导、架构型领导、思考型领导、严肃型领导、教练型领导，倾向于利用计划与结构进行领导。他们通常会通过建立规则、次序与结构来领导团队，虽然他们的个人魅力可能很少，但是他们的领导力度却不见得小。因为他们要求精确，要求确定的信息与形势。他们精确、专深、公正、明察秋毫、细致、重纪律、清廉、尖锐、重制度。他们是规范专家、审查专家。他们主张律己足以服人。他们喜欢采取营造公平公正的工作环境、指令规范有序、数据表格化、证据激励等管理方法。

猫头鹰型的管理者，其管理沟通的风格是：①间接、简短、数据式答复。②关注任务，强调系统方式。③提供分析利弊得失的机会。④注意逻辑的一致性。

4.5.5 孔雀型性格

孔雀型的人：热情奔放，精力旺盛，容易接近，有语言天赋，善于演讲，经常天马行空，做事比较直观，喜欢竞争，对事情不敏感，而对人很敏感并很感兴趣，他们更关注未来，把他们的时间和精力放在如何去完成他们的梦想，而不关注现实中的一些细节。行动虽然迅速，但容易不冷静而改变主意。喜欢谈论未来，喜欢描绘蓝图，而不愿意给别人实在的指导与训练。决策时主要依据自己的主观和别人的观点，与别人谈工作时，思维属于跳跃式，别人经常难以跟得上。别人得到的是激励，而得不到具体指导。他们的口号是：这是我们的梦想，我们要积极地去做。

孔雀型的人，其长处：自发、开放、有同情心、结论快、精力充沛、关系导向。其弱点：变化快、常遗忘、无时间观念、爱表现。基本风格需求：认同与成就。

孔雀型的人，其主要表现有：①外向、乐观、热心、大方。②手势多，肢体语言丰富。③喜好自我表现。其优势主要有：①对任何事物都表现出乐观。②有表演天才，富于创造力。③有很好的人际沟通能力。④善于启发别人。其弱势主要是：①不能很快地完成工作。②说话不会三思。③生活习惯懒散。④情绪化、缺乏耐心。

孔雀型的人，笑口常开，笑天下可笑之人。说如歌声，悦耳动听。他们喜欢被表扬或赞扬，被他人赞扬，他会觉得真爽。其缺点是说得太多，容易紧张，自我吹嘘，急躁而狂。主张快乐逐梦。不喜欢重复的东西，崇尚激情成就未来。害怕失去影响力。典型代表：猪八戒、孔子、庄子、陶渊明、李白、苏轼、刘邦等。

孔雀型的管理者，又称激励型领导、愿景型领导、授权型领导、互动型领导，他的领导风格倾向于建立一种友好开放的团队气氛，致力于建立良好的团队关系。这种领导风格经常会掩盖某些事实，这种领导风格也是非常独断、主动的一种风格。当他们意识到某些团队成员有意识地利用了他们的这种非正式的领导风格时，他们往往也会表现出出人意料的态度。他们自我表现、同理心强、勾画远景、善于表达、有感染力、有激情、擅长布道、激励与动员。他们是激活专家、社交专家、演讲专家（演说家）。他们主张轻财足以聚人。他们喜欢采取营造快乐的工作环境、适度自由、正向激励和场面激励等管理方法。

孔雀型的管理者，其管理沟通的风格是：①直接、激情、重点式答复。②关注团体而非个人（整体而非细节）。③提供社交活动和发表意见的机会。④多问未来。

4.5.6　考拉型性格

考拉型的人：喜欢与别人一道工作，营造人与人相互尊重的气氛。他们决策非常慢，决策时总是寻求与做决定的相关人员达成一致意见，他们总是试图避免风险。办事情不紧不慢，对事情不敏感，而对人的感情很敏感。喜欢谈论过去，尤其是已经发生的人事，是关系导向型，很会从小处打动人，为人随和与真诚。非常善于倾听，属于听而不决的，也很少对别人发怒，别人很喜欢找他们倾诉，但他们优柔寡断。他们的口号是：团结才有力量，我们要同心协力地去做。

考拉型的人，其长处：轻松、耐心、亲切、良好的倾听者、关系导向。其弱点：决断缓慢而谨慎、拒绝过少、过于细腻、稳健有余、工作的原则性不强。基本风格需求：合作与安全。

考拉型的人，其主要表现有：①性情平和，随和友善。②处事低调，喜欢旁观。③谦让、冷静、有耐心。④人缘不错。其优势主要有：①很会协调，不生事端。②善于倾听，能与任何人相处。③很善于协调，缓和纷争，化解矛盾。④有耐心，善于处理枯燥沉闷的问题。其弱势主要是：①决断力不强。②沉闷，缺少热情和创新。③怯懦无刚，不愿对抗。④过于追求安全，不愿承担责任。

考拉型的人，大肚能容，容天下难容之人。耳听八方，静若处子。他们喜欢被信赖，被人信任与接纳，他会觉得真有人情味（温馨）。其缺点是听得太多，犹豫多疑，自我警觉性太强，胆怯而狷狂。主张相逢是缘，要珍惜。不喜欢突然间的改变，崇尚团结就是力量。害怕熟人的失去。典型代表：顺风耳、沙僧、李渊、萧何、嘉庆、道光等。

考拉型的管理者，又称参与型领导、合作型领导、亲和型领导，他的领导风格倾向于为整个团队提供服务或支持，而不仅仅是指挥。当他们意识到自己的领导地位时，他们通常会积极建立起与团队成员的互助关系，如果情形需要，他们会挺身而出提供力所能及的支持，同样，他们也期待团队成员的支持。他们平易近人、敦厚可靠、强调和谐合作、避免冲突与不具批判性。在行为上，表现出不慌不忙、冷静自持的态度。他们常常反思自省并以团结稳健为中心，即使面对困境，亦能泰然自若，从容应付。在决策上，他们需要较充足的时间做规划，意志坚定、步调稳健。他们爱好平和、亲和力强、耐力强、持之以恒、善于协调与劝说。他们是稳定的专家、团结的专家。他们主张量宽足以得人。他们喜欢采取营造亲和的工作环境、给足他人的时间、目标连贯、亲情激励等管理方法。

考拉型的管理者，其管理沟通的风格是：①间接、亲切、诚恳式答复。②关注人际关系，保留弹性。③提供引导目标的耐心。④注意感觉的一致性。

4.5.7　TOPK 性格模型的特征

TOPK 性格模型，是人为地用四分法把人的性格进行分割。每个人，其实都有这四种性格，只是比例不同而已。比例第一的性格，就是人的主性格（主要性格），主性格在哪个象限，他就是该象限的性格类型。每个人都有能力，扮演或展现这四种性格类型，每个人都能够不自觉地在这四种性格中转换。很多时候，不是这四种性格的优点转换，而是缺点的转换。这是人们常常失败或懊恼的原因。每个人都有天生的性格，天生性格，就是他在周边环境安全或者自己感到快乐时，所展现出的主性格。每个人往往会忠于其天生的性格。

每个象限都可以进一步用小十字划分，也就是在每个象限里，再来个横坐标和纵坐标，那么每个象限，又分成四个小象限。这样就把人的性格分成了16种性格，如图4-7和表4-4

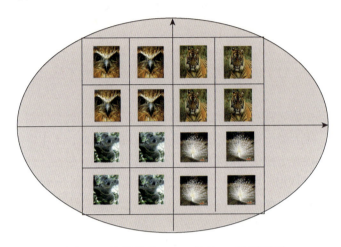

图 4-7　杭州黄氏 TOPK 性格 16 种模型图

表 4-4　杭州黄氏 TOPK 性格 16 种类型

四种性格	16种性格	主性格	次性格	备注
老虎	老虎王	老虎	老虎	T1
	思考型的老虎	老虎	猫头鹰	T2
	演讲型的老虎	老虎	孔雀	T4
	倾听型的老虎	老虎	考拉	T3
猫头鹰	有魄力的猫头鹰	猫头鹰	老虎	O1
	猫头鹰王	猫头鹰	猫头鹰	O2
	有激情的猫头鹰	猫头鹰	孔雀	O4
	有耐心的猫头鹰	猫头鹰	考拉	O3
孔雀	果敢的孔雀	孔雀	老虎	P1
	分析的孔雀	孔雀	猫头鹰	P2
	孔雀王	孔雀	孔雀	P4
	温柔的孔雀	孔雀	考拉	P3
考拉	冲动的考拉	考拉	老虎	K1
	挑剔的考拉	考拉	猫头鹰	K2
	炫耀的考拉	考拉	孔雀	K4
	考拉王	考拉	考拉	K3

所示。第一象限又有四种：老虎王（粗暴的老虎、果敢的老虎）、理性的老虎、激情的老虎、亲和的老虎。第二象限又有四种：果敢的猫头鹰、猫头鹰王（思考的猫头鹰、理性的猫头鹰）、亲和的猫头鹰、激情的猫头鹰。第四象限又有四种：果敢的孔雀、思考的孔雀、耐心的孔雀、孔雀王（急躁的孔雀、热情的孔雀）。第三象限又有四种：果敢的考拉、思考的考拉、考拉王（缓慢的考拉、稳健的考拉）、激情的考拉。

TOPK16 种性格类型命名方法是，以次（俗称亚型）性格类型的优点或缺点作为修饰语，修饰主型性格类型。比如，主型性格是老虎型的，次性格是猫头鹰型的，可以这样称呼他：理性的老虎、睿智的老虎、严谨的老虎、挑剔的老虎、数据化的老虎、猜疑的老虎等等。

同一象限的性格，其沟通是非常流畅的。如果两人初次相逢，会有一见钟情式的感觉。恋爱或婚姻中的一见钟情，多半属于这种情况。

相邻象限的性格，一般是既同又异，其沟通的顺畅性一般。如果两人初次相逢，会有似曾相识燕归来的感觉：第一象限的 T 型人与第二象限的 O 型人，他们都对事情敏感，主张事情第一，工作第一。在人与事的二选一中，他们往往会选择事。马棚失火，他们问的是：伤马乎？他们认为，马比人重要。第一象限的 T 型人与第四象限的 P 型人，他们的性格都外向，都喜欢运动，都喜欢追求成就。第四象限的 P 型人与第三象限的 K 型人，他们都对人敏感，主张人第一，人际第一。在人与事的二选一中，他们往往选择人。马棚失火，他们问的是：伤人乎？他们的情商都很高，只是 P 型人侧重点在激情，而 K 型人侧重点在友情。第三象限的 K 型人与第二象限的 O 型人，他们的性格都内向，都喜欢安静，都喜欢追求安全，一般会看到危险。

对角线上的性格，属于完全互补型，也是冲突型。第一象限的 T 型人和第三象限的 K 型人，T 型人性格外向，重点在做（干），主张事情（目标、业绩）第一，快速行动；而 K 型人性格内向，重点在听，主张人（情）第一，先理顺人际关系，再共同做事情。行动做事，就相对缓慢。要协商着做事情，不要急进做事。第二象限的 O 型人和第四象限的 P 型人也是完全相反：O 型人性格内向，重点在想，主张理性分析，逻辑推理，严谨认真，务实讲理；而 P 型人性格外向，重点在说，主张直觉灵活，积极乐观，激情是生产力，用希望和愿景召唤。对角线上的沟通，理性时候还可以，因为可以互补。非理性状态下，他们是一对冤家，沟通是对牛弹琴，牛头不对马嘴。

4.6　成功创业为什么用 TOPK 性格模型

大学生创业者，一般是涉世不深的奋斗者，其中，很多人在高等教育中，未能接受心理学训练。他们只会性格的二分法识别人，很快会识别谁是内向，谁是外向。但如果是三个创业者一起创业，如果两个外向，一个内向。他们会隐隐约约感觉到两个外向性格有差异，但说不出差异何在。就好比，知道《西游记》里孙悟空和猪八戒都是外向性格，但孙悟空的外向性格和猪八戒的外向性格的区别，很多创业者，很难说出来，即使说出来，绝大多数是错误的。只能会意，难以言传。这个时候，建立在性格四分法基础上的 TOPK 性格模型就可以帮到创业者。

TOPK 性格模型，可以在以下七个方面帮到创业者。

（1）读懂自己。了解并利用自己的优点，客观地看待自己的缺点。

（2）读懂他人。与创业搭档相互讨论各自的性格，尽量读懂彼此。

（3）组建创业班子。掌握"一个好汉三个帮"的白金智慧，组建战无不胜的创业班子。

（4）经营创业班子。重视搭档喜欢的东西，消除让大家难以合作的"盲点"。

（5）预知他人行为。因为读懂他人，就可预知对方行为。创业者预知彼此的行为，并明智地达成协议，区别互动。从而让创业成功可以被预约。

（6）TOPK 工具适合中小型企业：它比二分法更客观，比五分法、六分法、八分法、九分法、十六分法更简单。

（7）TOPK 工具更适合初创企业。它比其他四分法更为通俗、更为形象，运用更方便。

本书认为，创业者掌握了 TOPK 工具，找创业搭档，再也不用摸着石头过河，而是踩着石头过河。既可以更好地厘清自己的性格，又可明白创业搭档的性格，更为重要的是，可以更好地设计创业班子的组成，更好地与创业搭档自觉互动，从而提高创业的成功率。

4.7　TOPK 性格模型的中国传统文化基础

《周易·系辞上》云：是故，《易》有太极，是生两仪，两仪生四象。这句话，是讲四象是如何产生的。这里的两仪，是指阴阳两仪。本书把"阴"比喻为内向性格、柔的性格，把"阳"比喻为外向性格、刚的性格。阴阳者，内外柔刚也。阴的性格，以黑色性格来比喻；阳的性格，以白色来比喻。老子在《道德经》中曰：万物负阴抱阳，冲气以为和。《山海经》里很多地方出现"阴阳"两个字，在一句话里，出现阴阳两字的地方就达 68 次。一句话里出现"上下"两个字的地方就达 112 次。《山海经·西山经》还记载了黄帝制玉，以和柔刚。本人认为，黄帝对"柔刚"进行了统筹规划，让两者有机地统一起来。孔子在《周易·系辞上》曰：一阴一阳之谓道。古人云：百姓日用之，即为道也。这些表明，我国先民很早就掌握了两分法的智慧。我们中国人从小就知道人的性格有内向外向之分，即掌握了性格的二分法。

何为四象？孔子在《周易·系辞上》曰：《易》有四象，所以示也。孔子还说：象其物宜，是故谓之象。孔子还说：揲之以四以象四时。本书认为，这里的四时，是指春、夏、秋、冬四季，四时有性格：春性、夏性、秋性和冬性。孔子在《周易·系辞下》曰：象也者，像也。他在《周易·系辞下》曰：始作八卦，以通神明之德，以类万物之情。本书就此认为，两仪四象，也是类万物之情。即把万物分为两大类（阴阳），分为四大类（四象）。四象就是四种现象、四类事物、四类事务、四种阶段、四种状态、四种情况等。找到两个关键要素（两仪），一个横坐标，一个纵坐标，这样就有四个象限，外套一个圆（无极），平时处在圆上，具体问题具体分析。这就是本书称作的国学四象思维。

中国古代，把细小的东西称为微，比如沙子；把硬的东西称为刚，比如石头；把软的东西称为柔，比如液态的水；把往上飘的东西称为彰，比如烟火。伏羲四象思维观察万物，把世界的东西按照属性分为四大类。如图 4-8 所示。这个模型被称伏羲四象智慧图，俗称君子四知图。孔子在《周易·系辞下》中云："君子知微知彰，知柔知刚，万夫之望。"本书认为，"君子四知，万夫之望也。"是指孔子借用"四知"把人的性格进行四分：微的性格、彰的性格、柔的性格、刚的性格。对应我们传统文化意义上的少阴性格、少阳性格、老阴性格和老阳性格。老阳的性格，刚硬也，对应 TOPK 性格模型中的老虎性格；少阴的性格，细微也，对应 TOPK 性格模型中的猫头鹰性格；少阳的性格，彰显也，对应 TOPK 性格模型中的孔雀性格；老阴的性格，柔软也，对应 TOPK 性格模型中的考拉性格。TOPK 性格模型，就是国学四象思维在性格中的运用。

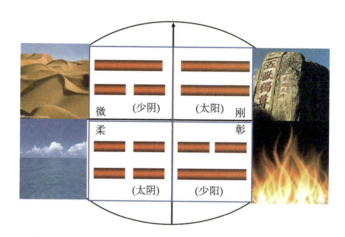

图 4-8　国学四象思维在性格中的运用（君子四知图）

图 4-9 所示的四象性格模型，是指人的性格分为老阳、少阴、老阴和少阳，并用颜色来表示：黄色、蓝色、绿色和红色。它中间还有正宗太极图。白色的性格，与黄色性格、红色性格都属于外向性格。黑色性格，与蓝色性格、绿色性格都属于内向性格。内向性格的外向性格，是蓝色性格。外向性格的内向性格，是红色性格。如果把白色性格，类比为刚性的性格，白色中有黑圆，在我国传统文化里，是指刚中有柔，对应着红色性格，少阳性格是也。黑色类比为柔性的性格，黑色中有白色圆，寓意是柔中有刚，对应着蓝色性格，少阴性格是也。因此，正宗太极图，实际

图 4-9　双井黄氏四象性格圆图

上是四象图的变异，变得更加美观。它和伏羲的四象图，一脉相承。如果用它来观察人的性格，也可以理解为四种性格。正宗太极图思维，就是国学四象思维。

四象性格圆图的颜色，起源于《礼记·月令》中的五色：青色（春天）、赤色（朱色、夏天）、黄色、白色（金色、秋天）和黑色（冬天），起源于《山海经》中的"五色发作，以和柔刚"。起源于《道德经》中的"五色令人目盲"。这里的五色是指青、赤（丹）、黄、白、黑。

本书采用了四种颜色：黄、蓝、红、绿。老阳的性格对应黄色性格，具有**金黄色能量的人**，给人秋天般踏实有力的感觉。他们待人坦率，善于主导问题，喜欢直接表达自己的想法，正直公正，意志坚强，执着于自己内心的看法，做事干净利落，不拖泥带水。有主见，执行力强，不惧冲突，但易冲动暴躁，亲和力较差，掷地有声，说到就要做到，有时显得不够灵活。

少阴的性格对应蓝色性格，具有**蓝色能量的人，给人冬天般冷静纯净的感觉**，他们待人忠厚，他们纯洁而严谨，安详而广阔，清冷而宁静，公正而尊重。善于思考分析，思想深邃，非常理智，看问题很深刻，沉稳而准确，乐于做计划，在人群中更喜欢处于观察者的角色。喜欢想问题，不善于行动。即想得多，做得少。

少阳的性格对应红色性格，具有**红色能量的人**，给人夏天般炽热活泼的感觉。此类性格的人，一般待人热情，善于表达自己，时常精力充沛，心态积极乐观，反应行动较快，乐于宣传梦想。如火般，常常显得兴奋而充满激情，耐心较差，倾听能力不佳，更多关注自己感兴趣的话题，容易岔打断他人，不习惯深度思考。

老阴的性格对应绿色性格，具有**绿色能量的人**，给人春天般温暖亲切的感觉。此类性格的人，一般待人温和，善于倾听，注重维护人际关系的和谐，更多地关注他人，喜欢帮助和支持他人，难以表达拒绝。亲和力较强，但目标感较差，做事计划性不强，容易跟随他人而转移目标。

图 4-10 杭州黄氏 TOPK 四象性格圆图

综合图 4-5 和图 4-9，本书就得出了图 4-10 所示的 TOPK 性格模型，这是本人和黄子澈共同创作的，这个图已经获得浙江省版权局审核，著作号为浙作登字 11-2014-F-4882。因此，TOPK 性格模型具有非常厚实的中国传统文化底蕴。

TOPK 四色性格模型，很容易地帮到我们识别他人的性格类型，因为每个人，对于私人物品，如衣服、小饰品、家装等，都会选择自己喜欢的颜色。他经常戴红领带，或者穿红色的衣服，根据图 4-10 模型，我们就可以初步判断他为孔雀性格类型。比如图 4-11 中四位美女，我们无法看见她们的脸和上身，只能看见她们的腿，我们如何判断其性格类型呢？以决定我们分别向她们打招呼的语音语调，做到适应性沟通。这种智慧称为：见人为人的方式说话，见鬼用鬼的方式说话。俗称：同声相应，象而比之。本人在《销售队伍管理》一书中，对它有详述。那位穿红色丝袜的美女，可以判断她为孔雀性格，向她打招呼的语音语调是"高而长"；左边的第二位是蓝色丝袜，可以判断她为猫头鹰性格，向她打招呼的语音语调是"平而短"；第三位美女是黄色丝袜，可以判断她为老虎性格，向她打招呼的语音语调是"高而短"；第四位美女是绿色丝袜，可以判断她为考拉性格，向她打招呼的语音语调是"平而长"。如果是四种以上的颜色，那怎么办呢？比如 12 种颜色、24 种颜色，本书认为，把它们分为四大类，即可。如图 4-12、图 4-13 所示。

图 4-11　四位美女的 TOPK 性格类型

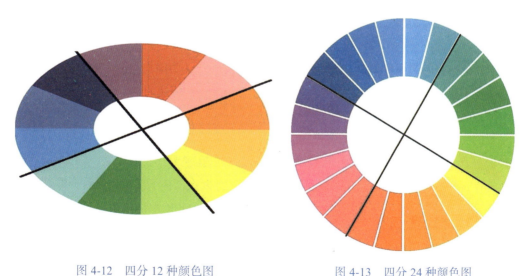

图 4-12　四分 12 种颜色图　　　　　图 4-13　四分 24 种颜色图

传统意义上颜色分为黑色、白色、灰色，那如何对应 TOPK 性格类型呢？黑色对应的 TOPK 类型，一般是 O、K；白色对应的 TOPK 类型，一般是 T、P；灰色的，尤其是中性

第 4 章　创业搭档的性格管理

灰色的,一般是考拉性格,比较沉稳。图 4-14 的左边第一美女,黄色衣服,可以判断她为老虎性格;第二位美女为亮蓝色衣服,可以判断她为果敢的猫头鹰性格,或者外向的猫头鹰性格;第三位美女为红色衣服,可以判断她为孔雀性格;第四位为深紫色衣服,可以判断她为内向的猫头鹰性格;第五位美女为灰色衣服,可以判断她为考拉性格。

图 4-14　五位美女的 TOPK 性格类型

4.8　TOPK 性格模型和其他性格学说的关联

当今的世界,有无数个古今中外的性格学说。TOPK 性格模型与它们的关系是怎么样的呢?本书认为是相通的,如果创业者要用 TOPK 性格模型,不妨碍接受其他性格的学习,两者可以融会贯通。

本书提供四个关联表格,以协助创业者通融性地使用。这四个关联表,是 TOPK 性格模型与其他性格学说中性格类型的对应。按照"中国古代、中国当代、国外古代、国外当代"选择主要的常规性格学说,作为对应关联。其中,上节阐述的 TOPK 性格模型所吸收的中国古代性格学说,本节没有列入关联表。

黄氏 TOPK 性格模型与中国古代主流性格的关联情况,如表 4-5 所示。老子认为,上善若水。而水有四种形态:两种固态、气态、液态。以孔子为代表的儒家,认为一个领导者,要有五德,即君子五德:仁、义、礼、智、信。孙武在《孙子兵法》中云:将者五德。仁、勇、严、智、信。孔子的"智"和孙武的"智",在 TOPK 性格模型里,就是在圆上,这种人会自觉地根据环境的需要而进行调整(变化)。缓急的二分法,对应的 TOPK 性格是:缓对应猫头鹰型、考拉型,急对应老虎型、孔雀型。杭州的黄子澈认为,根据四象思维,刚柔为横坐标,缓急为纵坐标,第一象限为刚急性格,即老虎性格;第二象限为柔急性格,即孔雀性格;第三象限为柔缓性格,即考拉性格;第四象限为刚缓性格,即猫头鹰性格。这和表格中 4-5 中的曾国藩的四分法类似,都是中国两仪化为四象的性格运用。

表 4-5 黄氏 TOPK 性格模型与中国古代主流性格学说的关联情况

黄氏 TOPK 性格模型与中国古代主流性格学说的关联						
黄氏 TOPK 性格模型	两分法性格	两分法性格	老子的领导特质模型	孔子的领导特质模型	孙武的领导特质模型	曾国藩四分法性格模型
T 老虎	刚	阳	冰、雹	义	勇	阳刚
O 猫头鹰	刚	阴	雪、露珠	礼	严	阴刚
P 孔雀	柔	阳	云、汽、雾	仁	仁	阳柔
K 考拉	柔	阴	液态的水、雨	信	信	阴柔

黄氏 TOPK 性格模型与中国当代主流性格学说的关联情况，如表 4-6 所示。

表 4-6 黄氏 TOPK 性格模型与中国当代主流性格学说的关联情况

黄氏 TOPK 性格模型与中国当代主流性格学说的关联						
黄氏 TOPK 性格模型	两分法性格	成君忆性格模型	赵菊春五行性格模型	姜祖桐四宗八族性格模型	颜色性格	西游记
T 老虎	外向	力量型	金	控制型（太阳象）乾、震	黄色	孙悟空
O 猫头鹰	内向	准确型	木	理智型（少阳象）兑、坎	蓝色	唐僧
P 孔雀	外向	活泼型	火	热情型（少阴象）离、巽	红色	猪八戒
K 考拉	内向	平和型	水	支持型（太阴象）艮、坤	绿色	沙僧

姜祖桐教授研究易学，提出四宗八族人格论，即四象八卦人格论。控制型（太阳象）：理想控制型人格 8 种乾族，现实控制型人格 8 种震族。表现特征：独裁果断，支配别人干什么。理智型（少阳象）：理想理智型人格 8 种兑族，现实理智型人格 8 种坎族。表现特征：理智逻辑、询问这是为什么。支持型（太阴象）：理想支持型人格 8 种艮族，现实支持型人格 8 种坤族，表现特征：支持包容、征询此事怎么办。热情型（少阴象）：理想热情型人格 8 种离族，现实热情型人格 8 种巽族，表现特征：热情表白、告知我要做什么。他主要将这个四分模型用于选拔人才、人格培训、人格自我矫治等领域。

赵菊春教授研究"五行"，提出现代五行人格模型。他认为金行风格的人，其个性优点：喜欢竞争，获胜欲望强；独立性强，不愿意依赖他人；追求权力与成就，有强烈的支配欲；率直、果敢，越挫越勇。个性缺点：理性大于情感，说话语气强硬，缺乏亲和力；易与人争辩，易发怒；批评人态度严厉，当别人达不到自己的要求时，易感到不耐烦；对别人的感受考虑较少，缺少对别人的赞美。他们的价值取向有三：第一，追求：领导地位、高效务实、独立自主。第二，反感：优柔寡断、散漫拖拉、别人的强加。第三，担心：失去威性、被强迫、被驱使。

木行风格的人，其个性优点：对自己要求严格，责任第一；追求精确，对数字与细节特别关注；思维缜密，善于逻辑分析；喜欢思考与研究，三思而行；做事有耐力，能始终如一；善于预测、高瞻远瞩。个性缺点：理性大于友情，冷酷无情；容易从负面看待事情；事必亲为，总认为自己做得很好；有事藏在心里，不喜欢与陌生人打交道；墨守成规，过于追究条理。他们的价值取向有三：第一，追求：规范与程序化、精益求精、精细准确。第二，反感：没有原则，粗心大意，肤浅没深度。第三，担心：被人误解、没有安全感。

水行风格的人，其个性优点：善于接纳他人意见；处理事情惯用低调手法；能宽恕他人对自己的伤害；富有同情心，为人细腻；乐天知命，与世无争。个性缺点：对人过于敏感；易被外界的干预而改变主意；按照惯例做事，拒绝改变；遇事易妥协，易满足现状，不与人正面冲突。他们的价值取向有三：第一，追求：稳定安逸、以柔克刚、人际和谐。第二，反感：没有诚信、没有人性、鲁莽霸道。第三，担心：突然改变、与人发生冲突、风险。

火行风格的人，其个性优点：善于和不同人相处，善交际；善于表达，喜欢到处演讲；对新鲜事物很有兴趣；富有激情，有鼓动性；喜欢赞美自己与他人；有错就认，能道歉，能原谅他人。个性缺点：兴趣来时，不在意他人的感受；喜夺话题，话语太多；粗心大意，不在意礼节；情绪波动大，做事耐力不足；想法太多，不愿意做具体的琐事；随意性强，计划没有环境（市场）变化快。他们的价值取向有三：第一，追求：别人认同、自由自在、乐趣新鲜。第二，反感：不会变通、低效率、没激情。第三，担心：失去声望、无聊、受约束。

土行风格的人，深厚博大、包罗万象、怀纳世间万物生灵、孕育地球无限生机，万物出于土而归于地，沉静而不失活力。它综合了金、木、水、火四种性格的所有特征，具有包容性与综合性，是感性与理性、内向与外向的结合体。土行的性格，在TOPK性格模型里，就是在圆上，会自觉地根据环境的需要而调整。

TOPK性格模型与国外古代主流性格学说的关联情况，如表4-7所示。

表4-7 黄氏TOPK性格模型与国外古代主流性格学说的关联情况

黄氏TOPK性格模型与国外古代的主流性格学说的关联情况				
黄氏TOPK性格模型	古希腊的四元素学说	古希腊的气质学说	古印度的元素学说	佛教的四大性格学说
T 老虎	火	胆汁型	风	风
O 猫头鹰	水	黏液型	水	水
P 孔雀	风	多血型	火	火
K 考拉	土	抑郁型	地	地

黄氏TOPK性格模型与国外当代主流性格学说的关联情况，如表4-8所示。荣格把人的态度分为内倾和外倾两种类型，即我国传统文化理解的内向性格和外向性格。内倾型人的心理能量指向内部，易产生内心体验和幻想，这种人远离外部世界，对事物的本质和活动的结果感兴趣。外倾型人的心理能量指向外部，易倾向客观事物，这种人喜欢社交、对外部世界的各种具体事物感兴趣。其次，荣格认为有四种功能类型，即思维、情感、感觉

和直觉。感觉是用感官觉察事物是否存在；情感是对事物的好恶倾向；思维是对事物是什么作出判断和推理；直觉是对事物变化发展的预感，无须解释和推论。荣格认为人们在思维和感觉时要运用理性判断，所以它们属于理性功能；而在情感和直觉时没有运用理性判断，所以它们属于非理性功能。

表 4-8 黄氏 TOPK 性格模型与国外当代主流性格学说的关联情况

黄氏 TOPK 性格模型与国外当代的主流性格学说的关联						
黄氏 TOPK 性格模型	荣格人格学说	马斯顿博士的 DISC	迈尔斯的 MBTI	霍兰德人格	九型人格	安德生 12 种性格
T 老虎	感觉型	D 支配型	ST 型现实主义	企业型	3 号、8 号	刚毅型、勇敢型、急躁型
O 猫头鹰	思维型	C 尽责型	NT 型理智主义	研究型	1 号、5 号、6 号	韬略型、耿直型、固执型
P 孔雀	直觉型	I 影响型	NF 型理想主义	艺术型	2 号、7 号	开朗型、善辩型、狂放型
K 考拉	情感型	S 稳健型	SF 型稳定主义	常规型	4 号、9 号	沉静型、谨慎型、温顺型

荣格把两种态度和四种机能类型组合起来，构成了八种心理类型：外倾思维型、内倾思维型、外倾情感型、内倾情感型、外倾感觉型、内倾感觉型、外倾直觉型、内倾直觉型。

荣格的八种性格与 TOPK 性格模型，对应的关联情况如何呢？本书认为，荣格的外倾思考型，对应 TOPK 性格 16 种模型中的有魄力的猫头鹰型、热情的猫头鹰型；内倾的思考型对应 TOPK 性格 16 种模型中的亲和的猫头鹰型、过于严谨的猫头鹰型（俗称猫头鹰王）。外倾情感型对应 TOPK 性格 16 种模型中的果敢的考拉、热情的考拉。内倾情感型对应 TOPK 性格 16 种模型中的爱思考的考拉、耐心十足的考拉（俗称考拉王）。外倾感觉型对应 TOPK 性格 16 种模型中的热情的老虎、过于勇敢的老虎（俗称老虎王）。内倾感觉型对应 TOPK 性格 16 种模型中的理性的老虎、耐心的老虎。外倾直觉型对应 TOPK 性格 16 种模型中的果敢的孔雀、过于热情的孔雀（俗称孔雀王）。内倾直觉型对应 TOPK 性格 16 种模型中的理性的孔雀、耐心的孔雀。

约翰·霍兰德是美国约翰·霍普金斯大学心理学教授，美国著名的职业指导专家。他在 1959 年提出了具有广泛社会影响的人业互择理论。霍兰德人格论中的社会型对应 TOPK 性格模型中的孔雀和考拉，现实型对应 TOPK 性格模型中的老虎型和猫头鹰型。具体对应哪一个，很难说，需要借助其他识别知识和技术来区隔。其他四种如表 4-8 所示。

MBTI（迈尔斯类型指标）全称 Myers-Briggs Type Indicator，是一种性格测试工具，用以衡量和描述人们在获取信息、作出决策、对待生活等方面的心理活动规律和性格类型。MBTI 的第一张量表于 1942 年问世。MBTI 源于 1920 年瑞士心理学家卡尔·荣格（Carl Jung）提出的人格理论：荣格强调人类具有思想、情感、感觉、直觉四个心理学功能，"性格"是一种个体内部的行为倾向，并利用四种功能与"内外向"的特点划分了人们不同的类型。19 世纪中叶，伊莎贝尔·迈尔斯（Isabel Myers）和其母亲凯瑟琳·布里格思

（Kathryn Briggs），悉心研究了荣格的《心理学类型》，设计出一种用于鉴别不同类型人格的问卷调查表，命名为"迈尔斯—布里格思个性分析指标"（MBTI）。从原有的四大类型发展为包括人类所有行为的 16 种外在状态模式。主要应用：MBTI 能够让人们更好地认识和了解自己，可以帮助 HR（人力资源）部门对不同类型的员工进行更好的组合。目前已成为世界上应用最广泛的识别人与人差异的测评工具之一。MBTI 主要用于了解受测者的处事风格、特点、职业适应性、潜质等，从而提供合理的工作及人际决策建议。70 年来，这种理论已广泛应用于团队建议、职业发展、婚姻教育、职业咨询等方面。

MBTI 有 16 种性格，分别是：lSTJ 职责履行者、ISFJ 培育者、INFJ 保护者、INTJ 科学家、ISTP 工程师、ISFP 艺术家、INFP 理想主义者、INTP 思想家、ESTP 实干家、ESFP 表演者、ENFP 激励者、ENTP 梦想家、ESTJ 守卫者、ESFJ 护理者、ENFJ 给予者、ENTJ 执行者。

TOPK 模型也有 16 种性格，它们的对应关系如图 4-15 所示。

图 4-15　MBTI16 种个性和 TOPK16 种性格类型的关联图

MBTI 的 ST 现实主义（工匠）对应 TOPK 性格 16 种模型图中的 T 象限：ESTP 实干家对应老虎王（粗暴的老虎、果敢的老虎）、ISTP 工程师对应理性的老虎、ESTJ 守卫者对应激情的老虎、lSTJ 职责履行者对应亲和的老虎。

MBTI 的 NT 理智主义（分析者）对应 TOPK 性格 16 种模型图中的 O 象限：ENTJ 执行者对应果敢的猫头鹰、INTJ 科学家对应猫头鹰王（思考的猫头鹰、理性的猫头鹰）、INTP 思想家对应亲和的猫头鹰、ENTP 梦想家对应激情的猫头鹰。

MBTI 的 NF 理想主义（同情者）对应 TOPK 性格 16 种模型图中的 P 象限：ENFJ 给予者对应果敢的孔雀、INFJ 保护者对应思考的孔雀、INFP 理想主义者对应耐心的孔雀、

ENFP 激励者对应孔雀王（急躁的孔雀、精力充沛的孔雀）。

MBTI 的 SF 稳定主义（维护者）对应 TOPK 性格 16 种模型图中的 K 象限：ESFJ 护理者对应果敢的考拉、ISFJ 培育者对应思考的考拉、ISFP 艺术家对应考拉王（缓慢的考拉、稳健的考拉）、ESFP 表演者对应激情的考拉。

国外当代对管理者的领导风格和管理风格，做了大量的研究，本书把黄氏 TOPK 性格模型和其中的著名领导风格进行对应，如表 4-9 所示。

表 4-9 黄氏 TOPK 性格模型与国外当代领导风格的关联情况

黄氏 TOPK 与国外当代领导特质风格的关联						
黄氏 TOPK 性格模型	两分法管理风格	麦柯比管理风格	科曼领导风格	布兰查德领导风格	豪斯领导风格	贝尔宾团队角色
T 老虎	任务型	斗士型	命令型	告知型	指导型	鞭策者、执行者
O 猫头鹰	任务型	工匠型	说服型	推销型	参与型	智多星、审议员、专业师
P 孔雀	关系型	竞赛型	授权型	授权型	激励型	外交家、凝聚者
K 考拉	关系型	企业人型	参与型	参与型	支持型	协调者、完成者

哈佛大学心理学博士丹尼尔·戈尔曼教授提出了六种不同的领导力风格：远见型、关系型、教练型、民主型、示范型、命令型。与 TOPK 性格模型的对应关系是：远见型对应孔雀型、关系型对应考拉型、教练型对应猫头鹰型、命令型对应老虎型、民主型对应孔雀型或考拉型、示范型对应老虎型或猫头鹰型。

4.9 TOPK 性格模型的训练

为了读者，特别是创业者更好地掌握 TOPK 性格模型，本书设计、归纳和整理了 60 道性格考察题，让读者来做。答案放在本章的最后。

请读者先认真地做，做题的时间不限，如果时间不允许，只选择其中的几道题做，也是可以的。下次有时间，再把没有做的想做的题做完。

做了以后，就把自己的选择结果与本书的答案进行对照，如果不一样，请再次思考，思考之后，还有差异，请回头再仔细审阅本章第 9 节之前的内容。如果一样，那么就可以自我庆祝一下。

这 60 道题，创业者可以和搭档一起做，并一起交流和探讨，共同加深对性格的理解，增强彼此的熟悉感，提高彼此的性格认知。

这 60 道题，也可用来训练员工，让员工掌握 TOPK 性格工具，提升他们识别他人性格的能力。当然，也可以用来测试员工的性格类型，以及测试职业经理人的管理风格。

1. 这里有四个人：A、B、C、D，每个人都有五条信息，请根据这五条信息，判别他们的 TOPK 类型。

	A	B	C	D
学科背景	理科	文科	文科	理科
办公室屏风（或墙）	没有任何鼓励性的宣传	激动性口号	家人照片、个人重要信息	奖状
办公桌	日历放在显著地方	杂乱、较少收拾	干净而有开放性	干净而有条理
衣装	保守、单一	休闲、华丽	休闲、多样	保守、单一
活动的爱好	群体活动	群体活动	单独活动如阅读	单独活动如阅读

2. 这里有四个人：A、B、C、D，每个人都有四条日常生活信息，请根据这四条信息，判别他们的TOPK类型。

	A	B	C	D
衣着服饰	新潮时尚	裁剪讲究	传统保守	大众款式
形体语言	丰富生动	使用频繁	精确而节制	谨慎而舒缓
行为举止	活跃充沛	坚决强硬	目标明确	轻松随便
环境布置	杂乱无章，摆有大量私人物品	摆有奖状与荣誉证书	井然有序，摆有各种表格图示	摆有个人历程的照片与纪念品

3. 这里有四个人：A、B、C、D，每个人都有五条工作生活信息，请根据这五条信息，判别他们的TOPK类型。

	A	B	C	D
性情气质	平静随和	焦躁不安	冷漠严峻	乐观友善
工作方式	顾全大局	关注结果	注重真凭实据	善于交际
谈论话题	熟人信息	成就荣誉	方法程序	奇闻轶事
时间安排	遵守时间但较为充足	时间安排相当紧凑	充分利用时间且计划周详	经常浪费时间
对待他人意见	全盘接受	缺乏耐心	抱有怀疑	注意力不集中

4. 这里有四个人：A、B、C、D，每个人都有五条工作生活信息，请根据这五条信息，判别他们的TOPK类型。

	A	B	C	D
决策行为	信息齐全方才定夺	仿效别人进行决策	决策缓慢反复协商	决策果断力求实用
处理问题	对别人评头论足、专心致志	积极乐观	对别人言听计从	指挥命令
行为检验标准	逻辑数据	社会形象	他人评价	事实结果
对压力的反应	放弃分析推理	与情感对抗	屈服顺从	与主观意志抗争
向往追求	保持言行正确	与人坦诚交往（认同）	得到他人认可	获得成就与权力

5. 这里有四个人：A、B、C、D，请根据表格里的信息，判别他们的 TOPK 类型。

A	情绪兴奋性高，反应迅速，心境变化剧烈，易于冲动，动作迅猛，精力旺盛，容易粗心大意
B	情绪兴奋性高，善于言辞（语言动作敏捷），活泼好动，灵活多变，难以持久
C	沉着冷静，情绪稳定，深思远虑，想的比说的快，坚毅自制，难以进入其内心世界
D	细心谨慎，敏感多疑，善于察觉细节，见微知著，感受性很强，多犹豫不决

6. 这里有四个人：A、B、C、D，请根据表格里的信息，判别他们的 TOPK 类型。

	可能的优点	可能的缺点
A	爱冒险的、有竞争力的、大胆的、直接的、果断的、问题解决者、自我激励者	过度使用地位、制定的标准太高、缺乏圆滑和变通、承担、过多的责任
B	有魅力的、自信的、有说服力的、热情的、鼓舞人心的、乐观的、令人信服的、受欢迎的、好交际的、可信赖的	不注意细节、在评价人方面不现实、不加区分地相信人、情境下的倾听者
C	友善的、亲切的、好的倾听者、有耐心的、放松的、稳定的、稳健的	倾向于避免争论，在确定优先权时遇到困难，不喜欢非正当的变化
D	准确的、有分析力的、谨慎的、谦恭的、善于发现事实、高标准、严谨的	受批评时采取防御措施、常陷入细节之中、对环境过分热衷、似乎有点冷漠和疏远

7. 这里有四个驾驶员：A、B、C、D，请根据表格里的信息，判别他们的 TOPK 类型。

	从驾车的情形看性格类型	
	优 点	缺 点
A	动作迅速敏捷，胆大心细，机动灵活，对道路条件适应性快，应变能力强	注意力易转移，感情易变化，耐久性较差
B	精力旺盛，胆大粗心，不易疲劳，反应迅速敏捷	往往争强好胜，超速（强行）超车，争道抢行。情绪急躁
C	小心谨慎，不急不躁，自制力强，遵章守纪	遇突然情况应变力差，反应迟钝，行动迟缓
D	观察细致，谨慎敏感，平稳从容，能遵章守纪	处理情况犹豫不决，行动慢，遇危险心慌失意，面临险情时往往极度恐惧

8. 黄子华有以下特征：①与人交往，比较喜欢聆听，有时候也会去表达；②平时聊天，喜欢讨论过去已经发生的事情；③不喜欢经常频繁突然的改变，喜欢稳健地处理事情；④喜欢与熟人保持长久的关系，怕失去熟悉要好的朋友；⑤平时与人打交道和办事情，对人比较敏感；⑥有时候比较喜欢展现自己，并且说话比较直爽；⑦善于协调，比较细致并且随和。按照 TOPK 性格模型，黄子华是什么性格？

9. 李涛松，就职于省预备役师政治部。他做事前都是思考得多，生怕有不全面之处。他总是保持克制，或者说是过分的自制，每一项工作都巴不得反复论证到没有任何逻辑漏洞，思考深入而稳健，是组织内部"踩刹车"的人，是组织内部的好"风险官"，他经常提出合理化建议，避免处事急躁或因急于求成盲目扩张造成的损失。在这过度的理智性格倾向下，他却怀着一颗不安分的心，想在做好本职之余，实现心里的创业想法。在入学创业班之前，他总是独自考察、独自思考，每每受制于社交局限，看问题不全面，也庆幸没有将感兴趣的项目盲目上马。入学以来，通过与 TOPK 不同性格同学的横向交流，他认为拥有了识人的好工具，能系统分析全面判断不同潜质的人。按照 TOPK 性格模型，李涛松是什么性格？

10. 吴骅梅认为自己有如下的一些优点：①善于和不同的人相处，善交际；②善于表达，喜欢到处发表自己的所见所闻及观点；③对新鲜事物很有兴趣，富有激情，有鼓动性；④喜欢赞美自己与他人；得到别人的肯定是有成就感的；⑤有错就认，能道歉，能原谅他人。吴骅梅认为自己有如下一些个性缺点：①兴趣来时，不在意他人的感受；②喜夺话题，话语太多；③粗心大意，不在意礼节；④情绪波动大，做事耐力不足；⑤想法太多，不愿意做具体的琐事；⑥随意性强，计划没有变化快。按照 TOPK 性格模型，吴骅梅是什么性格？

11. 王燕华在德国某公司已服务 8 年，任职装配生产部经理。生产部门目前 600 人左右，大部分是一线操作人员，其中生产领班、工艺工程师、数据分析工程师等管理人员 60 人左右。王燕华的性格相对较急，办事雷厉风行，精力旺盛，说话直来直去，不绕弯子，但容易让人觉得"带刺"。喜欢在全体员工面前演讲，推销她的想法和观点，她想通过自己的影响力博得大家的认同，也增加了团队的凝聚力。她以结果和目标为导向，执行力特别强，连续 6 年带领团队在生产效率方面完成每年 20% 以上的增长，每年节省用工成本 1 000 万元以上，在生产管理领域有所专长，是中国公司第一个拿到公司生产导师资格的管理人员。按照 TOPK 性格模型，王燕华是什么性格？

12. 谈话直截了当，却注重细节，喜欢按自己的时间有条不紊地处理事情，凡事讲求精确，看重事实，有时有点钻牛角尖。按照 TOPK 性格模型，这是哪种性格？

13. 对于人们的需要非常敏感，性情中人，乐于与人相处，洞察人的能力很强，决策时却犹豫不决，喜欢谈论过去的岁月。按照 TOPK 性格模型，这是哪种性格？

14. 办公桌上经常放有参考书籍与理论书籍，办公室里有抽象画、流行图表与书橱，衣着有时很时髦，有时七皱八折。按照 TOPK 性格模型，这是哪种性格？

15. 办公桌上经常有个人装饰品、纪念品、家庭照，办公室装饰有风景画、人物画、艺术品，衣着要么最流行款式，要么休闲装。按照 TOPK 性格模型，这是哪种性格？

16. 知识渊博，海阔天空，喜欢谈论未来，喜欢从大量事实经验中直接提炼出原则，喜欢差异化，积极参与各种社团与社区活动。按照 TOPK 性格模型，这是哪种性格？

17. 凡事做了再说，凭自己的知觉和世界打交道，充满活力，精力充沛，决断快速。按照 TOPK 性格模型，这是哪种性格？

18. 办公桌经常很整洁，通常有计算器。衣装比较整洁，经常是保守型的服装。按照 TOPK 性格模型，这是哪种性格？

19. 办公桌经常是杂乱无章，整个房间也经常很乱，墙上通常是工厂或产品图片。领带松散，经常穿工作服，很少穿夹克。按照TOPK性格模型，这是哪种性格？

20. 黄世银的特征：喜欢数字、报表、比较。他的语言有什么特征呢？举例，他说：拿些资料先看看，研究一下，你们的物业费、管理费都比别人高。他对别人的看法，总喜欢挑毛病。你若向他征求意见，他的答复总是研究一下，再看吧！按照TOPK性格模型，这是哪种性格？

21. 董敏的特征：喜欢先行动再说、行动较快；他的语言有什么特征呢？举例，他说：以最快的速度去看看房子，可以当场做决定；别人的看法：他不在乎。你若征求他的意见，他的答复是：就这样。我会去做的。按照TOPK性格模型，这是哪种性格？

22. 黄德淑的特征：比较在乎别人的看法、易受他人的影响。他的语言有什么特征呢？举例，他说：我最好征求一下我老爸、朋友、亲戚的意见。别人的看法：他很重视、会影响他甚至起决定作用。你若征求他的意见，他会说：听听别人的意见再说。按照TOPK性格模型，这是哪种性格？

23. 黄时财的特征：喜欢看图画、新、奇、特；他的语言有什么特征呢？举例，他会这样说：太美丽了跟我梦想的是一样的，樱桃树非常好。别人的看法：他会随别人的意见而发想；你若征求他的意见，他会说：太好了或太差了！按照TOPK性格模型，这是哪种性格？

24. 你听到钱游：说话缓慢，小心。你发现钱游：遵守时间，反应慢，谨慎。你听到钱游说话喜欢：谈论事实，原则，统计数字。你发现钱游：对企图要做的事会分析所有可能发生的状况，避免作出不正确的决定，以避免冒险。你看到钱游：控制身体的动作，较少情绪化。闪避眼神的接触，集中心力在报告或其他目标上。反应慢，看起来不在乎的样子。钱游非常注重：原则和想法。钱游对时间的处理：准确。钱游要求提供：证明。钱游的优先排序：要精确的。按照TOPK性格模型，这是哪种性格？

25. 你听到有关赵正的信息有：①强烈的，马上就正确了解状况。②有效运用时间，行动导向，插嘴。③谈论立即要做事情的时间架构，对过去或未来并不在乎。④基于现在想得到所要的这样的需求，会去冒险获得。你看到有关赵正的信息有：①控制身体的动作。②保持直接的眼神接触以坚持自己的主张。③行动迅速，受不了慢吞吞的人。赵正非常注重：目标和行动。赵正对时间的处理：效率。赵正要求提供：选择。赵正的优先排序：要使其负责担当的。按照TOPK性格模型，这是哪种性格？

26. 你听到有关姒华健的信息有：①放松的，轻松的音调。②对时间没有概念，友善的，个人的。③谈论感觉和关系。④基于避免个人和业务之间的关系产生压力这样的一种需求，以避免冒险。你看到有关姒华健的信息有：①向后靠坐，轻松开放的姿势，显现情绪。②基于关系上的压力，闪避眼神的接触。③反应慢，需要再次保证和鼓励。姒华健非常注重：关系。姒华健对时间的处理：会倾听。姒华健要求提供：个人的保证。姒华健的优先排序：要被接受的。按照TOPK性格模型，这是哪种性格？

27. 你听到嬴渠梁的信息有：①兴奋的，生动的，有说服力的。②对时间没有概念。③谈论梦想和直觉。④基于向未来的梦想之路迈进这样的一种需求，会去冒险。你看到嬴渠梁的信息有：①运用脸部表情和身体的动作来强调。②强力的眼神接触以建立密切关系。③行动迅速，属于冲动的作为。嬴渠梁非常注重：梦想。嬴渠梁对时间的处理：因人而异。提供：奖励。嬴渠梁的优先排序：要被认同的。按照 TOPK 性格模型，这是哪种性格？

28. 在忙碌的职场工作中，突然有人紧急调阅一份文件，他们四个人有什么不同的反应呢？

一大早，A 大踏步走进公司，先拨个电话给秘书，口气坚定，仿佛下命令似的：张秘书，总经理来了就告诉我。没过多久，内线电话响了，是张秘书的回电，说总经理 9 点半得外出，是不是约下午时间？A 哪里能等到下午，挂掉电话，直奔总经理办公室。遇到工程部的陈德胜，陈德胜向 A 急着要一份文件。A 脚下没有多做停留，只回头丢下一句：肯定在我桌上，你自己找一找。他办公桌上的物品摆放整齐，台历摆放在非常显眼的位置，除了柜子上面摆的优胜奖杯外，没有多余的东西。一切以实用为主。

B 脚步轻松地走进公司，和遇到的每个人都打招呼，有时会停下来聊几句，到了部门，干脆大声向大家说：O-Hi-YO，于是办公室的同事都跟着他精神一振。放下公文包，他就信步往张秘书那儿度去，秀出其最新型的智能手机，惹得张秘书对他追赶时尚的速度钦佩不已。他倒是没有忘记说：如果总经理到了，拜托一定要第一个通知我。他回到办公室，工程部的陈德胜，正好来找他要一份文件。B 有点尴尬，因为他根本想不起那份文件放在哪里，只好笑着说：不好意思，我现在很忙，不过给我几分钟，待会儿就找给你。昨天因有重要客户来访，当时 B 快速整理过桌面，不过他只是把东西全部塞进抽屉而已，现在还得一样一样地翻出来。他在办公桌上常放一些和工作无关的东西：照片、纪念品和一些精美的装饰品等。

C 出电梯时，按住开关，礼貌地让别人先走，走进办公室，用微笑和同事打过招呼后，才慢慢地走向自己的位置。他摊开记事簿，看看今天以及未来一周预定的工作有哪些，需不需要调整。9 点半的部门会议要发言的事项，也得拟个提纲，免得到时忘了。看看时间已到，正准备走向会议室，突然工程部的陈德胜来借一份资料。C 看陈德胜很着急，尽管会议快要开了，依然好心地问：要不要我去复印一份给你？然后转头就回去拿。只见他熟悉地走向档案柜，拉开中间那一层，里面的资料都按照顺序归档了，所以很快就找到陈德胜要的那份文件。在把文件给陈德胜时，还给了陈德胜"找到了，不用担心"的笑容。他的办公桌上除了办公用品外，还有一张全家福、从国外带回来的纪念品、一盆花、贺卡和公司团体照等。

D 一般是提前到达办公室，他慢条斯理地走出电梯，低着头径自走向座位，把包放在他一向放置的地方。接着例行公事般先把杯子清洗干净，桌子擦洗干净，泡上一杯清茶。独自享受这段静谧时光。当办公室热闹起来时，他开始了自己的工作。同事来提醒他准备开月度会议，他说：好的，知道了，我马上就过去。但他心里早有打算，今天的会议只要提前 2 分钟进去就行。他正想把开会可能讨论的事项再浏览一遍，工程部的陈德胜却在此时要一份文件。哦，在这堆文件资料中倒数第三份。D 很快找到了文件，小心地抽出文件，陈德胜走了以后，还不忘在记事本上记下档案结出的对象和日期。其办公桌很有条理，即使放在抽屉里的各种小文具,也是妥善地安置。屏风上有一些工作简报和最近使用的表格。按照TOPK性格模型,A、B、C、D各是什么性格?

29. 我们知道人们在日常生活中,经常会展现出来其各自的行为风格(性格)。以下是A、B、C、D四个人的衣装风格,按照TOPK性格模型,他们各是什么性格?

A:随意、简单和具有功能性是其每日衣着的重点;希望穿得整洁但不花哨,会将衣着分为两大类:日常和特别场合,如果他认为这是特别场合,会争强好胜地把自己打扮得格外出色。

B:在办公室内穿着一丝不苟,剪裁合度,一般是正装。在工作之外,衣着也正式,有一种衣着打遍天下的感觉,衣着协调有品位,但不带丰富色彩和引人注目的感觉。

C:多半依照自己的心情来穿着,喜欢色彩丰富的非正式衣着。时常在衣服上搭配有纪念性或喜爱的饰品,有时衣着有种复古的味道。

D:衣着多半跟随潮流,有新、奇、特的味道或戏剧性效果,心思多半在概念上而非形象上。

30. 我们知道人们在日常生活中,经常会展现出来其各自的行为风格(性格)。以下是A、B、C、D四个人办公室的情形,按照TOPK性格模型,他们各是什么性格?

A:办公室通常大而乱,除非他有猫头鹰性格为后援性格,不然他会因为太忙碌而无暇顾及环境的整洁,会因太注重行动而忽略外观。办公室的布置给人一种强势氛围,即使有纪念品摆设,也通常是特别包含行动的意味。

B:选择有品位但是传统的家具,很少看到随意摆置的色彩缤纷的物品,很可能将图表、报告和参考资料放在手边。办公室整齐有序。

C:把办公室布置成不受拘束而有点家的感觉,他们喜欢暖色、古董、植物、纪念品和家居照片。表面上,他的文件和档案等看起来有些杂乱,其实是他们按照自己的了解方式整理好的。喜欢将环境个人化。

D:选择新潮家具,在装潢上往往会表现出其想象力(新奇特)。从事"思考性"工作的专业人士会将办公室布置成迷你的脑力办公室:圆桌会议、黑板、随手钉在墙上的笔记以及奇特刊物等。

31. 我们知道人们在日常生活中,经常会展现出来其各自的行为风格(性格)。以下是A、B、C、D四个人的电话行为,按照TOPK性格模型,他们各是什么性格?

A:话多而热情,时常改变话题,不在意他人的时间。

B:突兀,间断,能抓住重点;也希望别人跟他一样;打断别人的交谈;想要控制谈话的进行。

C:公事公办,缺少活力;声调没什么变化;以有序的可预测的方式,逐项谈事情,电话交谈很讲究有序。

D:不太会区别业务电话和个人电话,当对方太快地挂断电话,会认为对方粗鲁无礼。

32. 我们知道人们在日常生活中,经常会展现出来其各自的行为风格(性格)。以下是A、B、C、D四个人在咖啡厅里的情形,按照TOPK性格模型,他们各是什么性格?

创业搭档管理

A 和 B 来到那家常去的咖啡厅，由于与店员有点熟识，A 一进门就忙着与他们打招呼，B 只是微微点个头，就选个角落的座位坐下，点了他一向爱喝的咖啡。A 打完一圈招呼，也顺便点了店员推荐的新口味花茶。

B 从包里掏出资料，备好的纸笔，开始一边专注地研读数据，一边若有所思地记着笔记。当饮料送上时，A 喝了一口，便对服务生赞美：嗯，这茶不错，待会儿可以介绍给我的朋友。

C 来到咖啡厅门口，东张西望时，A 看到了，不等服务生出声，A 就上前喊道：嗨，C，我们在这里，快进来，快进来！

C 这时脸上才散去不安的神色：第一次来这家店，我还怕找错地方呢。你们很早就到了吗？是不是等了很久？……

正当 A 打电话给 D，就见 D 像风似的大踏步地走了进来，他一坐下劈头就说：下高速公路的时候，遇到了老爷车挡在前面，开得太慢，害得我在车里直骂脏话，不过，我没迟到太久吧？我们今天讨论得快点好不好？我等会儿要去绍兴。

33. 这里有四个管理者：A、B、C、D，请根据表格中的信息，判别它们的 TOPK 类型。

	管理风格	常用词
A	根据事实，注意细节，合理化，一致性，树立榜样，长期的规划	我们一起谈，我决定
B	个性强势，驱使他人，固执的，控制（决定），强调竞争	别浪费时间，我来决定
C	建立关系，随时奉陪，倾听，做喜欢的事，经常给他人以友善的建议	一起谈，一起决定
D	有魅力的，社交技巧强，产生热情的，树立榜样，奖赏的（奖金），赞美，喜欢个人的接触	谈好了，你来决定

34. 这里有四个管理者：A、B、C、D，请根据表格中的信息，判别它们的 TOPK 类型。

	优先顺序	步骤	可能带来的问题
A	有弹性地按照优先排序	快速的，没有规则的	规划不善
B	在进行工作之前先培养关系	从容不忙的，不在乎的	缺乏紧迫性，不会说"不"
C	严守时间，非常有组织的，完全彻底的	有条不紊的，深思熟虑的	太过格式化
D	效率，效果	快速，能控制的	太过组织化

35. 就决策而言，在现实工作中会有以下七种情形：① A 作出决策后向下属宣布；② B 向下属"兜售"自己的决策；③ C 向下属宣讲自己的决策，并欢迎下属提出问题；④ D 作出初步决策，允许下属提出修改意见；⑤ E 提出问题，听取下属意见，然后决策；⑥ F 确定界限和要求，由下属群体作出决策；⑦ G 授权下属在一定范围内自行识别问题和作出决策。按照 TOPK 性格模型，A、B、C、D、E、F、G 的领导风格各是什么类型？

36. 某人经常给下属直接下达命令，给予明确且较高的目标，并给予范围内的权力。经常要求下属开门见山地汇报，并要求先讲结果，再讲行动过程或方案。下属经常远离之，人际关系较为紧张。按照TOPK性格模型，这位管理者的领导风格是什么类型的？

37. 某人经常以商量的方式给下属下达任务，并在下达前倾听他的汇报。他欣赏有工作思路的下属的工作思路，经常要求下属提供数据分析、工作计划、工作报告。他自己向上司汇报工作，也总是有条不紊地先解释工作思路，并列举大量的事例和数据，汇报非常认真，不苟言笑。在公司里，人际关系因严肃而紧张。按照TOPK性格，这位管理者的领导风格是什么类型的？

38. 某人经常以描述前景的方式下达目标，很少下达具体的数据目标，经常阐述梦想的好处，经常赞扬与认可下属，吩咐下属做些"有趣与新颖"的事情。他对上司也是经常喝彩，上司讲话时，他会多次鼓掌，掌声特别多而响，行动时富有激情。有他在，团队气氛就会快乐。在公司里，给人以言过其实、不踏实、多变之感。按照TOPK性格模型，这位管理者的领导风格是什么类型的？

39. 某人经常关注下属的感受，并和下属建立个人友谊。工作沟通时，他总是选择固定的场所，并以聊些已经发生的事或熟悉的人开始。他经常鼓励下属多说，他很在意下属的目标的前后一致性。他和上司沟通时，也是声音平缓，非常有耐心地倾听上司。在公司里，人缘关系很好，大家都乐意找他聊聊天。按照TOPK性格模型模型，这位管理者的领导风格是什么类型的？

40. 阅读以下材料，按照TOPK性格模型，判断他们的性格类型。

不同的管理者，对组织效率的看法是不一样的。哈佛商学院的研究表明：

A类管理者是"直觉—思考型"，他们乐于与事打交道，总喜欢把复杂、新奇和变化的事情看作挑战机会。对他们来说，组织效率，主要看有事情干、干得要快速有效、业绩数据（新产品开发率、市场份额、资金成本、增长率）等。

B类管理者是"感觉—思考型"，他们乐于与事打交道，注重事的细节和因果逻辑。对他们来说，组织效率，主要看汇报程序、工作规则、运作准时、职工缺勤率、职工技能、数据考量等。

C类管理者是"直觉—感情型"，他们乐于与人打交道，对新鲜和变化的人与事情都好奇。对他们来说，组织效率，主要看消费者的满意度、社会责任、识别新机会的能力、生活的快乐品质以及社会团体的满意度等。

D类管理者是"感觉—感情型"，他们乐于与人打交道，注重人的细节。对他们来说，组织效率，主要看职工的忠诚、人际关系的好坏、职工的态度、职工离职率等。

41. 阅读以下四句话，按照TOPK性格模型，判断他们的性格类型。

管理者A的口头禅是：按照我说的去做。

管理者B的口头禅是：这样去做，因为……

管理者C的口头禅是：问题在这里，怎么办？我们来商量商量。

管理者D的惯用语是：问题在这里，你们决定怎么办？

42. 从管理者的语言，我们可以识别他的管理风格或领导风格。根据以下六种语言，按照 TOPK 性格模型，这位管理者是什么性格？

某位管理者，其常用的管理语言是：①告诉他，我想和他谈话。②让我们马上把这件事处理完。③最终结果是什么？④简单点，措施是什么？⑤告诉我，你的目的是什么？⑥我们无论如何都要赢得这场竞争。

43. 从管理者的语言，我们可以识别他的管理风格或领导风格。根据以下五种语言，按照 TOPK 性格模型，这位管理者是什么性格？

某位管理者，其常用的管理语言是：①喂，我有个想法，你觉得怎么样？②直觉告诉我，这是一条死路。③我们要用激情去工作，快乐工作。④给我说说情况，大概点就行。⑤告诉他，我很喜欢这种方案。

44. 从管理者的语言，我们可以识别他的管理风格或领导风格。根据以下五种语言，按照 TOPK 性格模型，这位管理者是什么性格？

某位管理者，其常用的管理语言是：①我想，在这个问题上我们要慎重一些。②对那个调整方案，我还没有太大的把握。③能与你共事，我觉得很放心。④你真的觉得有这个必要吗？⑤我感觉这个问题要征求其他部门的意见。

45. 从管理者的语言，我们可以识别他的管理风格或领导风格。根据以下六种语言，按照 TOPK 性格模型，这位管理者是什么性格？

某位管理者，其常用的管理语言是：①现在，让我们再次分析一下。②我们能提供证明吗？③让我们先走这一步，然后再决定是否走第二步。④先把所有的事原原本本地告诉我。⑤所有的底细，我们都了解吗？⑥你的结论不合乎逻辑。

46. 我们可以根据人们在会议中的发言，识别对方的领导风格。根据以下信息，按照 TOPK 性格模型，以下四位管理者是什么性格？

在无数次会议中，创业者 A、B、C、D 的发言基本上是：

A 说：这是我主张的行动计划。

B 说：你不能一人就做决定，我还有其他的想法。

C 看见 B 扯到其他话题，于是跳出来就说：我们应该先明确主要的行动目标与工作纲领。

A 因为出现了不必要的意见分歧，开始发脾气，不耐烦。B 还在喋喋不休其跳跃式话题，C 要求大家遵守会议秩序。

D 看到场面快要失控，只好拜托大家：大家先心平气和地坐下来，我相信每个人的观点都有意义，都值得好好讨论。

47. 阅读以下材料，按照 TOPK 性格模型，判断他们的性格类型。

浦阳公司，黄荣任董事长，他的优点有：①对人感觉灵敏，善解人意，有感情；②沟通能力较好，表达能力较强，愿意与人沟通；他的缺点有：①对数字不敏感，缺乏财务知识；②过于注重感情因素，有时会陷入情理两难的境地；③容易冲动，有时候无法控制自己的情绪。黄洪任总经理，他的优点：执行力强，做事果断，效率高。思维相对活跃，创新能力尚可。他的缺点：管理技巧和沟通技巧欠缺，做决策和判断相对比较固执，注意的宽度比较广，注意的深度欠缺。黄浩任副总经理，他的优点有：心态平和，待人谦善，有耐心倾听。他的缺点：看到表格数据，头就大，忘性也大，不愿意管人，经常为人事很纠结。黄玘任副总经理，负责技术研发。他的优点是在工作中能够持续关注并合理运用新技术，乐于分享，有一定的全局意识，喜欢要结果。对数据敏感。此外，他认为自己乐于助人取得阶段性的成长，帮助别人自己也会学到东西。他的缺点是有点偏执（但能够倾听别人的意见），略显急躁，有一点东北人的大大咧咧，不爱管闲事。他认为，大公司出了问题，可以靠流程、评审机制等制度追究责任，创业型公司呢？更多的是依靠每个人的责任心和能力。而细节是锻炼人的能力的地方，搞清楚每个细节，将每个细节涉及的背景知识和技能掌握好，能力自然就会得到提升，因此，细节就是竞争力。

48. 阅读以下材料，按照TOPK性格模型，判断他们的性格类型。

双井公司的老板是黄瞻，其有个下属叫黄元绩。黄元绩平时话语不多，办事追求逻辑与秩序，当上级交代给他任务时，他总是会花很多时间去思考，经过深思熟虑的分析、研究、筹划后，展开行动，并持之以恒。因此在公司内，黄元绩是个能力出色的员工。开会时，他总是若有所思地做笔记。

公司进行晚宴与卡拉OK时，黄元绩的话语也不多，也不疯狂地喝酒与唱歌，给人沉稳的感觉。老板黄瞻，每周都要定期听取部属的工作汇报，当轮到黄元绩汇报时，黄瞻就头疼。因为黄元绩总是慢条斯理地把完成工作的每一个过程都详细地讲出来，并不断地阐述依据。黄瞻呢，总是打断黄元绩的汇报，或者边听边做些别的。当黄瞻直接说，你就告诉我结果就可以。黄元绩呢，通常会不高兴地把结果说出来，接着，依然阐述过程与原因。黄瞻呢，有时会以工作忙为由，仓促结束黄元绩的工作汇报。

久而久之，员工黄元绩认为，老板黄瞻不尊重他，只注重结果，不重视员工对事情的投入，没有人情味。而老板黄瞻认为，平时话语不多的黄元绩，怎么一汇报工作，就这么费时费劲，话语太多太唠叨，男人嘛，要结果不要细节。黄元绩是不是故意为难我？后来双方互相都不满意、埋怨对方。

49. 阅读以下材料，按照TOPK性格模型，判断他们的性格类型。

修水江夏制造企业，有两个既能干又敬业的得力干将，黄中雅和黄中理。黄中雅擅长产品开发，担任技术部副部长，分管产品开发和毛坯车间主任。黄中理擅长产品加工，精益求精，担任技术部副部长，分管产品加工技术和加工车间主任。由于毛坯车间生产出的产品要进入加工车间，两人之间总是为一些工作上的衔接相互指责，其实两人没有世仇，两人都跟随老板黄元吉六七年，对老板都非常忠诚。由于都是左右手，老板黄元吉只好自己担任技术部部长，同时管理他们，老板经常亲自处理他们之间的摩擦与冲突。

有好几次，老板黄元吉企图用宴请的方式来化解他们之间的冲突，比如在一次吃海鲜的宴席上，黄元吉老板说：看在我的面子上，你俩就化戈为玉帛，你们是我的左右手！宴席上，两人举杯言欢，都表示服从黄元吉的建议。但没过多久，两人又斗上了。

最严重的一次是这样的：两人再次冲突，相互指责，并相互推卸责任，结果两个车间的生产完全停顿下来。第二天，有一批货要按合同交货。

调解不成，黄元吉只好亲自上阵，直接安排 20 多个人通宵赶生产，仍旧延误了半天的货期。对方要求黄元吉赔偿违约金（延期交货），黄元吉不仅要为他俩收拾烂摊子，还要和客户周旋，希望不赔违约金。

老板黄元吉知道黄中雅和黄中理的冲突可能是脾气不和造成的。这种不和，不是相同的脾气造成的，而是脾气的差异造成的。黄中雅虽然是技术高手，但不注重细节，他注重产品的潮流与款式，容易感情用事，很容易对他人产生成见，心直口快。而黄中理呢，虽然也是技术高手，主张细节决定成败，追求产品的精益求精，擅长原产品的改进，但颠覆产品满足市场需求方面，总是慢几拍，办事一板一眼，非常严谨，记忆力特好。

老板黄元吉在咨询机构的帮助下，决定重组组织结构，黄中雅任技术开发部部长，专门负责新产品开发与新的加工技术。黄中理任制造部部长，毛坯车间和加工车间合并。黄中雅和黄中理的沟通机会减少了，冲突似乎也应该减少。具体的一些事务由他们手下的人对应沟通。黄元吉认为可以高枕无忧了。

可是，不到一个月，黄中雅和黄中理的冲突再次发生。黄元吉又开始头疼。

50. 阅读以下材料，按照 TOPK 性格模型，判断黄太华与黄子诚的性格类型。

杭州德华是一家大型电梯生产企业，最近，总经理徐云松对两个部门经理进行员工满意度调查，发现工作成果不达标的黄子诚经理的员工满意度最高，而工作成果达标的黄太华经理的员工满意度最低。总经理迷惑了。

黄太华经理对他本部门的产出感到满意和自豪。他总是强调对生产过程和产品质量控制的必要性，坚持下属员工必须很好地理解生产指令以得到迅速、完整和准确的反馈。每当遇到问题时，黄太华总会亲自去处理，以确保问题被合理迅速地解决。通常情况下，他会明确地规定部属员工的工作方法、方针、报告方式及完成期限。太华经理认为只有这样才能导致更好的合作，避免重复工作。

太华经理认为，对部属员工采取敬而远之的态度，对一个经理来说是最好的最有效的管理方式，所谓的"亲密无间"会松懈纪律。他主张每个成员都应对自己的工作负责，主张公开地表扬或批评某个员工，公开就是对部属的最大激励。

据太华经理说，管理中的最大问题就是部属不愿意接受责任。他讲到，他的部属可以有很多机会做许多事情，但他们并不是很努力地去做。他表示，不能理解以前，他的部属员工如何能与一个毫无能力的前任经理共事相处。他说，他的上司对他们部门现在的工作运转情况很满意。

子诚经理认为，每个人都有人权，在以人为本的前提下，他偏重于管理者有义务和责任去满足部属作为人的需求学说。他说，他常给部属一些贴心的激励，如给员工两张下月在杭州举办的某个明星演唱会的入场券。他认为，每张门票才 200 元，但对员工和他的妻子来说，其价值远远超过 200 元。通过这种方式，部属员工会持续几个月努力地工作。

子诚经理说，他每天都要花 25% 的时间和员工交谈，而且多半处于倾听状态。他从来不愿意为难别人。尽最大努力让部属参与决策过程。他认为太华经理的管理方式过于死板，太华经理的部属员工除了忍耐别无他法。

子诚经理说，他已经意识到在管理中，他部门的工作成果，没有得到上级领导的认可，但他认为，这大都是工作目标太高的缘故造成的。他的想法是以一个参与、友好和授权的管理方式对待员工，他承认尽管在工作效率上不如其他部门，但他相信他的部属有高度的忠诚度和工作士气，并坚信他们会因为他的开明领导而努力工作。

51. 阅读以下材料，按照 TOPK 性格模型，判断他们的性格类型。

江西杭口公司的副总经理黄庶具有必要的业务专长，工作勤奋，为人友善。他总是做好准备，并出色地完成总经理黄湜交给的项目，只是时间总有些滞后。他似乎与他的员工合作很好，并且对熟悉的项目抱有积极的态度。

对总经理黄湜而言，副总经理黄庶的办事节奏总是慢了半拍。总经理黄湜出席黄庶的员工会议时发现，黄庶总是以征求员工对事情的意见的方式来开始讨论，黄庶经常请员工对每件事发表赞成意见或反对意见，会议结束时，他们总是以多数人的意见为决定，而不是由黄庶来决策。

总经理黄湜认为，有时候确实需要让员工参与决策，但事事都要让员工来参与决策，并以多数人的决策为主，会导致决策速度慢或决策不符合上级意图。

有些员工对副总经理黄庶的领导风格很满意，因为他总是倾听他们的观点，并以他们多数人的观点为主。总经理黄湜认为，事事征求意见的做法，是在浪费员工的时间和精力。他要求黄庶果敢决策，并对公司的任何要求进行快速反应。黄湜多次严厉地向黄庶指出其必须改善这一点，但黄庶却没有任何改变。

52. 阅读以下材料，按照 TOPK 性格模型，判断阿曹和阿黄的性格类型。

阿曹、阿黄一起创业，都是因为不喜欢给别人做事，喜欢发散自己的想法，成就一份自己的事业。同时因为一些巧合，他们懂得如何在淘宝上将一些产品推广到很高的销量。再加上大家都是好朋友于是就走到了一起，合伙经营淘宝 C 店。

阿曹从小就对数字敏感，喜欢一切都可以按照计划进行，目前的工作属于会计和策划方面。在处理事情的时候，喜欢追求证据，追问为什么，爱整洁。这样的性格让阿曹做事情认真负责、精益求精，在考虑问题的时候能够比较深远一些。

店铺装修是两人一起决定的，他们运用了视觉分布黄金分割的特点，同时也通过了解买家看屏幕的视觉分布点，合理地排布宝贝位置。在宝贝上架方面也运用了数据依据。

但他们比较容易在小问题方面产生争执。比如因为感觉被代理黑的时候，阿曹会找出一些证据纠结老半天，耽误了工作。阿黄那边就会很直接找到好的代理直接换掉就可以了。

平常，阿曹比较喜欢谈话直截了当，但是比较注重细节，喜欢按照自己的作息与时间安排工作，讲求精确，看重事实，这种处事风格，又容易让阿曹钻牛角尖。

阿黄总是做了再说，像主推哪些商品，他经常凭借自己的感觉去修改一些内容，都不经过阿曹的同意，在做事情的时候倒是精力挺充沛的，决断速度比较快。有时候，阿曹还没反应过来，他就已经将某某商品下架了，又把别的商品推上去，将阿曹的计划完全打乱。

在平常工作当中，阿曹总喜欢时不时地拿出报表看一下，希望从这些数字里面看出日常运作在哪些方面还存在问题，在查找供应商的时候，阿曹也会不知不觉地将他们的背景调查清楚，给自己增加让它们成为自己供应商的理由，这又无形中降低了自己的工作效率。（材料来自浙江工业大学 MBA 曹献森同学）

53. 阅读以下材料，按照 TOPK 性格模型，判断高、朱和王三人的性格类型。

在鼓励创业的中国，高、朱、王三人一起创业，高、王是女性，朱是男性。高 31 岁，朱 35 岁，王 26 岁。高的着装相对比较随意，关注自身舒适感，对行为上的另类不太在乎。朱对着装比较在意，对布料、款型等细节部分关注较多。王的着装风格居于两者之间，随意但不另类。

高的桌面上比较像是个临时堆放点，但她可以从这堆乱放的资料里找到自己所需的东西。朱喜欢原地东西放回原地，桌面非常干净。而王的桌面和高的很像。

平时工作中，高总是用数据说话，逻辑性严密；有意识收集资料，思维活跃灵感多；不喜欢主动表演，一旦上场则抑扬顿挫；肢体语言多；对钱有概念，语言方式以成本利润分析为第一依据。

朱喜欢研究事物，思维易固化，喜欢处理事务，待人宽容，脾气较坏，但可反思自己的行为劣势，方向感差。有果断的投资意识，对于获利分配极为随意。王对自己的想法较为执着，有领导表现欲，容易受别人的负面信息所左右，性格较静，喜欢实验室作业。方向感差，与朱差不多。（材料来自浙江工业大学 MBA 高静）

54. 阅读以下材料，按照 TOPK 性格模型，判断章、李、王、沈四人的性格类型。

sunny 公司在章总的领导下，经过 10 年的发展，从一家小公司发展成一家上市公司，主营发放贷款及投资，属于资金密集型企业，员工约 130 人，为企业融资提供服务，在 sunny 公司的创业初期，章总时常内心有想法也不愿与人沟通，对人对事，开始时表现为多疑，一旦形成看法后，又容易固执己见，在关注细节的同时，容易失去大局观，容易陷于情绪而不能自拔。在这样的情况下，我们的李总就时常提出意见及建议，实在不行就晓之以理，以此打动章总，避免决策闭门造车、提醒他及时调整自己的情绪。而副总经理王总、业务部经理沈总，在实际工作中，对一些业务产生不同意见时，经常进行争论，不分胜负，每每都是由章总作出最后的决断。当他们没有分歧时，认定目标，兄弟情义，动如脱兔。（材料来自浙江工业大学创业 MBA 温晴皓）

55. 阅读以下材料，按照 TOPK 性格模型，判断 A、B、C 三人的性格类型。

A 是 CEO，一个果断敢于承担风险的企业家。当年他放下手中发展良好的销售公司，和 B、C 两位伙伴共同开始新的创业。在发展中遇到第一个瓶颈期后，果断地说服两位伙伴和投资的股东，斥重金聘请了咨询公司进行产品定位、品牌导向和企业定位，并建立自有的工厂，将企业带入新的高速发展期。他能言善辩，充满激情，风风火火，锐意开拓，勇于挑头做事。

B 是销售总监，偏理性，用数字说话，眼光长远，有条理、有系统地把握公司发展，逐步将公司销售带入稳步发展轨迹。

C 是生产总监，管理生产运作多年，在工作中不争抢，勇于承担。与周遭相处而不树敌，和员工建立了良好的互信。具有高度的耐心，有能力为企业赚取长程的利益，或为公司打好永续经营的基础，是企业长跑的优秀领导。（材料来自浙江工业大学创业 MBA 屠鹏）

56. 阅读以下材料，按照 TOPK 性格模型，判断徐先生、赵先生人的性格类型。

杭州 A 生物技术型公司成立于 1995 年，主营医疗器械的研发、生产和销售，自有品牌为主，OEM 代工生产为辅。总经理徐先生基本情况：杭州人，1995 年归国创业。一米八的个子，魁梧的身材，穿着讲究，讲话声音洪亮，办事雷厉风行，精力旺盛，喜欢流动管理。经常性改变战略，喜欢讲愿景，追求结果导向，控制欲强烈，提拔和打压下属都在一念之间，喜怒无常，造成公司大多数元老纷纷离开。会议期间几乎就是总经理一人侃侃而谈，典型的一言堂。

销售总监赵先生，2005 年加入公司，负责国内销售。土生土长的河南人。性子急，有事喜欢到处去沟通，谈话直截了当，注重结果。市场，销售，促销都操心。优势：具有很强的决断力；目标明确，执行力强；勇于快速反应。缺点：控制欲强，不考虑他人感受；急躁、没有耐心。企业形象和文化、品牌推广工作不被重视，同样也忽略了社会、政府资源的积累。2013 年政府突然要求厂区商业化改造后，要求 2 年内搬出租用的工业园，企业需要重新落实新厂房建设，搬厂、产品重新注册认证等一系列工作，给企业的资金流带来巨大考验，同时放缓了新产品研发的进度，加上大量老员工的流失，企业核心竞争优势逐渐不复存在。（材料来自浙江工业大学创业 MBA 金钱斌）

57. 阅读以下材料，按照 TOPK 性格模型，判断材料中四位管理者的性格类型。

从某航空公司货运部成立至今，已有 6 年。6 年来，货运部门也创造了很多辉煌的成绩，销售业绩在其他分子公司中一直名列前茅，这很大程度上得益于货运团队的努力，团队领导层的能力以及团队管理结构的 TOPK 化组合。

一、货运部总经理李某某，女，47 岁，从事货运销售行业 10 年，后逐步晋升为管理阶层，作为管理者有 10 年的时间，工作精力旺盛，企图心强，非常有自信，专业知识丰富，够权威，决断力高，竞争性强，胸怀大志，注重结果，敢于挑战，有对抗性。她长年用本子记录工作计划和现阶段要点，非常注重时间观念，与人进行交谈时，也是进行直接的目光接触，语速快但非常具有说服力；会直接切中要点，目的性很明确，行动力非常强，不喜欢拖拉。李总善于控制局面，能够果断地作出决定，所以能够带领团队，在部门创立初期就作出非凡的成绩。她在决策上较易专断，不易妥协，故较容易与人发生争执摩擦。在感到压力时，会太重视迅速地完成工作，就容易忽视细节，她可能不顾自己和别人的情感。给下属的压力也非常大，但她对自身要求也高，加之好胜的天性，是个十足的工作狂。对于这样性格的领导者，下属需要在她面前展示自信果断的一面，帮助她作出业绩，同时，避免在公众场合与她唱反调。

二、货运部第一副总经理罗某某，男，42 岁，目前分管货运部销售、安全保障。从事货运销售工作 15 年，销售经验丰富，人际关系相处得非常融洽，自货运部成立后成为货运管理团队中的一员。为人非常热心，很幽默，个性乐观，口才流畅，好交朋友，风度翩翩，非常注重自己的外貌，对于服饰的搭配有自己鲜明的风格，他喜欢用肢体语言，运用快速的手势来表达自己的观点；面部表情特别丰富；运用有说服力的语言；工作空间里充满了各种能鼓舞人心的东西。

　　他善于人际关系的建立，能够使人兴奋，工作效率很高，善于建立同盟或搞好关系来实现目标。表现力强，容易获得下属的支持和信赖。但因其跳跃性的思考模式，常无法顾及对事情的完成度，容易过于乐观，往往无法估计细节，在执行力度上有些欠缺，会时常出现一些虎头蛇尾的事情，需要高专业的技术精英来配合。他在平时的工作中具有高度的表达能力，社交能力极强，有流畅无碍的口才和热情幽默的风度，非常能够融合在团体中。他天生具备乐观与和善的性格，有真诚的同情心和感染他人的能力，在以团队合作为主的工作环境中，会有最好的表现。他是最能吹起领导号角的人物。作为其下属，除要能乐于在团队中工作外，还要对其领导谦逊得体，不露锋、不出头，把一切成功光华都让与领导。他具有鼓吹理想的特质，在推动新思维、执行某种新使命或推广某项宣传等任务的工作中，都会有极出色的表现。他们在开发市场或创建产业的工作环境中，最能发挥其所长。

　　三、货运部第二副总经理罗某，女，38岁，目前分管行政及综合业务，从事货运销售及管理11年，行事风格属于温柔和善，亲和力强，行事稳健，不会夸张强调平实的人，性情平和对人不喜欢制造麻烦，不兴风作浪，善良，不好冲突，有过人的耐力。虽然在别人眼中，常让人误以为是懒散不积极的感觉，但只要决心投入，绝对是认真负责的类型。同时她具有高度的耐心，敦厚随和，行事冷静自持，能够妥善处置同事之间的纠纷，做好协调沟通工作；生活讲求律规但也随缘从容，面对困境，都能泰然自若，非常淡定。她面部表情和蔼可亲；说话慢条斯理，声音轻柔；常用赞同性、鼓励性的语言；桌面电脑背景都是家人的照片。她对其他人的感情很敏感，这使得她在集体环境中左右逢源。她很难坚持自己的观点和迅速作出决定。一般说来，她不喜欢面对与同事意见不合的局面，她不愿处理争执。她喜欢做安定内部的管理工作，在需要协调人际关系、处理综合事务等稳定的职场环境中，她最能发挥所长。她强调无为而治，能与周围的人和睦相处而不树敌，是极佳的人事领导者，适宜在企业改革后，为公司和员工重建互信的工作。又由于她具有高度的耐心，有能力为企业赚取长远的利益，或为公司打好永续经营的基础。

　　四、分部经理张某某，男，41岁，目前主管现场保障分部，负责一线运行系统。由于航空公司的特殊性，在做好销售任务的同时，还必须做好现场的运行保障任务，只能在确保安全的大前提下才可以积极地开展销售，但是现场的保障能力又直接关系销售能否顺利进行，所以现场运行保障的能力就体现得至关重要。他很传统，注重细节，条理分明，责任感强，重视纪律，保守、分析力强，精准度高，喜欢把细节条例化，个性拘谨含蓄。正是这种严谨的性格特征，才更适合现场保障的运行，现场保障的运行就是要这样一丝不苟，不能出差错，有很强的责任心，才能确保运行顺利安全。他很少有面部表情；动作缓慢；使用精确的语言、注意特殊细节；办公室里贴有航班运行时刻，以及现场保障的流程等。他天生就有爱找出事情真相的习性，因为他有耐心仔细考察所有的细节，才给出合乎逻辑的解决办法。他把事实和精确度置于感情之前，被认为是感情冷漠。在压力下，有时为了避免作出结论,会分析过度,比较爱钻牛角尖,容易给下属造成压力。他传统而保守,分析力强,精确度高是最佳的品质保证者,喜欢把细节条例化,个性拘谨含蓄,谨守分寸忠于职责,但会让人觉得"吹毛求疵"。他条理清晰,分析道理说服别人很有一套,处事客观合理,只是有时会钻进牛角尖里拔不出来。同时具有高度精确的能力,其行事风格重规则轻情感,事事以规则为准绳,并以之为主导思想。他性格内敛、善于以数字或规条为表达工具而不大擅长以语言来沟通情感或向同事和部属等做指示。他行事讲究条理分明、守纪律重承诺,是个完美主义者。架构稳定和制度健全的组织适合他来当各级领导人,因为他喜欢在安全架构的环境中工作,且其表现也会最好。其行事讲究制度化,事事求依据和规律的习性,极为适合事务机构的行事方式。然而,当企业需要进行目标重整、结构重组、流程变革时,他就会迷失,不知如何处事,也不知如何自处。对改革行动,上者会先保持观望的态度,再慢慢适应新的局面;中者也会先保持观望的态度,然后呈辞求去;下者则会结集反对力量,公然表示反对或隐晦地从事反对等行为。他在决策时,是以数据和规则为其主导思想,其直觉能力和应变能力都偏低,创造和创新能力也相对地弱,因而不宜担任需要创造或创新能力的任务。他尊重传统、重视架构、事事凭据,喜爱工作安定的性格,是企业安定力量的来源。然而,由于他行事讲究制度化,事事凭据和讲究规律性会将细节条例化,事事检查以求正确无误,甚至为了办事精确,不惜对人吹毛求疵或挑剔别人的错误,以显现自己一切照章办事的态度和求取完美的精神,不易维持团队内的团结精神和凝聚力。所以张经理在现场保障分部这种需要认真严谨作风的部门担任管理者,能够确保我们部门现场保障运行顺利,换作销售类的岗位就并不适合他了。(材料来自宁波大学 MBA 赵子毅)

58. 阅读以下材料,按照 TOPK 性格模型,判断材料中 A、B、C、D 四人的性格类型。

博威公司的创业搭档,每个人都各司其职,各有所不同,但又有着共同合作的团队精神。他们身上都有创业者的共同特点,即创业者身上的一种精神和素质。

A 是董事长,他能清晰地看到市场的现状,以及针对自身情况找准商机的切入点,很会抓住国家的各项政策,例如,高新政策、新材料税收减免的政策等。根据这些政策去对公司的各个投资项目进行精准的决策。并且能根据公司面临的危机,制定出对应的策略,以预防公司在变幻莫测的市场上所遇到的风险。例如,2016 年下半年原材料市场的价格波动十分巨大,波动的比例在 70%左右,这会对产品的销量、成本、利润造成巨大的亏损,针对这一情况,董事长当即决定通过期货去对原材料进行保值。通常,期货市场的风险也很巨大,但是,领导者可以当机立断,立即决策出这一套保的决策,让公司在面对材料市场价格波动的巨大影响下,既不影响销量,也不会让成本带来特别大的波动。董事长对于公司遇到的大事件非常的敏感,但是对于员工的管理,细碎的琐事不会过多地去操心,这些都是通过自己组建的团队,分门别类地交给自己的创业搭档去管理。作为一个成功的创业者,我们可以看到他身上优秀的品质:首先,他十分专业,在原材料市场上其专业知识非常的牢固,并且可以与时俱进地不断学习;其次,其能力十分优越,善于捕捉市场的信息,抓住机遇,并且确定企业发展的布局;最后,他具备一定的管理能力,瞅准了合适的创业机会，找到了志同道合的伙伴，所需的资金也有了着落之后，就可以把自己所掌握的资源组织起来，就是人、财、物的管理能力。

B 是公司的销售总监，他决定了公司整体产品的走向和销售情况。作为一名销售总监，在每个产品的市场定位上，他能做到十分的清晰，不会让产品在市场的流通中因走偏区域而导致产品的滞销，在细分市场上他能做到敏感与专业相结合。在外部的交流沟通中，又带着让顾客满意、让顾客信任的熟练的沟通技巧。他十分善于取得顾客的信任、精力充沛，积极乐观，能够给自己和自己的团队制订短期、长期的目标，并且通过自己的方式去完成自己制定的目标。十分擅长目标管理与激励。通过各种展会的参与、对客户的讲解，很容易引起顾客的兴趣，让顾客对做产品的人产生信用感，而团队的销售人员也对这样的领导感觉十分的容易接近，让销售员也能够激情满满地去开发新的客户，并且以此为一种工作的乐趣。作为创业者的搭档，他虽然缺少了决策者的精准度，但是其有着十分难能可贵的勇往直前的精神。例如，在销售遇到瓶颈时，他并没有找过多的客观因素，而是从团队开发、自己团队身上不足去找原因，并且对市场分析十分敏感，善于面对困难，改善并解决问题。其次，他有着十分有魅力的人格特征，善于演讲，能够明确自己的业绩目标，并且给每个员工也能够制定相应的发展目标，善于通过制定激励政策去推动员工完成甚至超额完成自己团队的业绩目标。

C 是公司的研发总监，负责产品的质量把关，还有一些新产品的研发。他在整个公司的工作中，能够不厌其烦地根据各种实验，去一遍又一遍地测试每种产品的导电率、厚度、耐磨度，喜欢通过数据说话，将每种材料的不同特性都一一划分出来，并且通过科学的实验，去划分每种材料适用于哪种不同的领域，从而给销售部门提供依据，让销售部门去寻找相应的市场。在做新品研发时，因为对精度要求十分严格，因此，在对公司的设备要求上也会十分的高，这导致产品的成本无形中增大，如果没有遇到有远见的决策者，很容易让新产品生产计划因不明确的收益而流产。作为成功创业者的搭档，他则缺少了一定的灵活度和变通度，但是在自己的岗位上，不灵活、不变通不失为一种负责的严谨。因此在研发部门的岗位上，他能利用自己的执着和严谨把产品的质量控制在没有瑕疵，从而让大公司的客户十分满意。因为其严谨的态度和在质量上严把关口，因此其在监督职责上也起着十分重要的作用。

D 是公司的人力资源总监，负责管理公司的人力资源库、制定人力战略规划、组织建设人力团队、制定人事政策、开发人力资源管理工具，把企业的战略目标转化为全体员工共同的目标与行动，通过打造优秀的员工队伍来形成企业的核心竞争力，通过员工的职业规划员工与企业的共同成长。他在制定某项人力决策时，喜欢争取各个领导乃至车间部分班组长的意见，十分在意每个人的想法。当公司的员工遇到工伤或对工作的环境不满，他都会以最诚恳的态度去调节沟通。作为成功创业者的搭档，他缺少魄力，甚至缺少激情，但是在人力资源的岗位上，他能够听取员工的诉求。致力于建设温馨的企业文化。因此在公司创办初期，他温暖了不少员工的人心，博威成立 30 年以来，仍有许许多多 15 年工龄以上的老员工仍然在公司兢兢业业地工作，不仅仅是因为福利的提高，更是人力资源老总用爱经营员工的心。

这样的搭档，让外界的人看起来格格不入，但是通过不同的岗位分管不同的模块，有效地组合在一起，反而让企业没有停滞发展的脚步，一步步走向规模更大更强的跨国公司。（材料来自宁波大学 MBA 邵星）

59. 阅读以下材料，按照 TOPK 性格模型，判断材料中 A、B、C、D 四人的性格类型。

浙江某市的审计局共有 1 位正局长（简称 A），1 位总审计师（简称 B），2 位副局长（简称 C、D）。A 身高不高，但是走路带风，原为市文广局局长，个人经历较为丰富，工作前 10 年在国企打拼，一直从事团委方面工作，直到做到公司总经理，第二个 10 年在文广系统工作，做局长，来审计局时已经快要退休。作为一个对专业知识和能力要求较高的单位，下面的人对 A 刚来审计局就当局长很有非议，因为他对于业务一窍不通，审计局是需要做项目、查问题的单位，来了一个只需要每天演讲搞活动的局长，员工自然是不认可的。他虽然已经接近退休，但是每天早上很早就能在单位遇到他在锻炼，对人热情奔放，精力旺盛。极其具有语言天赋，擅长演讲，他将在文广局的那一套搬到了审计局，年底要搞汇报表演，年中要求员工进行知识竞赛，怎么热闹怎么来。非常理想化，他的一个目标就是创造美好的审计文化，以此来给审计局洗脑，但是，并不能拿出做优秀项目的实际方案，而审计局需要的是如何在项目评比中拿到领先的名次，从他那里无法得到这样的指导，只有争创优先的口号。

B 是审计局的总审计师，是所有局长里最为年轻，也是上升最快的一个。他分管法规处和整改处，这两个部门是审计局所有业务处室报告流出去的最后一个把关部门，需要他们把关报告所体现的问题是否恰当，证据是否充分恰当，在完成报告后，后续整改是否到位。他们需要实时跟进。B 做事相当雷厉风行，说一不二，而这也决定了他的工作岗位十分适合他，需要根据事实作出判断，进行核查，工作节奏非常快，以工作为导向，对于下属的工作节点十分关注。

C 是审计局其中一个副局长，身高很高，气质儒雅。曾经就职财政局，对于国际国内形势有着高屋建瓴的认识，而且是几位分管业务的副局长中，业务能力最强的一位。个人非常低调，曾经因为项目组发现一些线索，一个人连夜赶往在外地的项目组与项目组同志并肩作战。他向来做事认真负责，精益求精，有条不紊，严格部署，业务能力得到很多老同志的一致好评，只是为人太严肃。

D 是几位局长里最不像局长的局长，在电梯里碰到会与你聊家常，问最近食堂又上了哪些新菜。一般情况下，其他副局长都只在项目中出现几天，而他是长期驻扎在项目组，与项目组工作人员同吃同睡。有时，会帮项目组工作人员打打下手，复印打印等，相当亲民。性情相当的平和与友善，为人随和而真诚，相当接地气。

上述这几位局长共同组成了审计局的领导团队，该局的现状，业务人员青黄不接，业务能力在浙江省范围内与其他各市相比，又不突出，业务能力强的人员又极其紧缺，办公室等后勤部门冗余，领导不重视业务部门，导致业务人员做业务热情不高，业务能力退步的恶性循环。（材料来自宁波大学 MBA 陈迪）

60. 阅读以下材料，按照 TOPK 性格模型，判断他们的性格类型。

2010 年 1 月 3 日，杭州《都市快报》有篇文章：婚后不仅进入冰冻期。原文如下：王明颖给情感版来了长长的一封信。和大多数倾诉者不同，她要求我一定要把她的真实姓名写在版面上。她说，或许她那和她一天说不上五句话的老公能够看到。王明颖说，不知道是不是因为相亲认识的缘故，她和老公在婚后没多久就陷入了冰冻期。而她为这样的冰冻期焦虑不已。王明颖的老公是学理科出身，在一家 IT 公司做硬件开发，王明颖自己则是文科出身，在一家广告公司做文案策划。她说，或许是自己以前理科成绩不好的缘故，之前一直对理科好的男生有一种特别的仰慕。在两人恋爱的时候，理科好、脑子活的老公，曾经让王明颖无比的仰慕。老公有婚房，结婚不过是"万事俱备，只欠东风"，就这样，在亲友的推波助澜下，两个人确立关系半年不到，就扯了结婚证。

都说婚姻是爱情的坟墓，在短暂的爱情过去后，王明颖说，生活并没有按照自己的想象开展。头脑灵活的老公渐渐变得沉默少语，每天都是以工作太忙太累为由，几乎不怎么和她交流。要是没有例行公事的夫妻生活，两人的日子更像是两个陌生人合租了一套公寓——每天晚上，她看韩剧，他玩游戏，一人一台电脑，一人一个房间，比网吧里的陌生人还要生分。她突然发现，原来和自己的另一半早已无话可说，无事可做。文化知识、兴趣爱好、生活习惯……两个人的一切都是南辕北辙，他进不去她的思想，她也无法理解他的世界。王明颖说，不知道从什么时候开始，两个人在饭桌上，只剩下各自吧唧嘴巴的悲哀，经常一顿饭下来，两个人一句话都没有说。

王明颖说，她也尝试过和老公好好沟通，但是老公每次都是敷衍的态度，说她想得过于严重。她也怀疑过老公是不是有了外遇，但老公每天朝九晚五的宅男生活，让她找不到任何蛛丝马迹。在这段几乎没有任何沟通的婚姻生活中，王明颖痛苦不已，想得严重的时候，她甚至要把这与"家庭冷暴力"挂上钩。王明颖说，表面上看，她有房有车，让人羡慕，但是，这样冰冷的婚姻，让她恨不得回到单身的时候。

4.10　创业者的性格类型

对自己的性格有了深入的了解，对他人的性格也有了深入的了解，能够熟练掌握和运用 TOPK 性格模型识人。接下来，就可以和潜在的创业搭档进行性格讨论，为了组成一个更有效的创业班子，大家愿意有区别地为彼此做些什么，并达成共识，并把共识写入创业搭档关系章程内，做到提醒彼此双方区别互动，共同把企业创办成功。

为什么要相互透彻地讨论性格，并写成书面文字呢？因为即将进入合伙关系的创业者，往往会看到潜在创业搭档性格中最优秀的部分，如勇敢。随着时间的推移，特别是共同创业以后，这个最优秀的部分，就变成了一种缺点。如勇敢就变成了轻率。很多令人欣赏的优点摇身一变，成了令人厌恶的缺点，让人觉得不可思议。其实，这种转变几乎是可以预知的，因为性格有辩证性。如表 4-10 所示。任何一种性格特征都有积极的一面，也有消极的一面，它是一体两面。熟悉彼此的性格还不够，还需要深入知道性格的辩证性。克服对性格的主观判断，好的一面，必定有坏的一面。创业者要问自己，能接受其好的性格，能不能接受这个好的性格的对立面，即其缺点。如果能，那么创业过程中的冲突就会少很多，也不会出现惊讶而后悔。

表 4-10 合伙前与合伙后的不同看法

	合伙前我们看到的优点	合伙后我们看到的缺点
T（老虎）	勇敢 能干 坚决 喜欢竞争	轻率 工作狂 顽固 过于好斗
O（猫头鹰）	善于分析 认真 严谨 勤勉 数据敏感	挑剔 不合群 吹毛求疵 工作狂 情商不高
P（孔雀）	热情 乐观 激情 善于说服	易激动 不现实 无组织 精于操纵
K（考拉）	喜稳定 善协调 愿听从 善倾听	抵制变化 动作缓慢 没主意 不健谈

什么样的性格适合创业呢？创业者需要什么样的性格，创业才会成功呢？本书认为，每种性格都适合创业。

吴承恩在《西游记》中描述了四种性格的创业者：老虎型的孙悟空，创建了花果山水帘洞有限公司。猫头鹰型的唐僧，创建了西天取经有限公司。孔雀型的猪八戒，创建了云栈洞有限公司。考拉型的沙僧，创建了流沙河有限公司。

每种性格的人都可以创业，也都有获得成功的例子。比如，老虎型的宗庆后，创办了娃哈哈；老虎型的史玉柱，创办了巨人科技；老虎型的约翰·皮尔庞特·摩根，作为创三代，创建了摩根商行，被誉为银行大王。他们的共性是指挥风格的创业者。

猫头鹰型的鲁冠球，创建了万向集团；猫头鹰型的李彦宏，创建了百度；猫头鹰型的任正非，创建了华为集团；猫头鹰型的约翰·洛克菲勒，三次合伙创业，第三次是创业搭档3.0与创业搭档1.0，共同创建了标准石油公司，号称石油大王。他们的共性是下棋风格的创业者，他们听大数人的意见，和少数人商量，自己做决定。

孔雀型的汪力成，创业搭档 2.0，共同创建了华立集团；孔雀型的马云，创业搭档的 3.0，共同创建了阿里巴巴；孔雀型的安德鲁·卡内基，兄弟创业，创业搭档 1.0，共同创建了卡内基钢铁公司，号称钢铁大王。他们的共性是传播风格的创业者。

考拉型的徐传化，父子创业，创业搭档1.0，创建了传化集团；考拉型的俞敏洪，创业搭档 3.0，创建了新东方；考拉型的萨姆·沃尔顿，夫妻创业，创业搭档 1.0，共同创建了沃尔玛，号称零售大王。他们的共性是倡导风格的创业者。

以上的例子，同时说明，每种性格都可以当创业的领军人物，每种性格都可以当创业的一把手，而且成功地创办了企业。不同性格的创业者，只是创业的风格不一样，创建的企业所在领域不一样。他们的共同特点，都不是单独创业，而是由创业搭档组成创业班子共同创业。

创业者，对于性格的理解，还需要认识到，性格随时随事都会发生变化。遇到不同的事情，其性格会有所变化；随着年龄的增长，其性格会有变化。尤其是排列在第二、第三、第四的性格特征，会有所变化。每个成功的人，都会自觉或不自觉地运用这四种性格。无论对方怎么变，万变不离其宗。这里的"宗"，本书理解为 TOPK 性格模型。如果创业者，掌握了 TOPK 性格模型的特征，那么就会预测搭档的行为，不会惊讶他的性格变化，也不会把其性格变化上升到人品或价值观的变化。

4.11 创业班子的性格组合

组合，作为一个数学名词，是指从不同元素中取部分元素合成一组。组合学，作为数学的分支，也称组合数学，优化问题是它的研究内容之一，还包括组合计数、组合设计、组合最优化和组合几何等。组合化学，作为化学的分支，它把元素周期表上的 118 种元素进行巧妙组合，为绿色化学、美化地球环境谱写不朽的篇章。

组合，汉语词语，既可以作为名词，又可以作为动词使用。作为名词，指由几个部分或个体结合成的整体；作为动词，是指组织成整体。任何成功的事情或事物，都是巧妙的合理的组合。1、2、3、4、5、6、7 七个音符，可以组合成最美妙的音乐旋律，赤、橙、黄、绿、青、蓝、紫七色光，可以组合成美丽的画卷和五彩缤纷的世界；喜、怒、哀、乐、悲、恐、惊七种感情，可以组合成斑斓的人生。

组合原理，我国远古的先民，就掌握并熟练地运用。如我国古代的 60 年为一纪，它以 10 个天干和 12 个地支来组合；如我国的河图洛书，它由黑白点组合而成，河图洛书是人们至今所了解的最早发现的组合图示。还有我国的中医药方，蕴藏着大量的组合智慧。早在 1 700 多年前，东汉著名外科学家华佗就已经使用全身麻醉进行腹腔手术，他使用的麻沸散由多种中药组合而成。

我们是龙的传人，我们的远祖伏羲，采用组合原理，创造了世间不存在的动物，它能显能隐，能细能巨，能短能长。大则兴云吐雾，小则隐介藏形；升则飞腾于宇宙之间，隐则潜伏于波涛之内。龙有九似：角似鹿、头似牛、眼似虾、嘴似驴、腹似蛇、鳞似鱼、足似凤、须似人、耳似象。这就是说龙是由鹿角、牛头、虾眼、驴嘴、蛇腹、鱼鳞、凤足、人须、象耳九个动物的某个部分组合而成的崭新的物种，也有种说法是，龙是远祖伏羲从原来各部落的图腾上各取一部分元素组合起来的，从而成为我们中华民族共同的新图腾。这种组合智慧，演变成组合创新的精神，演变成和合生物的精神，从而成为我们中华民族精神的活的灵魂。

通过 TOPK 性格模型的学习，我们知道，四大类型的性格，没有好坏之分；每大类性格，都有其优点，也有其缺点。个人虽然都是不完美的，3~7 岁养成的天生性格，虽然难以改变，但后天的学习，可以完善自己的性格。如何完善呢？就是组合，性格组合。把四种性格的优点，重新组合成新的个体，从而实现凤凰涅槃。所有成功的创业者，尤其是那些伟人，他们是把性格的优点进行组合，而不是把性格的缺点进行组合。我们在他们身上，可以看到各种性格的优点：有魄力、有眼力、有耐力、有魅力，集"勇敢、睿智、亲和、积极"于一身。

本书认为，创业者的性格是初创企业成功的决定性因素，失败的企业很多都是创业者性格问题导致的。因此，创业者需要掌握性格模型，然后有意识地把其他性格类型的优点，拿来习练，变成自己性格的一部分，从而实现性格组合。千万别进行性格缺点的组合。我们知道，这四种性格类型，我们身上都有，只是排序不一样，比例不一样；如果我们运用同素异构原理，适当地调整一下排序，增加某个类型的比例，那么我们的性格就会发生质的变化。自然界最典型的组合例子是石墨和金刚石，它们是同样的碳原子，但碳原子之间的空间关系不同，结构方式不同，它们的性质就不同：石墨很软、金刚石很硬。甲醚和乙醇（酒精）具有相同数目的碳原子、氢原子和氧原子，但原子的排列不同，它们的性质也不同：乙醇是液体，溶于水；甲醚是气体，不溶于水。

创业者任正非，创办华为的时候，展现的是猫头鹰性格，花费大量的时间和精力，建立华为的企业法律与规章制度；之后习练老虎的果敢、孔雀的视危为机、考拉的团结与亲和，成就独特的个体，按照柯林斯《从优秀到卓越》里的说法，他是第五级领导者。

本人在进武汉大学的第一年，对自己的性格感到很迷茫：祖父在世的时候，说本人是孔雀性格；本人认可的是 11 岁之前，可能是孔雀，很多具体的事情，不记得，只记得是快乐的。11 岁之后，由于家族的意外变故，本人逐渐很听父母的话，顺从父母的意见，讨父母的欢心，开始专心读书，变成了一只考拉。15 岁左右，读书虽然很认真，但开始了遥远的梦，并为这个梦，敢于向本人的父亲抗争，变成了有目标的老虎。17 岁左右，严谨严肃，不苟言笑，坚持原则，爱好逻辑和辩证，梦想由去一个美丽的城市工作生活变成了当个科学家，变成了猫头鹰。自己究竟是什么性格？于是泡在武汉大学图书馆，看了无数的心理学书籍，登了无数次的珞珈山，跑了无数次的东湖路，直到武汉大学的第四年，本人才知道本人的真正性格：果敢的孔雀。到企业去工作，到杭州去工作。到外企从事销售工作，进行性格测试，却是猫头鹰性格，数据、证据的思维很明显。本人认为本人的猫头鹰性格，是高中两年理科训练和大学四年化学训练的结果。由于受到 DISC 的训练，本人开始了自觉的性格组合，并在销售中运用适应性销售技巧。1996 年，本人的销售业绩，在整个公司的亚洲部第一名，销售费用最低。之后的销售团队、销售队伍的业绩，在公司内部都是数一数二的。由于工作岗位的特性，在性格组合过程中，考拉的性格组合得不多。这是非常遗憾的。也是本人在 2008 年以后努力改进的地方。

　　创业者创办新的企业，遇到的问题很多，由于企业很小，人员也不多，很多事情，需要自己出面去应对和解决，而每个问题，其思路是不同的，每个问题遇到的人，其性格也是不一样的。科技型的创业者，他只擅长分析逻辑等猫头鹰型的思维，应对质量管理、财务管理，是没有问题的，尽管他可能不懂财务问题，但他与财务人员的沟通，是没有问题的。因为财务人员，包括税务、审计等工作人员，猫头鹰型的人比较多。但应对客户投诉、市场策划、销售沟通，如果他不组合其他三个类型性格的优点，就难以解决，与他们的沟通，不仅仅在专业上无法进行，更为重要的是沟通方式这个关就过不了。所以，他要么对自己的性格进行组合优化，提升适应性领导力；要么找到其他性格类型的搭档进入创业班子。

4.12　好搭档的 TOPK 原则

　　创业者可以通过组合优化自己的性格，但依然是个大挑战。短时间内，把四种性格的优点，组合成新的自我，不是很容易的事。何况还要创办企业，何况还要养家糊口。因此，创业者在组合自己的性格的同时，一个现实的做法就是组合创业班子，找个合适性格的搭档来一起创业。没有完美的个人，但可以有完美的创业班子。什么样的创业班子，是完美的呢？本书认为，若有四个创业者，他们分别是 T、O、P、K，他们的价值观类似、能力互补，那么这个创业班子就是完美的，俗称白金班子。为什么创业班子，需要性格的 TOPK 组合？这是创业活动本身的内在要求。创业需要在不确定的环境下，不停地进行果敢决策，这就需要老虎；初创企业的产品或服务，因刚刚起步竞争力不强而前景不够明朗，这就需要孔雀；企业生产产品或服务需要安全管理、质量管理、财务管理以及建立规章制度，这就需要猫头鹰；初创企业有 10 个员工以上，就需要行政协调，这就需要考拉。TOPK 组合的创业班子，可以完全胜任创业活动，并获得创业成功。

　　如果创业者是老虎，找老虎来做搭档，不会发生质的变化，只是增加数量而已。一群老虎，虽然执行力高，果敢奋拼，一群老虎，嗷嗷叫，声振山谷。但容易走极端，容易发生争斗与内战。性格相同，如果存在上下级关系，其冲突会很少。但不存在上下级关系，或者能力相当的时候，冲突往往不减反增。清朝的曾国藩说：为官之道，性同才异，相援相赖；性同势均，相竞相害。这里的性，是指人的性格。他的意思是：性格相同，才能不同（能力不同），大家会相互援助相互依赖，但是，性格相同，双方彼此的势力相当的话，他们往往会相互竞争相互残害。创业搭档都是企业的创始人，地位都是平等的（势均），即使一个是总经理，另一个是副总经理，但都是企业的所有者。这种情形下的性格的相同，对于创业者而言，往往会带来"同而不继"，孔子告诫大家：小人同而不和，君子和而不同。差劲的创业者，他们找性格相同的搭档一起创业，结果就是"一山难容二虎"，性同势均的创业班子，容易不团结而失败；那些明智的创业者，善于团结，努力把团结作为第一要务，找不同性格的搭档一起创业，结果因异质而团结获得了成功。

老虎型的创业者，明智的做法，是找价值观吻合度高的非老虎性格的人来做创业搭档。找谁呢？找孔雀？找猫头鹰？找考拉？这个话题，没有标准答案，要看创业者自身的性格成熟度，以及对性格的驾驭。还要看创办企业所在的行业和市场竞争环境。如果是高科技领域，那先找猫头鹰性格的创业搭档；如果创办的企业，一下子要100多个员工，还需要找考拉性格的创业搭档；如果创办的企业是新兴行业，前途未卜，那要找孔雀型性格的创业搭档。

是不是要把其他三种性格，都找来做自己的搭档？这个问题，也很难有标准答案。这要看创业者的创业规模、企业的愿景规划以及创业者对性格的驾驭能力。出生于1969年12月16日的雷军，创办小米就是一下子找来其他三种性格的创业搭档，并符合TOPK组合化原则。那是因为雷军已经有了两次创业的经历，虽然第一次和两位同学一起创业失败了。第二次加入金山公司，在金山工作了16年，任金山公司的CEO。故2010年创办小米时，雷军已经能够驾驭人的性格。这个问题也要看创业的大环境。娃哈哈的宗庆后，在1987年创办娃哈哈时，市场竞争不是很激烈，创业者队伍也不强大，故他只找了考拉型的搭档，就获得了成功。在大众创业的今天，只找另外一种性格，与自己组成二元型创业搭档，实践证明，很难获得成功。

创业搭档的TOPK组合化原则，就是创业者要创办伟大的企业，就要有四种性格类型的创业搭档一起创业。其中一位创业者，比如老虎型创业者，他们必须会团结其他三种性格类型的创业搭档。性格不同的人在一起更容易产生冲突，如果他们志同道合，这种冲突相对容易解决，但长期的性格冲突，容易上升到价值观不同的高度。因此，这里就需要一种智慧，团结的智慧（和的智慧），其中要有一位团结能力很强的创业者。中文的王，是三横一竖，这三横的长短不一，本书比喻为三种不同的性格，另外一种性格的创业者，必须把其他三种不同性格类型的创业搭档团结在一起（俗称串起来、串在一起），无论多大的难处或多大的荣誉，大家不散伙，虽斗但不破。那么这位创业者，才可以称王，因为他拥有了王的智慧。如果他明白这个道理，自觉地运用王的智慧，那么他就成为王。这就是创业搭档TOPK组合化原则的中国文化基础。

《西游记》中的观音，就是具有"王"的智慧的化身，她会团结四种不同性格的创业者，让他们齐心协力地去西天取经。而唐僧在团结四种不同性格方面，就不如观音，观音的性格是在无极（TOPK圆上），如图4-16所示。

本书再打个比方，来阐述创业搭档TOPK组合化原则的重要性。我们把老虎比喻为钢筋，老虎找老虎，就是钢筋加钢筋，依然是钢筋，只是数量的增加，变成一堆钢筋而已。把猫头鹰比喻为沙子，猫头鹰找猫头鹰，那就是沙子加沙子，最终变成沙漠而已。把孔雀比喻为水泥（善变），孔雀找孔雀，那就是水泥加水泥，最终是一堆水泥堆满仓库而已。把考拉比喻成水，考拉找考拉，那就是水加水，最终变成一池塘水，变成湖泊，变成海洋而已，虽然很壮观，但性质没有变化。如果把"水泥、沙子、水"进行充分搅拌，搅拌的混合物浇灌在钢筋上，那就变成了钢筋混凝土，建成了高楼大厦。如图 4-17 所示。

图 4-16　西天取经班子的 TOPK 组合和观音的"王"者智慧图

图 4-17　现代钢筋混泥土建造高楼大厦的组合智慧图

因此，如果老虎找到"猫头鹰、孔雀、考拉"作为创业搭档，这个奇特的组合，这个性格的白金组合，只要能够做到团结而不散，那么，它就是一个打遍天下无敌手的创业班子。他们的团结，需要通过漫长而艰难的磨合，就像唐僧团队取经一样，经过九九八十一难，团队磨合成功，搭档关系牢而不破，亲密合作，通力促进，最终取回了真经。初创企业获得壮大的势头，企业最终会走向辉煌。

国美公司的黄光裕认为一个好的创业班子，需要有五种人：震山的虎，远见的鹰，善战的狼，敏捷的豹，看门的狗。本人认为，按照 TOPK 性格 16 种模型，震山的虎是指老虎性格；远见的鹰是指猫头鹰性格；善战的狼是指团结的老虎性格，即有耐心的老虎性格；敏捷的豹是指果敢的孔雀性格，身体矫健，动作迅速而灵活多变；看门的狗是指果敢的考拉性格。五种人，其实是四种性格，符合 TOPK 组合化原则，创业者组合成性格白金型的创业班子，共同为目标而打拼，从而创造奇迹，并走向成功。如图 4-18 所示。

图 4-18　黄光裕的五兽班子和 TOPK 的关联图

4.13　TOPK 性格模型创业搭档的实证

4.13.1　向开朝皇帝学习组建创业班子

中华民族的历史悠久，留下了《史记》等大量的历史著作。5 000 多年来，在中华大地上，朝代不断地更替，每个朝代的开创故事，都是大英雄逐鹿中原的智慧展现。如果把每个朝代比喻为一个企业，那朝代的开创时期，就是企业的初创时期。开创时期的智慧，也就蕴藏着企业的初创智慧。这些智慧，对创业者来讲，很有借鉴意义。

俗话说：一个好汉，三个帮；一个篱笆，三个桩。这个智慧，在中国，妇孺皆知。中国人纷纷秉承这个智慧组建创业核心班子，但失败的多，成功的少。为什么呢？本书通过 3 个开朝皇帝的开朝班子和 1 个开国成功但开朝没有成功的开国班子，用 TOPK 性格模型分析他们开朝（国）班子成员的性格类型，发现那些成功的开朝皇帝，都运用了创业班子的白金法则，即不自觉地运用性格组合的白金法则——TOPK 四元组合原则；而那些没有成功的开朝皇帝，都没有弄懂"一个好汉，三个帮"的内质或魂魄。

周朝取代殷商，从 TOPK 性格模型来看，是性格 4∶1 的结果。周朝开国的班子，核心四人符合 TOPK 组合原则：姬发周武王是老虎、姜子牙吕尚是猫头鹰、姬旦周公是孔雀、散宜生是考拉。如图 4-19 所示。《诗经·大雅·绵》云：予曰有疏附，予曰有先后，予曰有奔奏，予曰有御侮。本人有诗云：绵曰治国在四有，文王四有周雄起。一有疏附曰知柔，二有先后为知微。三有奔奏曰知彰，四有御侮为刚知。四有四知四象同，君子四有天下治。这里的"柔、微、彰和刚"，分别是考拉、猫头鹰、孔雀和老虎的特质。

殷商的帝辛，他继位时，其父亲帝乙给他组建的执政班子也符合 TOPK 原则：帝辛天资聪颖，闻见甚敏，才力过人，有倒曳九牛之威，具抚梁易柱之力，深得父皇帝乙欢心。《荀子·非相篇》说"帝辛长巨姣美，天下之杰也；筋力超劲，百人之敌也"。《史记·殷

图 4-19　周武王开国的核心班子的性格组合的 TOPK 类型

本纪》也说"帝辛资辨捷疾,闻见甚敏,材力过人,手格猛兽。帝辛子受继位后,重视扩张领土,发兵攻打东夷诸部落,把中国疆域势力再次扩展到江淮一带,国土则扩大到今山东、安徽、江苏、浙江、福建沿海。根据这些材料,本书认为帝辛是老虎性格。帝辛的叔叔比干(敢于进谏)是孔雀,帝辛的叔叔箕子(世称中华第一哲人,留下《洪范》一书和象箸之忧的故事)是猫头鹰,其兄微子启(忧心忡忡的守旧者)是考拉。他们共事多年,殷商在他们的治理下蒸蒸日上,大有中兴的希望。如图 4-20 所示。

图 4-20　殷商帝辛(子受)早中期的执政班子的 TOPK 图

没想到,帝辛没能团结好这三个人,执政班子产生内耗,出现了微子去之,箕子为之奴,比干谏而死。帝辛重新任用人才组建核心班子,他当然拥有"一个好汉,三个帮"的智慧。可惜的是,他没能琢磨透他父亲帝乙搭班子的白金法则,他重用了三个脾气相似的费仲、飞廉、峨来,这三人都是老虎型性格,费仲为轻率而果敢的内政大臣,飞廉和峨来是忠心耿耿的武将，战死在沙场。任用同类是人们常犯的错误，帝辛也如此。他任用了性格与自己相同的人才，虽然是4个人，思维方式和行为方式实则1人，因为他们四人都属于老虎型性格。如图4-21所示。故商、周的核心班子，人数上是4：4，表面看是4：4，但性格方面，却是1：4，也就是说，两套班子的思维方式和行为方式是1：4。胜负的结局由此可判，也由此可以预测。姬发和姬旦是兄弟关系，是创业搭档1.0和创业搭档3.0的混合体，帝辛和费仲、峨来、飞廉不是直系的亲属关系，没有直接的血缘关系，属于创业搭档3.0。因此，从这个角度来说，创业搭档符合TOPK原则的周国，巧合地运用了王的智慧真谛，打败了执政班子不符合TOPK原则的殷商帝辛。帝辛在"一个好汉，三个帮"的智慧方面，只注意到了形，即数量是4，而忽视了内质（魂），这个内质或魂，就是性格组合的白金法则，内质要4，而帝辛只做到了1。

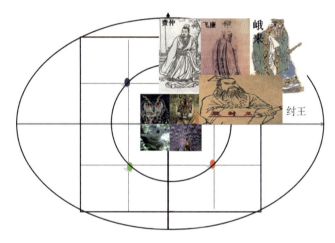

图4-21　殷商帝辛（子受）晚期的执政班子的TOPK类型的T型图

类似的故事，上演在刘邦和刘备身上。刘邦被项羽封为汉王，巴、蜀、汉中为其封地。天府之地富庶无比，刘邦以此为基，背弃条约，攻打诸王，领韩信、彭越等合攻项羽，经过四年的楚汉战争，最后统一天下，开创汉朝帝业，终成汉高祖。刘备也依庞统之计攻克成都，尽揽巴蜀两地，占据汉中，为汉中王。与曹、孙二人三分天下。此时刘备尚有荆州，五虎俱在。他俩都知道"一个篱笆三个桩；一个好汉三个帮"的道理，运用得也很好。刘邦有汉初三杰的鼎力相助，刘备颇具"高祖风范"，也来个"一个好汉，三个帮"，刘备有蜀汉初三杰"关羽、张飞和诸葛亮"的鼎力相助。

众所周知，高祖手下谋士如云，战将如雨。文有萧何、张良、曹参、陈平。武有彭越、英布、樊哙、韩信。此时的刘备手下文有诸葛、费祎、蒋琬、董允。武有赵云、关羽、张飞、马超、黄忠。还有邓芝、李严、法正等人，也是处于巅峰时期。在人才方面，两军相差不多。

刘邦最终逐鹿中原，成就一统，塑造了200年之久的大汉王朝，并赋诗：大风起兮云飞扬，威加海内兮归故乡，安得猛士兮守四方。而刘备却没能建成帝业，最后呜呼哀哉。

为什么呢？

汉初三杰一说，源自《史记·高祖本纪》。高祖曰：列侯诸将无敢隐朕，皆言其情。吾所以有天下者何？项氏之所以失天下者何？高起、王陵对曰：陛下慢而侮人，项羽仁而爱人。然陛下使人攻城略地，所降下者因以予之，与天下同利也。项羽妒贤嫉能，有功者害之，贤者疑之，战胜而不予人功，得地而不予人利，此所以失天下也。高祖曰：公知其一，未知其二。夫运筹策帷幄之中，决胜于千里之外，吾不如子房。镇国家，抚百姓，给馈饷，不绝粮道，吾不如萧何。连百万之军，战必胜，攻必取，吾不如韩信。此三者，皆人杰也，吾能用之，此吾所以取天下也。项羽有一范增而不能用，此其所以为我擒也。

本书用 TOPK 性格模型分析这段话，即分析刘邦和汉初三杰的 TOPK 性格类型，分析项羽的核心班子的 TOPK 性格类型。结果令人惊叹，值得创业者深思。

按照 TOPK 性格模型分析，刘邦属于孔雀性格，他具有多变的特质，知错就改，他豁达大度，性格开朗，不拘小节，直言快语，他轻财而足以聚人。他通过讲斩白蛇的故事，开始了通过武力建功立业的征程。在建立汉朝后，他杀功臣没有章法和内在的谋略规划，随意性大而缺乏深谋远略。晚年宠爱戚姬及其子赵王如意，疏远吕后，几次想废黜吕后所生的太子刘盈（惠帝）而立刘如意。但因大臣反对，只好作罢。谋士张良属于猫头鹰性格，武将韩信属于老虎性格，文臣兼内管家的萧何属于考拉性格。刘邦与汉初三杰组成创业的核心班子，人数是 4 个，他们的性格是 TOPK 模型中的 4 种，性格组合符合白金法则，刘邦把他们团结起来，发挥自己的特长。他的对手项羽，是老虎性格，项羽的谋士范增是猫头鹰性格。项羽的核心班子就两个人，他俩的性格是 TOPK 模型中的两种，属于 T1O1 组合，性格组合符合白银法则。因此，刘项之争的本质，无论是人数，还是性格类型，其核心班子是 4∶2。这就是刘邦战胜项羽的奥妙所在，魂魄所在。见图 4-22 所示。刘邦作为小官吏开朝成功者，他的汉初三杰论，影响到了很多后来的开国（朝）皇帝，如刘秀、刘备、李世民和朱元璋等。朱元璋也搞了个明初三杰：刘基、李善长和徐达，幸巧也符合 TOPK 原则。

图 4-22 刘邦的 TOPK 创业搭档和项羽的 TO 创业搭档图

刘备的"刘关张孔"与刘邦的"刘萧张韩"有什么区别呢？从职务来看，刘备的创业搭档有两个武将与一个文臣，而刘邦的创业搭档有一个武将与两个文臣。按照TOPK性格模型，武将多半属于老虎性格，文臣多半属于猫头鹰、考拉和孔雀性格。

按照TOPK性格模型，刘备是孔雀性格；刘备与刘邦一样不怎么爱读书，虽然与母亲以织席贩履为业，生活非常艰苦。但喜欢狗马、音乐、美服，喜欢结交豪杰，好感情用事。《三国演义》说，刘备28岁那年与张飞、关羽在桃园三次结义为兄弟。《三国志》说，先主（刘备）与二人寝则同床，恩若兄弟。刘关张性情相契组成搭档，开始了创业历程。按照TOPK性格16种模型，张飞，勇猛的老虎性格；关羽，有魅力的老虎性格，两人被周瑜称为"熊虎之将"，被程昱赞为"万人之敌"。刘关张三人组合，俗称一龙分二虎。属于TOPK的二元组合，即性格的T2P1组合，属于外向性格的组合，外向相邻象限的组合，他们同甘共苦地一起创业，虽然不断地小有成绩，但始终没有自己的地盘。他们在创业过程中，唯一的显著成就是知名度与美誉度日隆。因为刘备对汉献帝说，自己是西汉中山靖王刘胜之后。汉献帝调查宗谱后，称刘备为刘皇叔，"刘皇叔""汉室宗亲"的声名迅速远播。打着刘皇叔的旗帜，刘备获得了很大的政治优势。

《三国志·蜀志·诸葛亮传》记载了46岁的刘备三顾茅庐，真诚地请诸葛亮出山辅佐。西晋陈寿评价说：诸葛亮之为相国也，抚百姓，示仪轨，约官职，从权制，开诚心，布公道；尽忠益时者虽仇必赏，犯法怠慢者虽亲必罚，服罪输情者虽重必释，游辞巧饰者虽轻必戮；善无微而不赏，恶无纤而不贬；庶事精练，物理其本，循名责实，虚伪不齿；终于邦域之内，咸畏而爱之，刑政虽峻而无怨者，以其用心平而劝戒明也。可谓识治之良才，管、萧之亚匹矣。然连年动众，未能成功，盖应变将略，非其所长欤。据此材料，按照TOPK性格模型，诸葛亮是猫头鹰性格。诸葛亮加入刘备的创业队伍，成为刘备的创业搭档，三人组合变成了四人组合，有了谋士的辅佐，刘备的创业出现了奇迹。刘备常说，我有了孔明，就像鱼得到了水一般。

按照TOPK性格模型，刘备如图4-23所示的四人组合，实质是三元组合，即TOP组合，为T2O1P1组合，性格组合符合黄金法则。他们四人齐心协力地创业，创业成绩蒸蒸日上，最终成功创建了蜀汉，三分天下有其一。遗憾的是，刘备的创业，只成功了三分之一，没能像其先祖刘邦一样，统一中国。而且他所建立的蜀汉，长期处在弱国态势，是最早被兼并的。为什么呢？

本书认为有三个原因：①刘备创业搭档的性格组合中，缺少考拉性格。这是最为关键的原因。他的四人组合是性格的T2O1P1组合，与刘邦的四人组合有本质的差异，刘邦的班子是性格的T1O1P1K1组合。故，在一定程度上讲，刘备是失考拉而失天下。刘备只学到了先祖刘邦搭建创业核心班子的形（数量，4），而没有学到其神（这个神就是性格组合的白金法则，即性格的TOPK组合）。②刘备的对手，曹操、孙权，按照TOPK性格模型，他们实际上也是性格的三元组合，曹操的创业班子是TOK组合，孙权的创业班子长期也是TOK组合，虽然赤壁之战，孙权的班子是TOPK组合，因周瑜病逝，很快就是性格的三元组合。因为周瑜是有魄力、有谋略的孔雀。③刘备白帝托孤之后的蜀汉班子，是OPK的三

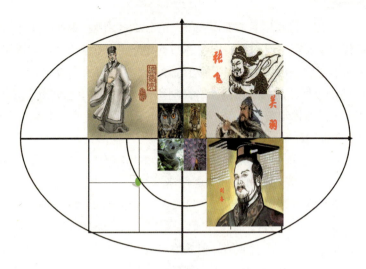

图 4-23　刘备的 TOP 创业搭档图

元性格组合。老虎型的赵云、魏延未能进入蜀汉二代班子的核心，这是非常遗憾的。

在班子的组建方面，刘备犯的错误与殷商帝辛相似，殷商帝辛是 4 人组合，一个文臣两个武将，是性格的一元组合；蜀汉刘备是 4 人组合，一个文臣两个武将，是性格的三元组合。帝辛遇到了四元性格组合的姬发，性格组合的 1：4，殷商帝辛很快就失败了；刘备遇到了三元性格组合的曹操、孙权。其结局是个平局，但白帝托孤，刘备把诸葛亮和李严两人作为刘禅的辅佐大臣，创业的 4 人组合，变成了继任 3 人组合，人数减少，创业搭档的性格组合依然是三元组合，变成了 OPK 组合。如图 4-24 所示。随着李严的出局，蜀国的创业班子变成了 OP 组合，此后，蜀汉回天无力了。虽然诸葛亮逝世后，诸葛亮遗留的治国班子，刘禅依然重用，但基本上是 OPK 组合，而且猫头鹰型的姜维没能担当大任。OPK 组合的成员，其能力都低于刘禅继位时的 OPK 成员的能力。最后蜀国以最先失败而告终。

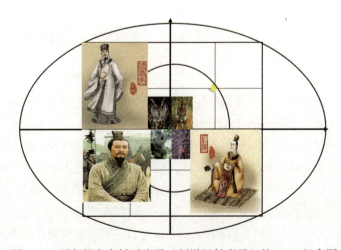

图 4-24　刘备的白帝托孤班子（刘禅继任班子）的 OPK 组合图

创二代或创 N 代的创业者，要向秦始皇学习 TOPK 组合创业班子。秦始皇仅用 9 年的时间，就灭掉了战国六雄而一统天下。用现代的话语来讲，秦始皇带领秦国这家企业，用 9 年的时间就成功兼并了其他六个大公司。为什么呢？秦始皇统一中国后，仅用 11 年的时间，就完成了 9 件大事：在中央实行三公九卿，管理国家大事。地方上废除分封制，代以郡县制，同时书同文、车同轨、统一度量衡。对外北击匈奴，南征百越，修筑万里长城（包括驰道、直道），修筑灵渠，沟通水系。开创了华夏民族的新时代，奠定了中国两千余年政治制度的基本格局，被明代思想家李贽誉为"千古一帝"。柳宗元赞曰：秦之所以革之者，其为制，公之大者也；公天下之端自秦始。在中国历史上，首创具有民主性质的廷议，创新地召开了三次廷议，对中华民族产生了深远的影响。秦始皇统一中国建立秦朝后，直到逝世，没有杀一个功臣，这在中国的皇帝中是非常少见的。李白赋诗曰："秦王扫六合，虎视何雄哉！挥剑决浮云，诸侯尽西来。明断自天启，大略驾群才。"这里的"扫、虎视、雄、挥剑、决、尽西来、明断、驾群才"等词，都是老虎性格的特质，按照 TOPK 性格模型，作为创 N 代的秦始皇是理智的老虎性格，属于老虎性格的还有王翦父子、蒙武父子等，属于猫头鹰性格的有尉缭子、李斯等文臣，属于考拉性格的有丞相王绾、隗林等内管家型的文臣，属于孔雀性格的有上卿姚贾、顿弱等外交家型的文臣。所谓：文有济济多士，良臣成群；武有战将如云，猛将似雨。秦始皇统一中国的高管班子，如图 4-25 所示。不仅符合 TOPK 组合原则，也符合 VCAT 原则。在这两个方面，远远胜于其他六国的高管班子。

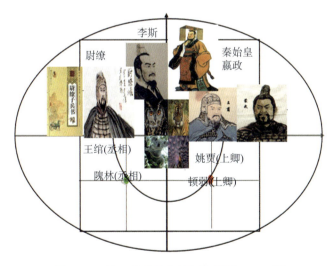

图 4-25　创 N 代秦始皇的创业搭档 TOPK 图

在公元前 240 年左右，韩、赵、燕、魏、楚、齐六国的人才，寥若晨星，屈指可数；每个国家高管班子的人数，微乎其微，一星半点。核心并可信赖的班子人数，连 4 个都难以达到，更不要说 TOPK 性格组合。

韩王韩安，公元前 238 年，继任王位，比秦王嬴政迟 1 年执政，执政 9 年。其父韩王韩然，在公元前 272 年继任王位，执政 34 年。有猫头鹰型的能臣韩非而不重用，信赖张良之父张平。更为愚蠢的是出个骚主意，派郑国去秦国搞水利工程以疲秦，没想到郑国的开渠工程使关中旱地变成沃野粮仓，造就了八百里秦川，使秦国更加强大，拥有更多的粮食而拥有了统一六国的物质基础。按照 TOPK 性格模型，韩王韩安与张平的性格组合为 KK，韩王韩然是孔雀性格，PK 组合变成了 KK 组合。

赵王赵迁，公元前 234 年继位，执政 8 年。其父赵偃在公元前 244 年继位王位，执政 9 年，不重用忠耿名将廉颇，信赖文臣郭开，纳娼女为妃生赵迁，废除与正妻所生的长子即有德行的太子赵嘉，立赵迁为太子，没能举贤任能，错失中兴的良机。按照 TOPK 性格模型，赵偃为孔雀性格。赵迁时期，赵国的贤臣良将在六国中是最多的，仅知名武将就有 5 人以上，可惜赵王赵迁，也信赖文臣郭开，对武将廉颇、李牧、司马尚、庞煖等不予信任，这些武将皆是老虎性格，而且能力卓越。按照 TOPK 性格模型，赵王赵迁与相国郭开的性格组合是 PP。

燕王姬喜，公元前 255 年继位为燕王，执政 33 年，秦始皇嬴政是公元前 259 年出生，即秦始皇嬴政 4 岁时，姬喜就为燕王了。嬴政在公元前 247 年被立为秦王，于公元前 239 年亲政，故燕王姬喜比秦王嬴政执政早 16 年。燕王姬喜有栗腹、乐间、将渠、据辛等人辅佐，人才寥寥无几。燕王姬喜亲信栗腹，攻打赵国失败；燕王姬喜鼠目寸光，量小力微，派老将据辛攻打赵国再次失败。最后，杀死太子姬丹成为孤寡一人。按照 TOPK 性格模型，燕王姬喜与丞相栗腹，属于 PT 组合。栗腹因轻敌战死之后，将渠虽然接任为燕国丞相，但未能得到燕王姬喜的信赖。

魏王姬假，公元前 227 年继位，执政 3 年。其父姬增是公元前 242 年继位魏王，执政 15 年。其祖父姬圉公元前 276 年继位魏王，执政 34 年，有范雎而不重用，魏相魏齐（孔雀性格）因魏大夫须贾（孔雀性格）的谗言而鞭笞范雎。公元前 265 年，魏齐因秦王施压而出逃。魏王姬圉有亲弟信陵君魏无忌辅佐，却因秦国施反间计而不信任，也不重用。相国范痤也被魏王姬圉解职。从此，魏王姬假与魏王姬增，再也没有能臣武将辅佐。按照 TOPK 性格模型，魏王姬圉、魏王姬增、魏王姬假，均是考拉性格。

楚王熊悍，公元前 268 年出生，公元前 237 年继位，执政 10 年，比秦王嬴政大 9 岁，执政比秦王嬴政亲政迟了 2 年。其舅李园杀春申君黄歇，内耗而失能臣，人才凋零而寥寥无几。后令尹李园病死，其弟熊犹继任令尹。熊悍执政 10 年就逝世，其弟熊犹 38 岁继位，在位两个多月，就被其庶兄（一说是叔父）39 岁的熊负刍所杀。公元前 227 年，熊负刍自立为王，执政 5 年，只有武将项燕辅佐，熊负刍与项燕，属于 TT 性格组合。熊悍之父熊完，公元前 262 年继王位，执政 25 年。《史记》记载：赵平原君一行来到楚国，向楚考烈王熊完陈述合纵抗秦的利害关系，从"日出"谈到"日中"，楚考烈王熊完还是犹豫不决。按照 TOPK 性格模型，楚王熊完为考拉性格。熊悍为孔雀性格，李园为猫头鹰性格。

齐王田建，公元前 280 年出生，公元前 264 年继位，由其母亲君王后摄政。秦始皇还未出生，田建就是齐国的国王。公元前 249 年亲政，比秦王嬴政早 10 年亲政。齐王田建在位 44 年，不听谋臣周子的建议，不听司马官和即墨大夫等良臣的劝谏，只听其舅后胜的谗言，任其舅后胜为相国，不参战，不备战，与秦国交好。在秦国攻打其他五国时，置之度外，逍遥自在，安享太平。公元前221年，秦国来攻，拱手投降，被后世称为战国末期最窝囊的君王。按照TOPK性格模型，齐王田建为考拉性格。其舅后胜要么考拉性格，要么孔雀性格。

也许雄才大略的及时改过的意志顽强的礼贤任能的嬴（赵）政，真正懂得称皇的智慧。而他的对手们，却没有这个智慧，连"一个好汉，三个帮"的"形"的常识也没有。这就是秦国统一华夏民族的真正原因所在。作为创业者，我们要向成功开朝的帝王学习，用性格组合的白金法则，选择、组建和管理自己的创业搭档。

4.13.2 向知名企业的创始人学习选择创业搭档

我们一般喜欢看知名企业的今天，或者展望它们的未来，很少去关注或者研究它们的过去，尤其是它们的初创时期。初创时期，它们做对了些什么而成功地度过了初创时期呢？这是关键性话题，对创业者来讲，是非常具有借鉴意义的话题。

本书用TOPK性格模型探讨中外5家企业初创期的创业搭档，这些材料来自公开的资料或者本人聆听和观摩他们的言行。本书认为以下知名企业，在创业初期，它们做对了创业搭档的性格组合，其创业搭档的性格组合符合TOPK白金法则。

第一个例子，是复星集团郭广昌的创业搭档。郭广昌，复旦大学哲学系毕业，1992年与梁信军（复旦大学遗传工程毕业，复旦大学校团委）创办广信公司，1993年谈剑、汪群斌、范伟加入创业，1994年，广信公司更名为复星公司，他们5人被称为复星五剑客。郭广昌回忆5人创业的原因，是他们共同来自复旦大学，有很多相似性，当然也有差异性。他们的相似性就是：第一，都有梦想；第二，个人的物欲不高；第三，出身背景都不算优越。他们的互补性就是：彼此性格不同，行事风格不一，擅长也不一样，互相搭配会比较好。按照TOPK性格模型，郭广昌是猫头鹰性格，他学哲学出身，逻辑性强，对数据敏感，系统思维能力强，具有"讷语言，敏于行"的特质。梁信军是有魄力的孔雀，他身上还有着那股子团委干部的影子，精于人事，善于驭人，能言善辩，无所畏惧，个性有些张扬。谈剑，是复旦计算机毕业的，擅长行政管理和财务管理，是积极乐观的猫头鹰。汪群斌行动能力和业务操作能力强，认真务实，是老虎性格。范伟，不爱说话，亲和稳健，内敛而有耐力，是考拉。有这样一个形象的比喻：五剑客好比一只伸出的手，长短粗细各不相同，但每人的特点都很鲜明，捏在一起，就是一只有力的拳。因此，郭广昌的创业搭档虽然是5人，但性格组合符合TOPK原则。郭广昌不自觉地运用了性格组合的白金法则，选择了合适的创业搭档，组建了符合VCAT、TOPK性格模型的创业班子。

第二个例子，是携程旅行网季琦的创业搭档。1999年，季琦、梁建章、沈南鹏、范敏4人共同创建了携程旅行网。4人按各自专长分工：季琦任总裁，梁建章任首席执行官，沈南鹏任首席财务官，范敏任执行副总裁，人称"携程四君子"。朱瑛石在《第一团队：携程与如家》一书中认为，沈南鹏：上海交通大学毕业，野心勃勃，风风火火，对事不对人，讲究结果，对数据很敏感，目的性强，不重感情，目标导向。季琦：上海交通大学毕业，能言善辩，偏感性，有激情，爱折腾，锐意开拓，直爽，讲义气。他热爱新鲜的东西，不愿意做重复性工作。有人采访季琦：携程的商业模式是什么？季琦说："谈什么商业模式，听一听我的创业故事吧。"他擅长利用各种资源，从无到有建立新的东西。他喜欢找感觉并关注人，不喜欢关注工作细节，对事情也缺乏关注。梁建章：复旦大学计算机毕业，内向腼腆，偏理性，眼光长远，喜欢用数据说话。在员工眼中，梁建章聪明、理性、不爱说话、有着前瞻思维。 范敏：上海交通大学毕业，沉稳亲和，细致而冷静，行动力强、擅长行政与人事管理。范敏不止一次同媒体说：我们盖楼，季琦有激情能疏通关系，他就是去拿批文、搞来土地的人；沈南鹏精于融资，他是去找钱的人；梁建章懂IT，能发掘业务模式，他就去打桩，定出整体框架。而我来自旅游业，善于搅拌水泥和黄沙，制成混凝土去填充这个框架。楼就是这样造出来的。按照 TOPK 性格模型：季琦是孔雀、沈南鹏是财商高的老虎，梁建章是猫头鹰，范敏是有魄力的考拉。季琦不自觉或自觉地运用了性格组合的白金法则，选择他的创业搭档和组建创业班子。所谓的第一团队，或梦幻团队，或最牛的团队，就是符合 VCAT 模型和 TOPK 组合化原则的创业班子。携程创始人的故事，不仅仅是两个海归和两个土鳖的创业故事，也不仅仅是两个上海男人、一个浙江海宁男人和一个江苏南通男人的故事，也不仅仅是一个复旦学子和三个上海交通大学学子的故事，更是 VCAT 和 TOPK 组合化的故事。

第三个例子，是腾讯公司马化腾的创业搭档。马化腾，1993 年深圳大学计算机专业毕业，在深圳润迅公司工作了 5 年，于 1998 年与张志东创办深圳腾讯计算机系统有限公司。据《中国互联网史》作者林军回忆说，马化腾非常聪明，但非常固执，注重用户体验，愿意从普通用户的角度去看产品。其长处是能够把很多事情简单化。很多媒体把马化腾描述成性格害羞、内敛、书生气，他自己也在 12 周年给员工的信中说"我是一个不善言辞的人"。但只要真正与他交锋，便可发现并不完全如此。马化腾在谈及腾讯未来和大格局时思路清晰，并不像产品经理那样沉迷于细节。马化腾在产品方面的感觉比张志东要好一些，他很多时候把自己的角色定位于腾讯的产品总设计师，他会试用腾讯所有的产品或服务，然后提出问题，他这方面的感觉很好，是个天才。马化腾的话不多，很多时候都在听，但一旦发话，就很一针见血，问得很细，想随便对付过去很难。马化腾对待他人，为人亲切礼貌却没有多余的客套，总给人"厚重，谨慎，务实，入微"的感觉。他技术出身，工程师思维，亲自过问细节，对产品有战略眼光与定力，是一台精密的机器。马化腾很低调，不喜欢在公司内部搞活动，公司上市的时候连酒会都没有办，公司只是在突破 10 万用户的时候集体去清远玩了下，之后再也没有比这更大的庆祝活动了。互联网知名评论人洪波评价马化腾说："这和他的性格有关，他不是一个遇到矛盾就立即拍板的人。如果腾讯内部有两个部门发生摩擦，马化腾并不会独自决断。他的做法是把双方都叫到一起，当面谈。" 互联网资深人士谢文曾经评点马化腾说："人很谦虚，很简单，不强人所难，那种自傲或者自得压得非常深。"《马化腾的腾讯帝国》一书作者认为，在过去的 10 年里，马化腾是事做了也不说的企业家，在中国，最具比尔·盖茨的气质：害羞而温和，聪明而严谨，内心激情澎湃。

张志东，广东东莞人，1972年出生，是马化腾在深圳大学的本科同学，1996年在华南理工大学取得计算机应用及系统架构硕士学位。在腾讯创业前，在深圳很有名的黎明电脑工作，张志东软件、硬件都很精通，很厉害。任首席技术官，全面负责专有技术的开发，包括即时通信平台和大型网上应用系统的开发。据《中国互联网史》作者林军回忆说："张志东是脑袋非常活跃，对技术很沉迷的一个人，他更多是把一个事情做得完美化。"张志东在黎明电脑的时候工作就很努力，经常加班到很晚，到第二天早上两三点也是常有的事情。黎明电脑一位当年张志东的同事讲述了他们对张志东恶作剧的段子，当时加班晚了，只要走手续，第二天上班是可以请假晚到的，这几个兄弟看到张志东加班很晚后，第二天早上天一亮就给张志东家电话，和他聊天，把张志东聊得睡不着了后，告诉张志东，他们都请过假了，今天不去了，并鼓动张志东也不要去上班了，这种情况下，张志东依旧准时出现在公司上班。张志东是个工作狂人，基本没什么业余爱好，唯一的兴趣是下象棋，工作空隙会抽空上网杀上一盘。张志东很值得尊敬，一是其技术上的炉火纯青，即便是他的政敌或是对手，都对这点佩服得五体投地。QQ的架构设计源于1998年，截止到2009年8月，QQ用户数从之前设计的百万级到现在的数以亿计，整个架构还在使用。张志东值得尊敬的另一个原因是其对物质上的追求极低，在腾讯创始人纷纷在澳洲买别墅，开游艇，高管集体团购宝马的态势下，张志东却一直开着20多万元的中档车。

曾李青，1993年在西安电子科技大学获得计算机通信学士学位，2007年获得中欧国际工商学院高级工商管理硕士学位。在腾讯创业前，在深圳电信工作，是马化腾姐姐马建楠的同事，也是徐晨晔的同事。他是在马化腾和张志东创办公司一个月后，第一位加入马张团队的。曾李青的加入，让马化腾和张志东的纯技术组合有了更多面向市场、面向用户的成分。1999—2007年，曾李青担任腾讯公司首席运营官，全面负责腾讯集团业务范围及产品种类，同时管理全国各市场推广工作。曾李青是腾讯5个创始人中最好玩、最开放、最具激情和感召力的一个，与温和的马化腾、爱好技术的张志东相比，是另一种类型。其大开大合的性格，也比马化腾更具攻击性，更像拿主意的人。

许晨晔和马化腾、张志东同为深圳大学计算机系的同学，1993年取得深圳大学理学士学位，主修计算机及应用，并于1996年取得南京大学计算机应用硕士学位。腾讯创业前，许晨晔在深圳电信工作。1999年11月加入腾讯，拥有股份成为创业搭档。任首席信息官，全面负责网站财产和社区、客户关系及公共关系的策略规划和发展工作。他是一个非常随和、有自己的观点但不轻易表达的人，他最大的爱好就是与人聊天，是有名的"好好先生"。性格温和，从不急躁，亲和力很强，善于与不同的人沟通，做决策时会充分考虑不同角度人的看法。马化腾需要他在团队中起到润滑剂的作用。

陈一丹是马化腾深圳中学的同学，1993年取得深圳大学理学士学位，主修应用化学，并于1996年取得南京大学经济法硕士学位。加入腾讯创业前，在深圳出入境检疫局工作。1999年11月加入腾讯，拥有股份，成为创业搭档。全面负责本集团行政、法律和人力资源事宜。陈先生亦负责本集团的管理机制、知识产权及政府关系。陈一丹身兼数份社会职务，包括现届深圳市政协委员，深圳市版权协会会长，深圳总商会荣誉副会长，他十分严谨，同时又是一个非常张扬的人，他能在不同的状态下激起大家的激情。

根据 TOPK 性格模型，老虎擅长行动，实践出真知，执行力很强，对事情很敏感，曾李青在这方面的行为风格很明显，张志东也有这方面的特质；猫头鹰擅长分析，深思熟虑，眼光长远，对事情很敏感；马化腾与张志东在这方面的行为风格非常明显，陈一丹也有这方面的特质。考拉擅长倾听，察人细微，与人深谈有耐力，对人很敏感，徐晨晔在这些方面的行为风格非常显耀，马化腾也有这方面的特质。孔雀擅长演讲，为人激情澎湃，对人很敏感，乐意展现。陈一丹在这方面的行为风格最为明显，曾李青也有这方面的特质。

综上所述，本书认为，马化腾是有耐心的猫头鹰性格，张志东是有魄力的猫头鹰性格，曾李青是有魅力的老虎性格，徐晨晔是理性的考拉性格，而陈一丹是理性的孔雀性格。他们之间交织着共同的亚型性格，而主导性格分处在 TOPK 的四个象限，他们的性格组合 T1O2P1K1，符合白金法则，符合 TOPK 组合原则。而且马化腾能够把四种不同性格的搭档团结在他的周围，因此，马化腾的创业成功了，腾讯 QQ 的创业成功了。

第四个例子，是微软公司比尔·盖茨的创业搭档。比尔·盖茨在 1975 年创办微软公司，当时只有 4 人，他和中学校友保罗·艾伦是公司创始人，还有两位雇员。他俩的组合，属于内向性格的组合。他俩虽然都是内向性格，但有很大的差异，属于内向性格的相邻组合，按照 TOPK 性格模型，也是二元组合中的 OK 组合。艾伦的特点是说起话来柔声柔气，为人很谦虚。他主张先赢得客户，再提供技术。1982 年，艾伦在一次商业旅行中突然病倒，诊断结果表明有癌变的迹象，应立即进行化疗和放射性治疗。患病期间，艾伦意识到自己无法给予盖茨所要求的时间与精力，1983 年，时任微软副总裁艾伦终于离开了蒸蒸日上的微软。3 年后，微软公开上市时，艾伦拥有的近 40% 的股票让他成为全球顶级富豪之一。

在微软成长为一家大公司之前，盖茨事必躬亲，不管是工资单、计算税利、草拟合同还是指示如何销售微软的产品都是盖茨一个人亲力亲为。但是随着公司规模的不断壮大，微软在人员配备上的缺陷也就暴露了出来。为了使软件做到完美，微软开始需要具有各种特殊技能的人才，而不仅仅是编程高手。微软开始需要产品规划人员、文档编写人员、实用性专家，以及使他们协同工作的聪明的经理、能够回答客户问题的技术人员、能够帮助客户更快上手的咨询专家，等等。盖茨开始为管理上的琐事而烦恼。于是他意识到微软需要不懂得技术的智囊人物，盖茨在《比尔·盖茨全传——创业篇：创业搭档的选择》中说：事实上，把鲍尔默引入微软是我作出的最重要抉择之一。

史蒂夫·鲍尔默，是盖茨的哈佛校友，对数学、科学和拿破仑的激情使他们成了神交，鲍尔默和盖茨搬进同一个宿舍，起名为"雷电房"。1980 年，即比尔·盖茨创建微软的第六个年头，盖茨说服鲍尔默加入还在孵化期的微软，并给予鲍尔默 5 万美元的年薪和 7% 的股份。当时微软才 16 名员工。鲍尔默是第 17 位员工，开始长达 33 年的激动人心的创业生涯。鲍尔默与盖茨不同的是，他善于社交。鲍尔默穿梭于哈佛的每一个角落，他似乎认识哈佛的每一个人。鲍尔默有句口号，"一个人只是单翼天使，只有两个人抱在一起才能飞翔"。

接下来，这位"救火队长"几乎干遍了所有部门——招聘培养高素质的管理人员，管理重要的软件开发团队，同英特尔和 IBM 等重要伙伴打交道，控制公司的营销业务并建立了庞大的全球销售体系。身材魁伟、习惯咬指甲、大嗓门、工作狂的鲍尔默的天赋之一就是激励才能。性格狂躁的他与性格偏内向的盖茨成为完美搭档，那些与鲍尔默进行过谈判或是完全进行对抗的竞争对手，都了解他的强人作风。鲍尔默最终成了仅次于盖茨的第二号最有影响的人物。1998 年 7 月，鲍尔默正式担任微软总裁。2000 年 1 月，鲍尔默更上一层楼，正式担任微软 CEO。

鲍尔默是天生的激情派，善于演说。他的管理秘诀，就是激情管理。激情管理，给人信任、激励和压力。无论是在公共场合发言，还是平时的会谈，或者给员工讲话，他总要时不时地把一只攥紧的拳头在另一只手上不停地击打，并总以一种高昂的语调爆破出来，以至于他 1991 年在一次公司会议上叫得太猛太响亮，喊坏了嗓子，不得不进医院动了一次手术。鲍尔默的出现，无疑为微软增添了更多的活力与激情。被称为猴子先生的（本人备注：猴性，对应黄氏 TOPK 的孔雀性格，机智善变，因多动而丰富多彩等）鲍尔默在管理方面的得心应手，让盖茨终于得以从捉襟见肘的管理状态中逃脱出来，成为一名专职的程序员。这位更擅长团队管理和公关的微软新掌门一上台，就向媒体公开了"重组微软"的核心价值观：用激情主义在合作伙伴、客户和业界同仁中塑造微软诚信的商业新形象。如果说盖茨是微软的"大脑"，那么鲍尔默就是微软赖以起搏的"心脏"，头脑敏锐的鲍尔默始终眼观六路，耳听八方，根据市场变化及时调整战略决策。

查尔斯·希莫尼，1981 年进入微软，进入微软后，希莫尼领导他的应用软件开发团队先后开发出了 Word、Excel 等当今世界最为普及的应用软件。"所见即所得"也成为微软赖以独霸天下的 Windows 系统的核心，被称为 Word 之父。希莫尼还一手建立了微软的程序员管理体系，是微软最高智囊团的核心，微软杰出的软件工程师。2002 年离开微软自行创业并得到盖茨的支持。

杰夫·雷克斯，1981 年离开苹果加入微软，担任产品经理一职，是推动 Office 业务发展壮大的领军人物。在发展微软应用程序市场战略方面贡献突出。1984 年，雷克斯被升任为应用程序市场发展总监，作为首席战略官，雷克斯曾任微软商务部门主席，并兼管信息部门人事、服务器、工具业务，以及微软商业解决方案部门。他曾在微软全球销售及支持部门担任副总裁，主要职责是为微软的销售、市场和服务提供战略性领导工作，被称为微软第三号人物，在微软 55 000 员工中，只有雷克斯能凭能力挑战盖茨的智慧和鲍尔默的威严。朴素、率直，他是典型的微软人，他也是激进的鲍尔默和稳健的盖茨之间的平衡者。他怀疑一切，正视现实，他不断追求竞争胜利，雷克斯是他自己权力王国的君主。

按照 TOPK 性格 16 种模型，盖茨是激情的猫头鹰性格，艾伦是理性的考拉性格，鲍尔默是有魄力的孔雀性格，雷克斯是有耐心的老虎性格，而希尼莫是有耐心的猫头鹰性格。盖茨成为世界首富靠的并不是运气，而是在创业的过程中，选择了合适的创业搭档，通过与性格、能力互补的合伙人共同创业，盖茨将他们的优势运用得恰到好处，用到了具有巨大财富的市场。这样的搭档选择和创业班子的组建,并用心管理搭档相互之间的关系,企业在创办中途决不会陡然夭折,而且创业成功的概率也增加了数倍。在互补的发展过程中,盖茨最终如愿以偿戴上了软件帝国的皇冠。

第五个例子,是Facebook(脸书)马克·扎克伯格的创业搭档。扎克伯格是哈佛大学计算机和心理学专业辍学生,他在2004年4月和室友爱德华多·萨维林以及另一个哈佛的大二学生达斯汀·莫斯科维茨,在佛罗里达州建立了社交网络服务网站Facebook。扎克伯格占65%股份,萨维林占30%,莫斯科维茨占5%。短短的两个月之后,2004年6月10日,theFacebook.com的名字就被人在哈佛的毕业典礼上提起,火爆程度可见一斑。2004年8月,萨维林因喜欢出门旅游而不管公司的融资与商业模式业务,这时肖恩·帕克加入公司,承担其融资业务。2004年9月29日,投资人彼得·泰尔以50万美元的价格收购了新Facebook 9%的股份后,新Facebook的股份结构是扎克伯格40%,萨维林24%,莫斯科维茨16%,彼得9%,肖恩·帕克7%。剩余的股份留给将来的雇员。

扎克伯格喜欢穿着一如既往的T恤、牛仔裤、运动鞋,脸上依然是坚定、漠然、无所谓的程序员表情。他和员工一起步入会议室。参加公司会议,扎克伯格从未迟到,用Facebook员工的话说就是,"他极其准时"。当然也极其准时地结束会议。他依然坚持在工作之余读书,扎克伯格希望看书的同时,好好思考下Facebook的未来,也塑造自己新的思维模式,也许扎克伯格觉得,常识观点对思考社交媒体广告策略能产生一定启发,所以从书中寻找黄金屋,从别人的观念里获得启示,不失为明智之举。他不齿于承认他的无知,也不害怕提出困难的问题,"为什么?"是他最喜欢说的。

爱德华多·萨韦林1982年3月13日出生在巴西圣保罗一个富商家庭。或许是受家庭经商的影响,萨韦林年纪轻轻就颇具商业头脑,还在哈佛大学读书时,就经由战略投资从石油领域赚取30万美元,后来提供种子资金,投入1.5万美元创办Facebook,并出任首席财务官。萨韦林大学主修经济学,在忙于Facebook事业时也没中断学业,2006年以优异成绩毕业。萨韦林在Facebook发展初期遭排挤出局,股份遭稀释。后来与扎克伯格等人对簿公堂,最后以庭外和解收场。萨韦林获Facebook确认为创立者之一。萨韦林2009年搬到新加坡居住,迅速成为狮城社交明星。他不时出入夜总会等社交场所,陪伴者不乏模特和富商。经常流连于这些地方的人说,萨韦林出手阔绰,没少点上好香槟和伏特加酒。他驾驶宾利汽车,穿昂贵时装,住顶层高级公寓,其奢华作风与扎克伯格、莫斯科维茨发迹后的俭朴形成鲜明对比。萨韦林虽然喜欢社交,但不爱与媒体打交道,极少接受媒体采访,也不爱参加公众活动。他最初持有Facebook30%股份,几经稀释后,如今持股大约2%。不过,以Facebook眼下的规模,2%的股份市值仍相当可观。

肖恩·帕克以创办音乐分享网站Napster扬名硅谷,帕克充分展示了自己的性格魅力,让当时还在哈佛攻读哲学和计算机科学的宅男扎克伯格臣服于他的社交才华。他很快就加入了Facebook,负责融资业务,很快成为Facebook的创始人兼首任总裁,拥有Facebook 7%的股份。2005年,Facebook当时的主要投资方Accel Partners逼迫行事风格捉摸不定的帕克辞职。

莫斯科维茨，1984年5月22日出生在佛罗里达州盖恩斯维尔，比大学室友扎克伯格只小8天，他在哈佛大学主修经济学，只上过初级计算机课程，在创立Facebook过程中自学电脑编程。他和扎克伯格都没等完成大学学业就前往"IT圣地"加利福尼亚州帕洛阿尔托创业。莫斯科维茨是Facebook首任首席技术官，为建立网站主要架构立下汗马功劳，后升任公司副总裁，主管工程。在获得巨富后，他没有停下创业脚步。2008年10月，他与工程经理贾斯廷·罗森斯坦离开Facebook，另立门户。

克里斯·休斯一头金发，很有亲和力，他是网站最初的新闻发言人。1983年11月26日出生在北卡罗来纳州希科里，是家中独子。父亲是纸制品销售员，母亲是公立学校教师。休斯念中学时背着父母申请到马萨诸塞州菲利普斯学院提供的丰厚奖学金，入读这所收费高昂的寄宿制私立预科学校，2002年毕业，入读哈佛大学并获得奖学金。攻读法国历史和文学的休斯，不管Facebook的技术，而是担任Facebook发言人并为之出谋划策。Facebook早期高层管理人员马特·科赫勒称赞休斯是Facebook众多受欢迎功能的关键策划者，是"最佳意见提供者"。2004年暑假，休斯和扎克伯格、莫斯科维茨去加利福尼亚州帕洛阿尔托发展Facebook，但是他没有像另外两人那样为Facebook放弃学业，而是在暑假过后回到校园。他说："我没钱在外面混。"他最后一个学年每天都花几个小时为Facebook工作，2006年以优等生资格毕业并获得学士学位，后直奔帕洛阿尔托投入Facebook工作，拥有Facebook 1%的股份。2007年，正当Facebook业务开始腾飞时，休斯选择离开，创建"我的贝拉克·奥巴马"网站。

安德鲁·麦科克伦，编程天才，是Facebook最早的图像设计师，他曾和扎克一起穿着睡衣和T恤去会见红杉资本的风险投资家。他于2006年9月离开Facebook，返回哈佛继续读书。为人低调，行踪神秘，拥有股份不详。

雪莉·桑德伯格，1969年8月26日出生于华盛顿。曾任克林顿政府财政部部长办公厅主任、谷歌全球在线销售和运营部门副总裁。现任Facebook首席运营官，被媒体称为"Facebook的第一夫人"，她也是第一位进入Facebook董事会的女性成员。"有人是出色的管理者，能够管理庞大组织；有人精于分析或注重发展策略，"扎克伯格说，"这两种特质通常不会存在于同一个人身上。我自己更多属于后者。"雪莉在公司员工的眼里，是一位亲和的、极富个人魅力的女性。她喜欢走到员工的办公桌前和他们谈笑聊天。她的穿着打扮仍然是"华盛顿范儿"，配以优雅的衣饰和精致的妆容，这和硅谷公司的程序员文化有点格格不入，但是雪莉用她的个人魅力，不仅征服了公司内部，与所有员工关系融洽；也对外代表Facebook的形象，使得这家科技公司的形象更加美好并为人所信赖。拥有Facebook 1%的B类股。

按照TOPK性格模型，扎克伯格是激情的猫头鹰性格，爱德华多·萨维林是爱玩的孔雀性格，达斯汀·莫斯科维茨是稳健的老虎性格，肖恩·帕克是理性的孔雀性格。孔雀的萨维林不参与日常管理后，孔雀的帕克加入Facebook，2004年9月，创业班子是T1O1P2组合。克里斯·休斯是有魄力的考拉性格，安德鲁·麦科克伦是理性的考拉，雪莉·桑德伯格是有魄力的考拉。2005 年年初，扎克伯格的创业搭档是 TOPK 组合。2005 年帕克离开 Facebook，创业搭档是 TOK 组合，2006 年麦科克伦离开 Facebook，创业搭档是 TOK 组合，2007 年休斯离开 Facebook，创业搭档是 TO 组合，2008 年桑德伯格到来，创业搭档是 TOK 组合，但高管班子已经是 TOPK 组合，而且这些高管班子成员，很多都是 2004—2006 年加入 Facebook 的员工。扎克伯格的聪明之处，就是把老员工发展为拥有股权的创业班子成员。扎克伯格动态发展创业搭档，并建立人数超 10 人以上的创业高管团队，性格组合符合白金法则，这是他成功的另一个秘籍。

4.13.3 用 TOPK 性格模型设计与选择创业搭档的注意事项

本书虽然主张用 TOPK 性格模型设计与选择创业搭档，但依然有几个问题，需要创业者进一步探索和灵活处理。

第一，不要为了 TOPK 而 TOPK。本书把性格的两元组合称为性格的白银组合，把性格的三元组合称为性格的黄金组合，把性格的四元组合称为性格的白金组合。对于大学生创业者而言，社会阅历浅，涉世不深，对性格难以驾驭。这时候，最好先从性格的两元组合（白银组合）开始，随着业务的扩大，对性格的领悟加深，对性格组合带来的磨合拥有一定的体验后，再增加第三种性格的创业搭档，形成创业搭档的性格三元组合（黄金组合），如果此时，竞争对手是性格的两元组合，就不必四种性格组合了。直到创业者可以驾驭性格组合，把他们紧密团结起来，再引进第四种性格，形成创业班子的性格四元组合（白金组合）。同等情况下，四种性格的磨合难度，肯定大于三种性格的磨合难度。三种性格的磨合难度，大于两种性格的磨合难度。谷歌的创业，其搭档从白银组合到黄金组合，创业搭档属于性格的三元组合，即 OPK 组合，不过，埃里克·施密特是有魄力的考拉。

第二，不要认为有了 TOPK 组合，创业就会自动成功。TOPK 组合，不一定会带来创业的成功，但创业成功的初创企业，很多是 TOPK 组合。因为带来创业的成功，除了价值观、性格的 TOPK 组合、信任之外，还有能力的卓越情况、性格岗位的匹配情况和团结度的高低情况。团结度低，很快就会散伙。能力平庸，也很难进一步推进公司的发展。成功运用创业班子白金法则的前提是，作为一把手，要把他们团结在一起，不能散伙。不同性格的创业者组合在一起，冲突和矛盾肯定会很多，如果不管理好冲突，冲突就会升级和恶化，最后就是散伙。

杭州师范学院外语系英语专业的马云，在 1999 年 2 月 21 日，开始了第三次创业，带领 18 位创始人（包括其妻子在内）凑足 50 万元创建阿里巴巴网站；1999 年 9 月更名为阿里巴巴集团。马云 12 岁时，家里买了台袖珍收音机，从此每天听英文广播，对英语开始感兴趣。1982 年，马云第一次参加高考，首次落榜，数学只得了 1 分。1983 年，马云第二次参加高考，再次落榜，数学提高到了 19 分。1984 年，马云不顾家人的极力反对第三次参加高考，总分离本科线还差 5 分。由于英语专业招生指标未满，部分英语优异者获得升本机会，马云被杭州师范学院破格升入外语本科专业。进入大学后，马云变成品学兼优的好学生，凭借出色的英语水平稳居外语系前五名。之后马云当选学生会主席，后来还担任了两届杭州市学联主席。马云的好奇心很强，很有艺术细胞，喜欢画画，喜欢武打小说，喜欢演讲，喜欢唱歌，喜欢办个人音乐晚会，2017年还参演电影《功守道》。积极乐观，激情四射，他的名言是梦想总是要有的，万一实现了呢。

蔡崇信，祖籍浙江省湖州市南浔区双林镇，1964年出生于台湾（与马云同龄，生肖属龙）。耶鲁大学经济学学士及耶鲁法学院法学博士学位，三代律师，父子耶鲁同门。1999年4月，放下70万美元年薪的德国投资公司工作，千里迢迢来投奔马云，每月只拿500元人民币的薪水，帮马云去注册公司，担任公司的财务主管。缘由是马云17个创业搭档狂热的工作氛围，还有马云整天谈论的大梦想大愿景而不是商业模式，也不是赚钱盈利的东西。他将阿里巴巴做成了公司，并以正式合同的形式，将最初十八罗汉团队的利益绑到了一起。这其实是至关重要的一步，阿里巴巴因此得以将最初的创业激情和团队文化维系8年之久。阿里巴巴创始人团队是一个"三无团队"：一无显赫的出身，二无成功案例或财务数据，三无特别的技术优势，即没有任何显性优势；尽管客观地讲，初始阿里巴巴团队是有隐形优势的，这正是后来阿里巴巴成功的内在原因。隐形优势在于性格组合的白金法则。紧接着，蔡崇信帮马云找钱，帮马云融资，运用其财务和法律专长，帮助马云获得四次重要的增资（1998年8月、2000年、2004年2月、2005年8月），每次都让阿里巴巴脱胎换骨。他行事低调，极少抛头露面，几乎不接受媒体的采访。阿里巴巴事业开始发展的最早期就有了一个解决一切财务和法律疑问的守护神。

按照TOPK性格16种模型，18位创始人的性格类型情况如下：马云是有魄力的孔雀性格，孙彤宇是老虎性格，金建杭是理性的孔雀性格，蔡崇信是有魄力的猫头鹰性格，彭蕾是积极的猫头鹰性格，张瑛是有耐心的老虎性格，吴泳铭是有耐心的猫头鹰性格，盛一飞是有耐心的老虎性格，楼文胜是考拉性格，麻长炜是猫头鹰性格，韩敏是积极的考拉性格，谢世煌是理性的老虎性格，戴珊是理性的孔雀性格，金媛影是理性的考拉性格，蒋芳是有魄力的猫头鹰性格，周悦虹是理性的孔雀，师昱峰是有耐心的猫头鹰性格，饶彤彤是考拉性格。18位创始人，其性格组合是白金组合，符合TOPK组合化原则。他们非常紧密地团结在马云周围，跟随马云，价值观也类似，能力也有差异。

可是阿里巴巴直到2002年12月才实现全年正现金流，尽管这个创业团队里有能力很强的蔡崇信，那是为什么呢？原因在于，创始人的能力不够卓越！尤其是考拉性格的创业搭档的管理协调能力不强。如何破解呢？知道原因所在，解决方法也很简单，那就找能力卓越的人进入创业班子变成创业搭档。缺什么就补什么嘛，简单得很。但假设当年，他找了擅长管理但性格为老虎性格的人为阿里巴巴的总裁，那阿里巴巴的历史就得重写了。为什么呢？

曾经跟随马云创业的李琪，在2000年加入阿里巴巴，任销售副总裁，增加老虎性格的管理者，与老虎型的孙彤宇共同加强公司的销售力量，打造阿里巴巴销售铁军，推动公司业务快速提升。1999年加入阿里巴巴的陆兆禧，老虎性格，2000年担任华南区销售主管，

2004年成长为阿里巴巴副总裁（从员工队伍中发展创业搭档）。

1996年加入美国雅虎的吴炯，1999年因"半结构化搜索"领域的杰出技术性成就被美国国家专利局授予核心技术专利，并主持雅虎电子商务基础软件系统的设计和应用。吴炯于1997年结识马云，2000年初成为阿里巴巴的天使投资人，并且于2000年5月正式加入阿里巴巴，担任阿里巴巴集团首席技术官。他在阿里巴巴领导开发了阿里B2B（企业对企业商业模式）网站、淘宝网以及相关系统的核心技术和产品设计。按照TOPK性格模型，吴炯是一个技术能力卓越的猫头鹰性格。

关明生，1949年出生在香港，1969年毕业于英国剑桥郡工业学院，伦敦商学院的工程学和科学硕士学位。在GE大中华从事管理的15年，担任GE大中华总裁，2000年10月，关明生在猎头公司的安排下，前往北京的一家日本餐馆。陪同马云而来的还有CFO（首席财务官）蔡崇信、CTO（首席技术官）吴炯。在将近4个小时的时间里，马云一如既往激情澎湃地讲阿里巴巴的目标、使命、价值观。不过，4个人相当投机，相谈甚欢，面对桌上80元的饭菜，没人动过筷子。最后，马云拍板让关明生坐自己的位置——总裁兼COO（首席运营官）。不过，蔡崇信觉得关明生看起来总是很温和，并不是最适合的人选。就这样谈了大半年，也前前后后和阿里的高管谈了8次。关明生于2001年1月6日加入阿里巴巴任总裁兼首席运营官。

很久之后，他问马云为什么会选他。马云说自己大概10秒之内就决定要请他了，还给出了几个很有意思的原因：第一，你准时，和我约见面的别人几乎个个都迟到，有的甚至能迟到一天；第二，你面试的时候，进门之后先把脱下来的大衣折叠好放到窗台上才规矩坐下，我要是你可能就把大衣扔到地上，跷起二郎腿就接受面试了。关明生立即意会马云的意思——因为他和马云是不同的人。事实上，也正因为不同，他在阿里巴巴的10年，跟马云扮演着截然不同的角色。马云唱白脸，他负责唱黑脸，扮"恶人"，凡是马云这些高管不好出面处理的事务都交由他代劳。曾经有人问关明生，他和马云的分工有什么不同。他打了这么个比方："在我们公司，马云就是'阿里爸爸'，我就是'阿里妈妈'。"看到提问者还是一副似懂非懂的样子，他随即含笑补充道："爸爸是明天会更好，妈妈就是今日有饭吃，日日都有饭吃。"

2001年1月，阿里巴巴正处在危机四伏之际，当时整个互联网行业都陷入寒冬期，阿里巴巴濒临倒闭，银行账户只剩下1 000万美元，每月花销200万美元，收入为0，钱快花完了，只能撑五六个月。组织架构混乱，员工各行其是，盲目扩张而没有盈利能力。此时的阿里巴巴很穷很危险！关明生一系列快刀斩乱麻的手段，让蔡崇信重新打量起眼前这个他一度以为很温和的搭档。尤其是美国一行，更是让他见识到关明生性格中的干脆利落。临危受命的关明生，大刀阔斧地改革阿里巴巴，把每月花销降到了50万美元，然后通过树立价值观整顿公司秩序。

上任三个月后，关明生对全体员工公布了一套名为"独孤九剑"的价值观，并推出了三项政策：其一，以"独孤九剑"作为评估员工的新标准，每个人每个季度都会被评估，评估分数一半来自绩效,一半来自对价值观的坚守,而评估是员工晋升和辞退的主要依据。其二,员工的雇佣、评估、晋升和辞退等人事决定,要依据"员工的上级和上级的上级加上一位 HR(俗称政委)"的原则,以保障所有人事决定都清晰,而且在全公司一致。其三,公司为员工提供两条晋升路径:一条是为想成为管理者的人设置的,另一条则是为想成为专业人士的人设置的,不管选择哪条路径,都会有很好的前途。这三项政策把阿里巴巴口头而混乱的文化固化为明晰而结构化的文字,并落地而有生命力,把阿里巴巴混乱而灵活的随意的管理措施固化为清晰、系统、具体和可高效执行的制度。他为阿里巴巴建立了现代企业管理制度,把马云的游击队变成能征善战的正规军。

如果说马云赋予了阿里巴巴灵魂,那么关明生则给了阿里巴巴一个强健的体魄。正是灵魂和身体的完美结合,让阿里巴巴可以在短短十几年里,成为一个市值 3 600 亿美元的世界顶级企业。更重要的是,他让马云懂得了什么是价值观、什么是团队、什么是组织,从那以后,马云虽然还会说些天马行空的话,但是已经懂得脚踏实地,从客户的需求入手。或许阿里巴巴内部人的一句评价更为合适:关明生是马云的"萧何",是帮阿里巴巴熬过第一个冬天的贵人。他是鼎力帮助马云度过互联网"冰河季"的重要人物之一。按照 TOPK 性格模型,关明生的特质是一个管理能力卓越的有魄力的考拉。本人曾经咨询过关明生先生:当初,为什么会考虑放弃 GE 公司,加入阿里巴巴公司?关明生先生笑着说:因为阿里巴巴公司三缺一,这个时候进入阿里巴巴,创业班子就会发生质的变化。

2001 年,一个价值观类似、能力差异而卓越的、白金的性格组合(TOPK 性格组合)、信任度很高的最核心创业班子出现了:老虎型的李琪、老虎型的孙彤宇、猫头鹰型的蔡崇信、猫头鹰型的吴炯、孔雀型的马云、考拉型的关明生。经过两年的磨合和齐心协力,阿里巴巴在 2002 年首次实现了盈利。从此,阿里巴巴走上了快速而健康的发展轨道。

第三,因 TOPK 搭档而创业,在成功过程中,要重视 TOPK 的缺失现象。

除了要像马云那样,在 TOPK 性格组合符合白金法则的情况下,提升或找到能力更加卓越的创业搭档,完善和提升创业搭档,还需要警惕创业搭档的意外离开。一旦有创业搭档离开,千万不要随便补回搭档凑个数,或者因业务很好而不补回搭档。而是要果敢而谨慎地遵循 VCAT、TOPK 原则,尽快补回搭档。如果创业是符合 TOPK 原则的,那么流失什么性格的搭档,就要补上什么性格的搭档。

本书认为,洪秀全的创业,先成功后失败,就在于他没有及时补进创业搭档。等到他第二次重组核心创业搭档时,虽然人数是 7 个,但性格组合不符合 TOPK 组合法则。

洪秀全,出生于广东花县福源水村,后来移居到官禄布村,耕读世家,7 岁起在村中书塾上学,熟读四书五经及其他一些古籍,道光年间屡应科举不中(按现代话语,是个没考上大学的读书人,识字,有些文化)。

冯云山,自幼喜读经史、天文、地理,曾参加科举考试,后在村中设馆授徒,以塾师为业。1843 年(道光二十三年),洪秀全与表亲冯云山、族弟洪仁玕从梁发《劝世良言》中吸取某些基督教教义,后来自行洗礼,撰写《原道救世歌》等布道诗文,并在广东花县首创"拜上帝教"。1844 年，洪秀全和冯云山到广西传教。1845 年，洪秀全写下《原道醒世训》《原道觉世训》《百正歌》等作品。道光二十五年，即 1845 年，冯云山到荒僻的紫荆山任书馆先生。他白天教书，晚上手提火把，翻山越岭，串村走寨，宣传拜上帝教，发展会众。那些耕山烧炭的山民对他十分信服，在不到三年的时间内，发展了山区农民、烧炭工 3000 余人加入"拜上帝会"，培养了杨秀清、萧朝贵等一批骨干分子。1847 年，洪秀全和洪仁玕到广州，跟随美国美南浸信会传教士罗孝全学习《圣经》，因听洪秀全说曾梦见他自己是上帝的儿子，罗孝全拒绝给他施洗。洪秀全离开广州，重返广西桂平，与冯云山会合。1847 年 7 月，洪秀全与冯云山一起制定"十款天条"。

1848 年春天，拜上帝会的领导人之一冯云山被地方团练逮捕，送往广西桂平知县衙门囚禁。洪秀全前往广州欲以"传教自由"为由，找上层关系营救。后冯云山被信徒集资贿赂桂平知县得到释放。按照 TOPK 性格 16 种模型，洪秀全是有魄力的孔雀性格。

1849 年，杨秀清、萧朝贵、冯云山、韦昌辉、石达开结为异姓兄弟。1850 年 9 月初，洪秀全发布总动员令，会众立即到金田团营编伍，达两万人。同年 11 月太平军在蓉村江木桥伏击清军成功。农历十二月，他们在金田村内的韦氏大宗祠举行拜上帝仪式，并宣布国号为太平天国。 1851 年 1 月 11 日，洪秀全生日，拜上帝会众万人在金田村"恭祝万寿"起义，是为金田起义。洪秀全称天王，建立"太平天国"。

1851 年 12 月在永安封五王，杨秀清、萧朝贵、冯云山、韦昌辉、石达开分别被封为东王、西王、南王、北王、翼王。洪秀全正式创业，拥有 5 位创业搭档，他们符合性格组合的白金法则：杨秀清是粗暴的老虎性格，萧朝贵是睿智的老虎性格，韦昌辉是有魄力的孔雀性格，石达开是有魄力的猫头鹰性格。冯云山是睿智的考拉性格，属于萧何型的人才，在洪秀全的创业搭档里，发挥协调和团结的职能。创业班子是 T2O1P2K1 组合，符合 VCAT 和 TOPK 原则。如图 4-26 所示。

图 4-26　太平天国初期洪秀全的创业搭档的 TOPK 图

1852 年（咸丰二年）4 月 5 日，太平军自永安突围，5 月 19 日离开广西进入湖南省，

5月太平军路经全州时,冯云山被清军炮火击中,6月伤重死亡。白金搭档中的考拉意外死亡,洪秀全的创业搭档由 TOPK 组合变成了 TOP 组合(T2O1P2 组合),白金变黄金。如图 4-27 所示。

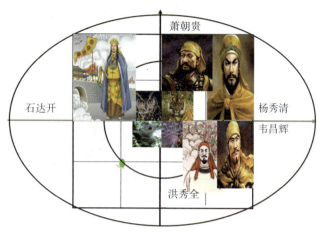

图 4-27　太平天国到达长沙前的洪秀全的核心班子的 T2O1P2 图

得知南王冯云山殉难,天王洪秀全大哭道:"天不欲我定天下耶?何夺我良辅之速也!"太平天国作出的种种改革,都有冯云山的功劳。他在狱中所创制的《太平天历》被批准颁行,于咸丰二年起施行于太平天国管辖的地区。《太平天历》以"便民耕种兴作"和"农时为正"在长江流域实行了 14 年之久。他还负责订立了《太平军目》《太平官制》《太平礼制》等。史家评为"其忠勇才德与智谋器度实为太平天国之第一人"的开创者,不幸在经过全州城时中炮牺牲。对冯云山的不幸牺牲,论史者称:"使其不死于是役,将必可辅佐天王,裁制东王,调和各王,而于帷幄之中创谋建议领导大业以底于成。"冯云山为创建拜上帝教并把它引向伟大的革命斗争洪流中,立下了不朽的功勋,冯云山知人善任,团结部众,豁达大度。杨秀清、萧朝贵、秦日纲等显要人物也都是他一手培养起来的,他的地位应该就是仅次于洪秀全。然而,这位功绩最为显赫的冯云山在永安封王中为何退居第四位呢?这是冯云山为了照顾大局,维护团结,在共同拥戴洪秀全为最高领袖的前提下,谦让而居第四位。没有睿智的考拉特质的冯云山,孔雀型的洪秀全一辈子就是个乡村小学老师。洪秀全后期的悲剧,就是一直没有去找或者去找了但没找到像冯云山这样的性格和能力的人才,加入他的核心创业班子。

1852 年 8 月 21 日,萧朝贵、石达开攻长沙(太平天国第一场硬仗),9 月 12 日萧朝贵在攻城时战死。萧朝贵,勇猛刚强,孔武有力,遇战当先,勇悍善战,亲身迎战,往来如飞,明辨是非,识别真伪,坚持原则,敢于斗争。洪秀全创业搭档中两个老虎性格的王,只剩下东王杨秀清了,创业班子由 T2O1P2 变成了 T1O1P2,依然是黄金组合。如图 4-28 所示。洪秀全将多兵广,创业团队的武将很多,而武将偏老虎性格的居多,只是他们没有进入核心团队,如秦日纲等。因此,洪秀全的起义,依然顺利进行,尽管有波折。太平军攻长沙近三个月仍未能成功，撤围北上。

图 4-28　太平天国到达南京前的创业班子的 TOP2 图

　　1853 年 3 月，太平军攻占南京，改名"天京"并定都在此，随即展开北伐及西征。1853 年 5 月，洪秀全派林凤祥、李开芳、吉文元等率 2 万多太平军将士北伐。北伐军虽然一度进至天津附近，但因孤军深入，后援不继，最终在 1855 年全军覆没。北伐军广大将士英勇奋战，震撼清朝心脏地区，牵制大量清兵，客观上对太平军西征起到了支持作用。1853 年秋，翼王石达开奉命出镇安庆，节制西征。1854 年，西征军在湖南遭遇新建立的湘军抵抗，湘军反攻至九江附近。1855 年初，石达开大破湘军，复陷武昌。

　　1856 年 3 月，石达开在江西樟树大败湘军，至此，湘军统帅曾国藩所在的南昌城已经陷入太平军的四面合围，对外联络全被切断，可惜石达开适于此时被调回天京参加解围战，令曾国藩免遭灭顶之灾，未能给湘军以歼灭性打击，军事上潜伏着巨大隐患。在杨秀清的战略部署和指挥下，1856 年 5 月石达开与秦日纲会师天京，参加天京解围战，大破清军江南大营，解除了清军对天京 3 年的包围，太平天国在军事上达到了全盛时期。1856 年太平军攻破江南大营后，老虎型的杨秀清声望一时无两，但作风粗暴，张扬跋扈，骄傲自大，威逼太过。冯云山逝世 4 年后，洪秀全还没有找到冯云山这种性格的能干文臣，进入其核心的创业班子，洪秀全兵多将广，又处在鼎盛时期，创业正在蒸蒸日上。他没有看到危机所在，尤其是创业搭档的性格组合危机。

　　1856 年 9 月，孔雀型的洪秀全，密诏让领兵在外的北王韦昌辉和翼王石达开回天京。有魄力的孔雀型韦昌辉到天京，与秦日纲在夜间入城，2 日凌晨突袭东王府，老虎型的杨秀清及其家人被杀，东王部属、他们的家人及其他军民共 2 万多人亦被杀，史称"天京事变"。忠王李秀成说："东王佐政事，事事严整，立法安民，民心佩服。"干王洪仁玕说："东王在世时，拓土开疆，犹有日辟百里之势，而今进寸退尺，战胜攻取，大逊于囊时！"清朝湘军采编所主持张德坚，在《贼情集要》中评论杨秀清："于行阵机宜，山川形势，颇能谙习。虽不读书，罔知兵法，然皆谲诈机警，逞其毒焰，竟能成燎原之势。"杨秀清被杀，洪秀全的创业搭档的黄金组合，变成了搭档的白银组合，即三元组合（TOP）变成了两元组合（OP）如图4-29所示。

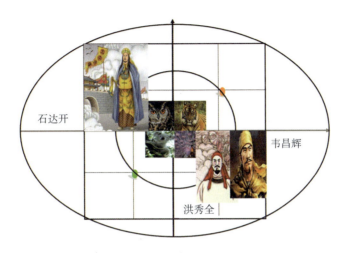

图4-29　太平天国的天京事变1期的核心班子OP2图

有魄力的猫头鹰型的翼王石达开抵达天京后，责备韦昌辉滥杀，二人不欢而散，石达开当夜逃出城外，其后，韦昌辉尽杀翼王府中家属。猫头鹰型的石达开从安庆起兵，声讨孔雀型的韦昌辉，此时在天京以外的太平军大多支持石达开。孔雀型的洪秀全为平众怒，11月2日将韦昌辉处死，不久又处死秦日纲和陈承瑢。"天京事变"是太平天国由盛而衰的转折点。韦昌辉家资富有，少曾读书，知文义，有才华，遇事能见机应变，是有魄力的孔雀。洪秀全创业班子的性格组合，由O1P2组合变成了O1P1组合。如图4-30所示。

图4-30　太平天国天京事变2期的核心班子OP图

第4章　创业搭档的性格管理

"天京事变"后，石达开奉诏回京，被军民尊为"义王"，合朝同举"提理政务"。他不计私怨，追击屠杀责任时只惩首恶，不咎部属，连北王亲族都得到保护和重用，人心迅速安定下来。在石达开的部署下，太平军稳守要隘，伺机反攻，陈玉成、李秀成、杨辅清、石镇吉等后起之秀开始走上一线，独当一面，内讧造成的被动局面逐渐得到扭转。但天王见石达开深得人心，心生疑忌，对石达开百般牵制，甚至意图加害。内讧之后，洪秀全开始毫无顾忌地任人唯亲，首先是他哥哥洪仁发、洪仁达，分别封为安王、福王，让两个老哥掌权，压制、监视石达开。创业搭档3.0变成了创业搭档1.0。之后洪秀全迫于满朝反对，不得已取消两个昏庸兄长的王爵，但还是对他们言听计从，后来又再改封他们为信王、勇王，一直干预朝政。他俩擅权纳贿，肆行无忌。为了避免再次爆发内讧，石达开不得已于1857年5月避祸离京，前往安庆。太平天国6位联合创始人，死了4个，走了1个，只剩下洪秀全了，这时失去制约的洪秀全，虽然掌握了朝政大权，太平天国却开始走下坡路。洪秀全的搭档组合由白银组合（O1P1），变成了P3组合，到P1组合。即性格组合从两元到一元。如图4-31所示。

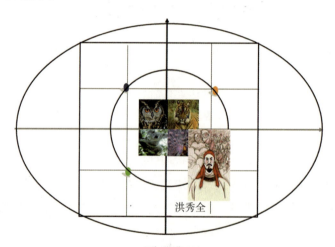

图4-31　太平天国天京事变3期洪秀全孤家寡人图

本书认为，如果冯云山当年多活几年，那么太平天国就不会内斗。忠王李秀成在逝世前曾经说：谋立创国者出南王（冯云山）之谋，前做事者皆南王也。如果洪秀全在1856年之前，能找到冯云山式的人才，并给予重用，即进入核心班子，变成搭档，那么，太平天国的内讧也难以发生。

至此，内讧造成太平天国元气大伤，太平天国到了极大的危险时刻。物极必反，危险的极处就是一次新机会的开始，新的机会就是重组太平天国第二次创业的核心班子！如果重组得好，危机就变成了机会，实现了凤凰涅槃。洪秀全也认识到这一点，于是，他在1858年提拔了一批良将，重建五军主将制，陈玉成为前军主将，李秀成为后军主将，蒙得恩为中军主将，李世贤为左军主将，韦志俊为右军主将。按照TOPK性格模型，李秀成是猫头鹰型性格，陈玉成是老虎型性格，李世贤是老虎型性格，蒙得恩是孔雀型性格，韦志俊是猫头鹰型性格。这5人组合是性格组合的TOP组合。遗憾的是，韦志俊在1859年9月因内讧而投降清军。李秀成和陈玉成是军事天才，忠王李秀成在读私塾和在私塾帮工的时期，养成了外柔内刚的性格，柔是委婉从顺，刚是坚强果断。既是百炼钢般刚强，又是绕指柔般韧性。《李鸿章》传记里有不少章节言及李秀成，一提及时即是一连串的好评：聪慧明敏，富于谋略，胆气绝伦。英王陈玉成骁勇善战，私心与权欲过重，不善团结同僚。《清史稿·洪秀全传》说：玉成凶狠亚杨秀清，而战略尤过之。恃王李世贤骁勇刚强。

洪秀全在1859年5月封洪仁玕为干王。同年9月起，先后封陈玉成为英王、李秀成为忠王、蒙得恩为赞王、李世贤为侍王、杨辅清为辅王，组成太平天国新的核心领导班子，对太平天国的衰落起到止损的作用，稳定了局势，也出现了中兴的希望。李秀成、陈玉成、李世贤等力撑危局，取得了二破江北大营、三河大捷、二破江南大营等军事上的胜利，并建立苏福省、天浙省，中兴了太平天国。

洪仁玕自幼喜读经史、天文历数，参加科举考试失败后以教村塾为生。洪秀全创立"拜上帝会"，洪仁玕洗礼入教。一面教书，一面宣传教义，发展教徒。1852年他在香港结识教士韩山文受洗入教，韩山文死后，他任伦敦布道师，学习天文，留心西方文化，通过学习，洪仁玕的思想认识达到了新的飞跃。1859年4月来到天京，不出一月，被洪秀全累累加封而至"开朝精忠军师顶天扶朝纲干王"，命他总理朝政。洪仁玕到南京20日内，乘三级火箭似的升为干王、军师，摇身而成第二把手。引起太平军中有功将领的强烈不满，洪仁玕受天王重用，也很想有所作为，于是提出了《资政新篇》的政治纲领，获得洪秀全的支持。他是太平天国后期领导层中对西方见识较广的一位，在修订天国历法、改革考试制度、办理外交事宜等方面，洪仁玕也做了重要贡献。但在进入天京前，洪仁玕从未接触过军事，是一个文人统军，才力不足，未能获得武将的心悦诚服。1861年，洪仁玕率军自南京出发，图解安庆之围，在安徽境内与清军多次交战，均失利，退守桐城。

蒙得恩，在天京管女营和天王府事务，服侍洪秀全很周到，他善于逢迎，投洪秀全所好，深得洪秀全宠信。他善于选美，深得洪秀全的欢心。天京内讧后被任命为正掌率、中军主将。1858年，蒙得恩总理朝政。可是蒙得恩既不会指挥作战，又无驾驭全局能力，只会迎合洪氏兄弟，压制后起将领，弄得"人心改变，政事不一，各有一心"。因办事缺乏才能，且为人不正，不为广大太平军将士所信赖。洪秀全让洪仁玕取代蒙得恩为第二把手后，仍对他恩宠很深，1859年封他为赞王，协助洪仁玕主持会试，他退居为第三把手，过着极度奢侈糜烂的生活。1861年，同洪仁玕、陈玉成联名奏准颁行《士阶条例》，对原有考试制度进行改革。1861年5月病死。

按照TOPK性格16种模型，杨辅清是有耐心的老虎。因此，1859年重组的核心班子是性格的黄金组合，而不是性格的白金组合。孔雀型的洪秀全、孔雀型的洪仁玕、孔雀型的蒙得恩、猫头鹰型的李秀成、老虎型的陈玉成、老虎型的李世贤、猫头鹰型的杨辅清。洪秀全第二次核心班子的性格组合是TOP，T2O2P3。如图4-32所示。林绍璋于1860年被封王为章王。林绍璋是有耐心的猫头鹰。太平天国朝中无人佐政，败将林绍璋封王佐政达

6年。1860年核心班子的性格组合，依然是黄金组合，T302P3。

图4-32　太平天国中兴时期的核心班子的TOP图

洪秀全不懂得性格组合的白金法则，他的第二次核心班子，没有考拉性格的能力很强的谋臣或理政能臣。洪秀全本人也没有发挥考拉民主包容的特质，没有发挥协调和团结的特质。因此，无论是五将时期还是八王时期，武将之间的相互扶持、肝胆相照、荣辱与共，做得远远不够。他们之间明争暗斗，团结度远远低于创业的六王时期，也低于他们的对手曾国藩。短暂的中兴之后，迅速地衰落。1861年春开始，洪秀全随心所欲，恣意妄为，任人唯亲。滥封王爵，破坏了论功行赏的原则，造成朝政紊乱。至太平天国1864年7月19日灭亡，封王达2 700多人。

在整个洪秀全的创业生涯中，自冯云山1852年5月受伤逝世后，洪秀全再也没有萧何型、张良型的杰出人才辅佐，核心班子的性格组合，再也没有回到性格的白金法则，尽管第二次重建五将制，由五王制发展到八王制。班子的性格组合是黄金法则，短暂中兴后，洪秀全更加疯狂地封王，加剧了太平天国的灭亡。因此，洪秀全在成功创业过程中，从1852年5月后，缺考拉性格的创业搭档，一直到1864年7月，长达12年。也许，他认为洪仁玕是冯云山式的人才，可惜的是，洪仁玕是和他同类的孔雀型人才，他用的蒙得恩也是孔雀型人才。缺考拉型的文臣，缺猫头鹰型的谋臣。他核心班子的猫头鹰性格的是武将，他的孔雀性格与猫头鹰性格本是对角线型的，因此，他一直未能处理好两者的关系。

而他的对手曾国藩呢？曾国藩的创业搭档性格组合，从两元组合（白银组合）到三元组合（黄金组合）再到四元组合（白金组合），最后到能力卓越的四元组合。

1853年1月，咸丰皇帝令曾国藩办团练，在湖南巡抚张亮基的帮助下，曾国藩和湘乡的罗泽南、王鑫合办长沙团练（1 000人）。罗泽南虽是理学家，但善于带兵，上马杀敌，下马读书，学生很多。王鑫喜欢插话，滔滔不绝爱讲话，特别擅长演讲，又爱虚荣。按照TOPK性格模型，他们三人性格的白银组合，即O2P1组合。如图4-33所示。

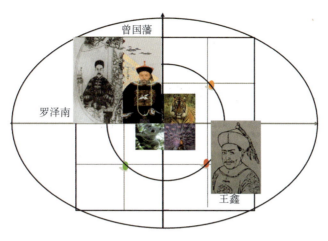

图 4-33　曾国藩创业搭档的白银组合 O2P1 图

曾国藩是猫头鹰性格，罗泽南是猫头鹰性格，王鑫是刚猛的孔雀性格。这种性格组合，在 TOPK 模型中，属于对角线组合，很容易产生性格冲突，如果没有一个人可以驾驭性格的话，冲突就会导致解散。曾国藩是文人出身，42 岁转行创办团练，开始了军旅生涯。猫头鹰的曾国藩和孔雀的王鑫产生了对角线的性格冤家冲突，两人的关系闹得很僵。而作为猫头鹰的罗泽南，又不擅长协调两者关系，结果冲突不断提升，三人在长沙办团练很不爽，很快散伙。

1853 年 4 月，老虎性格的塔齐布，得到曾国藩的欣赏，请封为团办副将，兼领练军。1853 年 8 月，在没人没钱还不懂军事的情况下，曾国藩在衡阳筚路蓝缕，创办湘勇。他深知骆秉章的重要性，给骆秉章写了一封信，向他报告团丁安置的情况，欢迎他随时来衡州视察。曾国藩深知行政之要，首在得人。于是给郭嵩焘、刘蓉、李元度、陈士杰等人各写了一封信，让他们前来共谋大计。这时郭嵩焘在湘阴募集练勇资金，刘蓉在曾国藩眼里是诸葛亮般的"卧龙"人物。其中，陈士杰、刘蓉很快加入湘勇的创办，至 1853 年 10 月，曾国藩组成 TOK 三元组合的创业班子。曾国藩，猫头鹰性格；罗泽南，猫头鹰性格；塔齐布，老虎性格；佐理粮台的陈士杰，是睿智的考拉性格；与人和敬的杨岳斌（原名杨载福），是刚猛的考拉性格。厚德其本的刘蓉，是有耐力的猫头鹰性格。曾国藩的创业班子由白银组合，变成了黄金组合，T1O3K2 组合，如图 4-34 所示。1853 年冬天彭玉麟被曾国藩邀请，加入湘军创办水师，成为湘军水师的统帅，是中国近代海军的奠基人，他性情刚直，喜欢绘画作诗，骁勇善战，善于谋略，富于创新，成长为"同治中兴五大名臣"。李元度（字次青），曾和曾国藩在岳麓书院同窗，平江举人。曾国藩欣赏李元度的才思敏捷，也请他来衡州帮办文书。1854 年 3 月，曾国藩的湘勇核心人物符合 TOPK 原则：李元度，刚直的孔雀性格；彭玉麟，理性的孔雀性格；郭嵩焘，理性的孔雀性格；T1O3P3K3。曾国藩黄金组合的创业班子，变成了白金组合的创业班子。如图 4-35 所示。

创业搭档管理

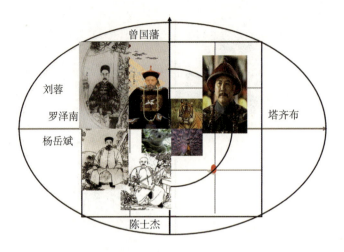

图 4-34　曾国藩创业搭档的黄金组合 T1O3K2 图

图 4-35　曾国藩创业搭档的白金组合 T1O3P3K2 图

虽然曾国藩的创业班子是 TOPK 组合，10 人四元组合；洪秀全是 TOP 组合，4 人三元组合，但曾国藩的创业班子，绝大多数是书生文人，武将很少，带兵打仗的能力不如洪秀全的创业班子。故，1854 年 3 月的靖港之战，曾国藩被打败，他愤而投水自尽（这是曾国藩带兵打仗第一次自杀），幸被幕僚章寿麟所救。因战事不利，曾国藩得旨革职。为什么白金组合战不胜黄金组合？为什么 TOPK 组合战不胜 TOP 组合？这是因为曾国藩的创业班子，在价值观的融合度、信任度方面还有待提高，尤其是军事作战能力，远远不如洪秀全的创业班子。所以，有了良士济济，还不够，还要有能力更卓越的军事人才，还需要提高信任度。

　　缺乏强将的困局，需待曾国藩去解决。曾国藩的厉害之处，就在于看到了这一点，并开始把脾气迥异、能力卓越的忠义血性人士团结起来。胡林翼是有魄力的考拉，在 1854 年加入湘军，曾国藩让胡林翼自领一军，协同作战。胡林翼是萧何型的人才，湘军的团结得益于胡林翼的居中协调。他被誉为"同治中兴五大名臣"。李瀚章是细密的考拉，1854年曾国藩让他总理湘军后路粮草。1855年4月胡林翼任湖北巡抚，与曾国藩共同抗击太平天国。1855年，有耐心的猫头鹰性格的赵烈文，加入曾国藩幕僚，成为曾国藩亲密的秘书。他的三个预见，全部变成现实：周凤山的樟树之败、清朝不出50年的崩溃、全球将一体化。1856年4月，老虎型的李续宾，进入湘军的核心班子。1856年，老虎型的曾国荃，组建湘军吉字营，为曾国藩的嫡系部队。1856年8月，老虎型的鲍超，组建湘勇霆字营，1860年4月属于曾国藩部。李鸿章是有魄力的猫头鹰性格，在1859年12月入曾国藩幕府，张良式的人才，被誉为"同治中兴五大名臣"。左宗棠是睿智的老虎性格，在1859年出佐湘幕。1860年，左宗棠以四品京堂候补，随同钦差大臣、两江总督曾国藩襄办军务。并在湖南招募5 000人，组成"楚军"，赴江西、安徽与太平军作战。曾国藩评价左宗棠：论兵战，吾不如左宗棠；为国尽忠，亦以季高为冠。国幸有左宗棠也。左宗棠是韩信型的人才，也被誉为"同治中兴五大名臣"。至此，曾国藩、彭玉麟、胡林翼、左宗棠、李鸿章成长为湘军创业搭档中的能力卓越者，而且他们的性格组合，也是白金组合，符合TOPK原则。如图4-36所示。

图4-36　湘军鼎盛时期曾国藩的核心班子的TOPK图

在曾国藩的创业搭档成长和完善过程中，他的对手洪秀全却是创业搭档的班子在缺失和衰落：洪秀全的创业班子由TOPK组合，变成了单一的P组合，虽然洪秀全第二次封王，但创业班子是TOP组合，能力下降。最终曾国藩以性格的4∶3战胜洪秀全。曾国藩创业搭档的提升和创业班子的完善，洪秀全创业搭档的缺失和衰落，这两种现象，在我们企业界，天天在发生，层出不穷。杭州某互联网公司，在循着洪秀全的创业搭档的发展路子，而与之竞争的北京某互联网公司，却在循着曾国藩的创业搭档的发展路子，2018年的竞争态势，已经悄然地在改变，北京某互联网公司，已经呈现胜出的态势。故，在企业兴旺之际，不要飘飘然，要继续重视创业搭档的 VCAT 和 TOPK 的完善与提升。

浙江工业大学 MBA2018 级学生孙建军提供了一个 TOPK 的三元组合到二元组合的实例。成立于 2003 年的浙江天天软件有限公司（公司名采用了化名，以下简称"天天公司"），由三位创业者共同创办。天天公司由 T 型性格的马总、O 型性格的吴先生、K 型性格的孙先生三个人创办。马总是技术偏市场型人才，吴先生和孙先生均是技术型人才，三人原来从属于同一个中型的软件企业，原企业异地搬迁以后，三人从原企业离职共同创业，主要从事行业软件的开发与推广。公司迄今 16 年，最近 6 年，营业收入始终稳定在 1 000 万元人民币，没有突破，徘徊不前，士气低落。表 4-11 是天天公司四个发展阶段创业班子的性格组合。

表 4-11　天天公司四个发展阶段创业班子的性格组合

序号	阶段	创业搭档的性格类型	备注
1	初创期	T 型的马总、O 型的吴先生、K 型的孙先生	TOK
2	发展期	T 型的马总、K 型的孙先生、K 型的黄先生	TK2
3	稳定（衰退）期	T 型的马总、K 型的孙先生、K 型的黄先生、K 型的徐先生	TK3
4	求变期	TK 型的马总、KT 型的孙先生、K 型的黄先生、K 型的徐先生	TK3

企业初创期由三元组合（TOK 组合），到二元组合（TK 组合）。创业班子的三人中，只有 T 型性格的马总有一定的市场经验和市场开拓能力，因此，马总作为总经理在公司初创时期的作用显得越来越重要，话语权也越来越大。吴先生由于年龄和马总相仿，因此，他的个性若和马总存在冲突就会直白地表露出来。猫头鹰型的吴先生对于马总在公司运作过程中的一些做法产生了意见，就会在会议上进行批评。马总做事果断，并且不为个人情面所左右，在数次争执之后，马总召开了一次股东会议，以投票的形式对吴先生进行了劝退。考拉型的孙先生，在此事件中充分地体现出了考拉型人格的缺陷，没有从中起到有效的协调作用，而是被马总说服，投了劝退吴先生的赞成票。其实孙先生在事后后悔很久，对吴先生的退出抱有深深的歉意。当然，吴先生后来旋即回到老公司，仍然得到老公司的重用，就个人前途来说，其实发展得更好。这次公司初创期所体现出来的创始人的性格缺陷已经为公司的发展埋下了制约瓶颈。马总在管理当中完全对事不对人、不为别人考虑的性格，现在看来，一直制约着公司引进优秀的人才，导致公司的业务没有得到长足发展。公司在此之后引入的人才，基本是考拉型性格为主，这样的结构注定无法为公司的业务带来有效的突破。

天天公司的发展期，虽然是三人组合，但依然是二元组合（TK 组合）。公司于 2009 年获得了一个非常好的机会，一个产品在浙江省全省得到了推广。出于技术需要，公司引进了一个技术服务管理的主管黄先生。黄先生的性格属于 K 型，K 型性格的人适合于服务型工作，因此公司在这个阶段，得到了较为快速的进步，市场业绩在 2010—2014 年逐步上升。但在进行具体的利润分红以及人员管理方面，公司当下的治理架构出现很大的问题。老虎型的马总在进行相应的资金管理层面操作时，没有很好地顾及公司长远的发展以及其他人员的感受，考拉型的孙先生和黄先生，没有当面进行有效、积极的沟通。长久以后，工作的积极性、公司的向心力都受到了很大的影响。

天天公司的稳定（衰退）期，虽然是四人组合，但依然是二元组合（TK 组合）。天天公司的业务从 2015 年开始，进入短暂的小高峰后，公司的创业团队架构缺陷开始明显地显现出来。最为突现的就是公司的整体氛围，公司的人才引进逐步形成了一个不好的惯例，每次引进的好像都是 K 型人才。偶尔引进几个孔雀型人才，也会由于 T 型领导的不赏识或其他原因迅速离开。所以，公司整体的创业搭档乃至绝大部分员工，基本都属于 K 型，公司整体形成了 T+KKK…的人员结构。引进的第三个创业搭档徐先生也是考拉，负责行政、人事、财务。随着公司产品活力的逐步消退，公司的整个工作气氛逐渐形成一种非常沉闷的现状。马总也由于始终无法得到有力的支撑，慢慢失去创业初期的那种活力，公司众多考拉对领导的向心力也处于慢慢消退的状态。加上一段时间的身体伤病，马总的一些优秀品质，如主动、独立、自信等也在慢慢消退。在这样的情况下，公司的产品、人员情况几乎每况愈下，公司的销售额也逐年下降。

天天公司的求变期，两位创业者的亚型性格开始发挥作用。在公司的衰退期，老虎型的马总慢慢产生出了考拉性格。同时，由于慢慢从技术转向客户关系维护以及销售，考拉性格的孙先生，因在浙江工业大学 MBA 学习了《创业搭档管理》课程，主动调整自己的性格，增加了些老虎性格。马总也慢慢认识到了公司的现状，与考拉型的孙先生商量，对公司进行改革求变。首先从公司领导团队进行改革，给孙先生更大的授权，包括人事权等。孙先生根据公司现状提出两个大的改革方向：一是人事改革，从 2019 年开始进行有针对性的人才招聘，提出宁可过苦日子也要引进合适人才的计划。同时，积极鼓励公司技术、服务、销售人员往外跑、交朋友的战略，认为，只有跑出去，多接触多交流，才有可能从根源上把公司的活力重新激发出来。二是对公司的产品进行大量的创新，只有创新，才能积极跟上整个外部环境的变化，并在变化当中积极寻求机遇。

这个实例，是典型的创始搭档退出和引进过程中的 TOPK 缺失现象。在实际创业活动中，非常普遍。因此，作为创业者，尤其是控股权的创业者，要学习性格理论，重视性格在创业班子组合中的作用，提升自己的适应性领导力。天天公司的马总，在创业班子的组合中，作为老虎型的他，喜欢和性格对角线上的考拉共事，并在考拉人才引进方面存在俄罗斯套娃现象。

宁波大学 MBA2018 级的赵清淼提供了一个内部创业，创业班子成员在流动过程中，其性格组合缺失的实例。

某国有企业集团，2009 年在宁波成立一家子公司，是全新的内部创业。创业班子成员 4 个，谢总经理兼党委书记，张副总分管集装箱业务，丁副总分管散货业务，倪副总分管机务。谢总经理，为人谦虚儒雅，喜欢思考，与员工相处融洽，领导风格低调，讲究无为而治。其性格类型为思考的考拉（K）。张副总，天生的业务能手，喜欢四处出差开拓业务，做事雷厉风行，决策果敢快速，喜欢掌控局面但性格急躁，以绩效说话，对事不对人。有时会与谢总经理冲撞。其性格类型为老虎（T）。丁副总，喜欢交谈，喜欢结局朋友，爱好音乐，喜欢给员工以前景，要求员工快乐奋斗，为人开朗，带领公司迅速融入新的环境，团建活动，要么是指挥，要么是啦啦队长。其性格类型为孔雀（P）。倪副总，技术出身，从船上的机务员一路走到领导岗位，做事谨慎，思考周密，喜欢表格化管理，数据追求准确，为人严肃。其性格类型为猫头鹰（O）。这个创业班子为TOPK性格组合。

他们分工明确，精诚合作，相互尊重，四足鼎立，浑为一体。为公司初创的快速发展注入了源源不断的动力，公司在集团公司的支持下，取得了飞速发展，公司规模迅速扩大，经营利润从成立的第一年的几百万到突破3亿，只用了短短8年。这期间，老虎型的张副总和考拉型的谢总，虽然在经营理念和营销手段等方面有冲突，但大家都能以大局为重，合力促进公司的发展。

随着业务的逐渐成熟，在2016年年底，丁副总离开了公司，调回了集团公司。集团公司另外选派了吴副总来接替丁副总负责的业务，即吴副总分管散货业务。吴副总堪称"老虎王"，在世界500强公司工作过，能力出众，敢打敢拼，有时被员工认为不近人情，相当强势，有些霸道，工作狂。公司班子由原来的4人TOPK组合，变成了4人T2OK组合。

在2017年，公司的氛围发生了改变。张副总和吴副总开始暗自较劲，矛盾和冲突开始出现。由于没有经历过一起内部创业，吴副总对公司的很多做法不满，认为公司规模大了，管理应该逐渐向国外500强企业看齐，而考拉型的谢总则常常不表态。当张副总和吴副总出现冲突时，谢总默然处之，如果矛盾冲突提交到谢总经理，谢总一般是各打50棒，心里偏向吴副总。随着市场竞争的加剧，张副总和谢总的矛盾也开始加剧，有时甚至在会议上公开指责，没有了先前的合作默契。最终，在2017年年底，张副总离开了公司，调到集团的其他子公司任职。

张副总离开后，其原先分管的集装箱业务，由吴副总接手，吴副总一人统筹公司的所有业务。高管班子由4人T2OK组合，变成了3人TOK组合。吴副总权倾一时，和谢总的矛盾也悄然升级。激进和保守，突破常规和因循守旧，在这时已经无法调和，加上吴副总有集团高层支持，更加凸显老虎的进攻性。这一年，公司业绩不如2017年，经营利润也大幅度减少。

为了顾全大局，吴副总在2018年年底被集团公司调走了。公司内部提拔了贺副总，接手吴副总分管的业务。贺副总的性格类型和谢总类似，也是考拉型。管理班子由3人TOK组合，变成了3人OK2组合。

2019年，公司高管班子的凝聚力不复从前，执行力不强，拖拉推诿现象明显，内向而沉闷，严肃而从容。公司陷入了发展困境，业绩和利润远不如2018年，公司发展后劲也堪忧。成功于TOPK，衰退于OK2。

类似以上实例的现象，在我国企业，无论是国有企业，还是民营企业，还是混合体制企业；无论是初创企业，还是守成企业，都非常明显。因为我国企业不重视高管班子的流动管理，不注重高管班子的性格组合，更不会注重性格组合的缺失，在流动时，进出的高管成员，只注重其能力和业绩以及政治品质，很少会关注性格类型。甚至，在业务成熟时，连高管班子人数也减少。赵清森先生提供的实例就是明证。高管成员从4个到3个。其实这是错误的，因为竞争在加剧，按道理，高管班子成员数不仅不能减少，反而要慎重考虑是否增加。

　　第四，科技型创业者，要敢于用TOPK性格模型选择创业搭档。

　　科技型的创业者，属于知识分子创业。中国历史中，哪些开朝皇帝的班子智慧，值得科技型创业者学习呢？是刘邦，还是朱元璋？本书认为，均不是。在我国历史上，刘邦是低级官吏创业的成功典范，朱元璋是草根创业的成功典范，朱元璋在创业过程中，借助其岳父的势。

　　科技型创业者，大学生创业者，要向毛泽东学习创业。因为毛泽东是知识分子草根创业的成功典范。科技型创业者，要研究毛泽东主席成功创业的智慧。马云、任正非、宗庆后、史玉柱等人都是学习毛泽东主席创业的成功代表。

　　科技型创业者，一般是猫头鹰型的创业者居多，其次是老虎型的创业者。其缺点是工作导向，创业情商相对不足。他们喜欢科研创新，喜欢单打独斗，偏向注重产品研发、产品质量、产品流程再造；而对组织的经营，尤其是对市场的运作、销售环节，缺乏足够的重视。由于对性格的驾驭能力不强，或者对性格不屑一顾，又因为猫头鹰性格的精明、吝啬、严谨，舍不得给予销售总监以股权激励，他们不愿意去找其他性格，尤其是有魄力的孔雀作为其创业搭档。

　　科技型创业的成功典范是华为的任正非，百度的李彦宏，东软集团的刘积仁，微软公司的盖茨，谷歌的布林，等等，他们都是技术型创业，但他们物色到了志同道合的性格符合白金法则的创业搭档。他们同时善用那些老虎性格的帅才将才去从事销售市场管理。因此，性格组合的白金法则，需要引起我们创业者的重视。

本章小结

　　（1）性格，就是人们习惯了的思维方式和行为方式。性格不是性情，也不是品格，它与道德品质、价值观是完全可以区隔的关于人的心理与行为特征。

　　（2）性格有真实性格与测量性格之分。真实性格是指个体内心真实的思维方式和完全放松情况下的行为方式；测量性格，是指通过各种测量工具测试出来的性格。

　　（3）性格不是虚化的东西，它有大脑生理基础和人类的心理认知基础。性格没有好坏之分，也不存在完美的性格类型，只有自觉运用性格学说预测他人行为思维方式，并调适自己的思维行为方式的人。

（4）TOPK 性格模型，把人的性格分为四种类型，是国学四象思维在性格中的运用。它以支配力为横坐标，从左到右，是从弱到强；以自制力为纵坐标，从下往上，是从弱到强。外面有个圆圈。第一象限是老虎型、第二象限是猫头鹰型、第四象限是孔雀型、第三象限是考拉型。

（5）在 TOPK 性格模型分类法中，每种性格都可以创业，并可以作为大股东进行成功创业。不存在某种性格不适合创业，某种性格适合创业之说。

（6）没有哪种性格是完美的，但成功的创业者，会组合其他性格的优点来完善自己。成功的创业者，也坚持组合不同性格的创业搭档组成创业班子，让创业班子具有完美的性格。组建性格完美的创业班子的白金法则，就是运用 TOPK 组合化原则搭建创业班子，这个法则很有实践操作性。

本章思考题

1. 每个人的真实性格，就是其天生的性格吗？为什么？
2. 请阐述 TOPK 性格学说的大脑生理和人类心理认知之间的联系。
3. 我们在解决问题过程中，会包括收集信息和处理信息两个过程，如果我们把收集信息作为横坐标，从左到右是感觉到直觉；把处理信息作为纵坐标，从下往上是感情型到思考型，那么就会把人们解决问题的风格分为四种，请把这四种解决问题的风格与 TOPK 性格模型进行类比，并阐述理由。
4. 请阐述杭州 TOPK 性格 16 种模型，并举例说明。
5. 请阐述 TOPK 性格学说的东西方文化基础
6. 创业者为什么要用 TOPK 组合化原则来组建创业班子？请举例。
7. 用 TOPK 原则分析中国历史上的某个执政班子（教材里的例子除外）。
8. 用 TOPK 原则分析中国某个成功企业创办初期的创业班子（教材里的例子除外）。
9. 请阅读以下材料，材料中有三处的性格类型是错误的，请更正。

行政机关与多数单位一样，由不同的年龄层次、教育背景、专业知识、性格特点的人员所组成；但行政机关不可能像企业一样，可以任意选择、调任、放弃单位职工，因此，单位里的人员特征便更具有多样性和复杂性。杭州某行政单位内部 13 位人员的性格用 TOPK 模型分析如下。

A（老虎型）：政治立场坚定，真抓实干，决策果断，敢于担当，责任心强，推动工作力度大，干事创业劲头足，心胸开朗，清正廉明，群众威信高。做事当机立断，根据事实进行决策，敢于冒风险，在做决策前，会寻找几个替代方案，更多地关注现在，忽视未来与过去。对事情非常敏感，而对人不敏感，注重结果而忽视过程，工作节奏非常快，因此也很容易与下属起摩擦，批评人有时比较严厉。

B（孔雀型）：理论水平高，文字和口头表达能力较强，知识面宽，作风正派，工作认真，平时幽默风趣，乐观积极，开朗爱笑，有和人沟通的耐心和诚心，善于聆听也喜欢表达,热情奔放,精力旺盛,容易接近,有语言天赋,善于演讲,经常天马行空,做事比较直观,喜欢竞争,对事情不敏感,对人则很感兴趣,在日常的人际交往中能够明确自己的职责并且具有十足的责任心,善于和各种性格迥异的人交往,价值观的包容度比较大。

C(考拉型):工作勤恳,想干会干,任劳任怨,组织协调能力强,团结同志,公道正派,清正廉明,是主要领导同志的好帮手,喜欢帮助别人;不懂得拒绝别人;忽视自己,重视别人,心肠好;人缘好;喜欢被别人依赖而获得成就感;感性、天生的同理心,乐于助人、主动、取悦人,时常感觉自己付出得不够,取悦人;强调别人的需求,忽略自己的需求,做自己家的事懒惰,为别人家干活很勤快;决策非常慢,总是希望寻求与相关人员达成一致意见,办事情不紧不慢,对事情不敏感,而对人的感情很敏感,很会从小处打动人,为人随和而真诚。非常善于倾听,属于听而不决的,也很少对人发怒,大家很喜欢找他倾诉。

D(孔雀型):政治上清醒,理论上过硬,有开拓创新精神,有极其丰富的基层工作和其他岗位工作经验,处理突发事件能力强,公私分明,自律意识强。讨厌情绪激动的人;不喜欢喧闹,喜欢独处;与现实脱节,抽离,不喜欢群体运作,希望了解事情的全部,而不是部分;分析和逻辑思维能力特别强;容易把复杂的事情分解;重视精神享受,不重视物质享受;做事情不喜欢被别人打扰。喜欢分析事物及探讨抽象的观念,从而建立理论架构,百分百用脑做人,刻意表现深度。保护隐私。不重外表但注重内涵。总是喜欢思考,追求知识,渴望比别人知得多、懂得多,了解周遭一切事物的原理、结构、因果以至宏观全局。觉得做人要有深度。

E(猫头鹰型):政治立场坚定,谦虚谨慎,廉洁奉公,虑事周全。工作认真不懈怠,理论功底深,务实正派、一丝不苟、一本正经、不苟言笑、严肃、严谨、爱批评、不怒自威、理性、不讲情面、挑剔、做事情前需要充分准备、完美主义、守时、有计划有目标、要求过高;做事情有原则,非黑即白,没有灰色地带,对是对,错是错,做人一定要公正,有节制,做事一定要有效率;现实、实用主义者、不满现状、压抑愤怒、负责任、有道德优越感、正直;严于律己、同时也严于律人、不喜欢别人说他、对别人的批评会耿耿于怀,同时也会改正自己的缺点、自我批判、追求高度自律他律。

F(老虎型):政治立场坚定,宗旨意识强,业务素质高,作风过硬,敢于担当,有开拓创新精神,基层工作经验丰富,把握问题准确,思路清晰。工作大胆泼辣,认真负责,为人心胸开朗,心直口快,能够团结同志,公私分明,清正廉洁。喜欢控制大局;喜欢有很多人追随他;遇到问题立刻解决;性格急躁,不懂温柔,彻底的自由主义者,敢冒险,是掌舵人、创业者;遇强则强,遇弱则弱;以自己的方式行事,感觉迟钝,忽略他人的感受;激励别人,决不拖泥带水,对人防卫性强,不让人接近,强化外壳,防止受伤。

G(考拉型):善于学习,思路清晰,为人谦和,清正廉洁;不爱做决定,别人说什么他都说好;谁也不得罪;生活的润滑剂,聆听者;甘于现实,不求调整,为人被动;对生命表现得不甚热衷,自我意识弱,常将专注力放在别人身上。依附自动化习惯;容易分散注意力。有颇强烈的宿命论,因此一切听天由命;强调别人处境的优势,逃避面对问题以及面对自己，过度适应。

　　H（考拉型）：坦率自信；朋友众多；聪明；乐天派；多才多艺，兴趣广泛，理想主义者，喜欢探索新鲜事物；精力充沛；怕束缚；天生热爱自由，讨厌规则，等级观念淡薄，不够坚持；做事缺少耐心；逆商不高；过程很重要，结果不重要；精力充沛，及时行乐，很少顾及他人感受；个人目标追求不够清晰。

　　I（老虎型）：政治敏锐性强，有开拓创新精神，工作敢抓敢管，敢于担当，公道正派，爱岗敬业，能干事，会干事。工作要求有时过高过严，有工作激情，基础工作经验丰富，群众威信高，组织、协调能力强，清正廉明。人际关系融洽，能够积极主动地完成上级交办的各项工作任务。理论水平高，责任心强，领导经验丰富，作风扎实，公道正派，具有强烈的事业心和责任感，尊重领导、顾全大局，善于团结协作，工作作风扎实，干成事，不惹事，时时处处能够以共产党员的标准严格要求自己。

　　J（考拉型）：为人忠心耿耿，但却多疑过虑，内心深处常有担心和不安，安全方面总是想得太多，常因此拖延。时常怀疑自己的能力，无论做得多好，也需要别人的肯定方能安心。始终和别人保持一定的距离，做事总有许多担心，恐惧犯错，过分谨慎；凡事做最坏的打算；防卫性强，缺乏安全感，怀疑而非明显的恐惧；凡事有周详的计划；勤奋；逆商很高，人称打不死，有责任感，可靠；重承诺；不喜欢受人注目，老二心态。

　　K（孔雀型）：时常觉得自己独特与别人不同，很容易情绪化，情感世界较一般人丰富得多及充满幻想，有时又觉得自己有缺憾及不足；渴望别人多些了解自己的内心感受，但总是苦恼于这个世界真的没有人能真正明白自己。讲究个性，渴望与众不同；有艺术才华；我行我素，有深度，有品位。敏感；容易情绪化；创作力强；容易沉浸在自我世界；浪漫、感性；不了解人情世故；喜欢通过有美感的事物去表达个人感情，内向，抽离，忧郁，追求独特的感觉；恐惧平淡，被遗弃，对人若即若离。

　　L（考拉型）：善解人意，有同理心，热情地去满足他人需要而又希望不被察觉，很难拒绝别人的求助，即使抽不出时间，也会牺牲自己成全他人；希望被他人接收，并获得他人的认同和重视；对他人的需要很敏锐，通常不需要对方讲出口就能知道；喜欢有很多的朋友，并乐于倾听他们的事情；对人热情、友善，有爱心和耐心；不会直接对某人表达自己的不满情绪，但会向他人抱怨；有时候会有点自卑和孤独；很重视人际关系，能从别人的关系中得到自我满足的意识。

　　M（老虎型）：渴望事业有成，重视自我形象；精力充沛、热爱工作、奋力追求成功以获得地位和赞赏；对自己的能力充满信心；喜欢凭借自己的能力在超越他人的竞争中建立自己的优势；会坚持自己的目标，为达成目标战胜很多困难；做事非常有效率并注重结果；相信世上无难事，只怕有心人；很注重在众人面前展现自己最美好的一面；善于在任何场合，得到他人的认同；是一个很有说服力的人；会不断提出新的工作目标，并同时进行许多事情，会见机行事，能迎合别人的期望或情况而改变。喜欢分析、追求知识，喜欢解决问题或为了执行一项工作而做好计划，喜欢冷静而理智地分析事情，有别人欣赏的学问和知识。（材料来自浙江工业大学MBA应晓瑾的《用TOPK法分析行政机关工作人员性格特征》）

柳倪之争起源于性格冲突

创业因珍惜搭档的性格差异而成长,因误会搭档的性格而失败。创业搭档因性格差异而导致分手的例子非常多,最为典型的柳倪之争对创业者有很强的借鉴意义。柳传志与他的创业搭档倪光南的矛盾与冲突,在很大程度上源于两人之间的性格冲突。柳倪矛盾虽已事隔多年,但同样的冲突却经常在不同的企业重演。弄清柳倪性格冲突的根源,寻找解决问题的对策,对许多企业都具有很强的现实意义。

1984 年 11 月,中国科学院计算机研究所新技术发展公司(联想集团的前身)成立,柳传志和公司另外两位高层领导决定邀请倪光南加入公司,主管技术。倪光南提出,加入公司可以,但是要满足他的三个条件:"一不做官,二不接受采访,三不出席宴请。"柳传志他们本来就是要倪负责技术,当然同意倪光南的要求。于是,王树和、柳传志、张祖祥和倪光南 4 人组成创业搭档进行集体创业。由于联想公司初期奉行的是"技工贸"的经营方针,把技术摆在至高无上的位置,经营企业的价值观相似,属于志同道合。因此倪光南和柳传志的合作具有三大特质:价值观相似、能力互补、性格不同。价值观的相似使得双方度过了最和谐的一段合作时光,但存在性格冲突的隐患。

倪光南追求精确、逻辑以及证据,做事严谨,喜欢关注细节,最信奉"细节决定成败",但强调细节的人却未必一定具有高精确特质,其他特质的人也可能很细心,如孙悟空性格的人对与目标高度相关的细节会格外关注,但其他细节却视而不见,可见,他们重视的是目标而不是细节。倪光南倾向于关注所有的细节——无论它们和最终目标有多大关系,因而他们可能过度地追求细节而迷失目标。倪光南这样性格的人不但细心,他们还追求"精益求精",不会只满足于看到事物的表象,凡事喜欢问为什么,总要探求事物的内涵和真相,对所从事的工作一丝不苟。他们可以坐在钢琴前练几小时的基本功,力求技术精湛,而其他人可能仅仅弹完两次"练习曲"便盖上琴盖玩去了。于是,倪光南这类性格成就了许多顶尖的发明家与科学家,也成就了许多有深度的文学家和艺术家。倪光南作为总工程师,他几乎把全部的精力放在技术上,在他的主持下,联想汉卡的性能不断提高,功能不断扩大。

柳传志乐于与人交往,他们说服力强,在塑造品牌、宣传愿景、鼓舞人心、公关社交等方面具有独特的风格优势,他们也通过发挥这种优势来开拓事业。从一开始,为了联想事业的需要,柳传志认定公司需要倪光南这面旗帜,他调动公司的众多资源,使公司的高级经理不遗余力地宣传倪光南,通过倪光南的技术权威形象带动产品宣传。在宣传倪光南时,柳传志的外向特质得到了充分的体现,即便与事实有一定的出入,他也不会太计较。据《联想风云》一书记载,他曾要求联想的副总工程师曹之江,在上级调查人员面前称倪光南是自己的老师。曹为人谦和礼让,但他还是觉得柳的要求很过分。"倪光南的技术很棒,这不假,"曹抱怨道,"可是我们在年龄上是同辈,他从来没有做过我的老师。"柳传志当然理解曹的心情,但他想的是公司的大局,曹只好就范。顺便说一句,曹的就范和倪光南的

第 4 章 创业搭档的性格管理

"三不"要求，也可以看出倪曹的性格异同，两个人都是严谨型的性格，不同点在于，倪光南敢于说不，说明他同时还具有竞争性与掌控性的性格；曹之江未能说不，反映出他的亚型特质是顺从型。正因为倪和柳都有掌控型特质，在出现分歧时，他们彼此都不会向对方妥协，矛盾和冲突也就形成了。

柳传志型的人喜欢说话，把所有情感都表露出来；倪光南型的人则是思考者，他们喜欢寻根问底。柳传志型的人喜欢出席公共场合，接受媒体采访，倪光南型的人却不适应社交场上的喧哗，他们需要享受自己的那份安静。举一个例子，也许能形象地说明柳传志型与倪光南型性格的典型区别。如果他们都成为文学家：柳传志型的作家会以华丽的词句书写浪漫情怀"大江东去，浪淘尽、千古风流人物"，倪光南型的诗人却在自己的世界里，多愁善感地自问自答"问君能有几多愁，恰似一江春水向东流……"所以柳传志型的作家写喜剧，倪光南型的作家写悲剧。如同历史上的李白和杜甫。

倪柳之间的分歧从经营方针的变化（经营的价值观变化）影响到个人，又因为性格的差异而使分歧进一步加剧，双方面对面地进行沟通也变得十分困难。于是，柳传志给倪光南写了一封情真意切的信，在信中，他说："难道我不是像你自己的肉似的关心你的安全吗？……我印象最深的是在1990年春节，你在香港试286的板子，到年三十才能回来，我在公司全体员工庆祝春节的会上，提到你仍然在香港奋斗，不由得热泪盈眶，无法自制。我们有时间在一起谈谈心，谈谈自己的过去，谈谈对人的看法，谈谈对政治问题的看法，这些随便的谈话，使我们在尊重之中，又增添了感情色彩……进一步讲，我们可以作为生死相依的朋友，即使退一步讲，我们也是君子之交，既非常纯洁，又有很深的感情。……我不知道是什么问题，引起了你如此的不快，把我们10年相处的信任和友谊都一风吹掉，一定要把矛盾公之于众。我对你的最大意见就是性格太内向，话一定要憋在肚子里，而且，一定要积存够了再讲。有时候，明明是误会，早讲早解决，也一定不讲，而且，一定觉得自己对。……如果有可能，我们当面将话谈透，把心里的话全倒出来，真心做到心心相印，你是个君子，我信得过你。"柳传志后来说自己的这封信"非常诚恳"，是最后的一次争取，可是倪光南没有回信，他认定那个人表面上句句感人肺腑，其实都是做给别人看的。倪柳的分歧继续扩大，最后恶化为强烈的对抗与积怨。

从最终结果来看，柳传志的沟通显然是不成功的。柳传志是一个成功的企业家，倪光南是一个卓越的科学家，他们最终却分道扬镳，更重要的是，他们的冲突最主要的原因是性格冲突而非对方的人品，这就更值得总结和借鉴。那时的柳传志对人的认识还不够深刻，他的沟通显然缺乏对倪光南性格的针对性。柳传志型的人重人情，对他们最有效的沟通方式就是"以情动人"，但倪光南型的人重事实，对他们"以情动人"的沟通毫无意义，他们讲究"以理服人"，只有在大量的事实与证据面前，才可能被说服。也就是说，在与他们进行沟通之前，你必须检查自己能否拿出充分的事实与证据，然后用理性的方式进行沟通。

倪光南型性格的人内心有想法也不愿与人沟通，对人对事开始时表现为多疑，一旦形成看法后又容易固执己见，在关注细节时容易失去大局观，容易陷入情绪而不能自拔。所以，对于倪光南型的技术高管而言，主动沟通、在专业研究上需要精益求精但在人际交往上不能太拘泥于细节、关注市场变化而非闭门造车、及时调整自己的情绪等，是他们的必修功课。只有这样，才能更加有益于企业、有益于团队、有益于他们本人。

领导者该如何面对倪光南型性格的技术骨干？要说服并影响他们，就得摆出大量的事实与证据，仅凭语言尤其是夸耀式的语言是很难得到对方认可的。如果初次结识一个倪光南型的人，千万别期望对方会太热情，他也会心存疑虑。他们遵循一种严肃的生活哲学，他们不喜欢开玩笑，他们不喜欢气氛热烈的场合，他们也不喜欢通过拥抱和亲密接触来传达情感。他们在内心深处也希望被人欣赏和理解，但总是时时提防别人，和别人保持一段安全的距离，让人觉得他们不容易亲近。在和不熟识的人接触时，他们总是担心别人会利用自己，会占自己的便宜，因而显得斤斤计较。要想让倪光南型的人真诚地开放心胸与人相处，这是一件比较困难的事。但是，当双方交往久了，他认可了对方的人品，就会变成忠实的朋友，愿意为对方付出一切。此时，倪光南型的人是如此的忠诚可靠，不管面临什么挑战，都与对方并肩而行。到这个阶段，对方会发现，他们实际上是最踏实可信的人。
（本案例由作者在2010年根据网络资料整理编写而成）

讨论：

1. 根据TOPK性格模型，结合案例材料，请问柳传志和倪光南是什么性格？为什么？
2. 柳传志型的性格和倪光南型的性格，既然最容易产生冲突，为什么很多创业成功的公司都有这两类性格合伙人在一起创业？
3. 假设你是柳传志，或者倪光南，你会如何处理你们之间的冲突？

本章 TOPK 性格模型训练 60 题的答案

1. 答案：老虎、孔雀、考拉、猫头鹰
2. 答案：孔雀、老虎、猫头鹰、考拉
3. 答案：考拉、老虎、猫头鹰、孔雀
4. 答案：猫头鹰、孔雀、考拉、老虎
5. 答案：老虎、孔雀、猫头鹰、考拉
6. 答案：老虎、孔雀，考拉、猫头鹰
7. 答案：孔雀、老虎、猫头鹰、考拉
8. 答案：黄子华的性格是考拉型
9. 答案：李涛松的性格是猫头鹰型
10. 答案：吴骅梅的性格是孔雀型
11. 答案：王燕华的性格是老虎型
12. 答案：猫头鹰型
13. 答案：考拉型

14. 答案：孔雀型
15. 答案：考拉型
16. 答案：孔雀型
17. 答案：老虎型
18. 答案：猫头鹰型
19. 答案：老虎型
20. 答案：猫头鹰型
21. 答案：老虎型
22. 答案：考拉型
23. 答案：孔雀型
24. 答案：猫头鹰型
25. 答案：老虎型
26. 答案：考拉型
27. 答案：孔雀型
28. 答案：老虎、孔雀、考拉、猫头鹰
29. 答案：老虎、猫头鹰、考拉、孔雀
30. 答案：老虎型、猫头鹰型、考拉型、孔雀型
31. 答案：孔雀型、老虎型、猫头鹰型、考拉型
32. 答案：孔雀、猫头鹰、考拉、老虎
33. 答案：猫头鹰、老虎、考拉、孔雀
34. 答案：孔雀、考拉、猫头鹰、老虎
35. 答案：老虎、猫头鹰、猫头鹰、考拉、考拉、孔雀、孔雀
36. 答案：老虎型
37. 答案：猫头鹰型
38. 答案：孔雀型
39. 答案：考拉型
40. 答案：A是老虎，B是猫头鹰，C是孔雀，D是考拉。
41. 答案：A是老虎，B是猫头鹰，C是考拉，D是孔雀。
42. 答案：老虎性格
43. 答案：孔雀性格
44. 答案：考拉性格
45. 答案：猫头鹰性格
46. 答案：A是老虎，B是孔雀，C是猫头鹰，D是考拉
47. 答案：黄荣，孔雀性格；黄洪，老虎性格；黄浩，考拉性格；黄珏，猫头鹰性格。
48. 答案：黄瞻是老虎性格，而黄元绩是猫头鹰性格。

49. 答案：黄元吉，考拉性格；黄中雅，孔雀性格；黄中理，猫头鹰性格。
50. 答案：黄太华，老虎性格；黄子诚，考拉性格。
51. 答案：黄湜，老虎性格；黄庶，考拉性格。
52. 答案：阿曹，猫头鹰性格；阿黄，老虎性格。
53. 答案：高是理性的孔雀，朱是有魄力的猫头鹰，王是有激情的猫头鹰。
54. 答案：章是有魄力的猫头鹰，李是孔雀，王、沈都是老虎。
55. 答案：A 是激情的老虎，B 是猫头鹰，C 是考拉。
56. 答案：徐先生是有愿景的老虎，而赵先生是爱说话的老虎。
57. 答案：李女士是老虎，罗先生是孔雀，罗女士是考拉，张先生是猫头鹰。
58. 答案：老虎、孔雀、猫头鹰、考拉
59. 答案：孔雀、老虎、猫头鹰、考拉
60. 答案：王明颖是孔雀性格，她的老公是猫头鹰性格。

第5章 创业搭档的能力管理

界定能力的内涵，用三环图分析知识、技能和特质之间的关系
探讨创业者的能力内涵及其互补原则
描述创业者的能力误区及其危害

5.1 能力的概述

"能力"一词，最早出现在《吕氏春秋·适威》中："知其能力之不足也。"字面意思，能够的力量。通俗地讲，就是会做（完成某项活动）的劲道。能力是生命物体对自然探索、认知、改造水平的度量。它总是和人完成一定的实践相联系。王国元认为，能力是指个人顺利完成某项活动所必备的综合心理特征。张德教授认为，从心理学上说，能力是内在的心理品质，是指直接影响活动效率，使活动顺利完成的个性心理特征。它必须借助外在的活动才能表现出来。能力是人依靠自我的智力和知识、技能等去认识和改造世界所表现出来的心身能量。各种能力的有机结合，起质的变化的能力称为才能。能力是运用智力、知识、技能的过程中，经过反复训练而获得的。

它可分为实际能力（显性能力）和潜在能力（隐性能力、简称潜能）两种。实际能力是指对某项任务或活动的现有成就水平，是在遗传和后天学习的基础上获得的技能。潜在能力是指将来有机会学习时可能达到的水平或完成某项活动的可能性。能力是有结构的。比如，思维能力、观察能力、语言能力和想象能力、记忆能力、操作能力等。这些均被称为常规能力（一般能力）。而销售能力、研发能力、财务能力、管理能力、教学能力等，属于特殊能力，或专长能力（专业能力）。工作中的能力由心理能力、体质能力、实践智力和情绪智力组成。心理能力包括数学计算、言语理解、知觉速度、归纳演绎、空间视觉和记忆力等，实践智力是指有效解决问题的适应性能力。

秦志华教授认为，能力包括认知能力、行为能力和情绪智力。认知能力，是指了解世界（包括事物、事务）的能力；认知能力是指接收、加工、储存和应用信息的能力。它表现在人对客观世界的认识活动之中，它是人们成功地完成活动最重要的心理条件。知觉、记忆、注意、思维和想象的能力都被认为是认知能力。美国心理学家加涅提出三种认知能力：言语信息（回答世界是什么）；智慧技能（回答为什么和怎么办）；认知策略（有意识地调节与监控自己的认知加工过程）。元认知能力是指个体对自己的认识过程进行的认知和控制能力，它表现为人对内心正在发生的认知活动的认识、体验和监控。认知能力的活动对象是认知信息，元认知的活动对象是认知活动本身，它包括个人怎样评价自己的认知活动，怎样从已知的可能性中选择解决问题的确切方法，怎样集中注意力，怎样及时决定停止做一件困难的工作，怎样判断目标是否与自己的能力一致，等等。

行为能力是指依靠自身做事做人的能力，也称操作能力，它是指操纵、制作和运动的能力。劳动能力、艺术表现能力、体育运动能力、实验操作能力被认为是操作能力。操作能力是在操作技能的基础上发展起来，又成为顺利地掌握操作技能的重要条件。认知能力和行为能力紧密地联系。认知能力中必然有行为能力，行为能力中也一定有认知能力。

情绪智力，是指体验复杂感性和感受他人情感的能力，也称社交能力，它是指人们在社会交往活动中所表现出来的能力。组织管理能力、言语感染能力等都被认为是社交能力。在社交能力中包含认知能力和操作能力。

本书把知识、技能、特质比拟为三个圆环，它们三者重叠交叉的部分，理解为能力。如图 5-1 所示。知识，是指一系列能够在适当的时候回忆起来的信息储备。它是对客观事物和人的认识。比如，商业知识、产品知识、市场行情等。技能，是能够应用知识或经验的能力，它是通过练习获得或发展的。它是指个体运用已有的知识或经验，通过练习而形成的一定的肢体动作方式或智力活动方式的复杂系统。比如，推销技能、研发技能、财务技能、招聘技能。技能一词，在中国古典文献里，最早出现在《管子·形势篇》：度量其力，审其技能。在中国传统语境下，是指术理，术者，方法也，技巧（艺）也。理者，纹理也，道也。术理，技艺与道理也，即方法及其背后的原理。它包括初级技能和技巧性技能。前者是借助有关的知识和过去的经验，经过练习和模仿而达到"会做"某事或"能够"完成某种工作的水平。后者则要经过反复练习，完成一套操作系统达到自动化的程度。技能与知识最大的差别是，技能是以熟练不熟练为判断标准的。语言是技能，而不是知识。知识能学到，而技能只能习得，技能是个人通过"干中学"培养出来的。

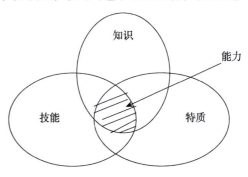

图 5-1　知识—技能—特质的关系图（三环图）

知识并不直接转化为能力，技能是联络知识和能力的桥梁。知识，只有通过技能和思维的反复训练，才有可能转化为能力。在这转化过程中，与人们的特质发挥也有密切的关系。特质，是指个人特有的品质和特征组成的集合。如决断力、预测风险、果敢、积极等。相对而言，知识的获得和提高最容易。尤其是当今或未来的社会，如果搜商高，搜索习惯好，知识就会获得。而技能，需要通过练习或解决问题的实践才能获得和发展。特质，一般是不容易改变的，并且需要长时间去发展。知识加上技能，再加上特质，促使人做完某项事情（或活动）的本领，就是能力。能力的发展，以知识和特质为基础，经过技能和思维的训练而得以实现。

性格和能力有关联性,但不是直线关系。不同性格的创业者,他们的能力是有差异的。在能力的知觉方面,知觉综合型的人,概括能力较强,对人或事的整体性感知较好,但对细节感知较差。比如老虎型性格、孔雀型性格的人。知觉分析型的人,分析能力较强,对人或事物的细节感知清晰,但对整体性感知较差。比如猫头鹰型性格、考拉型性格的人。

在能力的记忆方面,不同性格的创业者,其记忆能力也是不同的:视觉记忆型的人,其视觉记忆效果好,表象清晰,可谓是"过目不忘",这种创业者是猫头鹰型性格。听觉记忆型的人,听觉记忆效果好,大有"余音绕梁,三日不绝"之感,这种创业者是考拉型性格。运动记忆型的人,动作感受深刻,识记效果好,这种创业者是老虎型性格。形象记忆型的人,图画、色彩感受深刻,识记物体形象效果好,这种创业者是孔雀型性格。猫头鹰型性格擅长逻辑思维,即他的逻辑思维能力强,数字记忆能力强。孔雀型性格擅长形象思维,他的灵感思维和直觉思维能力强。

能力是可以识别的。识别他人的能力,目前有大量的测量方法:第一,测验法(互联网的量表测量),它又分为智力测验、特殊能力测验、专业技能测验、创造力测验等。第二,分析法,它又分为情景模拟法、公文处理模拟法、无领导小组讨论法、企业决策模拟竞赛法、访谈法、角色扮演法、即兴演讲法等。

5.2 创业者的能力

创业者,需要创业能力。创业能力是指拥有发现或创造一个新的领域,致力于理解创造新事物(新产品,新市场,新生产过程或原材料,组织现有技术的新方法)的能力,能运用各种方法去利用和开发它们,然后产生各种新的结果。与就业能力(或职场能力)相比,创业能力比就业能力(或职场能力)多的是发现能力(发现的眼光、远见力)、创新能力(创新的智慧、创造力、创新力)、决策能力和主动承担风险的能力。

创业者的能力,独特之处是有比较强的模仿、再造能力与创造能力。模仿能力指通过观察别人的行为、活动来学习各种知识,然后以相同的方式作出反应的能力。再造能力是指在活动中顺利地掌握前人所积累的知识、技能,并按现成的模式进行活动的能力。这种能力有利于学习活动的要求。人们在学习活动中的认知、记忆、操作与熟练能力多属于再造能力。创造能力是指在活动中创造出独特的、新颖的、有社会价值的产品的能力,是指为了社会的进步和发展,创造出前所未有的事物的能力,如新概念、新理论、新方式、新物品等。是利用新的或者不同的方法设计、排列、制造新事物的能力,从而创造性地解决市场需求和问题。创造(能)力则是指产生新思想和新产品的能力。它具有独特性、变通性、流畅性的特点。再造能力和创造能力是互相联系的。再造能力是创造能力的基础,任何创造活动都不可能凭空产生。因此,为了发展创造能力,首先就应虚心地学习、模仿、再造。在实际活动中,这两种能力是相互渗透的。创造能力是在再造能力的基础上发展起来的,再造能力体现在创造能力之中。创造活动中含有再造能力成分,再造活动中孕有创造能力因素。

一个好的企业想法是成功创办企业的基础和首要条件,找到这个好的企业想法,是将创业决定和创造转化成企业的第一步,而要产生或找到一个好的企业想法,那就需要创业者发挥其创造力,开拓思维和眼界,并保持对商业机会的警觉。更为重要的是创造条件,让这个好的企业想法转化成一个可实现的有价值的商业机会。按照知识—技能—特质三环模型,只有知识、技能、特质三者全部具备,这个人才具备相应的能力。如果创业者只有知识和技能,那么他创办的企业,将很难生存发展下去。比如,如果没有成功特质,当面对主要障碍时,他只会在短时间内坚持,或者他不能发现和利用机会,或者他不愿意去预测商业活动中的风险,最终将因能力欠缺而创业失败。如果创业者只有知识和特质,那么他创办企业,一定要找具备技能的创业搭档。比如,马云只有英语能力、商业知识和洞察未来、积极追求梦想的特质,如果没有找到技能型的创业搭档,他的创业将会失败。只有技能和特质的创业者,在创办企业时,如果市场竞争不激烈,他将获得成功。比如,中国 20 世纪 80 年代乡镇企业的崛起,涌现出了一大批农民企业家。他们知识很少,或者严重缺乏知识,但他们具备经营技能和成功特质,他们也获得了成功。但是,随着市场竞争的加剧,很多农民企业家,没有弥补或者提升知识,尤其是消费者或市场方面的知识,结果失败退出了历史舞台。而那些成功的农民企业家,比如鲁冠球等,他们纷纷增加管理知识,优化和提升自己的知识结构,从而导致其创业能力大幅度地提升。进而从容地应对激烈的市场竞争,并最终胜出。

创业要成功,需要创业者既要有琢磨产品及其经营的能力,还要有琢磨企业组织的能力。创业者就是指挥一群人(企业人),去做一些事(企业产品)。乔布斯曾经说过,他一生最得意的产品,不仅仅是苹果智能手机,更是苹果这家公司。创业者不仅仅要关注技术或产品,更要关注企业本身。前者是卖给顾客的,后者是创业者的职责所在,后者是组织。产品要卖掉,就要靠精雕细琢地做得比竞争对手更优秀。组织要想壮大,充满活力乃至常青,那就要花更多的时间来雕琢。产品需要独特的价值主张,那么创办的企业,其独特的价值主张是什么呢?就是企业独特的使命,它能感召一个人内在的热忱,从他人监督驱动到自我驱动。它可以解决员工的工作动力和工作热情,它可以解决队伍的协作。如果创业者精力有限,只能琢磨其中的一个(产品或组织),那么他创业时,一定要找一位擅长琢磨另一个(销售或财务)的创业搭档,比如擅长琢磨战略及其宣传的马云,找一个擅长琢磨产品设计与生产的吴炯。

5.3 好搭档的能力原则

好搭档的能力原则是:创业者的能力互补而卓越,创业者的能量级接近。创业者要在开创企业、筹措资金(融资)、研发管理、运营管理(生产管理)、销售管理等企业活动中,实现创业收益大于创业成本,面对不确定的市场环境作出自己需要承担风险的决策,他们需要参与很多创业活动：提出计划与建议、筹措资金、市场营销、销售与渠道、生产、研发、采购、物流、仓储、安全、质量、记账、存款与现金、法律与法规、招聘、培训、沟通、控制等。仅凭一两个创业者，是无法胜任或完成这些创业活动的。

　　成功创业，是在很多不确定的市场环境中，把公司推向成功，需要很多能力，诸如创新能力、分析能力、决策能力、预见能力、应变能力、用人能力、组织协调能力、社交能力、激励能力、目标能力、营销能力、销售能力、转化能力、把控能力等，而一两个创业者，很难同时具备这些能力。因此，创业者往往会把能力互补型的创业者，变成自己的创业搭档。除了共同的学习能力和改造自我的能力外，对于创业者而言，特殊能力、专长能力要形成高度的互补性。市场环境的变化，促使创业者的能力需要差异化发展和快速提升。

　　互补，字面意思是相互补充或相互补足。数学几何学中有互补角原理，即角度和等于180°的两个角互为补角，也作两角互补。在人类社会中，人各有所长也各有所短，以己之长补他人之短，从而使每个人的长处得到充分发挥，避免短处对工作的影响，这就叫作互补。在人力资源中，指互相补充，弥补个体差异中的缺陷达到整体优势，从而实现组织目标。这就是互补增值原理。有的人善于抓生产，有的人善于搞销售，有的人适合从事办公室工作，有的人适宜从事人事工作。只有各种不同能力之间的互补，才能使系统有效运行。互补的内容除了能力互补外，还有知识互补、性格互补、年龄适度互补、关系互补等。

　　互补合力原理，是指互补产生的合力比之单个人的能力简单相加形成的合力要大得多。合力是个物理学概念。合力是指若干个力同时作用于一个物体而对物体运动所产生的力。合力值的大小取决于各个分力的大小、作用方向和作用点。各个分力的值越大、作用方向一致、作用点相同，则合力值就大；反之，就小。人之所以为人，就是会主动自觉地运用互补合力原理，把事业做到最大。刘邦擅长用人，擅长应变，宽容大度，擅长自我批评，擅长激励他人；萧何擅长运营管理与后勤管理，擅长组织协调，擅长规章制度；张良擅长运筹谋划，擅长预见与分析；韩信擅长带兵打仗，冲锋陷阵，杀敌攻城。这四个人，能力不同，能力卓越，他们专业知识互补、特殊能力互补、能级类似（能力等级处在同等水平），故楚汉之争，刘邦及其搭档代表的汉国最终胜出，再次统一华夏民族。刘邦的创业搭档的能力互补性，不仅仅大于其对手的创业搭档的能力互补性，也大于其后裔刘备的创业搭档的能力互补性。刘邦的创业班子是三个文一个武，三个文的能力有差异，并形成互补：刘邦的文在于知人善任并团结他们，张良的文在于军事谋划，萧何的文在于内管家（行政管理、财务管理等）。刘备的创业班子是二文二武，刘备的文在于知人善任并团结他们，诸葛亮的文在于军事谋划。二武的张飞和关羽都是军事战将。因此，在刘备的创业搭档里，关羽和张飞的能力是相同的，他们都是带兵打仗的能力较强的将军。他俩之间没能达到能力互补，尽管他俩与刘备（琢磨组织的能力、用人的能力）的能力、诸葛亮的能力（军事谋划的能力）是互补的。刘备的创业搭档里，少了一个后勤管理与保障能力强和组织协调能力强的创业搭档。

　　常规的初创型企业，创业者必须成功解决"研发（产品技术）、运营（产品生产、服务运营、人事管理）、销售（卖产品）"三个环节，企业才能正常运行下去。因此，创业者必须有研发及其管理能力、运营及其管理能力、销售及其管理能力，而一个创业者，在当今的世界，很难同时拥有这三大能力。只有通过能力互补才能保障企业健康运行。如果他拥有研发及其管理能力，他就必须找到运营能力很强的创业者、销售能力很强的创业者为他的搭档。

创业者的能力，不仅仅要在实践中去提升，很多创业成功的公司，遇到政府举办的培训机会，往往是创业者及其搭档一起参加的，尽管某些课程，可能是某个创业班子成员负责的领域，比如财务，比如销售，比如人力资源管理，等等。他们目的是共同提升能级和普通能力，增进共同语言和共同经历。本人遇到的不少创业者，一起参加孵化园区的创业培训班、高校的 MBA 研修班、MBA、EMBA 班等。每次学习回到公司后，创业班子就一起交流和探讨所学，如何来解决实际问题。还有的创业班子，每个月负责一个主题的学习和分享，促使创业公司形成学习型组织，这就是创业者的能力动态管理。

科技型创业者，其研发能力很强。其短板能力是销售能力和市场运作能力。因此，本人认为，科技型创业者首先应该找销售能力，尤其是创业销售能力和销售队伍管理能力很强的创业者，作为其创业搭档。现实生活中，很多科技型创业者，往往舍不得拿出自己的股权分给销售总监。认为做销售的，技术含量低，不值得给予股权，甚至从心里瞧不起这些从事销售的，认为他们不配做创业搭档。不少的科技型创业者，受中国商学院的教育影响，把股权给予市场总监，而不给销售总监。他们本能地认为市场总监，其技术含量比销售总监高。天真地认为市场总监就是卖产品的。而中国商学院培养出来的营销人才，都是花钱运作市场的，考虑的是如何让产品的知名度快速扩大。他们没有接受销售和销售队伍管理课程的学习，缺乏把产品变成现金的理论和实践。也就是说，中国商学院培养出来的营销人才，只会营，不会销。因此，销售业绩很不理想。本人已经遇到过数百位这样的科技型创业者，公司的销售业绩让他们苦恼。本人还遇到过浙江大学数位科技创业者，他们的产品需要通过政府招标采购才能使企业正常运行。由于销售能力弱，销售队伍不够强大，他们把产品的销售寄托在政府出台创业扶持政策，优先采购初创型企业的产品，政府招标采购要采取倾斜购买他们产品的政策。

对于初创型的科技型企业来讲，销售推进重要，还是市场运作（营销）重要？本人的实践和研究表明，销售推进重要，也就是销售总监重要。一是初创型企业，要快速把产品变成现金，保证公司有健康的现金流，从而推进公司发展。二是初创型企业，本来资金就不充足，而市场总监一般是花钱扩大产品的知名度，而产品知名度转化为购买度，还需要一定时间，而且期间还需要销售队伍跟进才能完成。三是初创企业的产品还未完全成型或成熟，存在一些缺陷需要改进，同时，其生产工艺还需要进一步完善，或者生产能力有限，如果这时，市场总监的市场运作能力超越销售推进能力，很有可能导致产品质量（缺陷）或者供应跟不上，企业因应对不了市场危机而破产。在中国，其实在美国也一样，销售总监比市场总监更为重要。销售总监好比将军，而市场总监好比谋士。销售队伍管理能力很强、市场运作能力也很强的人才，就是市场销售队伍的统帅，在外资企业，称为营销总监。华为的任正非认为，销售就是一切，没有销售，就没有华为。本土企业经常从同行中挖市

第 5 章 创业搭档的能力管理

场总监，让其担任本公司的营销总监，很少考虑他是否具有销售经理的背景，这种营销总监，缺乏带领销售队伍的历练，对营销及其管理，也许很精通，对产品所在领域很精通，但对销售队伍管理、如何带领销售队伍，却一窍不通。本人认为，科技型的创业者，要善于找到价值观类似、性格有差异的销售总监作为自己的创业搭档，进入创业班子，增强企业的生存能力和造血能力。从而让企业进入快速成长期，并健康地进入成熟期。

有不少科技型创业者，喜欢从大企业挖销售经理来任本公司的销售总监，或者负责销售市场的副总经理。公司的销售业绩往往不理想，即使给予了他们搭档的身份。为什么呢？因为这些大公司出来的销售经理，只会企业销售，不会创业销售。创业销售，就是初创企业的产品销售，对公司而言，就是对一系列创业活动的测试，同时摸索寻找商业模式和产品定价的过程。因为公司业务刚刚起步，公司无人知晓，产品还不够成熟和完善，也没有多少可供参考的成功案例，任何事情都得从零开始。销售环节没有标准模块，不能按部就班地执行商业模式和销售环节，销售不只是一个职能部门——销售部的事情，而是企业的全部：研发部、生产部、财务部等都要参与，创业销售要求的是十项全能，而不是个中高手。他必须会协调研发部、生产部、财务部等部门，支援他的销售工作。他销售的不仅仅是公司未成熟的产品，或者有缺陷的产品，还要销售自己，更要把自己和产品卖给所有的产品相关者，建立自己的声誉，证明自己有能力提供产品或服务。而产品的相关者，要接受因产品的不成熟或缺陷带来的风险。因此，一般的企业销售能力是很难胜任的。创业销售重点解决的是不断完善商业模式，寻找有竞争力的定价，不断地完善产品减少缺陷，不断地创造新的销售，不断地树立产品运用标杆（总结归纳成功的案例），不断地缩短销售周期。而常规的企业销售只是做让重复销售更容易的事项，也就是做些基于销售的营销，包括客户关系维护。

5.4 创业者的能力误区

本书通过大量的研究，认为创业者的能力误区主要体现在以下几个方面：第一，把文凭当成能力，把学历当成能力。知识是技能和能力的基础，只有那些能够广泛应用和迁移的知识与技能，才能转化成为能力。知识有多少（有无）之分，而技能有高低不同，能力有强弱（大小）之别。学历，是代表学过什么，学过多少，而不能代表学力，即不能代表学习能力。当今世界，或者未来世界，是学力的竞争，而不是学历的竞争。

本书以知识为横坐标（从无到有），能力为纵坐标（从无到有），知识和能力就可以演绎出四种情况，如图5-2所示。A象限，就是既有知识（专业知识），也有能力的，这种人，在价值观类似、性格有差异的前提下，若能力互补，能级相似，那就首选为创业搭档。B象限是有知识，无能力的。比如纸上谈兵的赵括、马谡等。C象限也称单有象限，有能力，无知识。比如成吉思汗等。由于A象限的人比较少，难以遇到。所以，很多创业者会在B、C象限里找创业者作为自己的创业搭档。那些成功的创业者，在其他要素同等的情况下，一般会选择C象限的创业者作为自己的创业搭档。为什么呢？因为，从C象限进入A象限，相对从 B 象限进入 A 象限而言，要容易得多。在当今的社会或未来的社会，获取知识的成本越来越低。而把知识转化为能力的成本，或者难度依然不变。无论是通用知识，还是专业知识，其转化为通用能力、专业能力，都需要一个平台，在解决问题的过程中才能实现这个转化。在现实生活中，B 象限的创业者会比 C 象限的创业者多得多，也就是说，相对 C 象限而言，B 象限的创业者容易找。尤其是大学生创业，很多创业者都属于 B 象限。

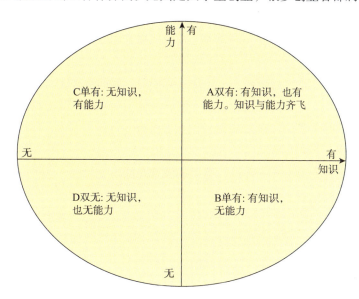

图 5-2　知识和能力的四象图与搭档的选择策略

在"知识—能力"的四象模型中，横坐标的知识，从左到右，可以是从少到多；纵坐标的能力，从下往上，可以是从弱到强。那么 A 象限就是多强象限，即知识多能力强；B 象限就是多弱象限，即知识多能力弱；C 象限就是少强象限，即知识少能力强；D 象限就是少弱象限，即知识少能力弱。创业者找创业搭档，最大的悲剧就是价值观类似、性格有差异的前提下，找 D 象限的创业者，作为自己的创业搭档。

我们可以把"知识—能力"四象图，理解为"文凭—能力"四象图，这样就更好理解。成功的创业者，首选既有文凭又有能力的创业者，作为自己的创业搭档；其次才是无文凭有能力的创业者；最后是有文凭无能力的创业者。在第二类选择中，可引进"学力—学历"四象图，选择有学力无文凭（或学力强学历低）的创业者，作为自己的创业搭档。

第二，从哪里来，到哪里去。即什么专业知识（学历或文凭），做什么岗位的工作，而不考虑性格与岗位的匹配性。在创业过程中，按专业文凭分配负责的创业活动（分工）。比如，孔雀性格的人，是浙江大学管理学院财务专业的本科生。孔雀性格的人的思维方式是直觉，喜欢与图像色彩等打交道，不喜欢与数据表格打交道。孔雀性格人的擅长的能力是：激励能力、社交能力、营销能力、洞察未来的能力等。如果因为他所学的是财务专业，就限制他在财务领域发展，他虽然可以做好基本的财务工作，但其优势能力因得不到发挥而浪费。孔雀性格的人财务专业做财务工作，两三年没问题，时间长了，他肯定要么自己不干，要么财务失误开始增多。让他负责去融资，会是一个不错的分工。

第三，能力要齐头并进，促使每个创业者的能力全面发展。创业初期，面对的事情很多，而人的精力有限，每个创业者，都应该把自己的潜能发挥出来。本书认为，能级要齐头并进，通用能力更要比翼双飞；但业务能力要专业化发展，专业能力要差异化发展，相互补台比相互竞争更为重要。不要把技术能力看成人际能力，也不能看成管理能力。即不能想当然地认为特殊能力强的（比如技术能力），其通用能力也强（比如人际能力）。它们之间不存在正相关性。在公司壮大过程中，轮岗式提升创业者的全面能力，是必须的，但不是在创业的初期。

本书把能力的通用性（通用能力，比如人际能力、时间管理能力）作为纵坐标，能力的特殊性（特殊能力，比如业务能力、技术能力）作为横坐标，其通用性和特殊性就会演变出四种情况，如图 5-3 所示。A 象限是创业者的奋斗目标，创业者与他们的搭档，形成了互补共进的格局，各自在特殊能力方面差异化发展，不用担心其特殊能力强而散伙，而且各自在通用性能力方面也齐头并进，整个能级处在同一个层级。这种象限内创业者及其伙伴，是成功创业的象限。B 象限，能力的特殊性得到了充分发展，但通用性能力各自偏差，很容易造成彼此的信任度下降，容易散伙。C 象限，能力的通用性得到了充分发展，如相互的沟通能力都强，彼此的信任度很高，但专业能力（比如研发能力的特殊性）没有得到充分发展，大家相互熟悉彼此的特殊能力，但都不专，或者都不擅长，那么创业公司走不远。

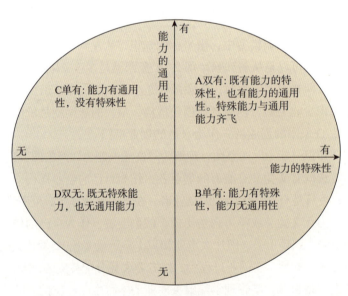

图 5-3　创业者能力的"特殊性—通用性"四象图

有了能力的"特殊性—通用性"四象思维，我们再挖一个或引进一个大型企业的技术能力很强的技术总监，我们就清楚地知道，他处在 B 象限。其通用性能力，比如管理能力、人际能力，很有可能只适合大型企业，而不适合初创企业。如果其学习能力不强，或不愿意在通用性能力方面与创业伙伴共同提升,那么引进这种技术总监作为创业搭档,就要慎之又慎。

第四,能力是个人的问题,与创业公司无关。能力不强,自行淘汰或者出局,或者任其自然。本书认为,能力与知识不一样,知识是可以通过知识管理而归公司所有。能力是归个人所有,人不在,能力就不在了,能力不归公司所有。能力既是个人的问题,也是创业公司的问题。作为创业者,既然是创业搭档,就要把各自能力的提升,作为初创公司的重要任务来抓。通过不断地共同投入创业活动,或者共同学习交流和实践,创业者共同提升通用能力(如沟通能力)和特殊能力(如研发能力、营销能力),并致力于能级的共同进步。创业者能力的共同提升,会提高创业公司的成功率。

第五,把资历等同于能力。本人的研究发现,外资企业、国有企业、大型私有企业的高级管理者,进行创业,其失败率很高。还有,很多熬过 3~5 年的初创企业,把这些高级管理者引进来,参与创业,并把他们当成创业搭档。遗憾的是,本人研究发现,也是以失败告终的居多。这些高级管理者,有资历,资历也丰富,但他们适合创业的能力不一定强。资历是资履和阅历,是因为工作时间长短不同而获得的一种社会地位。资历深,是指其任职时间长,而不是指其能力强,也不是指其工作绩效好。有的高级管理者,在管理制度完善和产品稳定发展的情形下,他们的管理能力还可以,但在管理制度不完善、产品发展不确定、市场环境也变幻莫测的情形下,他们灵活机动和创新决策并创造条件的能力弱点,就暴露无遗从而导致失败。有的高级管理者,虽然有丰富的阅历,但他们的管理业绩,却非常一般,很多阅历是平行岗位度过的。我们以能力为横坐标(从左到右,是弱到强),资历为纵坐标(从下往上,是浅到深),那么就会演绎出四种情况,如图 5-4 所示。

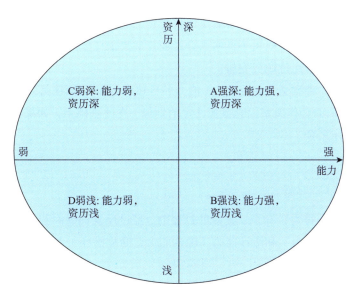

图 5-4 能力—资历的四象图

马云引进关明生作为他的创业搭档，不仅仅价值观类似，不仅仅性格有差异，马云看中关明生还有两个因素：第一，关明生有 25 年国际企业的管理经验，其中在美国 GE 公司大中华区从事管理 15 年；第二，关明生在 GE 公司的管理能力很强，GE 公司大中华区业绩优秀。阿里巴巴的创业班子，都没有管理大企业的资历和能力的成员。在图 5-4 所示的"能力—资历的四象图"里，关明生处在 A 象限，是强也深的人才，能力很强，资历也深。

谷歌公司在 2001 年邀请到了资历深且能力强的年长的埃里克·施密特出任公司的董事长和 CEO，并拥有股权而成为布林和佩奇的创业搭档。谷歌的命运才发生扭转，2001 年之前，它一直处于亏损状态。他们定下君子协定，凡是重大事情都必须共同决策，以最大限度地避免决策失误。尽管如此，实际执行起来，更依赖发自内心的自愿的软约束。一方面，施密特能在"面子"上顾及两位创始人；另一方面，佩奇和布林与施密特之间的年龄差距也使两位创始人满足于把日常管理的大权交给施密特，他们自己则全心投入他们喜欢和擅长的技术工作。在施密特任 CEO 之前，谷歌根本没有搭建起像样的结构。松散有利于创新但也容易陷于混乱，制约企业的发展。施密特的指导思想是设法使谷歌的小公司结构适度地朝前演进，而不是将大公司的结构应用到谷歌。施密特引入了严格的财务制度，并对谷歌原来那种混乱无章的雇用流程进行规范，但对于谷歌的创新机制，他并没有进行过多的变革，因为他明白这是佩奇和布林极力保护的谷歌精神的核心，心境如此平和，实属难能可贵。

大学生创业，一般属于 D 象限，因此，他们需要找 A、B 象限的人才作为创业搭档，而不是找 C 象限的人才作为创业搭档。因此，在能力互补方面，大学生创业，要向马云、布林他们学习，邀请年长的、能力强资历深的、志同道合的、性格有差异的、能力能够互补的人，成为他们的创业搭档，并用心经营好搭档关系。现实生活中，A 象限的人才很难找，或者能遇到，但请不起，或者担心对方成为创业的老大。能不能找到 A 象限的创业搭档？一要取决于创业者的用心；二要取决于价值观，尤其是创办企业的价值观和企业的愿景及其战略的吸引力；三要取决于性格组合；四要取决信任度的高低；五要取决于未来的股权分配；六要取决于岗位职务安排。

当创业搭档在一种意义上相互独立（能力各自独当一面），而在另一种意义上相互依赖（能力互补），他们的合作关系简直就像注定的姻缘。在此基础上，如果价值观一致，性格匹配，那就是天作之合。

本章小结

（1）能力是运用智力、知识、技能的过程中，经过反复训练而获得的心身能量。它可分为实际能力（显性能力）和潜在能力（隐性能力，简称潜能）两种。它是有结构的，结构的优劣就决定了能力的高低。

（2）认知能力是指接收、加工、储存和应用信息的能力。它表现在人对客观世界的认识活动之中，它是人们成功地完成活动最重要的心理条件。

（3）创业能力是指拥有发现或创造一个新的领域，致力于理解创造新事物（新产品，新市场，新生产过程或原材料，组织现有技术的新方法）的能力，能运用各种方法去利用和开发它们，然后产生各种新的结果的心身能量。

（4）具有竞争力的创业班子，不仅要有商业模式设计能力、组织设计能力，不仅要有融资能力、研发能力、生产能力和销售能力，不仅要有健康的身体能力和组织经营管理能力，还要有终身学习能力和共同成长能力。

（5）创业搭档的能力互补原则，是指专业能力互补，不是指专业背景互补，也不是指能级互补。好的创业搭档，能级是类似的并同步提升。

本章思考题

1. 有人说，创业者和他的创业搭档，他们的认知能力和情智能力要相同，而行为能力要互补。这种说法，你赞同吗？为什么？

2. 请用三环图阐述知识、技能、特质和能力之间的关系，以及三环图在创业班子组建中的运用。

3. 性格相同的创业者，其能力也一定相同吗？请举例说明性格和能力的关系。

4. 请具体分析《西游记》中唐僧师徒的能力互补性，以及李世民团队的能力互补性。

5. 科技型创业者，是找市场总监为创业搭档，还是找销售总监为创业搭档？为什么很多大公司出来的销售总监，不能胜任创业公司的销售总监？

6. 在"知识—能力"四象图模型里，大学生多半处在"有知识而能力欠缺"的象限，请问，这类大学生创业的话，如何组建创业班子？举例说明。

都是能力强惹的祸？

黄应吉是上海医科大学（今复旦大学药学院）药学系毕业的，在国有药企工作两年后，加入了外企从事商务工作，从商务代表做到了华东大区的总监，2014年与徐朝梧、沈勋楚创办杭和公司。创办公司时，黄应吉38岁，有16年的工龄，14年的外企商务管理经历。徐朝梧33岁，是浙江大学计算机系博士毕业的，从事的是医药系统的信息软件开发，在浙江大学附属医院信息科工作，有6年的工龄。沈勋楚40岁，是武汉大学化学系毕业的，有18年的工龄，在国企化工系统工作了3年后，到外企从事药品销售工作，在外企的第二年度，以该公司亚洲第一名的销售绩效，被评为公司最佳的销售代表，有15年的销售队伍管理经历。

黄应吉和沈勋楚很早就认识，创办公司时，相互认识已有12年。黄应吉在2010年就读清华大学MBA，而沈勋楚是2011年就读清华大学MBA，两人是清华大学的校友。黄应吉和沈勋楚各自在拜访浙江大学附属第一医院时，认识性格严谨的徐朝梧，黄应吉在2008

年认识徐朝梧,并成为好朋友。沈勋楚是2009年认识徐朝梧的,三人经常保持往来。黄应吉主动提出三人是否可以一起创业,徐朝梧有很多专利,也很想出来创业。三人一拍即合。徐朝梧占40%的股权,为法人代表,任总经理,负责公司的技术和产品研发;黄应吉占35%的股权,负责产品的销售;沈勋楚占20%的股权,代持5%的股权,负责产品的运营、财务、人事等。果敢型的黄应吉擅长商务公关,客户是医药行政单位、医保系统、医药商务公司、医院等,很快就拿到订单;激情型的沈勋楚擅长处方药的销售,与医院打交道的能力很强,招聘能力也很强。公司成立第一年,徐、黄、沈三者合作得挺不错,尤其是黄、沈两人,因为他俩的背景经历很相似,而且都是商务销售出身的,有很多共同语言。公司呈现蒸蒸日上的态势。第二年下半年起,黄、沈两人经常就销售政策发生争吵,沈勋楚经常干涉黄应吉的销售政策,黄应吉把过去沈勋楚的提醒和交流,理解为如今的挑刺和攻击,两人的争吵演变成针锋相对的敌视。徐朝梧对他们的争吵升级毫无办法,因为徐既没有销售经历,也不懂销售。发生争吵时,经常倾向沈勋楚。最后的结局,公司在第三年初,解体关门了。徐朝梧感慨地说,都是能力强惹的祸。

讨论:

1. 黄、沈两人从惺惺相惜变成了分手路人,为什么?受到什么启发?
2. 假设你是徐朝梧,你会如何选择自己的创业搭档,组建创业班子呢?

第6章 创业搭档的信任管理

界定信任的内涵,用三环图分析自信、他信、信他的关系
探讨创业者提高信任度的路径,分析创业者的三个信任误区
探讨创业者加强信任管理的方法

6.1 信任要素

信任是认为对方是诚实的、可靠的、正直的而敢于将重任托付给他。信任是指相信对方是诚实可信的而给予托付。它既有言语上的信,也有行动上的任。在社会学、心理学、经济学、管理学等不同的领域,信任的定义是不相同的。达成共识的是:信任是涉及交易或交换关系的基础。社会学认为信任是一种依赖关系,心理学认为信任是一种稳定的信念,是个体对他人的话语、承诺、声明可信赖的整体期望。

中国传统语义认为,信任就是对别人相信并加以任用,或者相信并敢于托付,或者相信对方并且可以托付对方。信任,就是一个人基于对别人乐观预期而自己甘冒受伤害的风险的一种心理状态。是个体对他人或组织的话语、承诺和声明的整体正性期望。信任一词,最早出现在《史记·蒙恬列传》:始皇甚尊宠蒙氏,信任贤之。

信,从人,从言,本义是指人说话、人话、人的言语、许诺、发誓、真心诚意。后引申为证物、标记、当真、认为可以、确实可靠等。信的基本含义是指遵守承诺,认为可以。一般是指相信、信用、信誉、信约、守信等。在春秋战国之前,信也用"孚"来表示。在《周易》中,不仅仅有中孚卦,而且《周易》原文有26处谈到"孚"字。如"有孚光亨,贞吉,利涉大川"等。孚,基本字义:信用、为人所信服。我国演绎出很多关于孚的成语,如深孚众望、名孚众望、孚尹明达、孚化万邦、有孚威如、成王之孚、有孚于先、国事益孚、豚鱼之孚等。

信,在中国的古籍里多次出现,如《周易·中孚》还曰:信及豚鱼,信及鹤鸣,信及鸡鸣。《山海经·南山经》云:腹文曰信。老子在《道德经》中有七次谈"信",比如"太上,不知有之;其次,亲而誉之;其次,畏之;其次,侮之。信不足焉,有不信焉"。《诗经·卫风·氓》云:"信誓旦旦。"《诗经·邶风·击鼓》云:"不我信兮。"《诗经·王风·大车》云:"谓予不信,有如皦日。"《尚书·汤誓》中记载了商汤利用"信"进行战争总动员,他说:"尔无不信,朕不食言。"《礼记·经解》云:"民不求其所欲而得之,谓之信。"《礼记·儒行》云:"忠信以为宝。"《礼记·礼运》云:"大道之行也,天下为公。选贤与能,讲信修睦。"管仲在《管子·小匡》中说:"出言必信,则令不穷矣。此使民之道也。"《管子·小问》云:"信也者,民信之。"《左传》中说:"能信不为人下。"孔子在《论语》中20次提到"信",如:"与朋友交,言而有信;敬事而信;民无信不立;言必信行必果;信近于义言可复也;忠信为主;信以成之等。孔子主张为政三足,民信为本。"《孙子兵法·计篇》云:"将者,智、信、仁、勇、严也。"墨子在《墨子·墨经》中云:"信,言合于意也。"《吕氏春秋·贵信》专论信的重要性,开篇就说:"凡人主必信。信而又信,谁人不亲?"商鞅在《商君书》中说:"国之所以治者三,一曰法,二曰信,三曰权。"《庄子·人间世》云:"德厚信矼。"荀子在《荀子·强国》中说:"古者禹汤本义务信而天下大治,桀纣弃义背信而天下大乱。故为人上者,必将慎礼义、务忠信然后可,此君人者之大本也。"《论语·学而》记载曾子曰:"吾日三省吾身:为人谋而不忠乎?与朋友交而不信乎?"《大学》云:"君子有大道,必忠厚信以得之。"《孟子·告子章句上》云:"仁义忠信,乐善不倦。"《孙膑兵法·威王问》云:"吾闻素信者昌。"《国策·燕策》云:"信如尾生,廉如伯夷,孝如曾参,三者天下之高行也。"柳宗元在《柳宗元集》中说:"信,政之常,不可须臾去也。"司马光在《资治通鉴》中说:"夫信者,人君之大宝也。国保于民,民保于信。非信无以使民,非民无以守国。"

信有三种:自信、信他、他信。自信,是指相信自己;《墨子·亲士》云:"终无怨心,彼有自信者也。"信他,是指相信他人;他信,是指获得别人相信。自信的人,容易信他;信他的人,也往往会收获他信,从而走向互信、相互信赖。它们之间的关系如图6-1所示。

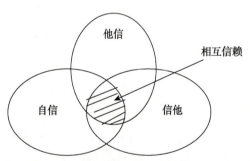

图6-1 自信—信他—他信的关系图(三环图)

任,从人从壬,符也。本义是能把事情办成、挑担、担荷、肩负。引申义:承当、担保、委派担职、讲信用等。有担任、责任、委任、任务等词组。《诗经·大雅·生民》云:"是任是负。"《周易·系辞下》云:"鼎折足,覆公悚……言不胜其任也。"《尚书·立政》云:"任人、准夫、牧,作三事。"《管子·版法》云:"旦暮利之,众乃胜任。"《孙子兵法·地形篇》云:"地之道也,将之至任,不可不察也。"《墨子·亲士》云:"不胜其任而处其位,非此位之人也。……良马难乘,然可以任重致远。"《论语·泰伯》云:"任重而道远。"《庄子·人间世》云:"不知其不胜任也,是其才之美者也。"《国语·齐语》曰:"负任儋荷。"《周礼·大司马》云:"以任百官。"《孟子·告子下》曰:"天将降大任于斯人也。"

根据信与任的本义,信任本义就是当真的肩负,发誓要担当,许诺担当,不欺骗的担负等。字面意思就是相信担任、相信委任、把讲信用作为责任、为信用担责,相信能够胜任等。就是英文的 Yes, you can。

本书以信（相信或可信）为横坐标，以任为纵坐标，演绎出四种情形。如图6-2所示。A象限就是信任，可信可任（或有信有任，或信而可任，或信多任也多）。相信对方，并委之以托，任之以职，任之以事，事之以果。孔子在《论语·阳货》中云：信则人任焉。讲的就是A象限。

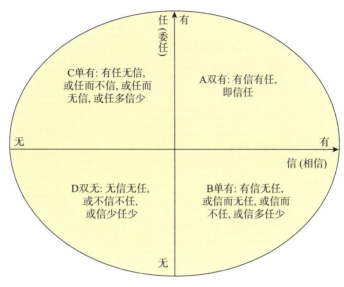

图6-2　信与任的四象图

B象限就是相信对方，但由于各种原因，不敢把事情托付给他，不敢委任他以职务。这种情况下，不是相信度不够，往往是对方的能力不足以胜任所托付之事或托付之职。这种情形是，对方是可以信赖的人，但对方完成托付之事的能力欠缺。相信他的人格（相信他这个人），但因能力因素而不能委任。也可以这样说，相信他的人格（或相信他这个人），但不相信他的能力。诸葛亮对马谡是相信的，马谡作为一个参军（谋士、参谋）是足以胜任的，处在A象限。但作为一个大将是不胜任的，对于先锋主将的岗位而言，马谡是处在B象限的人才，诸葛亮却任命马谡作为先锋主将镇守街亭，从B象限走向A象限，结局是马谡辜负了诸葛亮的信任。这是信而乱任（或信而错任）的例子，是愚蠢的信任！我们创业者要吸取这个沉痛的教训。B象限还有其他情形，比如相信对方，但委任的时机还不够成熟。比如相信对方，但对方的身体或家庭等原因无法接受委任。

C象限就是我们常说的疑人也要用，边用边疑，边疑边用，谨慎使用，限制使用。任的是能力，但对他的为人或人格有所不信，或信赖度不高。如果对方是信而不任之人，我们可以想方设法提升他们的胜任能力，即提升他们的能力，给予他们在内部的角色演练。如果对方是任而不信的人，我们可以通过用心的交流和让他们参加各种道德、伦理等素质的培训，以提升他们的人文素养，尤其是诚信。也可以通过建立限制人性变坏带给组织损失的制度，对人性弱点保持高度警惕。创业公司形成公开透明、可问责、监督日常化、制度化的完整体系，这种情况下，也是可以采取疑人也用的策略。在楚汉相争的时期，刘邦对韩信的任用，虽然是公开设坛授韩信为大将军（公开透明策略防背叛），但对韩信的为人还是放心不下的，处于C象限，是任而不信。C象限对于主动方来讲，比如刘邦，是假的信任；而对被信任方，比如韩信，因为刘邦设坛拜将，往往会误认为是真的信任，即对韩信而言，他可能会认为是A象限。C象限是国家危难，或者组织危难等非常时期才考虑的方法和策略。崇祯皇帝不懂得这个道理，他与袁崇焕的关系，是从A象限到C象限，最后到达D象限，最后双输。因此，刘邦是成功的，崇祯皇帝是失败的。

根据信与任的先后，演变成信与任的四象图，尽管是四种情形，但实际是三种情形：信任并举（先信先任、后信后任）、先信后任、先任后信。《论语·子张》记载子夏曰：君子信而后劳其民。未信，则以为厉己也。信而后谏；未信，则以为谤己也。我们可以这样理解这段话：领导者一定要在取得下属的信任之后，才能分派下属去工作，否则下属就会认为上司是欺负他，就是要让他受累；对待上司也是一样，首先要取得上司的信任之后才可以指出上司的过错，否则上司就会认为是在诋毁他。因此，子夏的主张是先获得信用，再从事要做的事情。这种思想和先信后任极其相似。

信任是关系的基础，信任会让人们在遇到冲突时，倾向于正向归因。信任最大的作用就是：信任会促进合作！信任度高，合作就更紧密，合作就更有力量。信任度高的合作，俗称团结。团结就是力量。同心的人们，彼此的信任度高。《诗经·谷风》云：黾勉同心。《周易·系辞》云：兄弟同心，其利断金。

6.2　好搭档的信任原则

创业者，如果是集体创业，那就是和他人一起打天下，几个兄弟姐妹一起带领企业员工开创事业，为社会创造价值。企业的运行离不开社会、政府、客户的信任。离开了企业和客户（或创业者和员工）之间的一般性信任，企业将变成一盘散沙，信任是企业重要的综合力量。创业者不仅仅要获得客户的信任，获得社会的信任；更要获得创业搭档的信任。信任促成合作，合作若增强信任，这就是积极的反馈循环。那些成为团队合作者的能力和意愿比较强而高的人，往往对他人的信任度也比较高。信任会提升团结度，而团结是打拼天下的最大力量。背靠背的信任，天下无敌。当两人能在战斗中把后背交给对方，那就是最高的信任。只有信任和被信任同时发生时，才会发挥强大的信任力量。我国有诗云：君臣一德，志交孚。创业者之间，要以相互信任为志来经营彼此的人际关系。诚心有孚，介福斯报。精诚内孚，创业垂统。

创业者的信任，与价值观、个性、能力、透明、共情、承诺、联系、贡献、公平和一致性等因素有关。个性差异、能力差异会降低信任度，但价值观类似、透明、共情、承诺、用心常联系、多贡献和保持一致性会增强彼此的信任度。我们经常说，创业搭档要找人品好的，人品好，就是价值观正。因此，信任是与价值观最密切的。价值观类似的，信任度就会很高。当然，如果熟悉对方的性格，读懂并珍惜对方的个性，预知对方的行为事先调适自己，性格差异也就不会降低信任度，反而会增加信任度。能力差异也是如此。创业搭档的信任度，不等同于夫妻或者兄弟或者父子间的信任度，后者有血缘关系作为底线，后者是基于血缘的信任。创业搭档 1.0 一般而言，其信任度要高于其他三种类型的创业搭档。创业搭档 2.0 的信任度要高于创业搭档 3.0，因为创业搭档 2.0 间的信任度是基于（政府）组织制度为前提的。创业搭档 4.0 的信任度高于创业搭档 3.0，因为创业搭档 4.0 的信任是以价值观的信任为前提的。无论是哪种类型的创业搭档，都会努力建立以创业搭档间的契约和公司规章制度为机制的信任。毛泽东主席说肝胆相照，讲的就是要透明的信任，这是合作的基础。共情是指一种能够深入他人主观世界，了解并感受他的情感的能力。共情的人，一般情商高，同理心强。孔子在《论语》里谈到的忠恕，类似共情。

　　创业是高度不确定性的商业活动，初创企业难以承受规章制度带来的高成本，彼此的承诺或者一致性，往往比在成熟企业里差很多，彼此的期望也往往难以满足。因此，承诺、一致性、期望等会降低创业者的信任度。这里就需要创业者进行区隔，对承诺的业绩、业务的一致性、期望值等要学会宽容，创业者多在非业绩的承诺、非业务的一致性方面提升自己，并管理好彼此的期望。所谓的期望，就是彼此期待的、自信地预期的事物。未被满足的期望主要有两种原因：第一，承诺超过了他的履行能力；第二，彼此没有充分讨论期望。对于第一种原因导致的期望落空，创业者要有宽容一两次的胸怀，并致力于提升能力。对于第二种原因导致的期望未实现，创业者要与搭档经常性地讨论彼此的期望，彼此不要想当然地了解对方的期望。没有充分讨论的期望，多半是想象式的期望，这种期望，往往会降低彼此的信任度。有很多失败的创业者说：我们从来没有讨论过我们对彼此的期望是什么，讨论最多的都是公司事务。也有失败的创业者说，他们已经讨论过了彼此的期望，但是追问他们细节，他们就说只是顺便地交流了只言片语。深入讨论彼此的期望，并把它摆在明处，有助于提升彼此的信任度。通过讨论把消极的或中性的期望化为积极的期望。积极健康的人际期望，会产生皮格马利翁效应，从而让信任进入正性增强轨道。

　　创业者，不仅要有信任搭档的胸怀，还要有赢得搭档信任的能力，更要努力提升彼此的信任度，即相互的信任度。按照国学四象思维，本书把我对他的信任度作为横坐标，信任度由左到右是从低到高；他对我的信任度作为纵坐标，信任度由下而上是从低到高。这样形成了四种情形，从而就可以在五条搭档信任关系迁移路线中，进行明智的决策。如图 6-3 所示。

　　A 象限，属于双高情形，双方彼此间的信任度都很高，这是创业搭档信任关系的最佳情形，互信度很高，这个象限是创业者的奋斗目标。处在 A 象限的创业，肯定会获得成功，因为这是相互信任的最佳情形，是最高水平的人际关系，也是最具效率的人际关系。

　　如果搭档的信任关系处在 B 象限，那么创业者要做的工作就是如何获得对方的信任度，并深深思考，对方不信任自己，是自己哪些地方没有做好，是自己哪些行为让对方误会了。归因自己，找到提高信任度的方式方法，就会让双方的信任关系从 B 迁移到 A，信任度提升路线①就走通了。

创业搭档管理

如果搭档的信任关系处在 C 象限，那么创业者要反问自己：为什么不信任对方？为什么对他的信任度比他对自己的信任度低？主动信任对方，要求自己做那些信任对方的事情，提高自己对他的信任度。从而把搭档信任关系从 C 迁移到 A。

如果搭档关系处在 D 象限，创业者首先要扪心自问：对方的价值观与自己类似吗？对方的性格与自己有差异吗？我们彼此珍惜这个差异吗？对方的能力与自己互补吗？对方愿意提升能力吗？对方在努力提升能力吗？如果这六问，价值观的回答是 YES，而其他的回答都是 NO，或者价值观的回答是 NO，那么就不要选择他作为搭档，或中止搭档关系，果敢地选择搭档迁移路线③。其他类的回答，就选择搭档迁移路线④、⑤，首选搭档信任关系迁移路线④，这条路线快而简单，搞定自己就可以。路线⑤能否成功，一方面取决于自身的努力，另一方面取决于对方的意愿。

类似的思维导图也是可以的：以我信任他吗为横坐标，左边，否；右边，是。以他信任我吗为纵坐标，下边，否；上边，是。那就可以演绎出四种情形：我信任他，他也信任我；我信任他，他不信任我；我不信任他，他信任我；我不信任他，他也不信任我。A 象限的情形，就是相互信任的情形，它是最佳的创业搭档关系。如果我信任他，他不信任我，即 B 象限，那么我就要管好自己的行为，或主动创造一些事件去赢得他的信任。如果是他信任我，我不信任他，即 C 象限，那么我要主动拿出时间和耐心去真正了解他，相信他，主动创造一些事件，逮住一些机会，去信任他。因此，国学四象思维运用到创业者信任管理，是操作简单而富有实效的。

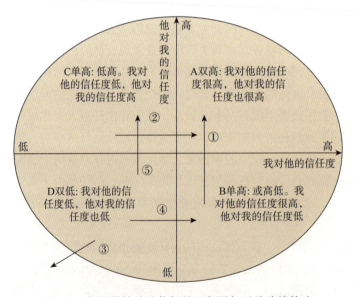

图 6-3　创业搭档彼此信任的四象图与迁移路线策略

创业者的信任，是公司信任的榜样！创业者 A 在创业搭档 B 擅长的领域，要完全信任搭档 B，创业者 B 在创业搭档 A 擅长的领域，也要完全信任搭档 A。对方有疑问，不要马上上升到不信任，而是要进行公开平等的沟通，把这些疑问的探讨当成促进彼此成长的机会。大多数的工作经常变质，执行力不高，都是因为缺乏信任。创业者及其搭档要共同努力打造信任文化，信任是成就初创企业不畏艰难的创新力和源动力，信任会让初创企业拥有快速反应的能力。因为信任，沟通就畅通高效。很多不信任，从本质上讲，有不少是不了解造成的。因此，创业者及其搭档，要努力构建平等开放的沟通平台，建立高度信任的机制和氛围。这种机制下的信任，会让大家将精力更多地放在工作上。

6.3 创业者的信任误区

第一个误区是：创业者信任创业搭档，就是不假思索地把事情托付给他们。本书把不信任到信任为横坐标，愚蠢到聪明为纵坐标，这样就可以演绎出四种情形，如图6-4所示。

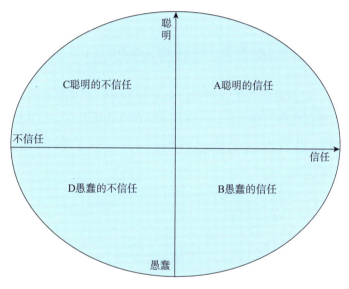

图6-4 信任—聪明的四象图

A象限是聪明的信任，这是我们创业者的目标象限。聪明的信任是指经过审慎的判断之后，对托付的对象采取信任。要做到这一点，我们首先要养成信任他人的习惯，同时，我们必须首先分析判断对方是否真的值得信赖。组织的信任，尤其是创业的信任，每个创业者要审慎判断值得相信或被相信，同时也要证实自己或考察对方是否能胜任而且适合从事创业工作。当信任者在交换过程中获得被信任者值得信任的证据，如口碑、意图、能力、可靠性，及前述的善意等，信任者会依其信任倾向来决定是否信任对方。我们把这种信任称为聪明的信任。

B象限是愚蠢的信任，就是不假思索，没有任何一丝猜疑和顾忌的百分之百的相信与托付，不思索其能力是否可以完全胜任，不思索在变化的环境下的应对措施，比如，防地震的准备、底线思维等。如果仅是一厢情愿地相信他人而无任何的怀疑，将会导致危机或加剧信任滥用的情形，本书把这种信任称为愚蠢的信任。诸葛亮对马谡作为先锋的任命，就是愚蠢的信任。马谡的能力不足以胜任，诸葛亮违众拔谡而委以重任（守街亭的主将）。虽然诸葛亮派出了王平为马谡的副将（防地震），也给予了马谡以密谋等防地震的措施（底线思维），但这些不足以抵消马谡的能力不足。而且，底线思维的防地震措施，要谨慎使用，不要因当事人知道预防措施而理解为不信任或导致其他人认为委任者不信任被委任者，从而酿成悲剧，导致聪明反被聪明误而变成了愚蠢。创业者当然希望他人都像电影《天下无贼》中的"傻根"，毫无条件地完全信任他人，但这是不可能的，也是不现实的。因为毫无条件地完全信任他人是愚蠢的信任。同时，我们创业者也怕创业搭档在企业外的商业战场上那么"傻"，所以也不会招募"傻根"作为自己的创业搭档。信任过度，也是愚蠢的信任。不该信任的，却去信任，本书把它也归纳为愚蠢的信任。

C象限是聪明的不信任，对他人的不信任，是经过反复调研和深度思考的，是明智的不信任。

D象限是愚蠢的不信任，比如盲目的不信任，比如偏见性的不信任，比如固执的不信任，比如到处张扬不信任某人，等等。该信任的，却不信任，本书把它也归纳为愚蠢的不信任。

第二个误区是：创业者信任创业搭档，就是在各方面都要真心的百分之百地信任他们。我们把不信任到信任作为横坐标，把假的到真的作为纵坐标，这样就会演绎出四种情形：A象限真的信任；B象限假的信任；C象限真的不信任；D象限假的不信任。如图6-5所示。

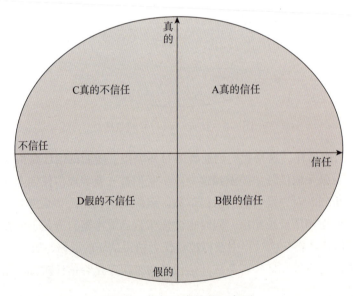

图6-5 信任—真假的四象图

很多人认为信任就是要放弃对被信任方的监督和控制，宁愿使自己暴露弱点处于具备风险的环境中，也相信对方不会损害自己的利益，这就是真的信任，否则就是假的信任。信任一个人，就要解除防备，就要交出真心，就要没有任何怀疑。本书认为这种观点是片面的。

  本书认为，如果对方是值得信赖的，而且能力是完全可以胜任的，这种情形下要采取真的信任策略。A 象限就是真的信任，真心的信任，真正的信任。B 象限是假的信任，有两种理解：第一，明的信任，暗的谋害。这是假心假意的信任，虚假的信任。这是利己损人的信任，这种假装的信任，危害极大。这种信任一旦被识破，就会产生信任危机，即不信任感陡升。这种假的信任，本书是反对和摒弃的。第二，明的信任，暗的协助。这是利己也利人的信任。或真心相信他的人格，但不相信他的能力，同时依然任用他。在多数情况下，我们不能使用假的信任，因为假的信任，危害很大。但第二种情形的假信任，有时也是必要的选择。如果对方是值得信赖的，但能力基本可以胜任，或者遇到变幻莫测的情形，就不能胜任，创业者就要采取假的信任策略，在信任对方的同时，做好底线思维的预准备工作，或者积极主动创造条件让对方可以胜任，或者暗中协助对方。虽然是假的，但不害对方，反而是让对方可以胜任（成功）。不侵害对方的利益，反而增加对方的利益，做到双赢或多赢。这时候的 B 象限也是可取的。通过假的信任，获得成长从而进入真的信任，即从 B 象限最终到达 A 象限。第二种情形的假信任，是否获得成功要取决于被信任方，被信任方认为信任方是真正的信任他，他会把暗中的协助当成动力和力量，从而齐心协力把事情做好。如果他认为对方的信任是假的，把暗中的协助理解为不信任，那就会失败。三国失街亭的马谡，就把诸葛亮安排的副将王平当成诸葛亮对他守街亭的不放心，于是对王平的建议不予以采纳。故 B 象限要谨慎使用。

  第三个误区是：创业又不是请客吃饭，既然是创业搭档，那就有了很高的信任度，无须再花费更多的时间和精力来"弹琴说爱"。很多创业者认为，都是联合创始人了，都是创业搭档了，要想方设法让企业"活"下来，并尽洪荒之力把企业做大做成功，哪里还有时间和精力来培养或提升信任？都是 10 多年的老朋友来一起创业，自然是相互信任的。还有很多创业者认为，我的搭档是亲兄弟或亲姐妹或自己的叔伯，都是知根知底的，本来就是相互信任的，没有必要动脑筋动心思去提升信任度。我们在合伙的那一天，就制定了公司的规章制度，就彼此失约作出了惩罚条例。我们都承诺了会彼此信任，没有必要再花费时间和精力去关注信任关系。我们有基于友情的信任，也有基于血脉的信任，还有基于制度的信任，就不必为彼此的信任关系费时费力了。也有不少的创业者说，创业初期，公司活下来是头等大事，其他都是次要的。与其去做没有生产力的信任活动，不如用心用力把公司尽快做大。公司做好了，信任度马上就会上去。本人遇到过这样的咨询实例，武汉某公司创立三年，年年盈利，第三年盈利超过了他们的预期，公司呈现一派欣欣向荣的景象。按上述观点，搭档之间的信任度会增加。但事实不仅没增加，反而下降，最后崩盘。因为这时有个搭档 Y，对股权分配有异议，要求三个人静下心来好好讨论。三人开过两次会议，没有达成共识。C 对 Y 坚持召开第三次会议的做法不满意，并对 Y 产生了怀疑，10 多年的老朋友的信任，没有因公司的蒸蒸日上而增加，反而因两次的股权分配异议讨论会议而下降。更为要命的是，过了两个月，听说 Y 在上海注册了新公司，C 大怒，马上要搭档 L 去上海调查。L 找到 Y 质询注册新公司的事宜。Y 感到被羞辱，更加坚持再次召开股权分配会议，达不成共识，就解散公司。由于信任度的突然陡降，最后一次会议没有达成共识，公司随即解体了。公司解体后的第一个月，L 在上海没能查到 Y 注册公司的任何信息。也就是说，4 个月前，Y 根本没有在上海注册新公司。这个实例，还提醒我们创业者，商场如战场，假信息很多，竞争对手也会散布敌对而不友好的信息。不要轻易因外部的信息，就怀疑自己的创业搭档，降低信任度。防止三人成虎的悲剧，就要在平时不断地在种种生活细节和工作小事中去经营彼此的关系，增深了解和培育真诚友谊。为信任之树，施肥浇水，给予阳光，给予清风，精心护理。信任之树才会茁壮成长，并可以抵御狂风暴雨、冰雹雪冻。

6.4　成功创业的信任管理

信任关系需要用心管理，因为建立信任难，破坏信任易。信任是在种种生活、工作中积累起来的。信任关系需要几年的时间来建立，但数秒钟就可打破。信任关系一旦被打破，很难修复。信任是所有关系的基本原则，它不是别人给的，而是自己构建的。创业者要加强用心沟通，通过沟通以释疑，通过行动让别人放心，共同提高彼此的信任度。

本书把信任关系的管理，称为信任管理。信任是彼此互动的共同的事情，作为创业者要积极用心地管理信任，努力提高自己对搭档的信任度，还要努力提升搭档对自己的信任度，从而获得高质量的合伙关系。创业者如何提高彼此之间的信任度呢？本书认为：创业者要开个信任账户并随时精心保管。

人们会在银行开个账户，储蓄以备不时之需的账款。创业者要和搭档一起开设"信任账户"，以提升搭档之间的关系，促进合作。存款是：诚信、担当、正直、学习、勇于道歉、共同的经历、性格知识等。高质量的信任账户：受人之托，忠人之事；受人之咐，尽心尽力；肝胆相照，义不容辞；担起责任，在所不辞。

共同的经历，比如共同的旅游、共同的出差、共同的进修学习、共同的团队活动等，都会增加相似性。相似性会增加信任度。同姓、同学、同经历（战友）、同事、同伴、同专业、同乡等"中国式的九同"，都因为有相似性，而信任度有所增加。在共同的经历中，熟悉对方的价值观，发现价值观的异同，并聚同存异；熟悉对方的性格，进行性格的磨合，这样就会增加信任度。通过共同的学习，同频同振提升能力级别，增加共同语言，能力差异化发展，也会增加信任度。血缘相似，其信任度也很高，这就是家族创业的最大优势。

不同的性格，其信任他人也是有差异的。老虎型的人，看到兑现的结果，就会马上信任他人。猫头鹰型性格的人，要看到证据（包括数据、依据）和逻辑，经过自己的分析，即谨慎地信任他人。孔雀型性格的人，看到对方有激情或者有梦想，就会马上信任他人。考拉型的人，看到有熟人的承诺，或者熟人的推荐，就会信任他人。老虎型性格的人、孔雀型性格的人，信任他人的速度快；猫头鹰型性格的人、考拉型性格的人，出于安全的需要,信任他人的速度慢。他们因为安全的需要,会表现出谨慎的一面,怀疑的可能性大,给予人的感觉是不信任他人。而孔雀型性格的人,由于其常遗忘的特性,或者说话随意而带来轻诺,而被他人误认为没有信誉,是不守信用、不可靠的人。《道德经》云:"轻诺必寡信。"作为孔雀型性格的人,要克服轻诺的坏习惯,而作为他的创业搭档,要深知孔雀的这一弱点,谨慎判断或识别他的诺言,并主动做好补台工作。因此,不同性格的人在一起共事,如果不熟悉对方的性格,也不熟悉性格理论,他们之间的误会就会很多,信任度就难以提高。

本书重点探讨三个关键性的增强彼此信任的存款。

第一,诚信。创业者要做一个有诚信并且可以胜任的人,即做个可信任的人。在我国传统文化里,诚信一词,最早出现在《礼记·祭统》:"是故贤者之祭也,致其诚信,与其忠敬。"管仲在《管子·枢言》中说:"先王贵诚信。诚信者,天下之结也。"在《管子·势》中说:"贤者诚信以仁之。"荀子在《荀子·不苟》中说:"诚信生神,夸诞生惑。"在《荀子·致士》中说:"诚信如神,夸诞逐魂。"《孟子·万章句上》云:"诚信而喜之。"我们这里可以把诚信理解为诚实守信、真诚信任。诚信,由诚与信组成。本书以诚为横坐标,信为纵坐标,就会演绎出四种情形,如图6-6所示。

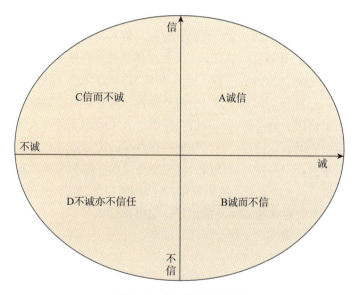

图6-6 诚—信的四象图

诚信是既诚又信,是A象限。B象限是甲很诚,但不相信或不信任他人,或没有获得他人信任。这种象限在现实生活中也是存在的。隋朝的王通云:推人以诚,则不言而信矣。这句话表明王通没有看到B象限,只看到了A象限。甲对自己很诚,对他人也很诚,但他人对甲会有两种情形:信任甲、不信任甲。甲以诚待人,但对方因自己的见识或者偏见,就是不信任甲。甲以诚待人,只是容易获得他人的信任而已。还有一种情形,甲对他人很诚,也获得他人的信任,但甲不信任他人,这种情形也是存在的。

C象限是获得了他人的信任，或者相信他人，但诚实度不够，或者不诚实。这种人在现实生活中，也是有的。D象限的人不适合做搭档，也不适合招聘进入企业。B象限、C象限的人，也不适合做搭档。只有A象限的，即诚信之人，容易和他人产生信任，并且容易提高信任度。他们是搭档的首选对象。

诚，从言，从成。本义是指鼓舌说话并达到目的。说的实现了或者达到了，即说的变现了，说的成了。即说的话，做到了（或说的话，实现了），说的话变成了现实，后引申为言行一致，说到做到。说的话是可行的，或说的话是可以实现的。没有虚假。真心实意的，信守承诺的。《管子·乘马》云："非诚贾不得食于贾。"《道德经》云："诚全而归之。"《四书五经·大学》中说："所谓诚其意者，毋自欺也。"诚者，不自欺；以诚待人，是指不欺骗他人。《四书五经·中庸》中说："诚者天之道，诚之者人之道。"孟子说："诚者，天之道也，诚之者，人之道也。"荀子说："不诚则不能化万民。""养心莫善于诚。"韩非子说："参言以知其诚。"北宋周敦颐说："诚，五常之本，百行之源也。"古人云：诚者，君子所守也，而政事之本也。至诚，金石为开，百行之本源也。天道酬诚。季札挂剑，本质在诚，不在信。心里的许诺，即使没有说出来，或者对方不知道，也要兑现。这叫不自欺。季札是守护自己心里的约定，并给予行动上的兑现。这是诚的最高境界，俗称心诚。古人云：心诚则灵。信守着自己与本我的灵魂约定。诚的其次境界是言行一致，即口头的诺言，或书面的诺言变成了现实。有句谚语说：最诚实的人，是人类之王。

在一般意义上，"诚"即诚实、诚恳，主要指主体真诚的内在道德品质；"信"即信用、信任，主要指主体"内诚"的外化。"诚"更多地指"内诚于心"，"信"则侧重于"外信于人"。"诚"与"信"一组合，就形成了一个内外兼备，具有丰富内涵的词汇，其基本含义是指诚实无欺，讲求信用。诚信是诚实的信用程度。人无诚而不言；人无信而不立。我们认为，诚是信之本，先诚而后信也。诚，则重点在自身的道德修养和人品要求；信，则重点在彼此双方的关系状态中是相互信任的。诚为立身之本，信为处世之基，合在一起就是做人处世要诚信。俗话说：诚信者，诚如季札，信如尾生。本书把诚信理解为真实的信任，不欺骗的信任。图6-5中的A象限即真的信任，也可称作诚信。

诚信与真诚、忠诚、老实、忠厚、信任、戒欺、守约、一诺千金、一言九鼎、信守承诺、尊重契约、言行相符等品质有关。

《领导挑战》的作者吉姆·库泽斯和巴里·波斯勒，调查了四大洲2万多人进行领导者个性研究，结果只有四个个性被50%以上的人确认，它们分别是能干（63%）、鼓舞人心（68%）、有远见（75%）和诚实（88%）。他们惊讶地发现，诚实，这个属于非智力因素的个人素质被排在首位，这说明诚实是成功领导者必备的素质。诚实，是取得跟随者信任的关键品质或手段。他人信任是结果，诚实是被信任的基础。

诚信被誉为立人之本、齐家之道、交友之基、管理之法、经商之魂和心灵良药。经商涉及利益，容易出现"奸商"坑骗客户与政府，因此，诚信就成了经商之本，诚信就意味着在经营活动中，永远遵循道德与法律，做到以诚待客、货真价实、公平买卖、信守合同、偿还借贷、不做假账、依法纳税等。企业诚信是经济活动主体对自己行为的庄严承诺获得了社会各界对其履诺的肯定性评价。企业诚信就成了现代企业的通行身份证，诚行天下，信用致远。创业者不仅对外要讲究诚信，对内也要讲究诚信，不欺骗创业搭档，不欺骗员工，不欺骗部门同僚，不轻易许诺，许的诺坚持兑现。

负责销售的创业者在分配销售指标时，如果采取过量分配的话，比如他自己承担的销售指标为 1 200 万元人民币，而他分给他所管辖的销售员的指标加起来是 1 300 万元人民币，这样分配销售指标的方法就是欺骗，这种创业者就没有诚信，如果他在工作中经常要求员工信任他，并努力打造信任文化，那他就更不诚信。这种不诚实没有信用的创业者，最终会被销售队伍和客户所鄙弃。具有诚信领导力的创业者，他陈述现实而非陈述臆测，他具有陈述现实的信誉。因为人们不喜欢臆测，喜欢现实。

创业者不仅要做一个诚信的人，还要做一个有能力的人，即可信赖并可完成托付的人。我们以诚信为横坐标，能力为纵坐标，那么就会演绎出四种情形：诚信且有能力，诚信却能力不足，没有诚信却有能力，即没有诚信也没有能力。《论语·泰伯》中曾子曰："可以托六尺之孤，可以寄百里之命，临大节而不可夺也。君子也。"这里的君子，就是属于诚信且有能力的情形。诚实的人如果事情老是做不好，我们会欣赏他的诚实，我们会相信他的人格，却不放心把事情托付给他。这是属于诚信有余而能力不足的情形。

创业者不仅要做一个信任他人的人，还要做一个被他人信任的人。本书以信任他人为横坐标，被他人信任为纵坐标，就会演绎出四种情形，如图 6-7 所示。

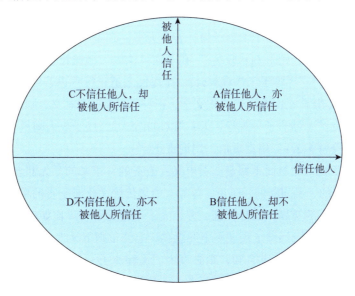

图 6-7　信任—被信任的四象图

创业者要让自己成为 A 象限的人。如果创业搭档都处在 A 象限，那么创业的成功率会很高。如果自己不小心处在 B 象限，那么创业者要经常设计一些小事件，赢得创业搭档的信任，从 B 象限进入 A 象限，让创业搭档觉得自己是一个值得信赖的人，从而提高彼此的信任度。《荀子·非十二子》云："能为可信，而不能使人必信己。"讲的就是 B 象限的人，荀子认为 B 象限的人是君子，但本人认为，君子很难创业成功。B 象限的人，创业成功的可能性要远远低于 A 象限的人。商鞅为了获得秦国人民对改革的支持，他设计了徙木获奖并当场兑现的方法从而获得了秦国人们的信任。这个徙木获奖的方法，不是秦孝公的建议，是商鞅自己设计出来的，目的是赢得秦人的信任。当时秦国百姓是不信任秦国的官吏与政令的，这时的商鞅，没有埋怨，也没有强行推行新法，而是主动找到赢得信任的方法进行造势。他深知《周易·革》记载的"革言三就，有孚，有孚改命，吉"，只有获得了秦人的信任，才会获得秦人的跟随，才会获得秦人实际行动的支持。通过徙木立信，秦人认为商鞅是诚信之人，是可信赖之人，是信守约定的人，是终不会失信于民的人。《商君书》云："使其民信此如日月，则无敌矣。"

彼此的信任，是需要花大量的时间培养的，或者通过某个事件（包括用心设计过的事件）培养出来的。但破坏信任却十分容易，只要展现不可信赖行为一两次，别人就会不再信任，而且重建信任要比初建信任还困难。所以可信赖行为要持之以恒，并时时警觉，换言之，就是养成展现这类行为的习惯，否则一个偷懒或一个疏忽，就会被误认为不可信赖而前功尽弃。创业者，要用心经营自己的可信赖行为，做个诚实、有能力、能自律的人，做一个遵守契约的人；同时管理好创业搭档的可信赖行为。

第二，正直。创业者要做一个正直的人。在我国文化里，正的本义是行军征战，讨伐不义之地。引申义：合乎公义的，有道理的，合乎标准的，规范的，不偏斜的，等等。中华传统文化谈"正"较多，并且认为，政治（或治理或管理）就是正，管理从正开始，管理从正己开始。俗话说，身正不怕影子斜。若安天下，必先正其身。《礼记·哀公问》曰："政者，正也。君为正，则百姓从政矣。"孔子在《论语·颜渊篇》中说："政者，正也。子帅以正，孰敢不正？"《管子·八观》云："是以民之道正行善也若性然。"《管子·白心》云："名正法备。"《荀子·王制》云："积文学，正身行，能属于礼义，则归之卿相士大夫。""正法则，选贤良。"《韩非子·观行》云："以道正己。"《庄子·人间世》云："正汝身也哉。"《鬼谷子·符言》云："用赏贵信，用刑贵正。"

直的本义是正视，面对而不回避。引申义：公正的，正义的，无邪念的，线形正的，不弯曲的，不迂回的，不间断的、匡正，等等。中华传统文化对于直的单独论述也有不少，比如《周易·坤卦》的爻辞，六二，直、方、大，不习无不利。比如，《道德经》云："直而不肆。"《荀子·正论》云："上端诚则下愿悫矣，上公正则下易直矣。"《吕氏春秋·自知》云："存亡安危，务在自知。欲自知，则必直士。"《韩非子·孤愤》云："能法之士，必强毅而劲直。"《韩非子·解老》云："所谓直者，义必公正，公心不偏党也。"《庄子·人间世》云："内直者，与天为徒。"明朝王文禄在《海沂子·真才》说："心直则身直，可立地参天。"本书以正为横坐标，直为纵坐标，就会演绎出四种情形，如图 6-8 所示。

正与直合在一起构成正直，正直就是公正刚直，处在图 6-8 的 A 象限。我们还可以这样理解：心正口直、心正直爽、正言直行等。这个象限的人们：处事（或办事）公平公正、

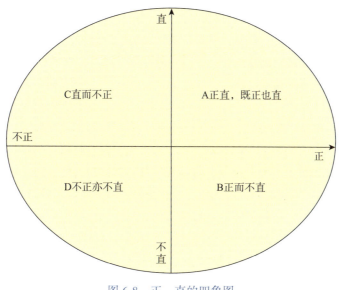

图 6-8 正—直的四象图

合符法规,为人公正、正派、正道、正气、心地坦荡、理直气壮。《淮南子·缪称训》记载:"正身直行,众邪自息。"正直就是要不畏强势,不凌弱势,敢作敢为,正直就是要能够坚持正道,要勇于承认错误。正直意味着有勇气坚持自己的信念。这一点包括有能力去坚持自己认为是正确的东西。人类之所以充满希望,其原因之一就在于人们似乎对正直具有一种近于本能的识别能力,而且不可抗拒地被它所吸引。正直会给一个人带来"友谊、信任、钦佩和尊重"。正直可以赢得他人的信任,而信任是获得影响力的关键。因此,正直是管理者获得跟随者的关键素质。

图 6-7 的 B 象限,是正而不直。比如心正但口不直。人正但不敢直视问题,人正但不直爽。心是正的,方法是曲的,是含蓄的,是委婉的。李鸿章自认为是 B 象限的人。C 象限是直而不正。这种人心思不正,人也不正气,但说话方式很(率)直,有时候是硬直,让人下不了台。人们在日常生活和工作中,误认为这个象限的人(直性子)就是正直之人。比如,摇头叹息地发表这种言论的人:别人坐到这个位置上的时候,有很多的好处,而等我坐到这个位置上的时候,好处就全部被人捞光了,我真的很倒霉,我生不逢时啊!创业者要确保自己在 A 象限,尽量不要找 C 象限的人作为创业搭档。

在我国,正直不仅是做人的根本,不仅是道德之本,还是为官为君之本。对于正直的论述很多,比如,我国蒙古族有句民谚:正直的人不干不磊落的事。古人管绿荫说:"正直为吾人最良之品性,且为处世之最良法,与人交接,一以正直为本旨。正直二字,实为信用之基。"北宋王安石主张"教人治己,皆宜以正直为先"。我国《尚书·洪范》云:"王道正直。"《洪范》认为治国有九畴,第六畴为三德,正直为三德之首。《洪范》云:"三德:一曰正直,二曰刚克,三曰柔克。"平康,正直。西汉时期的《韩诗外传》卷七载:"正直者顺道而行,顺理而言,公平无私,不为安肆志,不为危激行。"唐代史学家吴兢认为"理国要道，在于公平正直"。中华民国的蔡锷将军认为，正直就是以正胜邪，以直胜曲。正直与公平、公正、勇敢、刚正、坦率、坦荡、正派、正气、正义、责任、认真、忠直、忠诚、自律、无偏见、光明磊落、堂堂正正、坚守原则、清正廉洁、务真求实等品质有关联，正直是它们的基础，正直是道德之本。正则生公，直则生明，正直则生威，组织兴旺也。

《诗经·小雅·小明》云："靖共尔位，好是正直。"管理学家德鲁克认为，在选用高层管理者时，注重的是出色的绩效和正直的品格。他还认为，领导如果正直，那么其员工就会正直，那么，组织就会富有精神；反之，这个组织就会将正直的员工"消灭"——离开或者变得不正直，那么，组织就会走向反面。领导者就是这样，通过对人的影响最终影响整个组织。孔子在《论语·子路》中曰："其身正，不令而行；其身不正，虽令不从。"孔子还认为，举直错诸枉，则民服也。本书认为，身正，令易行；身不正，令难行。

《管子·版法》云："凡将立事，正彼天植（心志）。"创办企业和经营企业是一份需要正直品质的职业，在企业创办和经营过程中，变化因素很多，有些因素不是创业者可以控制的，难免出现问题。出现了问题，客户不仅仅需要理由，更需要解决方案。这时候，创业者能否正视而不回避，能否坦诚事实，能否秉公解决，能否坚持正直的品质，是获得客户信任的关键。作为创业者，其本身的正直品质就起到一个关键的榜样作用。创业者在带领员工奋斗的过程中，既要直言不讳，又要正视事实，客观地正确地评估员工的贡献，营造公正公平公开的组织氛围，建立公正公平的制度。如果自己有失误，要敢于向员工承认错误，展开自我批评，并谦虚接受员工的批评。创业者有了正直素质，国家的法律法规、企业的规章制度、组织的规则条例，就不会倾斜。组织就会有神正气直的氛围，企业成员就会激情快乐地集中精力去努力工作，全心全意为客户服务。创业者有了正直的素质，就会在战略规划、目标确定、企业队伍结构、企业队伍规模、职务分配、岗位设置、区域划分、指标分解、薪酬设计、变革设计、企业队伍的招选与培训、企业队伍的晋升与辞退、企业队伍的绩效管理等方面，直面现实，秉公办理，做到以组织规范为准绳，以组织利益和大多数人的利益为重，从而赢得企业队伍的信赖与支持，带领企业队伍赢得社会的尊重与客户的认可。正直对待所有的客户与供应商以及外部利益相关者，正直对待所有的内部员工，是商业道德伦理与领导道德伦理的本源。

正直的创业者，会关注和提升搭档的人际公平。《荀子·王制》云："公平者，职之衡也。"一种积极的人际公平（或者人际平等），对搭档关系的长期成功而言，是至关重要的。觉得自己的搭档是非常正直而公平的人，他反过来也会尽力地维护搭档的利益，他们之间会更加信任彼此，对解决面临的企业遇到的难题更有信心。他们对创业搭档平安地度过逆境的能力，有着强烈的信心，因为他们相信他们会相互关照、会公平地对待彼此。每个创业搭档，都可能会感到满足，并因此感到更加有动力，能作出更大的贡献。

正直的创业者，会因提升人际公平而减少抑郁的搭档关系。抑郁的搭档关系，是指某个创业者，嫉妒或怨恨其搭档比自己得到得多。抑郁的搭档关系，会导致减少对搭档关系或公司的贡献、增加对搭档关系或公司的索取、暗中破坏搭档关系或公司（有意或无意）

和退出搭档关系或公司。正直的创业者，发现抑郁的搭档关系，他们会重新核对和评价数据，他们会主动进行重新谈判，令人际公平得到恢复。因为人际的不公平，会降低彼此的不信任度，加剧不信任感。

千百年来，诚信被我们中华民族视为自身的行为规范和道德修养，中国传统文化谈诚信胜过正直。正直与诚信是两个不同的品质，正直是忠于职守而不回避，诚信是说话算数并得到认可。

正直的人，会以大多数人的利益为前提，坚持大多数人认可的道德伦理、法律法规和制度条例，创造公开透明、平等尊重的工作环境。诚信的人，他们拥有说到做到的口碑与凭证，他们说到做到的品质是经得起别人谈论的，他们的说到做到或者说的变成真的，从而获得他人的言语认可。

它们之间是否有先后的关系呢？曾子认为，先有诚，而后有正。《四书五经·大学》一文中说："古之欲明明德于天下者，先治其国；欲治其国者，先齐其家；欲齐其家者，先修其身；欲修其身者，先正其心；欲正其心者，先诚其意；欲诚其意者，先致其知。致知在格物。物格而后知至，知至而后意诚，意诚而后心正，心正而后身修，身修而后家齐，家齐而后国治，国治而后天下平。"这就是曾子的八目"格物致知、诚意正心、修身齐家、治国平天下"。因此，曾子认为，个人修身，先正心，而正心必先诚意。唐朝韩愈则认为：先正心，后诚意，他在《原道》中说："古之所谓正心而诚意者，将以有为也。"我们认为，在组织中，要发挥领导力，要从事管理工作，必须先正心后诚意。即正直为先，诚信紧跟其后。正直的管理者，其所说的话，更容易获得员工的信任。因为直面现实办事公正公平，比说到做到更能获得更多人的信任与跟随。

第三，担当。创业者要做一个有担当的人。担当是创业者领导力的关键素质。创业者与责任是一种契约，如果创业者领导一个组织却不负责任，那就等于他违反了这个契约，创业团队成员，包括创业搭档就不会与他一起创业。创业者一起创业，他们之间相互负责就是一种契约。如果某个创业者的担当素质偏低，不是一个担当者，那么这种契约就会遭到破坏。有担当素质的创业者，容易赢得创业搭档，包括创业团队以及客户的信任。他们往往主动担当责任：出了问题，他们往往会先在自己身上找问题及其解决方案。

在中国文化里，担当一词，由"担"与"当"组成，担的本义是肩扛武器，值勤预警，引申义是接受任务、承受、用肩挑、背负等。当的本义是被高大的坎所遮挡，引申义是承受、担任、作为、掌管、主持和面对等。担当的本义就是背负遮挡物，引申义就是肩挑承受、受责当事、承受责任、承受重任、接受并负起责任等。担当一词，最早出现在宋朝《朱子语类》中："岂不可出来为他担当一家事？"宋朝无名氏的《沁园春·意一仙翁》："看脊梁铁铸，担当社稷；精神玉练，照映乾坤。"尽管担当一词出现在宋朝，但中国文化自古就强调担当精神。比如《尚书·盘庚上》云："邦之臧，唯汝众；邦之不臧，唯予一人有佚罪。"比如《庄子·则阳》云："古之人君者，以得为在民，以失为在己；以正为在民，以枉为在己。"故一形有失其形者，退而自责。《论语·尧曰》云："朕躬有罪，无以万方；万方有罪，罪在朕躬。"《吕氏春秋·顺民》云："汤乃以身祷于桑林……雨乃大至。"本人认为，这是商汤的担当，不仅仅是仁德爱民。商汤祈雨，自责六过；身祷桑林，为民担当。《论语·尧曰》云："百姓有过，在于一人。"这是周公的担当。

带领销售队伍的创业者，他和销售队伍承担了公司产品的销售任务，承担了公司产品变成现金以及产品完善的重任，公司的所有成员都等待销售员把产品变成现金，从现金中分得薪资来养家糊口，因此，销售队伍是一支特别需要担当精神的队伍。如果负责销售的创业者，其担当精神缺失，推诿管理责任，逃避管理风险，销售队伍就难以完成产品变成现金的重任。如果客户在使用产品的过程中，出现了问题，销售员也照样采取推诿或逃避的做法，客户今后就不会再次购买公司的产品，并宣传他们遭受的不公正待遇。因此，负责销售的创业者，遇到问题要敢于主动承担自己的管理责任，反思自己的方法并进行调整，那么，销售队伍的担当精神或担当文化就会得到弘扬。

具有担当素质的创业者，在一切进展顺利的时候，他们除把功劳归于自身因素以外，还归在员工们的努力奋斗；如果事情进展不顺利，他们会反求诸己，朝镜子里看，而不是朝窗外看，承担责任，反思自己，调整策略，他们不埋怨运气和员工。"天塌下来有我顶着"的创业者，是具有担当素质的领导者，人们愿意追随他。他们不仅自己敢于担当，也敢于为下属担当。当手下犯错时，他不会推卸责任，他不会粉饰太平，他不会在一片慌乱的时候临阵脱逃，他不会遇到问题就害怕丢乌纱帽。有效的管理者，当他对自己的决策和管理结果担负责任时，他就是优秀的创业者。

有担当素质的创业者，他认为所有职责范围内的问题，到他这里为止，不再传给他人。他认为要想发挥管理效能，就必须承担管理责任。他们经常在下属面前诚恳地说，"事情没做好，这是我做的；事情做得比较好，这是我们做的；事情做得非常好，这是你们做的"。他们认为，鞭策、鼓励和培养员工是他们的责任。没有不好的员工，只有不好的领导；制定对组织合适的制度或政策，更是他们的责任。有担当素质的创业者，在犯了错误以后，不会否认错误，也不会掩盖错误，而是"接受错误、承认错误、向相关者道歉、采取补救措施（或实施补救行动）、修正行为（承担错误的损失）并关注下属对补救行动的反馈"。

公司成员也会给创业者犯错误的机会，对于小错误，他们会给予创业者三次机会。

（1）第一次犯错之后，人们会将它视为学习的一个过程。

（2）第二次犯错误之后，人们会说这个创业者不具备必要的才能。

（3）第三次犯错后，人们就会得出"这个创业者无可救药，不值得大家继续把领导权授给他"的结论。

有担当的创业者，绝不会让自己"两次掉进同一条河里"，即绝不会允许自己第二次犯同样的错误，但会允许员工第二次犯同样的错误，当然不会允许员工第三次犯同样的错误。

创业者要注意自己的言论，做到行胜于言；重视自己的承诺，不要作出无法兑现的承诺，做一个靠得住的人；展现自己的忠诚；努力提升自己，做一个富有胜任力的人；客观而公正，果敢担当。这是我们建立信任的三个关键要素。《商君书·画策》云：圣人有必信之性，又有使天下不得不信之法。诚信、正直、担当等，是创业者的信之品性；先信任他人，之后会获得他人信任；这是获得信任的一个途径。获得他人的信任，不仅仅如此，凡事坚守原则，忠于责守，公正地直面问题；说到就做到，并有优质的信誉；直面问题时，总是能找到解决问题的有利因素；精力充沛，满怀激情地去解决问题；在解决问题的过程中，排除万难，勇往直前；成功了，为他人撑起一把遮阳伞，并把成功原因归于大家，失败了，勇于接受他人的指责与批评。既有让人信任的品性，又有让人不得不信任的方法，还舍得花时间和精力去增加信任账户存款，舍得花时间和精力去为信任的生根发芽壮大给予阳光与雨露以及施肥浇灌除草的创业者，才会拥有高质量的创业搭档关系，从而获得创业的成功。

本章小结

（1）信任是指相信对方是诚实可信的而给予托付，是一个人基于对别人乐观预期而自己甘冒受伤害的风险的一种心理状态。它既有言语上的信，也有行动上的任。

（2）创业者间的信任，除了价值观、性格、能力、透明、公平等对它有影响外，彼此的期望也会影响信任度，因此，创业者要管理好彼此的期望。

（3）用国学四象思维来识别信任的类型：不信任到信任为横坐标，愚蠢到聪明为纵坐标，这样就可以演绎出四种情形：聪明的信任、愚蠢的信任、聪明的不信任、愚蠢的不信任。创业者要避免愚蠢的信任、愚蠢的不信任。

（4）创业者要管理好彼此的信任，就是要开设信任账户并随时精心保管好它。不断地给这个账户存入诚信、正直和担当等存款。

（5）正直与诚信是两个不同的品质，正直是忠于职守而不回避，诚信是说话算数并得到认可。

1. 高度自信且积极信他的人，获得的他信一定会高吗？为什么？举例说明。
2. 用国学四象解读信任词组。举例说明。
3. 请阐述如何进行期望管理可以提高创业者间的信任度？举例说明。
4. 请用国学四象解读创业搭档信任度迁移的五种路径。举例说明。
5. 假的信任，一定是不好的吗？为什么，举例说明。

没有如期全职创业，就没有了信任吗

黄义渊、李智渊、杨信渊三人都在华为工作过，是同事，关系甚好，信任度很高。2010年，他们三人在上海共同创业，创办杭山公司，产品和军工相关。他们三人相互欣赏彼此

的能力，价值观也类似。性格既相似也略有差异，黄义渊果敢乐观，李智渊安静理性，杨信渊稳健平和。并且三人都有出来干一番事业的决心，追求科技改变世界的梦想。在确定项目后，三人约定：黄义渊率先辞职出来，负责项目的全面发展。黄义渊为法人代表，任总经理。李智渊和杨信渊先在华为工作，等几个月后，年终奖发放结束就出来全职创业。黄义渊对此深信不疑。

然而刚开始项目进展并不顺利，也很不容易，李智渊和杨信渊看到黄义渊一人奔波很艰辛，整天没日没夜地奋斗，他们除了安慰黄义渊外，心里却觉得这个项目的推进有点悬，困难超乎了他们的想象。离职创业或许有风险。在华为拿到年终奖后，他俩相约推迟了离职的时间，找了些不痛不痒的借口，继续观望。

于是黄义渊心里很不舒服，对他俩的信任也就有了罅隙。他俩的失约反而激起了黄义渊的斗志，黄义渊的潜能迸发，经过两个月，项目在黄义渊一人全程推进下出现了很大的转机，关键性客户和关键性环节都有突破，销售额稳定上升，呈现了不错的发展势头。

李智渊和杨信渊觉得此时应该介入，他俩很快就从华为辞职，全职进入杭山公司进行创业。李智渊负责技术研发和生产，杨信渊负责行政和财务。但是由于之前长时间未参与项目运作，项目实际是由黄义渊一人主导。公司全体员工，包括客户只认可和信任黄义渊，无论什么场合，无论什么事情。黄义渊众望所归，公司在黄义渊的带领下，蒸蒸日上。李智渊和杨信渊总觉得黄义渊过于强势，或者有些霸道，心里终始有些怨气，尤其是李智渊。

李智渊找到杨信渊，因为杨信渊对于黄义渊的销售政策，在财务上有些不满。商议再引进一位创业搭档，主持市场营销工作，试图平衡公司的权力，不让黄义渊一人独大。先是李智渊向黄义渊提出，黄义渊表示反对，认为公司还小，没有必要再引进一位创业搭档，也没有必要稀释三人的股份。过了三天，杨信渊也来找黄义渊，说是公司在快速扩张时期，要再引进一位创业搭档，让公司实现质的突破，争取尽快融资上市。这时候，黄义渊就认为，他俩有合谋的嫌疑。

第二年，三人的内斗开始了，黄义渊因李智渊的多次管理失误是故意的，认为李智渊不靠谱。他认为杨信渊过于懒惰，招聘能力不行，招进来的员工没有血性，没有执行力。李智渊认为杨信渊没有原则，太迁就黄义渊。杨信渊认为李智渊太挑剔，没有人情味。老员工都支持黄义渊，站在黄义渊这一边。新员工纷纷站队，三人都有支持者。第二年年底，杭山公司关门了，三人散伙了。

讨论：

1. 李智渊和杨信渊推迟全职创业固然不对，但由此造成的不信任，难道无解吗？请阐述你的观点，并给出解决方案。

2. 假如你是杭山公司的黄义渊，你会如何进行信任管理？

第三篇 创业搭档的治理结构管理

第7章 初创企业的战略管理

本章要点

探讨创业者的个人愿景与企业愿景之间的关系

探讨创业者如何将自己的个人目标和企业目标进行统筹

分析创业者如何制订和落实战略计划

7.1 创业班子的企业愿景

本章节开始探讨创业搭档之间的商业关系。对于创业者而言，他们创办企业，不仅仅是个人关系的志同道合，不仅仅是信任，更因为是事业让性格差异和能力互补的他们走到一起。这里的事业，是企业；而企业是要为客户创造价值，并获得资金回报的。因此，创业搭档之间的关系，也就和"生意"有关，因为生意就是以客户的意愿为依据，为客户提供他们满意的服务或物品，从而获得合法合理合情的资金回报。这个关系就是商业关系。商业关系首先要明确的就是企业去哪里？企业为哪些客户服务？企业以什么状态为客户服务？这些都是企业的战略方向、发展方向。创业搭档关于企业战略的认知，如果没有处理好，就会导致他们的分手散伙。

把创业搭档的愿景和战略方向明晰化，并转为创办公司的核心愿景和战略方向。这是每个创业者及其搭档必须面临的重大的商业议题。大家去北京，大家坐下来，选择什么路线与工具前往是有意义的。如果一个去北京，另一个想去广州，那么这种讨论是浪费时间的。如果创业者没有就公司的发展方向达成一致，他们就是蒙着眼睛开车；如果对发展方向缺乏共识或者缺乏解决分歧的方法，就会严重伤害创业搭档的商业关系，并导致企业其他问题的恶化。

公司现在的经营和它未来的走向，由创业者掌控，这是他们极为兴奋的地方，也是他们洒热血抛头颅追逐梦想的动力所在，如果创业者能够就公司经营及其未来的走向达成共识，这种控制就会让公司走向成功。但是如果他们就公司的走向不能达成共识，这种控制感就会消失，公司就会陷入原地打转，乃至解散。

企业未来的走向，即去哪里，是企业的愿景。它是根据企业使命，在汇集每个创业搭档的个人心愿基础上形成的全体创业者的共同心愿的美好愿景，也称共同愿景。那什么是企业使命呢？企业使命是对企业存在理由的宣言，它回答的是：什么是企业的业务，说明企业的宗旨、哲学、信念和原则。企业使命的陈述，就是用一句话表明公司是什么、做什么、为谁做，以及为什么做。科学地讲，使命就是企业向客户传递的价值主张。通俗地讲，使命就是让目标客户一眼就知道企业（我们）是做什么的。而企业愿景回答的是：我们想成为什么，是对公司未来的憧憬，我们应该怎样做才能实现企业使命。一般而言，先有使命，其后有愿景。企业使命和愿景，明确了企业的发展方向，即回答了去北京还是去广州。对于企业的使命和愿景，创业者在建立商业合伙关系之前就要充分讨论，并达成共识。使命、愿景和价值观，属于企业的"道"的层面。相对"使命、愿景"而言，价值观侧重在行动层面，价值观最终必须落实到行动而非只停留在口号。价值观是带有行动特质的"道"。

企业愿景是凝聚公司力量的关键要素，企业领导的一个关键就是所有者向员工和其他人传达公司愿景的能力。一个好的企业使命和愿景，可以帮助初创企业吸引更多的志同道合的优秀员工，尽管初创企业给他们的薪酬低于市场平均值。好的企业使命和愿景，会降低初创企业与客户打交道的隐形成本，增加公司的知名度和美誉度。如果创业搭档对企业愿景的认知不一致，那对初创企业来说，是致命的打击。创业搭档必须有一个真正共有的、单一的愿景，并且要确认他们在建立商业合伙关系之前，就拥有这样的一个愿景。

苹果公司的创始人沃茨和乔布斯，在个人价值观和个性方面有很大的差异性，能力也不一样。他们怎么会在一起创业，并获得成功呢？因为他们有共同的企业愿景。本书把共同愿景的有无作为横坐标，把能力互补的有无作为纵坐标，就可以演绎出四种情形，如图7-1所示。沃茨和乔布斯个性与能力互补，并且拥有创办公司的共同愿景或理想：创办一家公司，通过个人计算机改变世界。他们合伙创办了苹果公司并获得了成功，他们是图7-1A象限创业成功的典范。

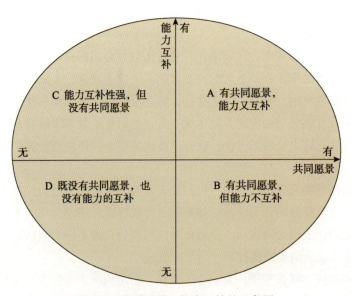

图7-1 共同愿景—能力互补的四象图

一个独特组合的创业班子，把创业搭档的自身因素（价值观等）和特定的商业环境（商业逻辑等）结合起来，产生了创业班子的共同愿景，并把这个共同愿景上升为企业愿景。建立了真正共有的企业愿景和发展方向，就可以增强创业搭档的相互信任。坚信彼此是在筹划同一家公司，是要朝着一个得到认同的方向进发。

价值观和性格、能力都会影响到共同愿景。价值观类似，容易产生共同愿景；性格不同，共同愿景难以达成共识。即使拥有了共同愿景，其后，也有可能出现分歧。比如联想公司创办初期，倪光南和柳传志的共同愿景是：联想通过技工贸发展壮大。后来，柳传志更改为贸工技。能力不同，共同愿景也会有所不同。尤其是技术型搭档和运营型搭档。因此，创业者在成为搭档创业之初或之前，就要充分了解彼此创办公司的愿景，看看有没有相同的企业愿景。如果没有，那最好不要成为搭档创业。一个强势的孔雀，因专业背景或者专业能力对公司的愿景，其定义和一个强势的猫头鹰是不一样的，他们之间如果没有共同愿景，那肯定是会散伙的。无论他们个人的价值观多么相似。一个财务的搭档和一个 AI（人工智能）技术的搭档，他们对未来的看法会有很大的差异。因此，没有同样的学历背景或者类似的学历背景的创业搭档，要加强沟通，培育高的信任度，平等、透明地协商出企业的共同愿景并对此深信不疑。

7.2 创业班子的企业目标

在中国的语境里，目者，眼睛也；标者，树梢也，高枝也。《庄子·天地篇》："上如标枝，民如野鹿。""目"与"标"合在一起，其本义就是指看见的树梢。引申义，看得见的记号。目标指的是射击、攻击或寻求的对象，也指想要达到的境地或预期的成果。没有目标的创业，就如没有罗盘的航行。

企业目标，就是企业在未来的一定时期内，沿其经营方向所预期达到的成果。它是企业发展的阶段性方向。如果企业使命和愿景没有转化为具体业绩目标，那么企业使命和愿景就仅仅是一些美丽的词句而已。企业目标是企业进行计划和决策的基本依据，是企业内部分工和协调的准则，是企业改进或提高效率的前提，是业绩考核的基本依据。

初创企业的目标，有短、中、长期三种。长期目标，也称战略目标，一般是指 5 年的目标；中期目标，一般是指 3~5 年的目标；短期目标，一般是 1~3 年的目标。由于企业的不确定性，初创企业更关注短期目标，而且短期目标调整和修正相对较快与灵活。很多创业者认为计划不如变化快，这种目标设定在变化的环境中毫无意义，再说，目标设定也有非常大的风险，当目标未能很好地实现时，整个公司会有失望感和挫折感，对员工士气反而有影响。他们说得没错，环境时时在变化。但目标可以让创业者在起伏不定的环境中保持稳定的航向。当然，创业者应该根据环境的变化调整工作的方式方法，而不是变化航向迷失方向。因为目标就是方向，目标就是里程碑，目标是推进剂，目标分清责任，目标催人奋进。

目标设定的风险当然在于目标达不到时产生的失望，这不是目标设定的本身造成的，而是目标设定的方法不科学和目标设立之后的管理不当造成的。很多初创期企业，在设立企业目标的时候，往往过于乐观，主观性成分大。企业是一个商业性质的社会存在体，它需要进行需求分析（有社会价值吗）、环境分析（能为社会所接受吗）、实力分析（企业有实力来做吗）、竞争力分析（企业能够比其他企业做得更好吗）、效益分析（这是企业能够做得最好的事情吗）等来确定企业目标的内容。

目标的设定需要遵循"smart"原则，即目标必须是明确的（specific）、可衡量的(measurable)、能够达到的(attainable)、现实的(realistic)和有时间限制的(time-bound)。创业者需要和自己的创业搭档对创业目标进行充分讨论，让个人目标和企业目标高度地融合（图 7-2 所示的 A 象限），并达成共识。达成共识的且遵循 smart 原则的目标，无论对创业者本身还是企业员工，都具有很大的激励作用。

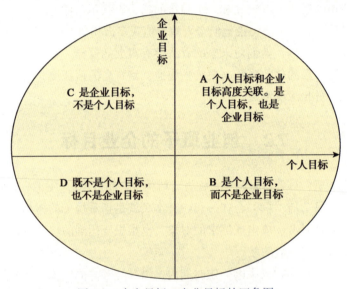

图 7-2　个人目标—企业目标的四象图

创业者在制定企业目标时，也可以既从现状出发确定目标，也可以从企业愿景出发确定目标，然后组合出新的目标，让这个新目标既符合稳定可预测的环境，也符合未来多变且难以预测的环境。初创企业多半是处于多变且难以预测的环境。本书把从现状出发确定的目标作为横坐标，从愿景出发确定的目标作为纵坐标，就可以演绎出四种目标，如图 7-3 所示。A 象限的目标，既考虑了企业愿景，也考虑了企业现状。B 象限的目标主要考虑了企业现状，忽视了企业愿景。C 象限的目标，主要考虑了企业愿景，而忽视了企业现状。D 象限的目标，是最不好的。创业者应该避免制定 D 象限的目标。

作为创业者，本书建议他们设定三级目标：跳一跳就可以达到的 A 目标（指标计划）、需要跳三跳才可以达到的 B 目标（挑战计划）、需要跳五跳才有希望达到的 C 目标（梦想计划）。目标设定过低，只会造成低水平的业绩表现。通过 A、B、C 三级目标，给目标以扩展空间。心向往着蓝天（C 目标），经过踏实而团结的努力，摸不着白云（B 目标），也站在山尖上（A 目标）。如果只有一个目标 A，万一发生了地震，出现了企业本身无法控制

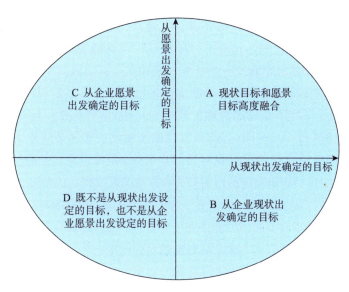

图 7-3 现状目标—愿景目标的四象图

的也未能预料的局势，如金融危机与经济萧条，如地震造成不能供货等，目标 A 就没法实现。当然，环境中有重大不可抗拒的事件发生，目标也是可以调整或重新设计的，临时的调整不如事先的三级目标法。作为创业者，不要认为目标设定了，公司就会自行实现目标，创业者还需要进行目标管理，尤其是对企业员工进行现场辅导，并不断奖励与表扬那些实现目标的员工。创业者还要善于"兜售"企业的目标，设法让公司的目标与每个员工的目标总和一致，善于把员工的个人目标与公司目标融合（或关联）起来。采取积极的强化措施，如时时刻刻增强企业员工的实力与士气，不要过于考虑他们的弱点。企业目标不能决定企业的将来，它只是一套有效配置企业资源的方法，通过目标有效利用有限的资源创造企业的未来。

不同性格的创业者，他们对目标的理解是不一样的。老虎型创业者认为，目标要简单，越少越好，但要有挑战性。猫头鹰型创业者认为，目标要经过详细的调研，并具备逻辑性，目标要有价值意义。孔雀型创业者认为，目标要有新颖性，目标要灵活多变，不能只有一两个目标，目标不能太明确而具体。考拉型创业者认为，目标要有连贯性和一致性，目标需要发自心底的承诺。所以创业搭档在讨论企业目标时，要平等而相互理解地进行讨论，要有充分的时间去讨论。企业目标的讨论，不仅仅要达成共识，还要通过讨论过程更多地熟悉和理解彼此的性格差异，最后相互珍惜，并求同存异。

一旦共同拟订了企业的目标，创业搭档就要秉承"同心同德"的精神，保持目标高度一致，为完成目标共同努力。

7.3 创业班子的战略计划

在中国，"战略"一词，历史久远，最早出现在西晋司马彪的《战略》著作中，意指战争的谋略。春秋时期孙武的《孙子兵法》被认为是中国最早对战争进行全局筹划的著作，是一部军事战略经典，被誉为"兵学圣典"。在西方，"strategy"一词源于希腊语"strategos"，意为策略、计策、行动计划、战略等。strategos 的本义是将军、策士、军事将领等，后来演变成军事术语，指军事将领指挥军队作战的谋略（艺术）。一般来说，战略是筹划和指导战争全局的方略，毛泽东认为战略就是战争全局的规律性的东西。

在现代，"战略"一词被引申至经济和管理等领域，其含义演变为泛指统领性的、全局性的、左右胜败的谋略、方案和对策。本书认为战略就是对全局及其未来的筹划与谋略，是为了实现组织目标而制定的行为模式和资源配置方式。1965 年，美国的一位专家发表了《企业战略论》。从此以后，"战略"这个概念就进入企业领域。军队从事战争，企业从事竞争，两者虽然本质不同，但都存在一个"争"字。企业既然要参与竞争，就要在竞争中讲究谋略。刘冀生教授认为企业战略就是：企业根据其外部环境和内部资源与能力状况，力求企业生存与发展，并不断地获得核心竞争力，对企业实现其使命与目标所采取的途径与手段的总体谋划。由于外部环境和公司的资源与能力组合是变化的，因此，战略包括战略目标，必须随着时间作出调整。对于战略，既要高效统一并应变自如，也要直面现实并灵活创新。战略的作用在于帮助决策者在竞争的优先顺序和两者只能选一的决策中进行选择。因为通过选择一项战略，公司就依此作出决策采取一系列对竞争者的行动方案，公司主管据此安排竞争行动的主次。

计，筹谋也，商议也；划，让船前进也。计划的直意：筹谋（或商议）前进的相关事项。计划的本义，是行动以前预先拟定的具体内容和步骤。管理学上，计划是指对未来活动所做的事前预测、安排和应变处理。目标侧重于结果，而计划侧重于实现目标的形式和途径。战略计划是指创业者负责制订的具有长远性、全局性的指导性计划，它描述了企业在未来一段时间内总的战略构想和总的发展目标，以及实施的途径。

很多创业者认为，初创时期无须关注战略，计划没有市场变化快，战略计划那是中大型企业的问题，初创企业要关注如何活下来，要关注具体战术。其实不然，初创企业既要关注战略方向，也要关注战术运用。战略是指企业为达到目标或远景而进行的总体谋划，战术呢？它是为达到战略目标所采取的具体行动。战略是目的，战术是手段。战术虽好，如果用错了方向，战略依然实现不了，尤其是战略目标，即企业目标实现不了。

创业者要有共同的企业认知，包括企业的商业逻辑在内的经营理念。如果创业搭档的经营理念发生分歧，切忌直接对立，应该换位思考，求同存异，进行头脑风暴，寻求新思路。比如联想创办初期，经营理念是技工贸，这是得到 11 位创业团队成员认可的。后来，孔雀型的柳传志，把经营理念改成"贸工技"，没有获得倪光南等技术团队的支持，柳传志没有采取透明、公开、平等的民主方式进行讨论，而是采取武断的方法，强行推行"贸工技"的经营理念，导致倪柳矛盾升级激化，最后变成冲突事件。

创业者要坦诚地讨论和拟订企业的战略计划。这个战略计划必须详细得足以把创业搭档的愿景和目标带回现实，足以确保他们是沿着同一条道路走向共同的目的地。这份计划必须包含商业目标，这些商业目标都要得到实施战略的支持，并且每个目标都有一个时间表以及各自的衡量标准。这些商业指标里还包括某些明确的管理和财务要素。制订一份初创企业的战略计划，可以保证创业搭档在一起上路之前，就对目的地有清晰的认识并达成一致。也可以保证，在投入搭档关系之前，对他们将来如何共同管理公司有一个明确的大致看法并相互认可。为了就怎样管理公司达成清楚而统一的看法，创业搭档必须讨论他们如何落实或实施他们的战略计划，包括财务管理的讨论，这些讨论将加深对彼此的管理风格和管理文化的了解，从而确定是否投入搭档关系。那些就战略计划的落实，包括各种管理问题达成一致的创业搭档，会形成具有竞争力的管理文化，从而吸引优秀人才的加入。创业搭档必须定期地检查他们的战略计划，同时根据实际情况（公司的、市场的）考虑改变战略计划的可能。

在实施战略计划的时候，初创企业比常规企业更注重战术的灵活性。在创业初期，迅速纠错比努力不犯错更为重要。这里的错误，主要是指战术、管理和决策方面的失误。错误总是难免的，对于初创企业而言，犯错更是家常便饭，但不能犯战略性的根本错误。创业者和创业搭档犯错后，不应该相互指责、埋怨、后悔、消极等，而是迅速纠错，立即深刻反思，化失败为机会，从失败中学习。因为一些失败可能会为未来的成功指明方向。初创时期的一些技术或产品开发，由于当时的市场不成熟或不确定，互补技术也缺乏支持而失败，但这些产品开发经验和技术的累积，恰恰为后来的重要产品开发提供了非常宝贵的前期基础。

本章小结

（1）公司现在的经营和未来的走向，由创业者掌控，这是他们极为兴奋的地方，也是他们洒热血抛头颅追逐梦想的动力所在。企业未来的走向，即去哪里，是企业的愿景。

（2）企业的愿景、企业的目标、战略计划，是创业搭档面临的三个关键性的商业议题，如果创业者不能就此心的层面达成共识，最好不要投入创业的搭档关系。

（3）企业目标，就是企业在未来的一定时期内，沿其经营方向所预期达到的成果。它是企业发展的阶段性方向。由于企业的不确定性，初创企业更要关注短期目标。

（4）战略就是对全局及其未来的筹划与谋略，是为了实现组织目标而制定的行为模式和资源配置方式。战略计划是指创业者负责制订的具有长远性、全局性的指导性计划。

（5）战略计划必须详细得足以把创业搭档的愿景和目标带回现实，足以确保他们是沿着同一条道路走向共同的目的地。在实施战略计划的时候，初创企业比常规企业更注重战术的灵活性。在创业初期，迅速纠错比努力不犯错更为重要。

本章思考题

1. 初创企业为什么也要有企业使命与愿景？举例说明。

2. 初创企业如何设置企业目标？举例说明。

3. 不同性格的创业者对目标的理解不一样。举例说明。

4. 初创企业前途未卜，没有必要制订战略计划。你同意这种观点吗？为什么？请举例说明。

5. 创业者和他的创业搭档为什么要花费时间和精力，公开透明地讨论企业的愿景、目标和战略计划？

本章案例

赚钱了，因公司的发展方向出现分歧而散伙

黄声振被一个认识 10 多年的好友李泽东找来一起创业，李泽东为董事长，是大股东，负责对外招商。黄声振是总经理，负责产品及其市场运营等。

刚开始的时候，产品不稳定，与产品相关的项目进展得很困难，每个月代理商都过来退款。严谨认真的黄声振亲自抓产品研发，经过三个月的努力，产品稳定，代理商开始有了信心，销售额逐月上升。黄声振趁势研发新产品 B，三个月就研发成功了，成为这个领域唯一的稳定的畅销产品。果敢的李泽东，特别擅长讲故事，市场营销和招商能力也特别强。通过发展代理商，每月就有好几百万的代理费收入。公司发展很好，前景也非常不错。

接下来，两人在公司发展方向出现了分歧。李泽东认为，公司依靠代理费就发展得这么好，扩大代理面，多发展代理商就可以了，赚来的钱，要么分掉，要么做点金融投资等事情就可以了。因此，他对市场出现的问题以及代理商反映的新问题，视而不见听而不闻，见之闻之则怒。黄声振认为，要花钱去研究和琢磨如何获取更多的用户；去倾听客户的心声，打造产品的生态链，开发出更多的符合客户需求的产品。这个分歧，双方关起门来争论了多次，谁也说服不了谁。于是，黄声振辞去总经理一职，并退出了公司。他的股份由李泽东回购。

讨论：

1. 黄声振的错误在哪里？

2. 假设重来，他该如何解决公司的战略分歧？

第8章 初创企业的股权管理

界定股权的内涵和商业本质
探讨初创企业的股权架构设计
讨论初创企业的股权分配、调整、退出机制的建立

8.1 股权的含义和意义

什么是心灵伴侣？那些可以相互较劲的，那些能够毫无保留地进行沟通的人，并触动彼此心灵的人。在创办企业过程中，只有创业搭档才有这种意愿，才有这个资格，才有这种能力。只有他们，才能在最后，在创业失败的时候，一起反败为胜。因为在志同道合的同时，他也拥有企业的股份，他既愿意为此一起承担风险，也愿意为他的股权而战。股权关系，是创业搭档商业关系中最为关键的关系。创业人生的悲剧之一，就是创业时不懂股权。

股权是个外来词，股权中的股，其造字的本义是持器械打击的肉体。膝上为股，即自胯至脚腕的部分，特指胯至膝盖的部分。如股骨、股肱等，股的引申义是事物的一部分或者分支，比如资金的一部分称为股票。公司所有权的一部分，称为股权。从不同的角度看股权，会得出不同的结论。从创业者角度，股权代表控制和信任；从员工角度，股权代表激励和认同；从投资者角度，股权代表增值和收益。无论从哪个角度，股权都有一个共同的属性：利益。因此，创业者要拥有股权的基本知识，并就股权领域的议题进行充分讨论，在正式投入搭档关系前，至少是正式投入搭档关系不久的某个时刻。

股权对内有激励性，对外有融资性。创业者除了卖产品赚钱，还要知道如何卖股（股份分配）才能赚更多的钱，让企业健康而快速发展，乃至成为基业长青的企业。它可以帮助企业无本息的融资和零成本开拓市场，华为为什么能从4万元发展到6 000多亿元，因为任正非先生在20世纪90年代，就开始实行全员持股，并以不到2%的股权取得了企业的控制权。很多老板（企业创始人）因为不懂股权，因为不重视股权设计，公司天天上演两虎相争、三王鼎立、四虎相斗、五王争霸等，员工的积极性、公司的业绩利润等大幅度受损，很多公司因股权僵局，导致创业者内耗而企业关门。

股权是有限责任公司或者股份有限公司的股东对公司享有的人身和财产权益的一种综合性权力。股权是股东基于其股东资格而享有的，从公司获得经济利益，并参与公司经营管理的权力。股权是投资人根据持股比例所拥有的对企业财产的所有权（支配权和分配权）。股权是创业者和股东在初创公司中的投资份额，即股权比例。股权比例的大小，直接影响创业者和股东对公司的话语权与控制权，也是他们分红比例的依据。股权涉及所有权和控制权，经常会发生股权之争，出现股权危机。股权会导致合伙人之间由相互支持走向相互竞争，这对初创企业来说，是致命的。

在《中华人民共和国公司法》（以下简称《公司法》）中，有限责任公司股东的权力多用股权表示，而股份有限责任公司多用股份表示。中国最早实行现代意义的股份制企业，是1872年的上海轮船招商局，它首开中国企业股份制经营方式，并率先公开发行股票。股权通常指因出资而享有的股东权力，也指有限责任公司的股东出资比例；而股份则仅存在于股份有限公司，属于可以计量的股票数。

本书认为，初创公司多半是有限责任公司。因为初创公司，管理人员包括聘用的员工都比较少，设立有限责任公司对组织机构的要求比较简单，法人治理的结构设计灵活、简单、直接。可以不设董事会、监事会，只设一名执行董事、一名监事就可以了，治理的成本可降低。而设立股份公司对组织机构的要求比较严格，必须设董事会，最少要5名董事；监事会，最少要3名监事。有限责任公司的股权转让受到限制（股权流动性差），股东对外转让股权需要征得其他股东过半数同意，且其他股东有优先购买权，这有利于维持公司的股权结构，维护股东之间的合作关系和信赖关系。而股份公司的股权转让完全自由（股权流动性好），股东可以任意将自己的全部或部分股权转让给他人，股东可以自由加入或退出公司，这就不利于公司股权结构的稳定，不利于公司创始人对公司的掌控。

股权池，是指创业公司初创时期分配股权时，预留的一部分股权。预留的股份主要用在三个方面：第一，激励奋斗型的骨干员工；第二，引进新的创业搭档；第三，预留融资稀释份额。它是对员工进行长期激励的一种方法，是企业为了激励和留住核心人才推行的一种长期激励机制。有条件的给予激励对象以部分股东的权益，使其与企业结成利益共同体，从而实现企业的长期目标。我国山西田氏家族保存至今的56张古代契约中，有一张是清朝乾隆二十一年（1756年）山东东金城当铺的身份股契约。它是现存的最早的中国身股凭证，也是全世界最早的股权激励的股份契约，揭示了我国最早发明股权激励。这种股权激励制度，被当今的中国称为"身股制度"，让管理者和员工持股来激励他们。身股，是指凭借自己的劳动力获得企业一定的股份。如今，俗称人力股、劳力股、顶身股。中国的顶身股，设有退出机制，如果发生重大失误，会酌情扣除顶身股，甚至开除出号。当然，如果去世了，那么家属还可以继续领取顶身股三个账期的分红。银股，是指为企业投资一定金额的资金而获得企业的一定股份。清朝的徐珂说：出资者为银股，出力者为身股。清朝晋商创办的大盛魁商号（创立于1724年）是中国古代的股份制企业，除了银股、身股外，还有财神股、狗股等。大盛魁是由王相卿、史大学、张杰三人创办的。

王相卿是大盛魁的首任大掌柜，他对大盛魁的主要贡献之一就是建立了"人力股"，即身股制度。

现代意义的股权激励，在1952年起源于美国，当时采用的模式是股票期权。股权激励的模式有限制性股票、股票期权、虚拟股权三种。股权激励就是关于"股散人聚，股聚人散"的艺术与学问，股权激励的核心就是让核心员工真正成为公司的主人，获得股权的员工不再是雇佣劳动者，而是公司的股东，企业的主人，但是股权激励不是员工福利，而是专门针对公司事业打拼的奋斗者；股权激励是给一个公司奋斗型员工的稀缺品，工资和奖金给普通员工，公司最宝贵的奋斗型人才应该获得的是股权。

股权期权是公司授予员工以固定的价格（俗称行权价格）在未来买入公司股票的权力，是指一个员工在满足一定条件的前提下，享有以一个特定的价格(通常比较低)，在某一段时间里买入公司普通股的权力。它能给员工带来的最终收益取决于公司最终的价值表现。事实上，它可能价值连城，也可能一文不值。股权期权（股票期权）不等同于股票增值权。后者是指股权增值部分所享受的权力，它经常用于激励员工。是指员工就期末公司股票增值部分（期末股票市价－约定价格）得到的一笔报酬。股权池是指在不稀释创业者原始股份的前提下，将一部分的股权预留出来，作为未来引进高级人才的预留股份；硅谷的惯例是预留公司全部股份的10%~20%作为期权池，较大的期权池对员工和VC（venture capital，风险投资）具更大吸引力。VC一般要求期权池在它进入前设立，并要求在它进入后达到一定比例。很多期权协议包含加速行权条款（俗称触发器），它一般要么用来在公司被收购时奖励员工，要么在被收购时保护员工。股权池的设立和实施，要明确以下几个方面：第一，行权价格。第二，期权计算的起始时间。第三，授予的期限，即合同对应的全部期权到手的时间，一般为4年。第四，最短的生效期。第五，行权，员工可按照合同约定的行权价格，对已经到手的期权行权，购买不超过到手总额的公司股权。员工只要不离职，该权力将一直有效。第六，回购。若员工在达到最短生效期之后，全部行权期之前离职了，一般在期权合同中都会规定公司有权以约定价格回购该部分期权。针对离职的不同原因，可以制定不同的回购条款。

期权与股权不同，股权代表所有权，期权代表的则是在特定的时间、以特定的价格购买特定所有权的权力，它可被视作员工与公司之间关于股权买卖的一份合同。行权之后获得的股份是普通股。期（股）权池是在融资前为未来引进高级人才而预留的一部分股份，用于激励员工（包括创始人自己、高管、骨干、普通员工），是初创企业实施股权激励计划（equity incentive plan）最普遍采用的形式，在欧美等国家，它被认为是驱动初创企业发展必要的关键要素之一。对于创业企业来说，这部分人才成了企业的合伙人，他们会更愿意为企业的发展努力，更愿意和企业风雨同舟，发挥主人翁精神为他的股权而奋斗。由员工预先购买的股权（通常有一个折扣价），同时和公司行权回购一起签署。如果他在行权期满之前离职，公司可以按照员工的购买价回购股票。例如，某员工的股权期权为4年，而他在两年后离职，那么企业将回购50%的股权期权。

第8章 初创企业的股权管理

8.2 初创企业的股权结构设计

创业企业必须从股权结构上对创业搭档进行规划管理,从而减少创业初期因经营理念分歧或利益分配不当所产生的问题。股权架构,即股权结构,其设计既是科学,也是艺术。所谓的科学,是指它具有一定的规律性和可复制性;所谓的艺术,是指它没有唯一的标准。股权架构的科学性,是指股权规则的合理设计。科学的股权架构是保障初创企业发展的根基。它是搭建创业者及股东的权力结构体系,既要有稳定的控制权,也要充分考虑商业逻辑,还要考虑未来的扩展性。

股权结构是指公司的总股本中,不同性质的股份所占的比例及其相互关系。它是企业治理结构的基础,企业治理结构则是股权结构的具体运行形式。不同的股权结构决定了不同的企业组织结构,从而决定了不同的企业治理结构,最终决定了企业的行为和绩效。

戴维·盖奇认为,对不同的人来说,所有权的意义是不一样的,它可能意味着利润分成,可能意味着在战略决策或董事会拥有发言权,可能意味着日常管理的权力。因此,在股权设计时,每个人都应该理解所有权对自己意味着什么,对每个未来的创业搭档又意味着什么。有些创业搭档认为,所有权比例应该和职责相配,有的创业搭档却认为,所有权比例不应该和职责挂钩,要灵活处理它们两者的关系。所有权比例高的,不一定要当董事长。管理职责和所有权比例之间是复杂的关系。也有的创业搭档认为,虽然有了所有权比例,但不一定按股权比例来分红,可以另外设置分红比例。所有这些问题,都是创业搭档要坦诚交流和理性讨论的,通过充分讨论,共同设计好股权结构,开心且公平的战略性地切好公司的蛋糕,解决公司所有权的问题。与其股权之争,不如股权协商,最终形成股权书面协议。

公司股权的持有人,主要包括创业搭档、员工与外部顾问(股权池)与投资方。其中,创业搭档是公司最大的贡献者与股权持有者。创业者要平等而有耐心地进行以下讨论。

(1)股权比例的讨论。出多少钱,占多少股比。股权分配的依据,包括股权比例的变动,要不要留出部分股权给未来的关键岗位员工,等等。参股钱的支付方式。如何处理非创业搭档的创业成员的入股?比如兼职的技术员的技术专利是否折算资金入股?比如只投钱而不全职的创业成员的资金怎样计算其股权比例,等等。

(2)股权变动的讨论。可能触发所有权(股权)变动的意外事件有:创业搭档的死亡、伤残、离婚与退休,创业搭档的辞职,创业搭档的家庭事件:如配偶到另外的城市工作而需要搬家以及创业搭档家庭变故急需现金,创业搭档违法入狱等。增加新创业搭档:认可创业者的价值观、与现有创业搭档都"投缘"。股权的继承:未经其他创业搭档许可,不得向第三方转让或赠予自己在公司的股份。

(3)股权定价的讨论。最简单最省钱的方法就是他们自己定价并每隔一两年调整定价。如果无法达成共识,就在创业搭档关系章程的股权协议部分加上这样的条款:当无法达成定价共识，聘请××评价机构来定价。股权估价：聘请×××为本公司价值评估师。

（4）股权的出售讨论。出售股权的条件与方式，比如，5年后，股东可以自愿决定出售自己的股份，先公司，后所有者，后员工。

（5）股权的收益讨论。什么时候分红利？是否按股权比例分红，等等。

（6）其他讨论。股权的买断更具可行性（分期计息法）、非竞争条款、创业搭档的保险等话题。有些初创企业，为每个创业搭档买保险，万一某个创业搭档身故，他的保险赔付就可以补偿公司回购其股份的部分支出。

以上问题的充分讨论，将促使创业搭档用一种更合理、更满意的方式划分好所有权。清晰的股权结构，有助于初创企业的稳定，它明确了创业者各自的权利和义务，以及对未来收益分配的预期。也是初创企业进入资本市场的必要条件，有利于初创企业融资。也决定了初创企业的核心问题：公司控制权。

初创企业的股权结构一般来说，有以下两种。

（1）一元股权结构。一元股权结构是指股权的股权比例、表决权（投票权）、分红权均一体化。即所有创业搭档都按照股权比例行使表决权和分红权，表决权和分红权与股权比例一一对应，这是最简单最常用的股权结构。在采用这种股权结构时，创业搭档一定要保证有一位搭档占有最高的控股权，比如两人创业，需要其中一方的股权比例至少达到51%；如果是三人合伙创业，那么其中一方的股权至少达到33.4%。只有这样，创业班子才能保证公司内部有核心话语权的创业成员，从而促进决策及其决策的顺利贯彻执行。当然另有约定的控制权情形除外。比如，创业搭档关系章程规定大家的股权一样，但某个创业搭档拥有最终决定权。有人建议，股权梯度设置要明显，给核心创始人较高股权。比如，核心创始人50%~60%，其他创业搭档20%~30%，股权池10%~20%。具体来讲，核心创始人占有多少股权，也没有标准答案。比如，腾讯公司创业初期，五大创业搭档的股权比例情况是：马化腾47.5%，张志东20%，曾李青12.5%，陈一丹10%，许晨晔10%。马化腾的股权没有超过常规的51%，腾讯公司也获得了成功。因此，股权比例设计，要相宜，要结合本公司的特点，而不是追求所谓的"标准"股权比例。

（2）二元股权结构。二元股权结构是指股权在股权比例、表决权（投票权）、分红权之间作出不等比例的安排，将股东权力进行分离设计。这种股权结构，是分离设计股东权力的一种股权结构，是典型的A、B股结构，它能保证创业搭档组成的创业班子获得更高的决策权，也能让资本合伙人（投资方）获得更高的分红权。在中国，公司法规定同股同权，不允许直接实施双层或三层股权结构，但公司法允许公司章程对投票权、分红权等进行特别约定（适用于有限责任公司），允许股东在股东大会上将自己的投票权授予其他股东代为行使（适用于股份有限公司）。

选择哪种股权结构？没有标准答案，适合的才是最好的。相宜的股权结构设计可以遵循以下原则。

第一，公平适配原则。股权配比和创业伙伴对公司资源供给、作用和能力相适宜。

第二，创始人控制权原则。为了保障决策的效率和灵活，公司创始人或创始团队一定要保证对公司的控制。有两个办法可以解决创始人或者创始班子的控制权：一是约定他们的控制权，尽管其股权比例没有达到常规的控制比例。二是给予创始班子或者核心创始人控制权以上的股权。企业股权生命线有五条：①占股67%拥有绝对控制权；②占股51%拥有相对控制权；③占股34%拥有一票否决权；④占股20%界定同业竞争权；⑤占股10%可以申请解散公司。

第三，凝聚团队原则。创业公司进行股权设计，不是分家，也不是吵架，而是双赢，并增强战斗力，促使搭档合力促进，促进搭档团结奋斗。

第四，预见原则。创业公司在做股权设计时，要解决公司未来成长过程中的问题。

第五，有利于资本运作原则。设计股权结构时，一定要考虑后面的一系列融资的便利性。

不好的股权结构带来的危害有：失去合作机会，搭档变成仇人，同床异梦/同室操戈，后进能人没有股权进不来，失去融资能力，工作效率低下，等等。股权结构设计得好，股权可以帮助引进更优秀的人才（包括新的创业者），也可以留住奋斗型的人才，还可以帮助企业更好地融资，更好地开拓市场。

经过大量的研究实例，本书提供初创企业股权结构设计的常规方案，如图 8-1 所示，仅供读者参考。

不同的国家，不同的企业，不同的岗位，其期权是不一样的，很难有统一的标准，适宜才是最好的。本书提供美国硅谷创业公司不同岗位的股权期权平均值，如表 8-1 所示，供读者参考。

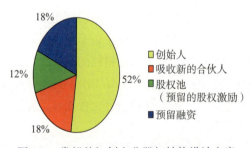

图 8-1　常规的初创企业股权结构设计方案

表 8-1　美国硅谷创业公司不同岗位的股权期权平均值　　%

职务	占期权池的比例
首席执行官	5~10
首席运营官	2~5
副总裁	1~2
独立董事	1
总监	0.4~1.25
总工程师	0.5~1.0
资深工程师（5年以上经验）	0.33~0.66
经理/工程师	0.2~0.33

8.3　创业搭档的股权分配

股权结构不合理的企业，难以做大。股权分配不好的企业，很容易分裂。什么样的股权比例是合理的呢？正如没有完美的股权结构一样，也没有完美的股权分配。只有相宜的股权分配，以及创业者通过坦诚讨论出来的达成共识的股权结构和股权分配。

股权要不要制定限制性条款？初创企业有个出钱不出力的股东，他的股权比例设定多少才合理呢？他购买股权的价格应该和出钱也出力的创业者相同吗？有的创业搭档不拿或拿很少的工资，应不应该多给些股份？创业早期，很多创业搭档选择不拿工资或只拿很少工资，而有的创业搭档因为个人情况不同，需要从公司里拿工资。很多人认为不拿工资的创始人，可以多拿些股份，作为创业初期不拿工资的回报。问题是，永远不可能计算出究竟应该给多少股份作为初期不拿工资的回报。比较好的一种方式是，创业公司给不拿工资的创业搭档记工资欠条，等公司的财务比较宽松时，再根据欠条补发工资及其利息。也可以用同样的方法，解决另一个问题：如果有创业搭档为公司提供设备或其他有价值的东西，比如专利、知识产权等，最好的方式也是通过溢价的方式给他们开欠条，公司有钱后再补偿。因为早期创业公司的股权分配设计，会牵扯两个本质问题：一个是如何利用一个合理的股权结构保证创始人（创业搭档）对公司的控制力；另一个是通过股权分配帮助公司获取更多资源，包括找到有实力的合伙人和投资人。

本书认为，股权分配要遵循以下基本原则。

（1）事业为大原则。股权的分配以及股权结构，无论多么完美，无论多么令创业搭档开心，无论多么公正，但如果不利于初创企业的发展壮大，都是空中楼阁，都是一张纸而已。所以参与股权分配和结构设计的创业者，要有全局的胸怀，要有战略观。要有把蛋糕做大，才能分到更多的蛋糕的思维。切大蛋糕而不是切小蛋糕，才是多赢的思维。

（2）公平透明原则。在讨论和制定合伙人股权的进入、分配比例、结构、表决权、收益权和退出方案的过程中，需要最大限度地让每个创业者感到公平、合理、透明、开心、舒畅，需要最大限度地让每个创业者把自己的观点表达出来，对于这些观点，不要嘲弄或讥笑，保持最大限度的尊重和理解。这样的话，方案制订完成后，每个创业者都能专心致力于为实现公司愿景和目标、战略计划等团结奋斗，在这个过程中，彼此坦诚交流，比达成共识更为重要。

（3）股权成熟（深度的股权绑定）原则。创业公司股权真实的价值是所有合伙人与公司长期绑定，通过长期服务公司去赚取股权。这个原则是说，股权按照创始团队成员在公司工作的年数，逐步兑现一定比例的股份，俗称兑现原则。道理很简单，创业公司是大家做出来的，当某个创业搭档到一个时间点停止为公司服务时，不应该继续享受其他合伙人接下来创造的价值。这个原则的目的是公司的创业者明白一起战斗到底的意义。一个比较理想的做法是：在公司一开始，就有一个长远的规划，将 4 年作为一个基础周期，来讨论公司未来的发展情况。比如，规定第一年离职拿不到股权。或者分阶段兑现股权（实行股权授予制度，每干一年，就授予 X 股权的 25%，比如股权为 10% 的合伙人 C，干满一年就离职，他可以拿走 2.5% 的股权（10%×25%）。剩下的股权有多种处理办法：第一，强制分配给所有合伙人；第二，进入股权池；第三，给 C 的替代者；等等。举例来说，黄斋、黄桂、黄信三人在双井合伙开了一家冲和医院。黄信有丰富的医院管理经验，他以自己以往的管理经历入股 5%，再以资金入股 20%，共有 25% 的股权；黄桂有着丰富的中医内科经验和精湛的中医技术，是国家级的名老中医，他以技术入股 10%，再以资金入股 20%，共有 30% 的股权。黄斋既无医院的管理经验，也无医生资格，但有着充足的资金，直接以资金入股 45%。于是冲和医院在他们的齐心协力下创办起来了。三方在冲和医院创立的第九个月，签订了一份股权为期 4 年的成熟条款在内的股权管理协议。第三年，黄斋因个人原因，决定退伙。根据合伙股权管理协议，他只能拿到 22.5% 的股权，而不是先前投入的 45% 股权。

（4）预留股权池原则。预留股权池，就可以确定可持续的股权分配机制。一般情况下，参与公司持股的人，主要包括公司合伙人（创始人和联合创始人）、员工、外部顾问和投资方。在创业早期进行股权结构设计的时候，要保证这样的股权结构设计能够方便后期融资、后期人才的引进和激励。当有投资机构准备进入后，投资方一般会要求创始人团队在投资进入之前，在公司的股权比例中预留出一部分股权作为期权池，为后进入公司的员工和公司的股权激励方案服务（美国一般是 10%~20%），以免后期稀释投资人的股份。这部分作为股权池预留的股份一般由某个创始人代持。而在投资进来之前，原始的创业股东在分配股权时，也可以先根据一定阶段内公司的融资计划，预留出一部分股份放入股权池，用于后续融资，另外预留一部分股份放入股权池，用于持续吸引人才和进行员工激励。原始创业股东按照商定的比例分配剩下的股份，股权池的股份由某个创始人代持。一些创业公司在早期进行工商注册时会采取合伙人股权代持的方式，即由部分股东代持其他股东的股份进行工商注册，来减少初创期因核心团队离职而造成的频繁股权变更，等到团队稳定后再分配。

（5）股权动态调整原则。股权分配不应该静态，而应该是动态的，应考虑公司的发展方向、经营状况和融资需求，根据公司的发展变化、市场变化和创业搭档的变动等，实时调整股权结构及其比例。具体在第 8.5 节讨论。

创业搭档在进行股份分配时，要谨慎地避免股权分配的六个误区。

误区一，只按出资比例来分配股权。如果公司启动资金是 100 万元，出资 70 万元，但不参与创业，占股 70%。股权分配唯一的依据是出多少钱。钱是最大的变量。在本课程内，出钱不出力的，不是创业者，是股东。只出钱不干活的股东，是掏大钱占小股。股权分配的依据有哪些呢？什么样的分配依据是最好的呢？没有最好的分配依据，只有相宜的分配依据。一般来说，股权分配的依据要考虑两方面：一是过往的贡献。比如提供的创意，包括知识版权、提供的资金等。二是未来的贡献。比如未来的创业能力、未来的精力投入等。如表 8-2 所示。

表 8-2 按 "资金—人力" 分配股权

%

姓名	出资	股权分配，不仅仅依据出资金额		
		持股比例		
		资金股	人力股	合计
黄道	50 万元	25	10	35
黄德	30 万元	15	18	33
黄正	20 万元	10	22	32
合计	100 万元	50	50	100

人力股无法按照《公司法》的要求进行缴纳，可以由创业班子另行通过补充协议来约定各自的实际权益比例，只要约定内容没有违法，补充协议就是有效的。即工商登记处，按照黄道 50%、黄德 30%、黄正 20% 进行登记；而补充协议是：黄道 35%、黄德 33%、黄正 32%。也可以在公司增资引入投资人时，对公司进行高估值，估值中包含人力资本的贡献因素，然后高溢价释放股权，以此实现

对人力资本价值的认可，这是目前运用比较多的间接承认人力资本出资价值的方法。

误区二，股权平分，就是公平。诺姆·沃瑟曼研究显示，33%的初创企业选择平均分配股权。比如两人创业：50%∶50%；三人创业：34%∶33%∶33%；比如四人创业：25%∶25%∶25%∶25%；比如五人创业：20%∶20%∶20%∶20%∶20%；等等。起初的平分股权一般有两种情形：第一，快速平分。为了避免麻烦而仓促选择平分股权。第二，慢速平分。创业搭档认真考虑了每个创业搭档的贡献、能力后，发现各自的综合水平相当，同意平分股权。第二种情形，具有一定的公平性。第一种情形，则不具备公平性，隐患非常大。创业公司因股权分配引起的纠纷，比角色和职务分配引起的纠纷更严重，因为对创业者来说，未来的股权收益产生的激励作用远远超过薪酬。因为平分股权，可能暗示至少有一个创业搭档不愿意严肃地讨论另一个搭档的贡献，可能有搭档不想看到差别，所以他们掩盖差别并坚持一切均等。戴维·盖奇认为，平分股权体现了人们追求平等的渴望：创业搭档将尽量平等地作出贡献和获取回报，就背景、资源、承诺、抱负等而言，如果搭档处在相对均衡的立足点上，这种划分或许会行得通，即慢速平分情形，也许会获得成功。如果不是这样，那么这种平分股权的方式，其实一开始就让人感到不公平，听起来，平分股权是公平的，但实际上并不是那么一回事。平分股权意味着搭档都将为这次商业冒险，贡献出相同的资源吗？付出同样的努力吗？付出同样的智力吗？防备另一个搭档不会占上风吗？平分股权的情形下，如果没有明确的最终决定权，也没有打破僵局的方法，那么搭档就有在决策中僵持不下的危险，从而导致创业失败。因为在关于股权比例的决定中，对公司的经营、战略决策和最终处置的控制权，是个非常关键性的议题，所有权和控制权及其关系，是需要创业搭档明智地去理顺的。

误区三，股权分配越早越好。什么时候分配股权呢？不少的初创企业，为了减少麻烦，公司注册时，就分配好股权比例。本书认为，第一次股权分配方案，即使顺利完成了，也会让大家形成心理"锚定"，事后再想更改，那就很难了。因此，股权分配也不是尽早分配就好。如果在尚未深入了解彼此的情况下，就把股权分配好了，那深入了解后，再想更改就困难了。没有深入了解彼此的股权分配方案，很可能出现低估某位创业者的贡献，而高估另一位创业者的贡献的情形。一般而言，在公司价值明确之前和深入了解彼此时，讨论如何分配股权会容易些。即在彼此深入熟悉后，就要进行股权分配规则的落地实施。我们不建议在融资之前讨论股权的分配。因为等到公司的前景越来越清晰、看到的价值越来越大时，早期的创始成员会越来越关心自己能够获取的股权比例，如果这个时候再去讨论股权怎么分，很容易导致分配方式不能满足所有人的预期，使创业班子出现问题，影响公司的发展。

误区四，用股权激励早期员工。给早期普通员工发放股权，一方面，公司股权激励成本很高。另一方面，激励效果很有限。在公司早期，给单个员工发5%的股权，对员工很可能起不到激励效果，他们甚至会认为公司是在忽悠、画大饼，反而起到负面激励。但是，如果公司在中后期（比如，B轮融资后）给员工发放激励股权，很可能5%的股权就可以解决500人的激励问题，而且激励效果特好。

误区五，有股权的就是创业搭档。本书认为如果给予对方的是股权的期权或者小于10%的股权，应该将对方当作特殊员工处理。A 电商公司，其创始人是做互联网的。他的联合创始人是做供应链的，做下游的。这种结合应该是50%、50%的股份，60%、40%的股份，70%、30%的股份，最差也应该是75%、25%或者80%、20%。这家企业后来破产了，其中一个关键原因是那个联合创始人才拿了1个点的股份。本书认为，那个拿1个点股份的联合创始人不是创业搭档，只是伙计，打工的。所谓的创业搭档，是在股权上跟他分享，在荣誉上跟他分享，在风险上，他自然和创业发起者分享。在创业的长征路上，他对创业发起者不离不弃，一路走过去。那些失败的初创企业，绝大部分都有共同的特点，或者是做得非常艰难的企业有一个共同的因素，就是他们的创始人里只有一个老大，没有老二、老三，没有占两位数的创业搭档。

那些因提供资源而获得少量股权的人，不是创业搭档，而应视为投资人。那些按照公司外部顾问标准获得少量股权的兼职技术大家，也应视为投资人。不全职参与创业的兼职人员，不能算是创始人或创业搭档。这些兼职人员，最好只拿工资或者工资"欠条"，不要给股权。如果这个"创始人"一直干着某份全职工作直到公司拿到风险投资，然后辞掉原职全职过来公司干活，他和第一批员工相比，好不了多少，毕竟他们并没有冒其他创业搭档一样的风险。千万不要误以为分给人家股份，人家就会主动承担创业搭档的责任，像创业搭档一样思考和做事情。如果对方最大的目标是实现理想或传递信念，那么他就有传教士的特质，这种人变成创业搭档，拿到股权，他就会主动成为优秀的创业搭档。如果对方最大的目标是为了更多的金钱而完成任务，那么他可能就是优秀的雇佣兵。虽然两者都有不达目的不罢休的特质，但雇佣兵眼里只有"现值"，他们不在乎"期值"。有些雇佣兵会把自己伪装成传教士，总是信誓旦旦，目光炯炯，自信满满，创始人误以为给他一些股份就可以"控制"他们，让他们变成搭档，共同为"期值"打拼。这是创业者要警惕的！

误区六，股权划分了，就要立即兑现。本书认为，创业搭档的股权要和服务年限挂钩。即股权划分完了，必须有相应的股权兑现约定。股权按照创业者在公司工作的年月数，逐渐兑现给创业搭档。是因为公司是做出来的，做了，应该给的股权就要得到；不做，后期的股权就不兑现，不做，就没有。股权要留给真正做了的人。一般的做法是，用4~5年来兑现股权，尤其是人力股权。比方说，工作满了一年后，兑现股权25%，然后可以每月兑现2%。当然也可以简单点，每年兑现20%等。这个就需要创业搭档会议讨论确定。这样做，对创业公司和创业搭档及其创业团队是个很好的自身保护。谁也没有办法保证，几个创始人会一起创业5~8年，三个创始人辛苦了5年，终于作出了成绩，而一个干了一年就离开的原创始人，回来说，公司有25%是属于他的，这是不公平的。

8.4　技术入股的股权分配

创业者要谨慎对待创业初期的资金入股或技术入股。因为它们是非常难以量化的，会带来很多不确定性。大家会说，按注册资金，或者投入资金分配股权比例，最为简单方便，也最为公平。假如，在创业初期，有位朋友只投钱，不参与创业全过程，虽然这时候，他不是创业搭档，他是创业初期的投资人，但此时，公司刚刚启动，也无法估值。过了一年，公司估值是注册资金或公司启动时资产（比方 100 万元）的 10 倍（比方 1 000 万元），那么那位投钱的朋友，假设他投资了 20 万元，如果给予他 20%的股权，在第一年年底，就难以量化它所创造出来的价值；如果第二年它依然为 20%的股权，对于那些创业搭档来说，就是不公平的。

本书建议，对于投钱的初期合伙人，因为它不是创业搭档，他的资金投入占多少股权，需要慎重对待。建议前两年暂时不定其股权比例，在第三年按照"投大钱占小比"思路，综合各方面因素，确定其股权比例。也可以采取借 20 万元（打欠条）的形式。

对于技术，最好的解决方案是公司收购其技术，如果公司账上没有钱，可以先打欠条等，等公司有了钱再支付。作为创始人，能用钱解决的事情，尽可能少用股权来解决。

如果对于技术无法用收购的方式解决，对方一定要以技术入股，那怎么办呢？一般而言，技术入股有以下三种方法。

第一，作价入股法。比如，A 投入资金为 200 万元，作为企业注册资金。B 投入技术，并成为创业搭档。那么 B 的技术入股占多少股权呢？双方可以这样约定，当然是书面记载双方的商议结果，假如达成这样的商议结果：公司增值按 3∶1 分配股权，3 年后计算，确定技术入股的股权比例。假设 3 年后，公司资产价值为 1 000 万元，其中新增的 800 万元，按 3∶1 进行分配，这样 A 的出资为：200+600=800 万元，即 A 的股权为 80%，而 B 的股权为 20%，即 B 的技术入股，在公司的股权为 20%。具体的分配比例、增值估算、作价入股时间，都是这个方案的关键点，需要双方友好协商。

第二，设定目标法。比如，A 投入资金 200 万元，B 投入技术，双方创建公司。双方制订 3 年计划：第一年，公司的盈利目标（或营业目标）为 200 万元；第二年，盈利目标（或营业目标）为 400 万元；第三年，盈利目标（或营业目标）为 600 万元。如果，第一年公司完成了 200 万元的盈利目标，B 就获得 X%股权，比如 5%的股权；如果完成了目标的 150%，B 就获得 X%+Y%的股权，比如 5%+3%，这样 B 就获得 8%的股权。第二年、第三年，依次类推。没有完成目标，就无法获得股权。这里还可以约定，获得的股权，采取 4 年的成熟机制。这种目标设定成熟法，经常运用于其他特殊人才变成创业搭档的股权分配。

第三，名义共同出资法。比如，A 出资金 200 万元，B 出技术。商议股权比例为 60%∶40%。40%的部分（80 万元）由 A 垫资。公司如果盈利，B 获得的分红，优先支付 A 的垫资（80 万元）。假设公司盈利 100 万元，B 获得分红 40 万元，那么 B 将 40 万元支付给 A，因为 A 帮助他垫资了 80 万元。如果公司不能盈利并且清盘，所有剩余的资产分配，B 应该优先偿付 A 的垫资（80 万元）。假设清盘时，公司剩下 50 万元，那么 B 应该放弃 50 万元的 40%的资产（20 万元），全部给 A。如果公司剩下的资产为 220 万元，那么多出的 20 万元，按照 6∶4 分配。

8.5 创业搭档的股权调整

很多初创企业，基于眼前的价值分配权益，但随着创业的推进，在时间发展轴上，不同创业搭档带来的价值变化，是不一样的。每个创业搭档各自发展的速度不一样，在公司的价值也会相应发生变化。在利益分配（股权分配）上，应该考虑这种情况。在公司还没有开发项目或产品时，资源型的创始人处于核心位置，他最大化地发挥资源的价值创立公司，而其他专项技能的创业搭档，如擅长技术或者市场营销的创业搭档，此时的价值就没那么大；当公司发展到产品开发阶段后，技术类创业搭档的价值就处于最大值，到了产品销售阶段，市场营销型创业搭档的价值就体现出来了。因此，股权就会面临调整，股权分配及其结构设计是动态的，而非静态。

在充分讨论股权分配、进行股权结构设计时，就要讨论股权调整原则，为公司启动后，将发生的所有权（股权）变动作出计划或原则规定。如果创业者很幸运，遇到的创业搭档非常开明，计划之外的股权变动会轻松地进行。比如黄黔和黄然共同创办了一家公司，创办初期，黄黔占90%股权，黄然占10%股权。随后的岁月里，黄黔每年给黄然10%的股权，直到他们俩各持50%的股权。这之后，黄黔提出再给黄然10%的股权，黄然不同意，黄黔就说：我每月只来公司一次，而你天天在公司里。黄然还是拒绝了黄黔的建议。这样顺利的股权调整是很少见的。戴维·盖奇认为，创业搭档要预先讨论并确定如何处理股权变动的原则或者计划。以及哪些变动是可以接受的，哪些是不能接受的，哪些是必须履行的，等等。很多触发股权变动的事件，往往是可以预先估计的，比如死亡、伤残、离婚、退休、迁移、职责、某个搭档不想工作、某个搭档发生家庭事故、某个搭档违法，对公司经营发展方向存在不可调和的情形等。在讨论调整股权的情形时，可以把这些事件按类划分，比如自愿事件和非自愿事件，好事件和坏事件、丑陋事件等。股权调整中的退出与继承机制，本书会在下一节讨论。

制订股权调整计划，确定一个股权价格，就是一个不可缺少的议题。如果不事先约定股权定价方法，而是事后来定价，这是股权调整失败的关键所在。事后找估价公司，往往会出现较低的估价往往出自想买下股权的搭档请来的估价公司，而较高的估价往往出自想卖掉股权的搭档请来的估价公司。对初创企业来讲，最简单也是最省钱的估价方法，就是他们自己定价并每隔一两年调整定价，并加一个以防万一的条款：如果在特定的时间段内，他们无法确定一致同意的价格，就聘请一个独立的评价机构。

现以一个好的自愿事件（非股权退出）举例说明。

张三和李四，为公司带来了同样的资金、技术和才能。他们很容易将股权五五分。他们商定两个人持续一年不拿工资。公司运行了9个月，李四没有多余的钱投资到公司，而张三可以把他一部分的积蓄投资到他们的公司。请问，如何对待张三的追加资金才对他俩都公平呢？

第一种选择：将这部分资金转化为公司债务交易，钱就算作贷给公司的。或者把它变为可转化债券，张三在下一轮融资时，将他所投的钱转换为股权。（这种做法的风险是，未来的投资人可能不会给张三应得的股权，因为他们会把张三所投资的资金看作他原来50%股份的一部分。）

第二种选择：进行股权交易。他俩简单地讨论公司外部筹资前的估值，假设为200万元，张三投资的5万元，值公司的2.5%（5/200）。如果估值打折20%，那么张三投资的5万元，值公司的3.125%〔5/（200×80%）〕但公司是否能融到资是个未知数，不确定。

第三种选择：最为简单的方法是，他们在创业搭档关系章程中约定双方都同意做全职，而且一年内不拿工资，一年内，张三会追加投资5万元，以55%∶45%的方式划分公司的股份。

创业搭档拿到的股权与其贡献不匹配，该如何处理？这属于股权调整的范畴。公司股权一次性发给创业搭档，但创业搭档的贡献却是分期到位的，确实很容易造成股权配备与贡献不匹配。为了对冲这类风险，有两个途径：第一，在创业初期，预留较大期权池，给后期股权调整预留空间。从预留股权池拿出股权给予新的创业搭档，或者骨干型的员工，也是当某个创业搭档在公司的价值变得越来越重要时，从股权池中拿出股权对他进行奖励。因此，股权池的使用规则也是需要进行充分讨论的，并由此达成共识的可操作的计划方案。第二，事先设置股权分期成熟与回购的机制。

每个人都希望自己的搭档顺利、诚实、守信、完全胜任各自的职责，但实际上，随着时间的推移，搭档将因很多原因而发生变化，尽管也许会事先预知这些原因，但没有人能预知这些原因发生的时间。要想避免"为什么事先没有想到呢"这种常见的情形，戴维·盖奇认为，唯一可靠的方法，就是全面、彻底地讨论股权变动的情形，并形成有共识的股权调整原则和方法，写入创业搭档关系章程。

8.6 创业搭档的股权退出与继承

合伙创业，股权没有退出机制，是股权冲突的最大导火线。比如，有创业搭档A早期出资20万元，占有公司10%的股权。干满一年就主动辞职，或者由于健康原因或者由于家庭变故等原因被动离职了；但他坚决不同意退股，理由也很充分：《公司法》没有规定，创业者离职得退股；公司章程也没有约定；股东之间也没有签过任何其他协议，甚至没有就退出机制做过任何沟通；他出了钱，也干了一年，阶段性地参与了创业。可是其他创业搭档认为不回购股权，既不公平，也不合情理。但由于事先没有约定创业搭档的股权退出机制，对合法回购退出创业搭档的股权就束手无策。

创业公司的发展过程中总是会遇到核心人员的波动，特别是已经持有公司股权的创业搭档退出创业班子，如何处理创业搭档手里的股份，才能避免创业搭档股权问题影响公司正常经营？

创业搭档在企业创办初期，彼此熟悉的情况下，应尽快拟出创业搭档的股权退出机制。

1. 提前约定退出机制，管理好创业搭档的预期

提前设定好股权退出机制，约定好在什么阶段，创业搭档退出公司后，要退回的股权和退回形式。创业公司的股权价值是所有创业搭档持续长期地服务于公司赚取的，当创业搭档退出公司后，其所持的股权应该按照一定的形式退出。一方面对于继续在公司做事的其他创业搭档更公平，另一方面也便于公司的持续稳定发展。

2. 搭档或股东中途退出，股权溢价回购

搭档或股东中途退出，其股权回购方式只能通过提前约定的方式退出，退出时公司可以按照当时公司的估值对创业搭档手里的股权进行回购，回购的价格可以按照当时公司估值的价格适当溢价。创业搭档离职回购股权的退出机制，是否可以写进公司章程？工商局通常都要求企业用它们指定的章程模板，股权的这些退出机制很难直接写进公司章程。但是，创业搭档之间可以另外签订协议，约定股权的退出机制；公司章程与股东协议尽量不冲突；在股东协议约定，如果公司章程与股东协议相冲突，以股东协议为准。比如协议约定：中途退出创业，其股权不可以内部交易，不可自行卖给其他人，只能和公司协商处理。公司按照公允价值或参照公司最近一期审计的净资产价格来确定价值回购其成熟的股权，以体现对他在职期间对公司贡献的认可和尊重，而未成熟的股权，由公司无偿收回。

初创公司，因为兑现不了太丰厚的货币报酬，股权就是招揽人才的硬通币。但股权数量是有限的，中途退出创业的搭档，其股权若不退出，股权数量是不变的，尽管股权池子会变大，将来用来吸引新搭档和新人才以及用于员工的激励股权数就是有限的，不利于公司的发展。股权仍归退出创业的搭档名下，造成在职的创业搭档仍在为退出的他打工。因此，创业者要事先就搭档退出（散伙）有关议题进行充分而平等的讨论，并签署完备的包含股权退出条款的协议。

创业搭档退出时，该如何确定退出股权价格？股权回购，实际上就是"买断"，建议创业公司考虑"一个原则，一个方法"。"一个原则"，对于退出的创业搭档，一方面，可以全部或部分收回股权；另一方面，必须承认创业搭档的历史贡献，按照一定溢价/或折价回购股权。这个基本原则，不仅仅关系到创业搭档的退出，更关系到企业重大长远的文化建设，很重要。"一个方法"，即对于如何确定具体的退出价格，建议创业公司考虑两个因素：一是退出价格基数，二是溢价/或折价倍数。比如，可以考虑按照创业搭档掏钱买股权的购买价格的一定溢价回购、或退出创业搭档按照其持股比例可参与分配公司净资产或净利润的一定溢价，也可以按照公司最近一轮融资估值的一定折扣价回购。至于选取哪个退出价格基数，不同商业模式的公司存在差异。因此，一方面，如果按照创业搭档退出时可参与分配公司净利润的一定溢价回购，创业搭档很可能辛辛苦苦干了多年，退出时却被要求净身出户；另一方面，如果按照公司最近一轮融资估值的价格回购，公司又会面临很大的现金流压力。因此，对于具体回购价格的确定，需要分析公司具体的商业模式，既让退出创业搭档可以分享企业成长收益，又不让公司有过大的现金流压力，还预留一定调整空间和灵活性。

3. 设定高额违约金条款

为了防止创业搭档退出公司但却不同意公司回购股权，可以在股东协议中设定高额的

违约金条款。

4. 创业搭档离婚时，股权归谁的规则

如果创业搭档离婚，股权应该如何处理？婚后财产的处理，包括股权都是棘手的问题。离婚事件，影响的不仅有家庭，还影响企业的发展时机，比如土豆网。离婚事件还很可能导致公司实际控制人发生变更。根据婚姻法，婚姻期间财产是夫妻双方共同财产，但是夫妻双方可以另外约定财产的归属。股权被视为夫妻共同财产，在设计股权退出机制时，要求创业搭档与现有或者未来的配偶约定，其股权为其本人的个人财产或者约定如果创业搭档离婚，其配偶可以得到经济利益，但没有主张公司事务的任何权利。配偶之间可以签署"土豆条款"，约定配偶放弃就公司股权主张任何权利。但是，出于对配偶婚姻期间贡献的认可，也为了取得配偶的认可，不至于夫妻关系由于股权关系亮红灯。一方面，确保离婚配偶不干涉影响公司的经营决策管理；另一方面，保障离婚配偶的经济性权利。创业搭档的离婚或者死亡，在现实世界，已经毁掉了很多初创企业，因为创业搭档都不愿意接受不称心的人做自己的新的创业搭档。如果设置了离婚或死亡事件导致的股权调整计划，公司的其他创业搭档，或许就有义务买下可能落入配偶或继承人之手的股权，从而避免公司解散的风险。

5. 创业搭档去世的股权退出机制

从法律角度来看，股权属于遗产范畴，当股权变成遗产后，继承人有权继承股东资格和股权财产。为了避免因股东资格的继承给企业带来隐患或者不便，可以提前在公司章程或者创业搭档关系章程中进行约定，一旦有创业搭档去世，他的继承人只能继承股权财产，而不能继承股东权力等。当剩下的股东没有正常支付能力购买一个要退出合伙的创业搭档的股权时，如何让股权买断更具可行性？最简易最基本的方法就是同意向离去的创业搭档分期计息支付购买其股份的款项。或者采取购买保险法，用保单收益来购买离去创业搭档的股权。

现实中，很多合伙公司，一旦脱离合伙，就立刻创立与原公司相似的公司，形成恶性竞争，故需要增加非竞争条款，但非竞争条款的副作用，强加给离去创业搭档的制裁可能会使得一个心怀不满的创业搭档不得不继续在公司熬下去，并消极怠工。因此，非竞争条款需要在保护公司与允许离去之间保持平衡。

无论是股权设计、分配、调整，还是退出等，所有和股权相关的达成共识的协议，包括他们的价值观、性格，以及期望怎样共同拥有公司，创业者都要进行清晰的平等沟通，然后写入合伙章程，那些不能写入法定的合伙章程（本书称合伙协议）的内容，要写入创业搭档共同拟定的合伙文件（本书称为创业搭档关系章程），具体会在第12章详细探讨。

本章小结

（1）股权关系，是创业搭档的商业关系中最为关键的关系。创业者要拥有股权的基本知识，在正式投入搭档关系前，至少是正式投入搭档关系不久的某个时刻，就股权领域的议题进行充分讨论。

（2）股权是投资人根据持股比例原则所拥有的对企业财产的所有权（支配权和分配权）。股权池，是指创业公司初创时期分配股权时，预留的一部分股权。股权期权是公司授予员工以固定的价格（俗称行权价格）在未来买入公司股票的权力。

（3）股权结构是指公司的总股本中，不同性质的股份所占的比例及其相互关系。它是公司治理结构的基础。股权结构的设计，既是科学，也是艺术。所谓的科学，是指它具有一定的规律性和可复制性；所谓的艺术，是指它没有唯一的标准。

（4）与其股权之争，不如股权协商，最终形成股权书面协议，这是创业搭档商业关系最有力的保障基础。

（5）创业者及其搭档，就股权结构、分配、调整、退出和继承等进行坦诚讨论，并形成股权书面协议。在股权分配时，要避免六个常见的误区。

本章思考题

1. 请阐述股权和期权的差异。你认为，哪个激励员工的效果更好更持久？
2. 要形成好的股权书面协议，你认为要进行哪些股权讨论？
3. 你认为相宜的股权结构设计，要遵循哪些原则？请举例说明。
4. 你认为股权分配要遵循哪些原则？请举例说明。
5 如果对于技术，无法用收购的方式解决，对方一定要以技术入股，那怎么办呢？请举例说明。

真功夫的股权之争

1990年，潘宇海创立168甜品屋。1994年，蔡达标和潘敏峰夫妇加入甜品屋，改名为168蒸品餐厅。潘海峰是潘宇海的姐姐，是蔡达标的妻子。股权结构是：潘宇海占50%、蔡达标潘敏峰夫妻占50%。他们的创业属于创业搭档1.0。他们的企业很快就发展为标准化的中式快餐连锁店，公司更名为"东莞市双种子饮食有限公司"。潘宇海为法人代表，任总经理。股权结构不变。

在初创时期，大厨出身的潘宇海掌握着餐厅的主导权，但随着标准化中式快餐的推出，公司对潘宇海的依赖性越来越少。蔡达标的商业能力得到了充分发挥，蔡达标对公司的贡献和影响力越来越大。2003年，两人口头协议，5年换届一次，轮流"坐庄"。2004年公司双方均"全情投入，立足功夫"，同心协力带领"真功夫"的新品牌走向全国。在蔡达标任总裁的时候，其亲属逐渐控制了真功夫的重要部门，如采购部等。2006年，蔡达标和妻子潘敏峰协议离婚。潘海峰所持有的25%股权转归蔡达标所有。真功夫的股权结构变成：潘宇海50%、蔡达标50%。

2007年开始,蔡达标开始为上市做准备。引入了今日资本和中山联动两家风投。股权结构变成:潘宇海、蔡达标各占41.7%,双种子公司占10.52%(其中蔡达标、潘宇海各5.26%),今日资本和中山联动各占3%。后来,蔡达标通过控股中山联动,股权比例反超潘宇海。

2008年,蔡达标未兑现5年前的"口头"承诺,轮流坐庄让潘宇海做总裁,而潘宇海希望参与到真功夫的管理工作,于是两人的矛盾升级,争斗公开化。在前妻的眼里,蔡达标也逐渐变成侵夺潘家财产的掠夺者,她认为蔡达标骗取了她的25%股权。蔡、潘两家的内斗以2014年蔡达标获刑14年暂告一段落。(这是因创始人离婚,导致股权变动而埋下祸根的股权之争的真实事例。该真实事例的材料来自网络,由本书作者整理。)

讨论:

1. 假设重来,您是潘宇海,您将如何进行股权管理?
2. 假设重来,您是潘敏峰,您将如何处置股权?

第9章 创业搭档的组织关系管理

本章要点

描述初创企业经营管理权的 PRAPC 模型
分析初创企业组织关系四种类型的优劣
探讨初创企业管理岗位的 TOPK 原则

9.1 创业搭档的经营管理权

9.1.1 成功创业的 PRAPC 模型

上一章节,我们探讨的是创业公司所有权的议题,本章节,我们探讨的是创业公司经营管理权的议题:职责、头衔、权力、地位。也就是创业班子如何分工,谁来安排和监督工作,谁来评估创业班子的绩效,谁拥有最后的决定权,等等。俗称出力规则。

一个人创业,都存在左脑和右脑的斗争,何况和另一个人,或者另几个人合伙创业?那些合伙创业的,即和创业搭档进行创业的,他们是分合的头脑,他们之间既存在冲突和斗争,也存在合作和团结。他们要坦诚而富有成效地讨论如何实现"分"和"合"?并就此达成经营管理关系的协议。这里的"分"是指"分工",职权分工要细化明确,责任要说清明了。这里的"合",是指团结奋斗、主动补台、齐心协力,劲往一个地方使等。事先拟定好出力规则,让经营决策清晰,减少决策冲突,保证决策的正确性和贯彻执行性。让管理顺畅,提高企业运行效率。

所有者,即创业者,通常一致同意他们将亲自经营公司,因此,所有者也是管理者。管理者,拥有直接下属,并负有直接指挥下属开展工作的职责。因此,所有权和经营管理权,在初创公司是错综复杂的关系,很难厘清。所有权的纠纷,会导致经营管理权战争。在讨论谁将做什么时,建议创业者要认识到各自的所有权职责和经营管理职责区分开来的重要性。相互伤害、势力冲突、权力斗争和头衔争夺等,都会降低初创企业的效率,带给创业者极大的烦恼和痛苦。

本书的作者经过 10 多年的研究以及实际创业经历,提出了初创企业经营管理的动能机制模型,如图 9-1 所示。

权力（power），在中国文字里，权的意思是用手杖来劝勉。权的本义是：决策、支配的资格，影响势力。《庄子·天运》云："新权者不能与人柄。"引申义：变通，衡量是非利害，因事制宜。《周易·系辞下》云："井以辨义，巽以行权。"还引申为平衡。《论语·尧曰》云："谨权量，审法度，修废官，四方之政行焉。"权力，就可以这样理解：决策的力量，支配的力量，影响的力量，变通的力量，平衡的力量。唐朝柳宗元在《柳州司马孟公墓志铭》云："法制明具，权力无能移。"

图 9-1　初创企业经营管理的动能机制模型

本书 PRAPC 模型中的权力，特指职务（post）带来的权力（职权）。它是指通过职务对他人造成他所希望和预定影响的能力，是组织成员为了达到组织目标而拥有的开展活动或者指挥他人行动的能力。对于创业者而言，权力是指企业的经营管理和决策的权力。它与所拥有的职位有关，它来源于企业契约关系。创业者的经营管理权力来自所有权，来自股东的委托。当某位创业者被授予担任公司副总经理，负责公司的产品销售业务时，他就应该被赋予自行决定有关销售方面的任何问题，并指挥销售部门其他成员开展相关的销售活动的职权。职权，是指职务范围以内的权力，是指管理职位所固有的发布命令和希望命令得到执行的一种权力。职权一词，在中国，最早出现在清端方的《请改定官制以为立宪预备折》："更设丞参各官，划定职权。"

管理者不能随意干涉他人权限范围内的事务，管理者的权力行使受到创业公司中权力分配范围的限制，只有在创业公司根据其岗位职责所授予的权力范围内，管理者才可以行使其相应的权力。比如，负责生产的副总经理，不能擅自就市场销售策略作出决定，因为它是负责销售的副总经理的权限范围内的事。创业者的权力是通过创业公司的正式渠道发挥作用的，职权的分配和委任，是实现创业公司的企业目标的客观需要。创业者的权力大小，首先取决于他在创业公司中所处的地位及其所担负的岗位职责。作为一个总经理，他一般拥有以下权力：第一，有权根据公司的定位，提出企业经营方案和所需资金的预算。第二，根据企业的经营计划，有权提出公司机构设置和人员编制方案。第三，对企业日常经营管理活动的决策权。第四，对董事会任命人员的提议权，对其他管理人员的任免权。第五，对企业内部人员进行工作监督检查和对下属工作进行调配、检查、考核和奖惩的权力等。

有些创业者对身份较低的职位感到不舒服，是因为他认为作为所有者，他们原本处于同等地位，尤其是股权相差不多的情况下。因此，如果与创业搭档一起创业，需要谨慎而明智地达成明确而健全的权力分享协议，设计好初创企业的组织架构（组织的结构和关联流程）。绘制好公司的组织结构图：以图解方式说明公司的等级体系和统属责任。这个结构图,需要清楚地描述每个创业搭档的权力和职责。

职位,即职务,一般都有头衔,而头衔与职责要关联,虚拟的头衔(没有直线下属的头衔)虽然会带给当事人以一定的心理满足感,但给组织会带来严重的伤害。头衔或多或少代表了一定的权力,它有着丰富的象征意义,有时远远超过当事人的想象,尽管有些创业者不要 CEO 的头衔,他们不在乎头衔。比如,科研型的创业者,可能会选择首席科学家(CSO),技术型的创业者,可能会选择首席技术官(CTO),但大多数创业者都想当 CEO,没有当上 CEO 的创业者,会抱怨没有得到重视。

初创企业需要区分职责(职务和责任)以实现高效率,明确分工,可以避免创业班子出现短板。责任到人和权责明确,个人能力和性格就会得到充分发挥。本书建议:创业者要就职权划分和职责分工进行平等而充分的协商,对彼此分工有明确的认识和界定,并通过书面方式固定下来,谁是 CEO、谁是 COO、谁是 CTO 等,并把职位描述书面化详细化。因为这是行使决策权或者经营管理权的依据。最初的职务和责任的确定与分派,对于初创企业来讲,是不可回避的议题,也是初创企业第一个坎。职责和责任的划分越合理,权力斗争就会减少,公司的效率就会越高,彼此的工作关系乃至商业关系就会越满意,公司就会顺利度过初创期(启动期),进入快速成长期。

初创企业的组织结构非常简单明了,常规组织结构如图 9-2 所示。财务或者人力资源管理,由 CEO 负责;公司运营由 COO 负责,技术研发由 CTO 负责,销售与市场由 CSMO(首席市场营销官)负责。COO、CTO、CSMO 对 CEO 负责。有的公司,没有 CSMO,直接由 CEO 负责管理,而财务和人力资源由某个创业搭档来负责管理,职务为副总经理。

图 9-2 初创企业的常规组织结构

初创企业,分工固然重要,但补位(主动补台)更为重要!太华诗云:"甘心补台无首疾。"形成简单快速高效透明的工作氛围,促使初创企业更快地成长。本书认为,分工细化之余,还要有一定的灵活性,不得已的"越界"或"轮流制"也是适度允许的。比如,某个重要客户因个人关系更喜欢和 A 创业者打交道,尽管 A 是负责技术研发的,那么 A 创业者也有责任果断地参与本职之外的工作:和公司负责业务的 B 创业者,一起拜访客户。职责分工是基于工作本身的,遇到靠人际关系说了算的业务,这种情况下的越界是责无旁贷的。这种情况下的"越界工作",如何对等利益分配,也是考验创业者智慧的。没有标准的分配，都要视情况而定。但忽视它，或者过度在意它，都是不应该的。本书不主张无节制的轮流制，但在有些工作创业者都不愿意接手的时候采取轮流制是可行的，即创业者 A 做一段时间（比如一年），创业者 B 做一段时间。如果创业者都坚决不想接这个"烫手山芋"，可以考虑外援或者引入第三个创业者作为创业搭档。

责任（responsibility），从字面上理解，责任有两层意思：第一，指分内应该做好的事；第二，指如果没有做好自己的工作应承担的不利后果或强制性义务。责任就是职责和任务，是指一个人不得不做的事或一个人必须承担的事情。责任一词，最早出现在《新唐书》，《新唐书·王珪薛收等传赞》云："观太宗之责任也，谋斯从，言斯听，才斯奋，洞然不疑。"北宋黄庭坚的诗句云："责任媲和扁。"南宋徐玑云的诗句云："责任无细微。"无论管理者在公司中的地位如何，他们所担负的基本职责都是一样的：设计和维护一种环境，使身处其中的人能在公司内协调地开展工作，从而有效地实现公司的目标。管理者不仅要对自己的工作负责任，而且要对下属的工作负责任。下属犯错误要对其工作失误负责，管理者要对下属失误所反映出来的管理问题负责。管理者除了要对自己是否做好计划、组织、领导和控制等本职工作负责以外，还要对其分管部门和分管工作的最终绩效负责，对下属人员的工作行为负责，对分管部门所提供的信息的及时性和准确性负责。

情怀不能当饭吃，创业不是请客吃饭，盈亏与责任必须事先讲清楚，并明确下来，做到有章可循，有据可依。比如，销售总监，他是公司产品销售的管理者，他对公司销售目标的实现负有直接的责任，负责销售计划、销售组织、销售控制等活动的开展，带领一群人完成公司交给的销售任务。创业的不确定性，决定了销售的决策权和表决权有所不同，建议引入分歧表决规则。首先，创业班子要有首席执行官，在创业项目及公司重大表决方面，是否拥有一票通过权或否决权，并由此承担相关责任。其次，创业者要共同拟订责任承担方案，做到权责对等，防止有责无权，也要避免有权无责。

把职务、责任按照事情（创业活动）划分好了，接下来讨论的就是谁来做。在讨论谁将做什么时，是基于所有权，还是基于个人能力，还是基于性格？本书作者长期的研究表明，三者都要考虑，统筹兼顾，创新灵活，动态适宜。

能力（ability），本书第 5 章重点探讨了创业者能力。很多失败的初创企业，常常在权、责、利三方面出现分歧，比如争权夺利，推卸责任。这外在的冲突与内在的能力和性格是有密切关联的。大家都知道，除了股权外，谁的能力强，谁就可以当老大。如何操作呢？

本书提供谁当 CEO 的模型工具供大家参考。这个能力模型采取"客户导向和产品导向"两个关键因素，客户导向为横坐标，产品导向为纵坐标，就会演绎出四种情形，如图 9-3 所示。一般而言，本书建议就能力胜任而言，首选处在圆上（无极上）的创业者为公司的 CEO，这种创业者拥有十字圆思维的特质，整合能力和应变能力强。其次是 A 象限的创业者为 CEO，这种创业者整合能力很强，能够做到客户导向和产品导向并驾齐驱。之后就看初创公司的性质，比如，公司是科研型创业，这时候，可能选择 C 象限的创业者为 CEO。如果公司是向广大消费者提供服务的，也许选择 B 象限的创业者为 CEO 较好。如果公司是提供招聘或培训服务或者提供财务服务的，那就可以选择 D 象限的创业者为 CEO。

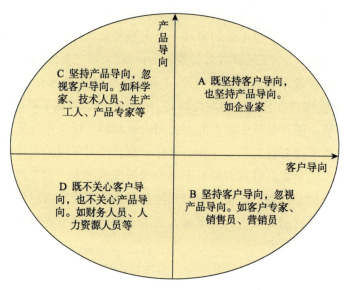

图 9-3　客户导向—产品导向的四象图

性格（character），本书在下一节重点讨论。本书认为喜欢交际且又非常具有商业头脑的创业者，适合做首席市场营销官。这里的商业头脑是指商业能力，这里的喜欢交际，是指外向性格或外向风格。本书把交际和商业头脑作为两个维度，即两个坐标，那么就会演绎出四种情形，如图 9-4 所示。如果创业者是 B 象限的，他非常具有商业头脑，但不喜欢交际。他担任 CMSO，就欠缺，至少做得不开心。这时候，怎么办呢？对于初创企业来说，一般有两种做法：①在没有其他人能够胜任的情形下，他担任 CMSO，他要学习性格理论知识，如本书的 TOPK 理论，学会自觉地把性格调整为外向，即调整为孔雀性格，当拜访客户时，做到适应性销售。在工作中，增加孔雀性格，做到适应性领导。②在没有其他人能够胜任的情形下，他担任 CMSO，给他配个孔雀性格的助手或他的队伍里多配些孔雀性格的员工。如果创业者是 C 象限的，他喜欢交际，但商业头脑欠缺。他担任 CMSO，也有缺陷，做得开心，但能力不足。这时候，怎么办呢？对于初创企业来说，一般有两种做法：①在没有其他人能够胜任的情形下，他担任 CMSO，努力学习商业知识，并适时参加商学院的在职学习。②在没有其他人能够胜任的情形下，他担任 CMSO，给他配个具有商业头脑的助手或他的队伍里多配些具有商业知识的员工。商业头脑即商业能力，是可以培养的。能力的提升会比性格的调适来得容易。D 象限的创业者，不适合做 CMSO。即使长达半年的轮流制，也是不行的，会带给公司的销售以致命的伤害。一个月或一个季度的轮流制，只是增加其体验而已，培养共同语言。

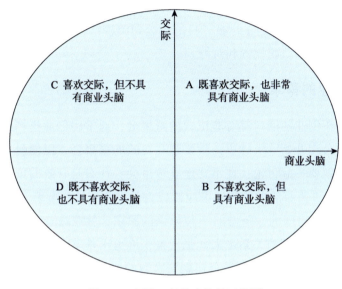

图 9-4　交际—商业头脑的四象图

利益（profit），本书在第 10 章会重点讨论。职务划分好了，责任也说清楚了，也已经分派到人了，还需要探讨协调机制，即如何协调这些职责。精心设计出一种有效的方式，相互反馈，积极沟通，主动联络来确定他们是否真的在做他们都同意做的事。创业搭档，形成定期的反馈和灵活反馈相结合的机制。这些反馈，不仅仅是绩效报告，不仅仅是工作评价，更为重要的是真诚的建设性的批评和相互激励。对于一个成功的初创企业来说，它们拥有持续不断的信息流和反馈流。定期的反馈是经过深思熟虑的，也是明确的。

不管创业者在公司担任什么职责，他们都必须以一种能够被其搭档接受的方式去履行，否则就会出现冲突。他们必须干得称职，这就意味着要有问责制。如果事先没有讨论问责议题，也没有书面化问责机制，那么公司运行后，最需要承担责任的创业者，在遇到问责时，他会抵制所有的问责。

问责制意味着什么呢？它意味着当工作表现没有达到预期时，有人要出来承担后果。现实中，要让同为所有者的管理者来承担责任，是相当难的事。其中"面子"就是个大难题。但如果没有问责制，创业者的工作表现就可能达不到预期标准，他们就可能完不成应该完成的任务，甚至有可能毁掉公司。当所有者不宽容他们自身的不合格表现时，那所有者就等于向公司员工发出了一个强烈的信号：我们是对每个人都一视同仁的公司。没有达到预期，要问责；达到预期，要奖励。

创业搭档之间的分工明确，职责说清，补台主动，对等权利，相互信任，能力胜任，性格配岗，这对初创企业取得成功来说，是至关重要的。职务分工，是要解决各尽所能（能力），各尽所性（性格），大家的事情（创业的事情）大家（创业搭档）商量着办，把大家的优势和潜能充分发挥出来，同舟共济实现共同的战略目标和愿景，把企业创办成功，并迈向卓越。因此，良好的公司治理结构，不仅仅是股权设计合宜，还要做到职责分工明确、职权责利对等。

9.1.2　初创企业的董事会

大多数公司在创业初期，都有非正式的董事会，通常由创业搭档组成，共同参与决策。一旦创业公司开始寻求融资，就要建立正式的董事会，以便引入其他股东。这个时候，创业者就要一起讨论：要不要建立董事会？什么是有效的董事会？怎样建立一个有效的董事会并发挥它的作用？谁应该成为董事会成员？董事会成员有几个？

董事会的成员是有限的，每增加 1 位外来的股东，就意味着有 1 位创业搭档要退出董事会。这将给创业搭档关系带来紧张气氛，谁退出董事会就成了棘手问题。因为董事会人数一般为 5 人。随着创业公司融资次数的增加，董事会成员也会相应增加，但依然是有限的，到第五轮融资时，董事会成员一般为 8 人。不包括董事会的观察成员（列席董事会议但不参与讨论，也没有投票表决权的人）。董事会的理想人数为 5~9 个，奇数可以防止票数相同的情况。

创业者要一起讨论公司治理：是否成立董事会？如果成立董事会，那就必须厘清股东、高级主管与董事会成员的角色界限等。董事会（或有限公司中所谓的"管理委员会"）要负责挑选高级主管，并确保他们正确地经营公司，维护所有者的最大利益。董事会的定位是只专注解决影响深远的问题，比如公司政策、收购、债务结构、继任计划和战略计划等。

（1）董事会成员是公司所有者的代表，依法负有注意义务（像普通人在类似情形下处理个人事务）和忠诚义务（防止董事利用职权谋取私利）。

（2）谁成为董事会成员？所有者（股东，当存在很多小股东时，把每个股东纳入董事会是不现实的。如果股东的商业思维水平不高，把他纳入董事会也是不合理的）、高级主管（高级主管是董事会决定的执行者，让 1~2 个高级主管进入董事会，会增加决定的质量与执行质量）、顾问、外来成员（独立董事，他们往往是其他公司的高级主管，与公司的 CEO 没有直接关系，起监督职能，并可以避免近亲繁殖放大效应）等。

除了董事的讨论之外，在公司治理结构议题中，创业者还要讨论什么情况下聘用职业经理人（外来管理者），什么情况下给予外来管理者以股权或期权等。

9.2 创业搭档的组织关系类型

谁想要 CEO 的头衔？谁会得到 CEO 的头衔？诺姆教授的调研表明：以下三个关键因素决定了谁当 CEO。第一，对公司的贡献程度和投入程度；第二，提出创业想法并付诸实施；第三，掌握的人脉和投入的资金。本书认为，当 CEO，除了这三个关键因素外，还必须考虑能力和性格因素。大前研一在其著作《创业圣经》中，也提到能力和风格因素。他以技能（能力）和风格（性格）以及组织关系的对等、上下来观察初创企业的组织关系，他得出如图 9-5 所示的四种情形。

A：技能与风格同质，且组织关系上下：想法出现贫瘠，容易走极端，但能迅速决断。

B：技能与风格异质，且组织关系上下：方向与意识有分歧，需要反复沟通，但能快速决断。

C：技能与风格同质，且组织关系对等：想法出现贫瘠，容易走极端，决断要么很快，要么很慢。

D：技能与风格异质，且组织关系对等：方向与意识有分歧，需要反复沟通，有时不能决断。

尽管在创业初期，创业搭档对头衔、权力、地位和职责的差别会低估，但随着公司的发展，尤其是发展顺利的时候，他们就会对这些差异敏感，甚至会成为冲突的根源。通常情况下，处于更高职位的创业者，会认为自己对工作付出更多，承受着更大的压力或者所得到的薪酬远远低于自己付出的劳动，这时候，他们就会觉得不公平。而处于职位稍低的创业者，有的不能忍受另一个创业者的支配，他认为另一个职位高的创业者对他的支配是难以接受的或者令人厌恶的。有些创业者，认为作为公司的所有者、创始人，他们同等地对公司的债务负责，同等地商讨公司的政策和发展方向，也应该拥有同等的头衔或职位。因此，C、D 情形在实践中很常见，他们通过分享同一个职位或轮流任职来实现职位上的平等。他们认为这是有效地把共同所有者变成共同船长的最佳方式。短时间内的轮流任职是可以的，但不考虑能力、性格和公司发展的内外环境，一味地追求共同船长的平等，对初创企业来说，不是一件好事。频繁地职务轮换，会导致混乱或者低效率的恶果，弄得不好，职务轮换变成轮流否定。采取 C、D 组织关系的创业者，戴维建议他们要在创业搭档关系章程里明确地描述：①权力平等意味着什么？②谁将评价这种安排是否运转正常以及他们将怎样作出这些评价。③如果陷入僵局或者安排不起作用时，该怎么办。

本书认为，抵制区分职权和责任的创业者，最好不要合伙创业，单独创业也许是适应他的。大前研一和本书作者的研究均表明：那些成功度过初创时期的企业，其组织关系是 B 类型。比如，腾讯公司的创业者在初创期的职责分工和头衔是：马化腾担任 CEO。张志东担任 CTO，全面负责专有技术的开发，包括即时通信平台和大型网上应用系统的开发。曾李青担任 COO，全面负责腾讯集团业务范围及产品种类，同时管理全国各市场推广工作。许晨晔担任 CIO（首席信息官），全面负责网站财产和社区、客户关系及公共关系的策略规划和发展工作。陈一丹担任 CAO（首席行政官），全面负责本集团行政、法律和人力资源事宜。陈先生亦负责本集团的管理机制、知识产权及政府关系。马化腾与他的搭档，各展所长，各管一摊，分工协作。马化腾及其搭档的组织关系，属于 B 类型。他们的能力是不同的，他们的性格也是不同的，具体请阅读本书 4.13.2 中的论述。

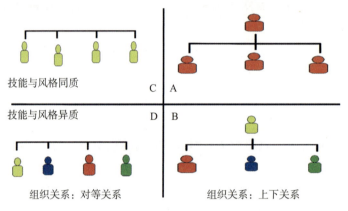

图 9-5　技能、风格和组织关系构成的组织类型

9.3　初创企业管理岗位的 TOPK 原则

　　TOPK 的四种性格都能够发起创业，也都可以胜任企业一把手的岗位（CEO）。但是如果采取了图 9-5 中的 A、B 型组织关系，猫头鹰型的 CEO、孔雀型的 CEO、考拉型的 CEO，其亚型性格，即次要性格，肯定都是老虎型，因为 A、B 情形，要求 CEO 必须拍板决策并对此担责，拍板决策和担责是老虎性格的优势。只是其中有的 CEO，他的次要性格天生就是老虎型，比如猫头鹰型的李彦宏；有的则是岗位所迫，比如考拉型的俞敏洪。

　　创业期，第一把手的行为风格最接近哪种呢？本书作者对浙江大学等高校 600 位 MBA 学生进行了调研。结果如图 9-6 所示。

　　本书在第 4 章谈到，所谓的性格就是人们习惯的思维方式和行为方式。因此，人们所擅长或感兴趣的活动或者岗位是有差异的。TOPK 性格岗位匹配原理认为：性格和岗位要相适应或相匹配。比如，与事务密切的工作，交给老虎型和猫头鹰型的人去负责；与人密切的工作，交给孔雀型和考拉型的人去负责。事务中需要严谨而公正的，交给猫头鹰型的人去负责；事务中需要快速决策和快速行动的，交给老虎型的人去负责。与人密切的工作中，需要激发梦想与动力的，交给孔雀型的人去负责；与人密切的工作中，需要倾听和耐心协调的，交给考拉型的人去负责。

本书作者通过长期研究，就创业活动的分工与TOPK进行了关联。TOPK性格匹配岗位原理的具体运用，如图9-7所示。例如，老虎性格的特质是果敢和行动，他们感兴趣的岗位就是经常要自行决策的岗位，如销售部、监督部、评估部。猫头鹰性

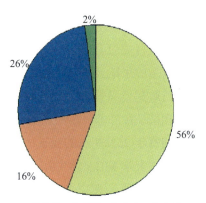

黄老虎、蓝猫鹰、红孔雀、绿考拉

图9-6 第一把手的性格类型及其比例

格的特质是逻辑，讲究数据、依据和证据，精益求精。他们感兴趣的岗位就是财务部、质检部、采购部、技术部。孔雀性格的特质是灵活富有激情，他们感兴趣的岗位与人相关，比如人力资源管理的培训、招聘，市场营销的促销、广告等。考拉性格的特质是倾听而富有耐心，他们感兴趣的岗位是客户服务部、行政沟通等。在企业的经营管理中，老虎型的人才长于用魄力来开拓业务，孔雀型的人才长于用社交和品牌宣传来开拓业务，考拉型的人才长于客户服务和行政协调，猫头鹰型的人才长于技术研发和质量、财务。

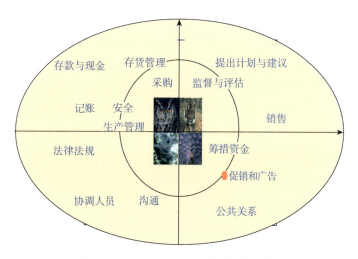

图9-7 TOPK性格与企业活动的匹配

宁波大学MBA学生王晗旭提供了一家外资企业在华最初5年的两套高管班子的实例。公司的首任高管班子：猫头鹰型的总经理、老虎型的销售总监、猫头鹰型的技术总监、孔雀型的采购总监、老虎型的生产运营总监（兼管质量部）、老虎型的财务总监。孔雀性格担任采购总监，出现的问题是采购的产品质量不稳定，价格多样化，库存比较多。采购目录和仓库目录往往要花费很多时间去核实。老虎性格担任财务总监，经

第9章 创业搭档的组织关系管理

常对销售部很强势，费用报销政策虽然简洁明了，但临时性冲突很多，销售部意见很大。第二任高管班子：老虎型的总经理、孔雀型的销售总监、猫头鹰型的技术总监、猫头鹰型的采购经理、猫头鹰型的财务总监、老虎型的生产总监（兼管质量部）、考拉型的行政运营总监。公司各种特质的人才与职责岗位更匹配，团队分工明确，工作开展更和谐。在外部，客户数量飞速发展，2014年到2018年，营业额从每年10%的增长跳跃到每年25%左右的成长。

宁波大学MBA学生陈丹提供了所在公司的高管班子的性格岗位实例。公司第一任高管班子：总经理猫头鹰性格，生产部经理（兼管质量部）孔雀性格，销售部经理孔雀性格，技术部经理猫头鹰性格，采购部经理孔雀性格，财务人事部考拉性格。第二任高管班子：总经理老虎性格，生产部经理（兼管质量部）老虎性格，销售部经理猫头鹰性格，采购部经理猫头鹰性格，财务部经理考拉性格，人事部经理孔雀性格。陈丹认为在成立初期，猫头鹰型的总经理心思缜密，将注意力更多地用于关注公司各部门的稳定运营，而当公司慢慢发展到需要开展业务的时候，第一任孔雀型的销售经理过多地关注身边的人，而导致销售业绩不是很好。作为考拉型性格特征的财务部经理，可以协调组织内的各部门关系，起到缓冲的作用，很适合财务的工作性质；但是作为人事部经理的话就不太合适，毕竟公司很多规章制度的制定、日常的招聘等工作都需要她出面解决，当员工反映问题时，她也应当及时地予以处理和解决。老虎型性格的生产经理，将生产规模和质量都提升到了新高度；猫头鹰型的销售经理心思缜密，有的放矢地开展业务，使公司的业绩逐年攀升。第一任管理团队，在没有老虎型的情况下，仍旧表现不俗，这是因为当时的目标并不是开展业务，而是建立稳定的公司运营环境和体系，为后续开展业务做准备。第二任管理团队的主要任务是开展业务和扩大生产，所以老虎型的总经理和生产经理，以及猫头鹰型的销售经理使得这样的目标更容易达成。因此，本书认为，公司不同的时期，总经理岗位的性格要求也会有所不同。

浙江工业大学创业MBA的方兴光同学在管理实践中，运用TOPK性格岗位匹配原理，安排其管理的财务部门的岗位，不同的亚型性格对应财务的不同岗位：老虎亚型的猫头鹰特征（果敢的猫头鹰）的成员让他做内审工作，因为他根据事实进行决策，敢于秉公做事。猫头鹰亚型的猫头鹰型特征（猫头鹰王）的成员让他做财务管理岗位，因为他做事深思熟虑，有条不紊，很有纪律性，能系统地分析现实特点。孔雀亚型的猫头鹰型特征（激情的猫头鹰）的成员让他做财务融资工作，因为他做事热情奔放，精力旺盛，善于演讲。考拉亚型的猫头鹰型特征（平和的猫头鹰）的成员让他做会计实务工作，因为办事情不紧不慢，工作有耐心。这样的安排，充分利用了他们的自身特点，发挥其擅长的一面，提高了团队的工作效率，实现了财务团队的优化组合。

宁波大学MBA的鄢琴同学在管理实践中，把财务部分为三组：第一组，会计账处理小组。平时主要工作是基础会计凭证的入账，原始单据的核对与录入，客户日常收款与开票、供应商日常付款与收到发票及核对。这些工作需要注重细节和遵守日常工作流程即秩序。她安排猫头鹰王（猫头鹰中的猫头鹰，即 TOPK 模型的第二大象限中的第二小象限性格类型）特征的员工进入这个小组。第二组，报表分析小组。平时主要工作是在月度结账时，在规定的时间节点出具报表分析报告，有较强的时间节点要求，需要对工作进度和时间有较高的控制，以便在报表截至日前完成所有报表分析任务，注重结果。她安排果敢的猫头鹰型的员工进入这个小组。第三组，新项目产品报价组。平时工作主要是跟销售、项目经理、采购部门组成项目组，按每个项目报价进度给予报价分析，有时会与其他国家兄弟工厂沟通进行全球报价，跨部门沟通比较多。她给这个小组招聘的是激情的猫头鹰型员工。实现了亚型性格与岗位的匹配，结果，财务部成为公司的优秀部门。

本书作者通过长期研究，认为成功企业的组织构架与 TOPK 性格存在关联，如图 9-8 所示。老虎型的创业者，擅长打造目标导向的企业文化；猫头鹰型的创业者，擅长打造规则导向的企业文化；孔雀型的创业者，擅长打造创新导向的企业文化；考拉型的创业者，擅长打造支持导向的企业文化。拥有 TOPK 型的创业班子，打造的就是综合型的企业文化：目标导向、规则导向、创新导向和支持导向。这种企业文化，具有天下无敌的竞争力。

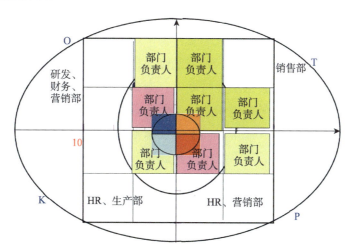

图 9-8 TOPK 性格与企业部门的匹配

宁波大学 MBA 彭某同学，学了"创业搭档管理"课程后，用 TOPK 性格模型分析公司的五人，发现他的创业团队符合 TOPK 原则：老板为 T 型、业务员 2 人为 P 型、会计为 O 型、采购为 K 型。

彭同学非常兴奋，公司具有一流企业的特质。他更加来劲了，聚集洪荒之力，撸起袖子加油干，坚信公司的发展会越来越好。可是，一年后，他的公司业绩非常一般，令他失望。于是，彭同学哀叹：TOPK 学说，不灵。

同学黄某告诉彭某，不是 TOPK 不灵，是因为彭某没有运用 TOPK 性格的岗位匹配原理。黄某建议彭某同学把公司调整为：老板为 T 型、业务员 1 人为 K 型、1 人为 P 型、会计为 O 型、采购为 O 型。经过三个月的运行，销售业绩明显好转。采购岗位需要严谨认真和数据证据、坚持原则的性格，采购岗位匹配的是猫头鹰型性格，考拉性格不适合采购岗位。因为老板是老虎性格，他在前面开疆辟土、拿订单，他快速果敢、抓大放小，需要考拉性格落实订单细节，跟进订单，并细心服务客户。

宁波大学 MBA 学生盛敏提供了一个很好的性格岗位匹配实例。2010 年时，某外资在华分公司的高管班子的性格-岗位关系，如图 9-9 所示。

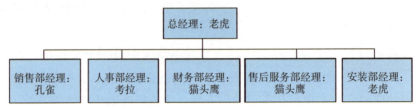

图 9-9　2010 年，某外资在华分公司高管班子性格—岗位图示

总经理是老虎，领导整个管理班子，敢于冒险，为人豪爽，果断而细致，做事情当机立断，大部分根据事实进行决策，在做决策前，会找几个替代方案，做事充满动力和信心，面对挑战和困难时，勇于攀登高不可攀的顶峰。销售部经理是孔雀，热情奔放，精力旺盛，容易接近，有语言天赋，善于演讲，喜欢表现自己的天赋和才华，对于销售订单的签订有很强的能力。人事部经理是考拉，喜欢与别人一道工作，营造人与人相互尊重的气氛，很会从小处打动人，为人随和与真诚，好相处且无进攻性，是整个管理班子的镇静剂，经常组织管理层团队活动，给整个管理团队提供了平衡与稳定。财务部经理是猫头鹰，非常崇尚事实、原则和逻辑，做事情深思熟虑，有条不紊，意志坚定，很有纪律性，能系统地分析现实，把过去作为预测未来事态的依据。追求周密与精确，对事情非常敏感，而对人不敏感，但注重工作证据。售后服务部经理和安装部经理分别是猫头鹰与老虎，在各自的岗位上，也扮演着重要的角色。整个管理班子在老虎的领导下，迎着市场需求激增的春风，业绩发展异常迅猛，年年在东部区域里名列前茅，被评为优秀的管理团队。

到了 2015 年，原总经理将退休，管理层的性格-岗位做了变更，如图 9-10 所示。

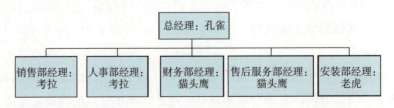

图 9-10　2015 年，某外资在华分公司高管班子性格—岗位图示

原销售部经理晋升为新任总经理，从销售部晋升一位元老担任销售部经理一职。这样的职位变化也给业务带来了一定的挑战。总经理是原销售部经理，他更关注未来，把时间和精力放在如何去完成梦想，而不关注现实中的一些细节。行动虽然迅速，但容易不冷静而改变主意。决策时主要依据自己的主观和别人的观点，与员工谈工作时，思维属于跳跃式，员工经常难以跟得上。由于需要管理、听取多个部门的汇报，但是做决策不够果断，忙得焦头烂额。销售部经理是从销售部元老晋升上来，虽然销售经历丰富，但是性格属于考拉型，办事情不紧不慢，对事情不敏感，看起来好像没有什么激情和追求，销售的进攻欲望不够强烈。所以伴随着市场的需求量下降，订单萎缩得更厉害。

一年后，该国公司总部领导也认为这样的管理层配置有些问题，所以又一次变更了阵容，如图 9-11 所示。

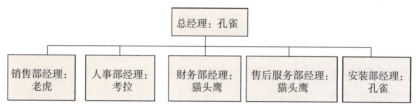

图 9-11　2016 年，某外资在华分公司高管班子性格—岗位图示

撤换了销售部经理，由原安装部经理担任，安装部经理由外部招聘来一个孔雀型担任。这次变更后，销售有了起色，新的销售部领导属于老虎性格，对一定要达成的目标充满动力和信心，追求成就，下达团队目标及完成指标雷厉风行。安装部更换了孔雀型的领导后，太过于关注未来而对于安装业务的细节不够关注，与销售部衔接的过程中，出现了合同移交执行的一些问题，给公司造成损失。

在盛敏同学所在的公司里，销售部经理的匹配性格，是老虎型或孔雀型；而安装部经理的匹配性格是老虎型或猫头鹰型，对于总经理，按理论上说，TOPK 性格都可以，但在盛敏所在的公司，这位总经理，需要具有 TOPK 十字圆的思维及其技能，做到适应性领导。

宁波大学 MBA 学生刘瑶涵，根据性格-岗位匹配原则，对自己所在的公司进行分析和调整，取得很好的结果。图 9-12 为公司原有的性格岗位图，刘瑶涵所在公司的销售业绩多年来徘徊不前，工程施工老是达不到客户的要求，经常延时交付。公司的财务也经常出现差错，财务账本不清晰，报账虽然快，但往往缺钱。现金流管理不到位。各个部门之间的衔接性差，很不协调。

刘瑶涵进行了如下调整：办公室负责人换成考拉型，他的优势是很会协调，不生事端，善于倾听，能与任何人相处，善于协调，化解矛盾。这些优点正是它的职能的关键制约因素，考拉型是人际关系的镇静剂，利于协调各部门关系，方便建立信任，提供了平衡与稳定。工程部经理换成猫头鹰型，工程部是技术部门，技术需要精益求

创业搭档管理

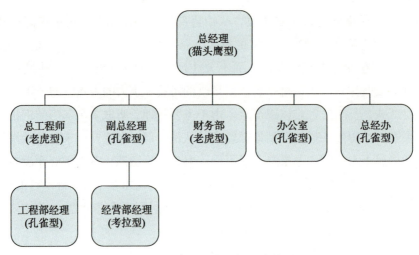

图 9-12　公司原有的性格岗位图

精、实事求是地按照图纸进行工作进度安排,猫头鹰型心思缜密,有规律,做事情认真负责,考虑问题周到,适合工程部的质量、安全、进度、成本等方面的督查和控制。经营部经理换成老虎型,经营目标明确的情况下,需要执行力强的人来做领导,部门内部的员工有个工作的导向,能够起到很好的带动作用。财务部换成猫头鹰型,因为财务是以数据报表为主的岗位,要求准确无误。经过这样的调整后,公司的绩效和士气快速提升。图 9-13 所示为公司新的性格岗位图。

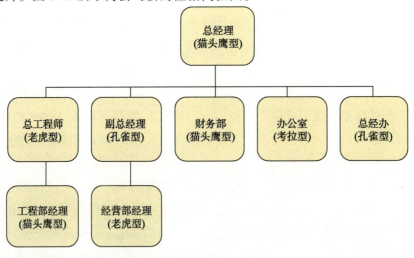

图 9-13　公司新的性格岗位图

本章小结

(1)初创企业经营管理权的 PRAPC 模型,是指创业者和他的搭档,要处理好:权力、职责、能力、性格、利益五者之间的关系。创业者不仅要关注责、权、利的健康关系，还有关注能力、性格和责、权之间的健康关系。

（2）PRAPC 模型中的权力，特指职务带来的权力（职权）。它是指通过职务对他人造成他所希望和预定影响的能力。创业者的经营管理权力来自所有权，来自股东的委托。

（3）创业者在关注能力是否胜任岗位的同时，要关注其性格是否匹配岗位（性格配岗）。做到各尽其能，各尽其性。

（4）初创企业的组织关系类型，决定了初创企业的成败。那些创业成功的企业，采取了"技能与性格异质、组织关系上下"的类型。

（5）TOPK 性格岗位匹配原理认为：老虎型的创业者，适合负责销售部门；猫头鹰型的创业者，适合负责财务部门、质量检测部门、技术研发部门等；孔雀型的创业者，适合商业公关部门、营销部门、人力资源部等；考拉型的创业者，适合行政部门、政府公关部门、工会组织等。

本章思考题

1. 有人说，初创企业通过授予更多的头衔来激励创始人。你的观点呢？为什么？

2. 在讨论谁将担任什么职务时，是基于所有权，还是基于个人能力，还是基于性格？为什么？

3. 假设猪八戒是浙江大学管理学院财务专业毕业，他加入你的创业班子，你会让他负责财务管理吗？为什么？

4. MT 公司在 2014 年 7 月组建，邵鹰、陈华、陆平为联合创始人，猫头鹰性格的邵鹰是公司的法人、总经理，具有近 10 年的研发生产技术经历，负责公司全面运作，主抓产品技术开发工作。孔雀性格的陈华为管理副总，具有 13 年市场运作及推广经验，协助总经理负责整个公司日常的运营和管理。考拉性格的陆平为销售副总，具有 8 年精细化学品市场销售经验，作为企业的销售经理，负责公司所有的市场销售工作。公司自 2016 年起，业务徘徊，士气低落。假设你是邵鹰，你准备怎么做？

5. HD 公司的总经理为老虎性格，全面负责工作，主管财务与融资。其三个搭档都担任公司的副总经理。猫头鹰性格的分管商务运营和市场策划，孔雀性格的分管行政与工程物业部，考拉性格的负责销售部与旅行社。公司压力很大，业绩徘徊难突破。假设你是总经理，你准备怎么做？

本章案例

迪智公司有创业分工的陷阱吗

黄涛松 2013 年 7 月创办了迪智公司，在浙大科技园办公，进行 A 产品的研发和产品模型构建。2014年，黄涛松和MBA同学董敏、徐勋怡参加全国MBA创业大赛，获得当年的金奖。徐勋怡是国有企业的区域销售经理，性情平和，敦厚稳健，重友情善协调，坚忍不拔。黄涛松是第二次创业，曾经担任某家居公司海外销售部区域总监，特点是有超多的想法、超高的执行力，想到了就会干。董敏是某公司的战略分析部经理，在海外销售部做过总经理助理，遇事思虑更周全，更具备风险意识和财务管理能力，对数字敏感，具备徐勋怡不具备的财务分析和风险预警能力。在黄涛松撒开腿跑出去的时候，能有人适当地拉一把，并且在黄涛松甩开膀子做销售业务开拓的时候，能把内务管理得井井有条，能够为企业可持续健康发展埋下伏笔。由于董敏内心也有一颗不安于现状的创业小种子，加上两个人对孩子教育共同的关注，所以也算是一拍即合，创业班子就这样拉扯起来了。产品1.0综合性能，无法满足客户的商业需求，黄涛松充分意识到用户的真实需求和产品的品质是这份事业的基石，一方面亲自带领小团队继续探索市场，另一方面引进懂技术研发的创业搭档。半年后，经过三个创始人的同意，沈云松加入迪智公司，负责产品的研发，很快就实现产品的升级迭代，产品由2.0进入3.0，最终升级用于家庭场景的4.0、用于学校和企业场景的5.0，产品基本稳定，样板市场用户口碑也逐渐提升。股权结构是：黄涛松60%、董敏15%、沈云松15%、徐勋怡10%。四个人均具有企业管理背景，拥有不同的技术专长的人到了一家创业公司里，组成四人组合的创始人团队。黄涛松具有敏锐的市场感知力，乐观、热情，梦想家，担任公司的CEO，负责公司整体战略发展和品牌建设。沈云松思维严谨，具有敏锐的洞察力，逻辑推理能力很强，具有精确的复杂问题解决能力，是技术专家，担任公司的CTO。徐勋怡具有高度的毅力，对客户的敏察力，遇到客户拒绝，不仅泰然自若，还会笑脸相迎，客户有疑问，非常具有耐心地给予解惑，谈判专家，担任公司的CMO，负责公司销售业务和销售队伍管理。董敏对数字敏感，具有企业运营管理的系统思考力和协调能力，团队合作意识强，财务专家，担任公司的COO，负责公司的内部运营、人力资源管理和财务管理。创业班子成员都拿差不多的底薪：8 000~10 000元/月。CMO还享受销售队伍的奖励条例，即有销售提成。对于四人业绩的好坏，没有明确谁来评定，也没有形成评定四人业绩好坏的规则和制度。

四个有经验、有想法的人在一起，如果是一个明确目标、确定事件，或许会比在一个创业公司的效能超出许多倍，问题就在于，一个起锚不久的创业公司，不仅面临资源短缺的情况，关键许多事情是不确定的。举个例子，销售业务拓展需要人、需要钱，COO董敏会问：为什么要拿钱，要多少钱，拿了钱能做到什么程度？CMO徐勋怡在原公司的经验不能算成功经验也不能完全借鉴，产品在市场上也没有现成的经验可以借鉴；CEO黄涛松提出的目标也属于拍脑袋决定，所以谈出来的很多都是理论值，说服力不强。COO董敏说，没有说服力我也没法去找钱；CMO徐勋怡心想，你COO本来就是粮草官，你找不到钱我们怎么带兵、怎么养人？CEO黄涛松心想，没钱做宣传怎么带客户流量？CEO黄涛松说，那我们就只有全员皆兵，包括CTO也被要求上业务前线。CTO 沈云松不干了：我进不了实验室怎么把产品弄稳定，公司没有稳定的产品业务做得越多不是死得越快吗？销售业务上，如果董敏 COO 没有看懂，或者没有理解，她总会想办法不支持，尤其是公司现金流不充裕的情况下，而现金流比较充裕时，她会不紧张，也会尽力支持。公司在财务权限方面，没有明显的界定，比如，谁能做多大的主，一般都是凭感觉，大一点的金额，都要在股东会上商量。有时候，销售业务会觉得卡在财务这里。CEO 黄涛松没有执行财务上的一票行使权，总是会拿来商量，避免单独作出决定。黄涛松说，主要是为了避免事后有不同意见，影响信任感。尽管存在这样那样的问题，大家还是在一起磨合和共事了将近一年，这一年当中，以上类型毫无结果的股东会讨论不下五次，当然讨论完，大家还是自觉地各司其职，不过呢，没有职责说明书。CEO 黄涛松出去路演，负责升级品牌形象，CMO 徐勋怡出去拜访客户，负责销售业务。

2017 年 7 月，CMO 徐勋怡的夫人定居北京，徐勋怡经常去北京，当然他也亲自开发北京市场。只是很多总部的销售问题，比如，很多长三角客户的现场问题无法及时处理，因为徐勋怡在北京，让客户等待不妥，因此，CEO 黄涛松和 CTO 沈云松就主动去代管。几次下来，公司的销售员就养成习惯找 CEO 或者 CTO，三个人的交叉管理一定程度上造成了销售沟通、销售决策、销售推进上的缓慢，加上融资进展不顺，到 2017 年 12 月的时候，股东会发现人员绩效无法支持公司现金流，只好作出收缩团队的决定。徐勋怡家落北京，导致日常沟通不连续，远距离的沟通对于团队沟通合作产生影响，而 CEO 黄涛松和 CTO 沈云松与 CMO 徐勋怡在销售业务上的交叉管理，也导致三个人对销售业务管理的不同理解过程中，产生了一定的合作分歧，甚至发生了 CTO 沈云松和 CMO 徐勋怡在单项管理事件中不可调和的矛盾，由于管理层的不和谐，在公司收编的过程中，还连带损失了 1 名比较好的销售人员（本来是预备往中层管理队伍发展的）。最终徐勋怡决定退出创业，保留 5% 的股权，另 5% 的股权由公司按照溢价购回。CEO 黄涛松接管销售业务管理工作，至今还没有物色到 CMO，黄涛松非常疲惫，既是股东，又是管理者，还是执行者。（案例素材来自浙江工业大学创业 MBA2010 秋陈同学）

讨论：

1. 运用 PRAPC 模型分析迪智公司的四个创业者。
2. 导致销售业务交叉管理的真正原因是什么？为什么？
3. 一般而言，初创公司产品研发主管和销售主管会产生冲突，作为 CEO，你会如何从"责、权、利"三方面化解他们的冲突？
4. 你认为董敏作为 COO 是否揽权？黄涛松作为 CEO 是否失责？为什么？

第10章 创业搭档的薪酬管理

本章要点

探讨创业者及其搭档的薪酬管理
描述创业者及其搭档的薪酬协议

10.1 创业搭档的薪酬设计

本章节探讨的是创业搭档的薪酬管理,不是探讨初创企业如何设计薪酬体系。创业搭档的薪酬管理,是指在公司发展战略指导下,对创业者及其创业搭档的薪酬支付原则、薪酬策略、薪酬水平、薪酬结构、薪酬构成,以及分红等进行确定、分配和调整的动态管理过程。它比初创公司员工的薪酬管理要难得多,却比初创公司的薪酬管理重要得多!因为它是创业者责权利三环中的最后一环,也是关键性的一环。不少创业者说,创业阶段,创业者要想的,就是怎样给员工发工资,怎样制定有竞争力的薪酬体系以吸引更多的人才。如果创业者在创业阶段,就想到如何给自己定工资发奖金,这样的创业者,眼光短浅,不是创业的料子。创业者不是为薪酬而战,而是为股权收益而战。这种观点似乎有道理,但不符合现实。

本书作者曾经遇到这样的咨询难题:今天我的创业搭档提出要求根据业绩拿提成,他也是占有公司原始股的联合创始人,当初口头设立的薪酬模式是,我们创始人都拿每月固定的薪酬。这位合伙人负责销售部,掌管公司的销售,对销售业绩负责。最近两个月,公司的销售业绩一直起不来。这种情况下,我该以何种心态来面对?我同不同意他的要求呢?怎么设立提成比例呢?

这是创业公司金钱分配(取出钱和分享钱)方面的议题。创业者在创业初期给自己发工资吗?有提成吗?谁来决定创始人的工资?如果初期不发,那什么阶段发?创始人的工资高于雇佣的员工,还是低于雇佣的员工?创始人的年薪低于市场相应岗位的平均值,还是高于市场的平均值?分红是按股权分配,还是可以协议分红?等等,这些都是创业者薪酬管理方面的核心话题,它包括确定薪水、利润分配、红利、福利和津贴等。很多创业者没有在合伙创业前好好地思考和交流这方面的话题。也有很多创业者,认为谈钱会伤感情,在公司还没赚钱的情况下,想避免这个话题。这些都为后来的创业埋下了隐患,以致在后来的创业期间冲突不断,乃至散伙。就如本章节第二段所提到的真实例子,这个例子虽然在合作之初约定好了彼此拿固定月薪。但月薪只是薪酬的一种,这种薪酬结构过于单一。

一般来说，薪酬结构由固定薪酬、变动薪酬组成，后者更有激励性。创业搭档提出要拿提成，实际上是要拿激励性薪酬。

戴维认为，处在创业阶段的公司，通常是创造钱的速度低于消耗钱的速度，即赚钱比花钱慢而少。在这个时候，似乎思考"怎样从公司里取出钱来"不合时宜。但是这个时候进行开诚布公的讨论，容易达成共识。其实，每个创业者都坚信公司迟早会赚钱，迟早要面临把钱从公司转移到他们自己口袋的问题。

当创业者决定从公司取出钱来时，合伙创业所面对的情况比单独创业所面对的情况要复杂得多。单独创业者，给自己什么样的回报，自己说了算。而和搭档创业的创业者，确定怎样从公司里取钱，是他们要完成的最艰难的任务之一。因为不同的创业搭档，他们有着不同的金钱需求和金钱观。要达成有共识的收益分配协议，是极具挑战性的议题。

诺姆教授调查了528家公司里的1 238位创业者和管理人员，在其他条件相同的情况下，创始人的年薪普遍低于非创始人成员，就像打了折扣一样。为什么不少的初创公司，他们的创业者拿的薪酬普遍要偏低呢？诺姆认为，创业者希望把钱用在刀刃上，把钱用在建设公司、发展公司、壮大公司上。他们对公司有着特别的深刻的归属感，并且在为公司谋发展的过程中，他们可以获得比其他人更高的心理成就的满足感。他们这种将公司发展和个人前途紧密联系在一起的思维方式，让大多数创业者对自己的薪酬不是很敏感。

诺姆的研究还发现，在尚未融资的创业企业里，63%的创始人的内部薪酬水平大致相当，那些内部薪酬不相同的创始人团队里，最高薪酬和最低薪酬的相距也不大，只有30%左右。而且大约有三分之一的创始人兼CEO拿到的薪酬比其他创始人要低。这与大公司里的CEO总是比大多数人薪酬高的情况形成了鲜明的对比。由两个创始人组成的创业班子比由三个创始人组成的创业班子，更容易出现薪酬相等的情况，40%的两个创始人组成的创业班子，在外部投资进入前，他们的薪酬相等。而三个创始人组成的创业班子，只有33%在此阶段薪酬相等。

怎样或何时从公司取出钱来？这是需要创业者共同坦诚探讨的议题。在讨论分钱时，创业者及其搭档需要考虑三个主要因素：个人因素（每个创业搭档及其家庭的财务状况）、公司因素和财务税收。在有些创业搭档看来，公司的支票就像一个私人的储钱罐，创业搭档的财务状况或他的配偶的感觉会影响他对薪水的需求。有些创业搭档会更多地考虑个人的财务需要，而不是公司的支付能力，因此，创业者对领取薪水可能会产生分歧。

在这三个因素中，个人因素需要谨慎对待。很多时候，创业者需要家庭其他成员来补贴家用，但每个创业者其他家庭成员的收入是不一样的。而且每个创业者结婚、生育小孩、供养小孩上学、赡养老人、家人生病或买房情况是不同的。有的创业搭档在创业前，已经实现了财务自由，他对创业期分钱就不会太关注；而有的创业搭档在创业前，没有实现财务自由，或者有较大的家庭财务压力，他会对创业期分钱关注或者在意就多些；有的在创业前实现了财务自由，但在创业过程中，家庭出现变故财务压力变大，对分钱有很大的需求。本书建议，不要因个人因素引起的分钱分歧，上升到对创业者的个人人品乃至道德的评判。管子曰："吾始困时，尝与鲍叔贾，分财利多自与，鲍叔不以我为贪，知我贫也。"建议各位创业者学管鲍分金，不学孙庞斗法。

第10章 创业搭档的薪酬管理

鲍叔牙出资和管仲合伙到南阳经商,赚了很多钱。管仲看着那堆白花花、黄澄澄的金银,又打起了小九九,不征得鲍叔牙同意,一意孤行把所赚金银分成三份,给鲍叔牙一份,自己独得两份。鲍叔牙也不计较,把应得的利金重又投进本金中,继续和管仲做买卖。没有不透风的墙。管仲一而再、再而三地多占金银,被商友们知道了,便同情地劝说鲍叔牙:"叔牙呀!经商是为了啥,不就是为了赚些蝇头小利,养家糊口,扩建家业吗?你和管仲合伙,自己掏本钱,出力在前头,理应多得利金。他管仲大子儿不投一个,且又投机取巧,多贪利金,于情于理都说不过去。常言道:无本难求利,你不是脑子有毛病吧?!"鲍叔牙听了商友的劝导,不以为然地笑笑说:"见钱(财)眼开是人的本性。管仲是人,岂能例外。但贪财者有两种:一种是贪财为己,想过花天酒地的富足生活;一种是家道贫寒难以度日,猎财是为了孝敬双亲,建家立业。管仲就是后者,他家境贫寒,高龄老母过着饥一顿饱一顿、衣食无着的苦日子,所以才取双金赡养娘亲,尽儿子的孝道,我心甘情愿地任他取财。"商友们对鲍叔牙的高风亮节佩服得五体投地,便把他的义举广为传颂,这便是莱芜民间流传的"管鲍分金"故事。

管仲对鲍叔牙知人善举感激万分,发自肺腑地感叹道:"生我者父母,知我者鲍子也。"管仲病危,齐桓公前去探望。问:"相国呀,万一你病重不起,我想任用鲍叔牙为相,是否妥当?"管仲摇摇头说:"鲍叔牙品德确实高尚,但不适宜为相。"最后,管仲还是推荐了别人为相。鲍叔牙知悉后,高兴地说:"我荐管仲就是因为他是不徇私情、忠心耿耿的人呢!"相传,鲍叔牙死后,葬在了他的故乡——鲍庄,如今坟墓仍存。附近村庄的许多门楼上,至今高悬"管鲍遗风"的匾额以纪念这对莫逆之交的好友。

当今的中国,类似"管鲍分金"的故事也层出不穷。比如,翰溪黄宅有限公司,黄定宣、黄定都和黄定戟合伙创业,三人的股权分别是40%、30%、30%。三方口头君子协议,创业伊始,家庭甚薄,第一年大家都不拿工资。第二年,黄定戟的家人因家庭原因,要求黄定戟每月拿工资。公司第一年发展挺顺利的,有一定的盈利。三人再次书面约定:黄定宣月工资4 000元、黄定都月工资3 500元、黄定戟月工资6 000元。黄定宣是总经理,全面负责,重点负责技术与财务;黄定都为副总经理,负责行政、运营和人力资源;黄定戟负责销售与市场运作。黄定都因家境条件还可以,自愿每月拿3 500元。黄定宣也知道黄定戟因父母年老多病,又负责销售,同意黄定戟月工资6 000元。经过第二年的同心促进,通力合作,公司发展很快,盈利增加了不少。年底拿出10万元利润进行分配,当然是按股权比分配。本是很开心很满意的事情,结果春节过后,黄定都有点闷闷不乐。

黄定宣很快就觉察到黄定都的心情,因为影响到了工作。他很快找到黄定都私聊。黄定都说他的妻子给他算笔账:第二年,黄定宣工资收入为4.8万元,分红4万元,总收入8.8万元;黄定戟工资收入7.2万元,分红3万元,总收入10.2万元;而黄定都工资收入4.2万元,分红3万元,总收入7.2万元。总收入和黄定戟的工资收入一样,投入的钱一样,付出的精力和时间也一样,怎么相差这么大?整天在他耳边唠叨此事。这个还不算要紧,岳父刚刚被诊断患有癌症,虽然家境还不错,但仍需要钱为老人家治病。黄定宣敏感到此事重大,单独找了黄定戟协商,最后三人协商:调整工资和分红。第三年,黄定都月工资

4 000 元、黄定宣月工资 4 000 元，黄定戟月工资 6 000 元。第三年分红：黄定宣 30%、黄定都 40%、黄定戟 30%。公司设立特殊救助资金，给予需要救助的员工，包括创始人。三人很快获得了家人的支持，黄定都重新恢复了工作斗志，黄定戟的积极性也没有受到影响。公司依然蓬勃发展。

从这个例子，本书认为，在从公司取出钱和分享钱的时候，不仅仅要看岗位贡献、岗位职责、股权比例、财务税收。还要考虑到个人因素，包括创业搭档的家庭因素，以及意外因素。只要透明平等充分协商，本着"原则与情理"兼顾的原则，是可以激励创业搭档更加团结地把"蛋糕"做大的。

10.2　创业搭档的薪酬协议

创业搭档的薪酬协议，也称创业搭档的分钱协议，俗称分钱规则。它包括：赚到的钱如何分配，多少用于企业发展，多少用于个人分配；创始人的年度工资、奖金等薪酬如何确定，为多少等。年度利润的处理规则，要不要分红？拿多少来分红？比如，年度利润的 50%分红，30%奖励管理团队，20%作为发展基金。如何分红？出资为先，技术为先，出力为先？顾问是否有奖励？等等。这些协议，是动态的，需要创业者及其搭档公开平等透明地讨论达成共识。公开地谈钱，事先拟好分钱的协议，不仅不会伤害感情，本着民主协商和事业做大原则，谈钱，谈钱的分配，反而会促进感情增进友谊，并保证大家专心致力于发展壮大公司。当然这些书面协议，不能违背法律和道德伦理，也不能固定死板地执行。要灵活而适宜地执行，不要把事后对协议有分歧的搭档，上升到他的人品或价值观出了问题。有分歧，也就有新的机会，更多了解彼此的新机会，因为个人因素中的家庭因素，会对分钱有复杂的影响。

在金钱分配协议里，薪酬可以采取固定收入（工资）+变动收入（奖金）制，年度增加工资时，要遵循谨慎和小幅度原则。因为工资收入存在棘轮效应：工资调高容易，调低难。因为工资属于保健因素，在人们的心理账户上，属于人们所有，而人们总是厌恶损失的。变动收入属于激励因素，它与业绩好坏的关联度大。不要仅仅因为公司有了多余的现金或者利润，就增加自己和创业搭档的工资收入。一是资金应该留下来为未来发展和不可预见的情况备用；二是资金应更多地用在公司的员工激励上，让他们更有动力地推动公司更快更健康地发展。创业者要想着如何给公司员工制定更具激励性的薪酬，吸引更多的人才进公司，把企业做得更大，而不是只盯着自己的薪酬收入。因为蛋糕做大了，分红收入就会更高，股权就更值钱。

在金钱分配协议里，最难的就是创业搭档的薪酬协议，是基于均等的薪酬体系还是基于职责的市场薪酬体系？均等的薪酬体系，可以消除某些嫉妒因素，可以避免职位之争等。当创业者采取均等薪酬时，胜任能力和投入程度就变成关键因素。当某个创业搭档不能完全胜任工作，或者其职位的要求最终超越了他的能力所及，那么均等的薪酬就不公平了，成了大大的问题。如果某个创业搭档的投入程度减少了，那也会导致同样的问题。刚刚创业时，创业者无一例外地都会投入百分之百的努力，但是随着时间的推移，某些创业搭档的兴趣或雄心可能会渐渐消退。因此，在讨论分钱协议时，如果采取均等薪酬体系，就要对岗位的胜任、投入程度两个议题进行充分讨论，并拿出达成共识的方案。

一般而言，初创企业融到资以后，会以融资额的 1/5~1/3 作为公司的人力资本，包括创始人给自己开的工资，即包括创业者的薪酬。以融资 300~500 万元的 A 轮融资为例，60 万~160 万元为人力资本。

在我国"大众创业，万众创新"的新时代，初创企业融资比较方便。在天使阶段，几十万元或几百万元的融资金额，创始人兼 CEO，其年薪在 10 万元以内，尽量少拿或不拿。在 A 轮融资后，几百万到千万级别的融资，年薪在 20 万元以内，满足正常开销。再往后就不一定了，如果 CEO 要求加薪，包括创业搭档兼副总经理加薪，要通过董事会同意，董事会一般都会同意的。因为董事会认为，薪酬发放不能太低，太低过着食不果腹的日子毫无意义，勒紧裤带过日子会令人分心，创业者不能把精力集中于发展公司的业务，从而摧毁公司成长的潜力，得不偿失。当然，也不会同意太高，还是要以公司发展为首先考量。

融资之前，创业搭档的薪酬协议，是创业者及其搭档共同商议即可；融资之后，创业搭档的薪酬协议，一般要通过董事会。创业搭档的薪酬方案，要坚持每年度深度讨论的原则。进行薪酬管理的目的，是让创业班子更加团结地致力于公司的发展。

本章小结

（1）创业搭档的薪酬管理，是指在公司发展战略指导下，对创业者及其创业搭档的薪酬支付原则、薪酬策略、薪酬水平、薪酬结构、薪酬构成，以及分红等进行确定、分配和调整的动态管理过程。

（2）创业搭档的薪酬设计，要考虑到三个因素：公司因素、个人因素、财务税收因素。其中，很难处理的是个人因素。

（3）对于创业者及其搭档而言，完整的薪酬结构是固定薪水、变动薪酬、津贴、保险、分红。

（4）初创企业，创业者及其搭档，担任公司的 CEO 等管理岗位，但他们的薪酬收入都低于公司的其他管理者。

（5）创业搭档的薪酬协议，需要坚持每年度更新的原则。创业搭档薪酬管理的目的，是提升创业搭档的关系质量，让大家更专心更团结地一起打拼创业，提升创业的成功率。

本章思考题

1. 没有融资的初创企业如何确定创业搭档的薪酬？是按股权比例，还是按照岗位？举例说明。

2. 中国古代"管鲍分金"的故事，对当代的初创公司是否有现实意义？请阐述你的观点。举例说明。

3. 融资以后的初创企业，创始人包括创业搭档，如何确定薪酬？举例说明。

本章案例

创业搭档因家庭缘故需要钱引起的分歧

翁正和两个同学创办了为众服务公司，翁正占60%股权，黄应吉占20%，周瑜占20%。三位创始人书面协议，三年内，三人均不拿底薪，薪酬和公司的销售队伍薪酬一致。销售队伍实行无底薪制度，每一级销售员享受70%的销售提成，高级销售员除了享受70%的销售提成，还享受10%的团队利润，销售经理、高级销售经理也是如此待遇。

公司的后勤保障队伍，包括软件开发部门，采取固定薪资+年度分红制。以三年合同为准，每年按一定比例递增。底薪高于5 000元的，薪资涨比为10%~20%；底薪低于5 000元的，薪资涨比为20%~40%。公司后勤保障队伍，由翁正负责管理。

翁正为法人，兼总经理。在管理后勤保障队伍的同时，也负责一个区域的销售业务。第一年，翁正的销售提成每月6 000元左右，周瑜负责绍兴地区，每月的销售提成为6 000元左右。黄应吉负责杭州地区，每月销售提成为20 000元左右。第二年，周瑜提出在负责绍兴地区的业务的同时，让他负责管理后勤保障队伍，并拿5 000元的固定底薪。黄应吉首先反对。翁正也不同意。几个月后，翁正得知周瑜是因家庭缘故，需要钱补贴家用。翁正没有征求黄应吉的意见，就决定同意。他认为黄应吉人好不会反对，同时，认为自己是大股东，又是总经理，这个决定没有必要事先征求黄应吉的意见。事后，黄应吉也确实没有表示明显的反对。第二年，翁正的销售提成每月7 000元左右，周瑜5 000元左右，黄应吉为30 000元左右。

第三年，周瑜的家庭更加需要周瑜赚钱救济，翁正提出，设立困难救济金。黄应吉表示同意，但提出要增加他的股权，理由是他对公司的贡献最大。他的销售业绩占公司总业绩的70%左右。翁正和周瑜均不同意，虽然黄应吉的销售收入大，那是因为他负责的销售区域是省城，是大市场。分歧经过三个月的讨论没能达成共识。困难救济金也就没有落实执行，但翁正私下允许周瑜向公司借款补贴家用，并打了借条。这一年，周瑜的销售提成平均每月为4 000元左右，翁正为8 000元左右，黄应吉为40 000元左右。

第四年，公司原先的书面约定到期了，需要重新约定，黄应吉坚持他的股权为51%，并拿出10%的股权为股权池，翁正和周瑜的股权为39%。翁正和周瑜均不同意。协商3个月无效，黄应吉退出公司。（案例由作者改编于浙江工业大学MBA2014级翁雷雷提供的素材）

讨论：

1. 第一年，三位创始人都不拿底薪，是否有隐患？为什么？
2. 第二年，周瑜提出兼管后勤保障部门，兼拿固定底薪，是否合理？翁正的做法是否合理？
3. 黄应吉把设立困难救济金和股权变动挂钩，翁正应该如何化解？
4. 翁正利用职权，尤其是管理财务的职权，让周瑜借公司款救济家庭是否合理？为什么？

第四篇　创业搭档的关系管理

第11章 创业搭档的冲突管理

本章要点

界定冲突的内涵,分析冲突的利与弊
探讨创业搭档冲突的化解途径和方法
探讨协商化解创业搭档冲突的五种策略

11.1 树立正确的冲突观

11.1.1 冲突的概念与特性

本书的一个首要目的,就是预防破坏性冲突的发生,提高创业成功率。那为什么还要专门讨论创业搭档之间的冲突呢?针对极其不可能发生的事件,进行规划是非常重要的。这些规划的讨论往往会刺激创业者,采取切实可行的措施来降低这些事件发生的可能性。创业搭档需要仔细地思考处理彼此冲突的各种方法,并且要在万一发生冲突时,拿出明确的对策,消除冲突的消极作用,保留冲突的积极作用,化冲突为创新和活力。

矛盾无所不在,冲突也无所不在。冲突是难以消除的,但冲突可以化解。冲者,水撞击也。突者,让人意外来不及反应也,超过一个平面(或高度)也。冲突者,猛烈撞击也。唐朝元稹《重夸州宅景色》诗云:"为问西州罗刹岸,涛头冲突近何如?"冲突的引申义为争执,如老舍的《月牙儿》云:"看她那个样儿,她不想跟我吵闹,我更没预备着跟她冲突。"冲突的引申义为矛盾,如瞿秋白的《海上述林》云:"他们要求文学之中对于这种斗争的描写,要能够发露真正的社会动力和历史的阶级冲突。"

心理学上的冲突,是指两个或两个以上相互对立的需要同时存在而又处于矛盾中的心理状态。它的特征主要有:①冲突的直接目的是打败对方,是直接以对方为攻击目标的一种互动行为;②冲突双方必须有直接的交锋;③冲突各方所追求的目标既可能相同又可能不同,这与竞争必须是对共同目标争夺的情况不一样;④冲突在形式上比竞争激烈得多,它往往突破了规则、规章甚至法律的限制,带有明显的破坏性。

管理学上的冲突,其广义:冲突是一种过程,即当对方感觉到另一方对自己关心的事情产生了不利影响或将要产生不利影响时,这种过程就开始了。它描述了从相互作用变成相互冲突是所进行的各种活动,包括目标不一致、对事实解释存在分歧以及对行为预期不一致等。狭义解释非常灵活，它可以涵盖所有冲突水平，从公开、暴力的活动到微妙的意见不一致。张德教授认为，冲突就是一种在交往和互动过程中，因为这样或那样的原因，产生意见分歧、争论、对抗，使得彼此之间关系出现不同程度的紧张状态，并为彼此各方意识到了。余凯成教授认为，冲突是特殊的关系行为，是分歧的表面化（分歧外化为行为）。心理冲突有待于外化为行为，它属于潜在的冲突，属于分歧的范畴。冲突具有客观性和普遍性，任何组织只有冲突程度和性质的区别，不可能不存在冲突。冲突是正常的社会现象，是组织行为的一部分。本书认为，冲突是指双方或多方之间，因目标、方法、态度、情感或行为的不一致而导致的分歧或对立。

本书重点探讨创业搭档之间的冲突，不包括他们各自所在部门内的冲突，也不包括初创企业各个部门之间的冲突。作为创业者，要了解冲突的原因、冲突的进程、冲突心理学和冲突管理，树立正确的冲突观，积极而恰当地处理冲突，把冲突变成推动公司发生积极改变的力量。

11.1.2　冲突的利与弊

冲突并非全是坏事，尤其是建设性冲突。所谓建设性冲突，指他们关心目标，对事不对人，促进沟通。它的特点是：彼此各方对实现共同目标有兴趣、乐于了解对方的观点和意见、彼此以争论问题为中心、相互交换情况日益增加。而破坏性的冲突，是指冲突的双方只关心胜负，针对人，搞人身攻击，阻害沟通的冲突。它的特点是：不愿意听取对方的观点意见、彼此由意见的争论转变为以人身攻击为中心、彼此各方对自己是否赢或取胜更为关心、相互交换情况减少或基本停止。建设性冲突，可以提升决策质量，激发创造力和创新发明，鼓励彼此的兴趣和好奇心。建设性冲突是挖掘问题和情绪宣泄的良好媒介，提供了自我评估和改变的机会，可以矫正创业班子"团体迷思"的弊端，促进创业班子对企业目标和活动的再评价，增进初创企业的革新动力。创业者要促成良性冲突（建设性冲突），限制恶性冲突（破坏性冲突）。建设性冲突和破坏性冲突可以转换，创业者要重视冲突的管理：处理得当，破坏性冲突可以转化为建设性冲突；处理不当，建设性冲突会转化为破坏性冲突。

适当的冲突能使企业保持旺盛的生命力，让企业保持自我批评和不断创新。创业者要正确对待冲突，清晰地看到冲突对企业的利和弊，既要杜绝破坏性冲突，也要促进建设性冲突；既要避免冲突的弊，也要利用冲突的利。余凯成教授认为，冲突对组织的利与弊，如表 11-1 所示。

本书认为，冲突是正常而有益的现象，很多冲突可以预测，即使不可预测，也可以事先拟好冲突应对的协议，共同制定冲突处理机制。如果处理得当，冲突可以促使创业者变得更团结更坚强。运用积极心理学知识，探讨冲突的积极因素，而不只是关注消极因素。创业者要养成化冲突为机会的习惯，来处理彼此的关系，促进彼此的成长，促进彼此更认同，从而创造更成功的创业历史。创业者及其搭档秉承"冲突为和"的原则处理出现的冲突，方可获得创业成功。

表 11-1　冲突的利弊分析

	积极影响（利）	消极影响（弊）
对成员的心理影响	使坚强者从幻觉中清醒，从陶醉中震惊，看到自己的弱点，从而发愤图强	引起紧张、焦虑、使人消沉痛苦，从而增强人际敌意
对人际关系的影响	不打不成交，发现对方的品质，增强相互间的吸引力	导致人与人之间相互排斥、对立、威胁、攻击
对工作动机的影响	激起竞争、优胜、取得平衡的工作动机，振奋创新精神，发挥创造力	情绪消极，心不在焉，不愿意合作，破坏团结愉快的心理气氛
对工作协调的影响	发现对方的价值和需要，主动加以协调，促进组织利益最大化	互不配合，相互封锁，相互拆台
对组织效率的影响	认识到方案的不完善，认知的偏差，从而更全面地考虑问题，使决策更周密	相互扯皮，相互攻击，互不同意，政出多门，转移对工作的注意力，降低工作效率
对组织生存、发展的影响	相互妥协让步，相互制约监督，调节利益关系，维持内部的相对平衡，使组织在新的基础上取得发展	冲突达到一定程度后，双方互不关心整体利益，有可能使组织在内乱中走向解体

11.1.3　冲突与绩效的关系

伊万塞维奇和马待逊认为，冲突程度和组织绩效的关系有三种情形：第一，冲突程度低，组织绩效差。很少冲突，一团和气。企业对环境变化反应迟钝，极少创新，整个企业停滞不前，这种低冲突导致企业的绩效低下，反而对企业是破坏性的。第二，冲突程度高，组织绩效差。冲突剧烈，分崩离析。企业内耗严重，内部混乱不堪，无秩序，分裂严重，不合作。企业走向崩盘。第三，有适度的冲突，组织效率高。企业内部有思想交锋、自我批评、不断创新，对环境变化能迅速调整适应，能保持旺盛的生命力。

冲突并不可怕，关键要适度，既不能过低，也不能过高。创业者要认真分析冲突的根源：性格、有限的资源争夺、价值观、利益、追逐权力、职责规定不清、对目标的理解不同、看法不同，实现目标的途径、方法不同；信息渠道不畅，产生误解；缺乏情绪宣泄场所，情绪长久积压；分配不当，不公平不公正；等等。根据不同的根源，采取不同的冲突处理手段，恰当地处理，企业就会发生积极的变化，既提高了团队的凝聚力，也增强了自己的能力，从而提高创业的成功率。不恰当地处理，包括处理不及时，企业就会发生更消极的变化，得到的结果是有害的：企业效率不佳，企业目标被歪曲，甚至解体。

11.1.4　冲突发展的五个阶段

一般而言，冲突的发展要经历五个阶段，它们是潜伏阶段、被认识阶段、被感觉阶段、处理阶段和结局阶段。

（1）潜伏阶段。潜伏阶段是冲突的萌芽期，这时候冲突还属于次要矛盾，对冲突的存在还没有觉醒。在这个阶段，冲突产生的温床已经存在，随着环境的变化，潜伏的冲突可能会消失，也可以被激化。

（2）被认识阶段。在这个阶段，已经认识到冲突的存在，但是这时还没有意识到冲突的重要性，冲突还没有对搭档造成实际的危害。如果这时及时采取措施，可以将未来可能爆发的冲突缓和下去。

（3）被感觉（受）阶段。在这个阶段，冲突已经造成了情绪上的影响。可能会对不公的待遇感到气愤，也可能对需要进行的选择感到困惑。不同的个人对冲突的感觉是不同的，这与当事人的个性、价值观等因素有关。

（4）处理阶段。需要对冲突做出处理，处理的方式是多种多样的。比如逃避、妥协、合作等。对于不同的冲突，有不同的处理方式，即便是同样的冲突，不同的个人采取的措施也不尽相同。对冲突的处理，集中体现了个人的处世方式和处世能力，也体现了个人的价值体系和对自己的认识。

（5）结局阶段。冲突的处理，总会有结果。不同的处理方式，会产生不同的结果。结果有可能是提高了企业绩效，也可能是降低了企业绩效。当冲突被彻底解决时，该结果的作用将会持续下去。但很多情况下，冲突并没有被彻底解决，该结果只是阶段性的结果。有时甚至处理了一个冲突，又会带来其他冲突。

11.1.5　创业搭档冲突的类型

浙江大学管理学院的刘景江老师认为，创业团队冲突，如果按照创业冲突产生的结果，可以划分为障碍性冲突和建设性冲突。前者是指基于创业愿景、目标、战略计划的认知冲突。后者是指实现企业愿景、目标、战略计划的途径和手段方面的冲突。前者不容易解决，会带给企业致命的打击，乃至破产关门。后者相对容易解决，甚至会化冲突为机会，找到实现公司愿景、目标和战略计划的更好途径。

南开大学的张玉利教授认为，创业团队冲突分为认知冲突和情感冲突。前者是指针对创业过程中出现的问题，创业者的观点和看法不一致。属于对事不对人的冲突，这种冲突，如果处理得好，有助于改善决策质量和提高创业成功率。后者是基于价值观、性格和能力等个人导向的冲突。属于对人不对事的冲突。这种冲突稍有不慎，将导致创业者之间的不信任，乃至敌对的结局。

本书认为，按照引起冲突的因素以及冲突的结果分，创业者冲突可以分为四种情形，如图 11-1 所示。A 是有益的个体之间的冲突，比如创业者对如何做得更好的方法有不同意见，彼此愿意就此展开讨论。B 是有害的个体之间的冲突，比如个体之间的价值观冲突、人身攻击等。C 是有益的工作之间的冲突，比如负责销售的创业者和负责财务的创业者，因为报账程序等问题产生了分歧。D 是有害的工作之间的冲突。比如负责财务的创业者，插手负责销售的创业者带领的销售队伍的工作。A、C 类的冲突，是有益的，允许这些冲突的存在。但 C 类冲突也不能太多，或者忽视它的存在，C 类冲突还是要从源头上消除。B、D 类冲突是有害的，B 类冲突要限制，D 类冲突要杜绝。

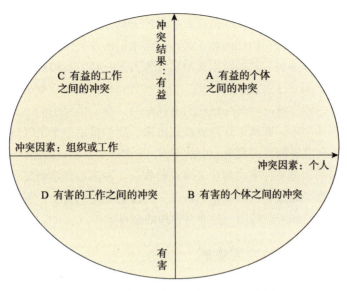

图 11-1 冲突因素—冲突结果的四象图

11.2 成功化解创业搭档的冲突

11.2.1 冲突化解的时机

创业搭档冲突的发生和升级有八个阶段：①没有冲突；②细微的分歧或误解，俗称冲突萌芽阶段；③分歧或误解在不正式场合的呈现；④公开质疑或挑战对方；⑤武断的言语攻击或直白的口头攻击；⑥恐吓（或威胁）和最后通牒；⑦进行激烈的身体攻击；⑧公开试图击溃对方的行为，最终演变成毁灭性冲突。那些成功的创业者，会在第二阶段、第三阶段进行明智而用心的冲突管理。所谓的冲突管理，就是指采用一定的干预手段改变冲突的水平和形式，以最大限度地发挥其益处而抑制其害处。阻断冲突的升级，不让冲突升级到第四阶段及以上，不公开质疑、不进行言语攻击、不威胁对方、不进行身体进攻、不击溃对方。因此，冲突管理技能和使命，是创业成功的重要决定因素。冲突管理技能高，将化冲突为初创企业成功的机会，把创业搭档之间的冲突转化为提升他们高质量关系的机会。

对于人类而言，冲突会引起一种深深的失落感：丢了脸面和尊严，丧失了信任和信心，失去了地位，不知所措，等等。为了有效地管理冲突，创业者及其创业搭档需要更清楚地认识这种失落所产生的根源及其影响，及早发现冲突，用心避免冲突进一步升级。为冲突各方提供合适的时间和空间，让他们探讨有关问题。比如三一重工，创业搭档的冲突会议在公司以外的岳麓山下的封闭式的会馆进行。凡是参加冲突会议的双方都要签署保密协议。在封闭式的会议室吵架，即使争吵，也控制在第五个阶段，决不允许进入第六个阶段。走出会议室，创业搭档没有冲突情绪，没有任何心理负担，团结一心继续创业。三一重工这种解决分歧冲突的方法，是为冲突双方创造了一个安全的争吵空间，也创造了一个安全的宣泄的场所和机会。这种冲突会议的前提要求是冲突双方不允许升级冲突的进程，采取合作型的解决冲突的策略。公司的任何员工都不知道他们的冲突是如何解决的，甚至感觉不到公司的创始人之间有冲突。就如电影《中国合伙人》一样，我国初创企业是经过喝酒或者卡拉OK的方式，解决了彼此间的冲突。前者在公司外的会议室解决冲突是理性而明智的，后者在公司外的酒店解决冲突是感性而有风险的。在一个秘密的地方，创业者进行理性的争吵或者感性的争吵，都属于让冲突表露出来，犹如提供一个出气口，使得冲突各方采取不朝破坏性方向发展的方式发泄心中的不满。

冲突管理的结果，是将冲突失落变成事业的收获。冲突心理学研究表明：冲突各方都希望受到尊重和重视，希望有人倾听他们的意见，需要感受到安全，需要找到解决方案，实现双赢。共同的利益和需要趋同，是冲突管理的金科玉律。

11.2.2 沟通因素导致的冲突化解

冲突的来源不同，具体的处理方式不同。一般认为，冲突的来源有三个：①沟通因素；②结构因素；③个人行为因素。

如果是沟通因素导致的冲突，那么用改变沟通环境、提升沟通技巧、增强正面的沟通使命（帮助对方更成功）等方式去消除。加强坦诚的沟通，在沟通时，需要清楚对方的性格脾气，不要引发或激怒对方性格的缺点，尊重对方的人格，运用改良的乔哈利窗口模式消除沟通引起的冲突。如图11-2所示。

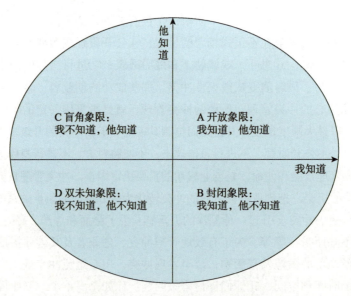

图11-2 我知道—他知道的四象图

本书以我知道—我不知道为横坐标，他知道—他不知道为纵坐标。A象限，即开放象限，在沟通信息或内容上，不会存在沟通障害，各方产生的沟通内容引起的冲突比较少。也称"明区"或"双知"象限。B象限，即封闭象限，也称"隐区"或"单知象限"或"隐藏象限"。

这个象限，容易产生沟通信息导致的冲突，消除它的最有效方法，就是坦诚的自我暴露，对他人主动开放，把自己知道的，策略性地告诉对方，从而进入 A 象限。C 象限，即盲角象限，也称"盲区"或"单知象限"，这个象限也容易因沟通信息不足导致冲突。消除它的最有效方法，就是积极主动寻求对方有效的及时反馈。D 象限，即双未知象限，简称"暗区"。这个象限是最容易产生沟通信息导致的冲突。这个象限导致的冲突，可以通过第三方的介入来解决，比如公司顾问，比如相关的书籍，比如双方在 MBA 课程上的所学，等等。

作为冲突的一方，要主动坦露自己，让自己从封闭象限 B 进入开放象限 A；养成主动寻求对方反馈的习惯，减少自己的盲角区域，让自己从盲角象限 C 进入开放象限 A；努力学习，每日三省，避免自己在 D 象限。如果发现自己在 D 象限，要努力走出 D 象限。可以从 D 象限直接进入 A 象限，也可以从 D 到 B 再到 A，也可以从 D 到 C 再到 A。具体走哪条路径，由当事人自己选择。

冲突产生后，尤其是在第二个阶段，要尽早地交流和倾听，把冲突消除在萌芽阶段，这是解决冲突的最佳时间。驾驭自己的强烈情绪，积极倾听他人意见，促进对话，获得双赢，是解决冲突的最佳方式。在沟通行为上，尽心尽力做到倾听和反馈并举的 A 象限。如图 11-3 所示。不要让自己在 D 象限，既不倾听，也不反馈。或倾听少，反馈少。也不要让自己常处在 C 象限：倾听少，反馈多。适时在 B 象限，倾听多，反馈少。或者先待在 B 象限，机会合适，立即进入 A 象限。也就是说，冲突产生后，各方进入对话协商阶段，冲突各方要有一方采取"先倾听，再反馈"的策略，即先 B 象限，再 A 象限。

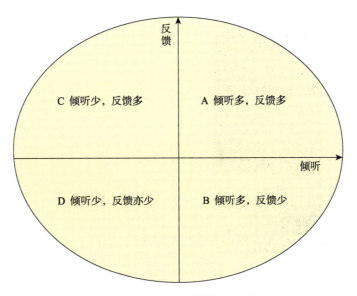

图 11-3　倾听—反馈的四象图

11.2.3　性格因素导致的冲突化解

在 TOPK 十字圆性格模型中，相邻象限的性格冲突相对对角线的性格冲突要少一些，即使有冲突，冲突的程度也不如对角线上的性格冲突那么强烈。老虎特质的人希望快速，而考拉特质的人希望从容，因此，容易产生性格冲突。孔雀特质的人希望热闹，猫头鹰特质的人希望安静，因此，也容易产生性格冲突。还有，每个性格都有缺点，如果不理解对方的缺点，或者某种性格的人不克服自己的缺点，而是放大自己的缺点，那么就容易产生性格冲突。老虎的专制、猫头鹰的刻板、考拉的犹豫、孔雀的高调，也都可以引发他们深层次的矛盾（冲突），尤其是在岗位和性格的安排并不匹配的时候，这种冲突会更明显。因此，创业者要熟悉彼此的性格类型，从而预防性格冲突。

如果是个人行为因素导致的冲突，比如是性格因素、能力因素导致的冲突，本书认为，这种冲突，不应该升级，冲突双方要通过彼此尊重和包容、相互珍惜、彼此克制、彼此调适、学习进修等方式来处理冲突。如果是价值观的冲突，那就尽早地好聚好散，不要让价值观冲突上升到冲突的第五阶段以上，最后演变成毁灭性的冲突。

本书作者认为，在创业搭档相处过程中，如果是异质创业者的组合，最容易产生性格冲突，性格冲突属于人际冲突，属于刘景江教授的建设性冲突，张玉利教授的情感冲突。在人际冲突过程中，他们表现出的性格会发生变化，其变化规律如图11-4所示。

TOPK 性格类型		一级防范行为	二级防范行为
T		专横	回避
O		回避	专横
P		攻击	顺从
K		顺从	攻击

图 11-4　人际冲突中 TOPK 性格变化规律

化解性格上的冲突，根本的一条，就是要熟悉彼此的性格。对于性格的缺点，要学会容忍并客观看待。多组合性格的优点，克制性格的缺点。预测对方的性格行为及其对待冲突的防范行为，调适自己的性格类型，与之适应。冲突的双方要努力提升适应性领导力（基于 TOPK 的领导力）。当他们的一级防范行为产生了，彼此就应该停止任何激发冲突的行为。

严格控制性格冲突，避免上升为价值观的冲突。

11.2.4 冲突化解的七种方法

不管是什么问题，创业者和他的创业搭档，都需要运用有效的方法去打破僵局；不管是什么让创业搭档陷入了冲突，都需要运用有效的途径去摆脱，让冲突适度并得到管控。

戴维先生通过自己多年的实践，归纳出如图 11-5 所示的冲突解决方法，即遵循协商到诉讼的七个方法解决内部纠纷与冲突。

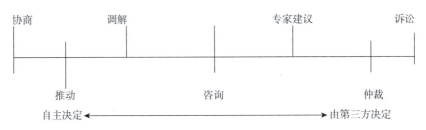

图 11-5　冲突解决方法

协商是目前最简单的冲突解决方法，坦诚地把问题说出来，通过适度的相互让步消除冲突，达到新层次的合作，促进企业进步。这是创业者最常用的方式，也是他们在产生分歧时应该采取的方法。

当创业搭档无法通过协商来解决他们的分歧，这个时候，就需要一位没有偏见的人做推动者，推动他们进行更有效的对话。推动者要小心地监控讨论，并对讨论过程作出反馈，以提高创业搭档的沟通能力，从而确保他们在进行双向的交流。推动者更关注他们的对话过程，而不是他们的对话内容。让冲突的双方感受到推动者是中立的。

当推动无效时，就要找到人来调解，调解和推动的区别在于，调解者必须充分地了解争议的实质，即对争议的内容有专业的背景。调解是让创业搭档从对抗、指责和猜疑的心态，转向承认他们都处在同样的困境当中，调解者的首要任务是筹划自己将怎样在当事人中间营造合作精神，帮助当事人把注意力从谁在生事转向解决方案。

当调解无效，就要进入咨询环节，咨询需要聘请咨询师来介入冲突双方的人际关系。咨询师需要给出建议和认识，以便产生冲突的创业搭档明白该怎样改变。尽管咨询师没有权力把解决方案强加给创业者，但冲突的双方却期望咨询师评价事态，并就如何最有效地解决人际纠纷提出明确的建议。

如果聘请咨询师也无法解决冲突，这时候，就要聘请专家。因为他们的人际问题，很可能就是所有权和管理权等商业纠纷导致的。如果专家的建议也无法解决他们的冲突，这时候，冲突已经被激化，冲突的解决进入了把权力交给第三方，第三方依据法律法规而不是微妙的商业事实来作出裁决。如果走到了这一步，冲突双方就走向赢输的对决，创业搭档的关系就进入崩盘阶段。

创业者及其搭档，在进入创业搭档的关系时，要对冲突解决的三步程序和其中的推动者、咨询者、专家（顾问）的介入达成共识。拟定好冲突解决协议，并把冲突化解协议写进创业搭档关系章程。

11.2.5 协商化解冲突的五种策略

当冲突发生以后，首选的冲突解决方式是各方的坦诚协商。在协商过程中，可以先进行自我批评，创业搭档之间的冲突是由多方面原因引起的，有自己的原因也有对方的原因，还可能有其他的原因。要顺利地化解冲突，就应该从自我批评开始。这样，会给对方造成愧疚感，令对方坦诚地把自己的错误找出来，不致将冲突激化。除此之外，还有五种策略可供创业者参考。1974年托马斯提出了冲突管理的五种策略。图11-6是本书改良的冲突策略图。横坐标可以是：合作性、满足对方利益的愿望、满足对方目标的期望、关心他人等。纵坐标相应是：固执性、满足自己利益的愿望、满足自己目标的期望、关心自己等。这样就演绎成四种情形：A、B、C、D。

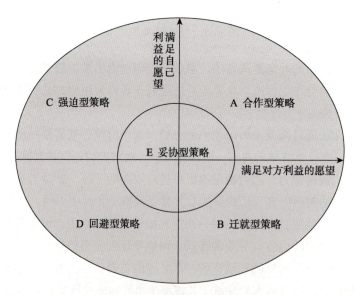

图11-6 协商化解冲突的五种策略

A就是满足对方利益的愿望很强，满足自己利益的愿望也很强。B就是满足对方利益的愿望很强，满足自己利益的愿望很弱。C就是满足自己利益的愿望很强，满足对方利益的愿望很弱。D就是满足对方利益的愿望很弱，满足自己利益的愿望也很弱。图11-6中，还有个E，它是四象图的中间部分。

A策略，也称大雁型、协作型、合作型、双赢（胜）型。它是既坚持又合作的策略，是既固执又合作的策略。当冲突的双方均希望充分满足彼此的利益时，尽量让彼此的利益都最大化满足时，他们就会努力澄清分歧和差异，而不是迁就各自不同的观点。他们寻求共同受益的结果，并找到更具创造性的解决方案，实现各有所得。他们坚持求大同存小异的原则，但不会仅仅为集体的利益牺牲任何个体。他们认为冲突是自然而有益的，可以化冲突为革新和改善关系的动力。他们彼此之间是坦率和信任的，这种坦率和真诚的互动有助于彼此关系的真正改善或者升华，有助于增进趋同情感和提升信任度，有助于扩大信息和加深思想的交流。这是最常用的解决冲突的策略方法。那些成功创业的创业者，通常采取 A 策略来协商解决冲突。

B 策略，也称泰迪熊型、顺应型、体谅型、调和型、缓和型。采取这种策略的结果是彼得己失，牺牲自己的利益。一般在以下情形中使用：①发现自己错了，更改为更好的立场，从而显示自己的通情达理；②问题对对方比对自己更加重要，满足他人利益而维持合作；③为今后遇到的问题解决建立信誉；④当和谐、团结、稳定特别重要之时。但过度的迁就，会被视为软弱而得不到尊重。

C 策略，也称老虎型、强迫型、竞争型。采取这种策略的结果是彼失己得，牺牲对方的利益。这种策略只考虑自己利益的满足，忽视或者不考虑冲突对他方的影响，与对方激烈竞争、寸土不让、坚持己见。一般在以下情形中使用：①紧急状况，当迅速、果断行动至关紧要之时。②涉及公司的前途，且当自己知道自己是正确之时。如果采取 C 策略，弊大于利。

D 策略，也称乌龟型、回避型、退缩型等。采取这种策略的结果是各无所得。退出冲突处境，对冲突暂时不采取行动，暂时置身于冲突之外，期望分歧因冷处理而自行消失。一般在以下情形中使用：①当冲突的解决带来的害大于利时。②当冲突不是很紧急，也不是很重要，为了促使冲突各方冷静思考或恢复理智时。③当收集更多的信息比立即决定更迫切时。④当创业搭档很生气或情绪化很严重时，可以采取短暂的回避策略，因为对方需要时间来冷静。回避不等于逃避，而是为了防止冲突进一步激化，并在回避中等待解决矛盾的时机。当分歧比较严重，并且一下子难以解决时，为了不使冲突进一步发展，达到激化的程度，应有意识地减少与有冲突的搭档接触，避免正面冲突，使大事化小、小事化了。

E 策略，也称妥协型、折中型、中庸型等。采取这种策略的结果是各有得失。在冲突双方都有达成一致的愿望时，这种策略才有效。它最大的特点是彼此都有稍稍退让的意图。双方都放弃一些东西来解决问题，消除冲突。与 A 策略（合作型策略）相比而言，E 策略（中庸型策略）不能使冲突各方的满足感最大，只能使冲突的各方达到部分的、中等程度的满意。一般在以下情形中使用：①目标很重要，但不值得努力去做，或者继续坚持己见的话，弊大于利时。②暂时化解冲突，可以防止问题复杂化。③时间很紧迫时。④ A、C 策略未成功时。

不同的情境下，创业者应该采取不同的应对冲突的策略，冲突解决策略要因情境而变。当事情很复杂棘手而不紧急时，建议采取合作型策略。当冲突受到情绪控制或者解决冲突的成本大于收益时，建议采取回避型策略。当一方确实拥有更大的权力（比如掌握控股权的创业搭档），且事情对他比对自己更重要时，建议采取迁就策略。当各方拥有同等的权力，且缺乏解决冲突所需要的信任与坦诚时，建议采取妥协型策略。当自己拥有更大的权力，且需要快速决策时，建议采取强迫型策略。一般而言，化解创业搭档之间的冲突，尽可能采取合作型策略，限制使用其他四种应对冲突的策略，让合作策略变成常态。

合伙创业的创业者，最初一般是志同道合的、相互认可的，有的不仅仅是熟人朋友，也有的是兄弟姐妹，但由于创业的不确定性，随着创业的推进，在创业的道路上，创业者的认知等都会发生变化，冲突的产生是不可避免的。有时创业搭档会离去，这个时候，各位创业者需要理性看待，事先做好规划准备和预备方案，事后本着"事先的协议、冲突为和、好聚好散"三原则，理性处理冲突和友好分开。失去了一位创业搭档，还能再找。但因为利益矛盾而相互伤害，甚至公开反目为仇，那就得不偿失了。

当创业搭档因冲突离开的时候，当事人双方无论是直接还是间接，尽量不要去做以下事情：①纠缠小利；②翻旧账；③人身攻击；④公开吐槽或埋怨；⑤把一些还没有谈好的事情公开；⑥传播各自的机密信息。

本章小结

（1）冲突，是指双方或多方之间，因目标、方法、态度、情感或行为的不一致而导致的分歧或对立。冲突是正常的社会现象，是组织行为的一部分。

（2）冲突并非全是坏事，尤其是建设性冲突。它是挖掘问题和情绪宣泄的良好媒介，提供了自我评估和改变的机会，可以矫正创业班子"团体迷思"的弊端。

（3）创业者及其搭档，要运用积极心理学的知识，探讨冲突的积极因素，而不只是关注消极因素。秉承"冲突为和"的原则，管理好彼此之间的冲突。

（4）冲突的发展要经历五个阶段，它们是潜伏阶段、被认识阶段、被感觉阶段、处理阶段和结局阶段。

（5）冲突管理，就是指采用一定的干预手段改变冲突的水平和形式，以最大限度地发挥其益处而抑制其害处。阻断冲突的升级，将冲突失落变成事业的收获，这是冲突管理的使命。

（6）创业搭档的冲突化解，可以采取三步：协商—调解—仲裁。协商是最常用的冲突解决方法。协商化解冲突有五种策略：合作型、迁就型、强迫型、回避型、妥协型。

本章思考题

1. 建设性冲突有哪些特征？举例说明创业搭档之间的建设性冲突。
2. 为什么说适度的冲突能保持初创企业旺盛的生命力？举例说明。
3. 阐述冲突与绩效的关系，并举例说明。
4. TOPK 型的创业班子，最容易发生因性格引起的冲突，请问，如何化解？举例说明。
5. 协商化解冲突有哪些策略？举例说明。

懂性格，创业的冲突就容易化解

胖胖虎文化创意公司，是由浙江大学 MBA 的学生王阳和两个熟悉的好朋友创办的，专注于新高考艺术文化课培训。股权：王阳60%、黄守凤20%、杨坚20%。黄守凤和杨坚非常勤奋踏实，当公司的营业收入为200万元时，两个搭档显得有些保守，反对王阳的任何扩张，所有有风险的建议均被他俩拒绝。盯着王阳，要王阳天天给他俩汇报，总是担心王阳把他们带到坑里。王阳受不了，就把他俩的股权全部溢价买回来。他俩也就退出胖胖虎文化创意公司。

有位教学主管，叫吴骅梅，专业功底很厚实，教学能力很强，教学很优秀，道德品质、责任心和情商均不错，多次获得富阳区专业竞赛第一名，是一个敢作敢为，执行力很高、比较感性的同事。在黄守凤和杨坚退出合伙以后，王阳找到吴骅梅商议：如果公司收入为300万元，她可以参与分红。如果达到500万元，她将获得6%的股权，一次性兑现。如果达到800万元，她将再次获得6%的股权，分4年成熟兑现，每年成熟25%。如果公司收入达到1 000万元，她将再次获得10%的股权，分4年成熟兑现。吴骅梅听后，工作更加努力。第一年，就参与了分红，第二年就获得6%的股权。

第三年某个月，吴骅梅多次向王阳抱怨，大部分年轻员工的积极性不高，主动性不强，严重影响整体工作效果。王阳决定，每日拿出半小时对这些员工进行技能培训，实行一周以后，员工的表现已有提升。但吴骅梅在未和王阳沟通的情况下，主动叫停了每日半小时的培训，觉得这样做太浪费员工的精力和时间。王阳对此也未做任何表示。该月第三周的某一天，他俩喝茶聊天。在吴骅梅表达她对员工的工作不满时，王阳语气舒缓地说：他非常赞同吴骅梅的观点，也理解她的担忧，他也想解决这个问题，培训员工就是为了提升员工的职业技能和职业心态。培训员工是为了配合吴骅梅把工作做得更好。每天的半小时培训如果过于频繁，可以改为每两天或每周半小时培训，具体由吴骅梅做主。今后，如果王阳推出新方案或者命令，希望她能理解和配合，而不是利用自己手中的权力叫停。吴骅梅表示愿意支持和配合。这次喝茶后，吴骅梅的工作更有成效。

过了数个月，王阳发现一个员工存在道德和经济问题，决定辞退。但该员工平时和吴骅梅的关系不错，吴骅梅吩咐的工作做得都很到位。吴骅梅坚决反对开除该员工，认为王阳太强势，没有人情味，对这位员工有偏见。在王阳坚持辞退这位员工后，吴骅梅开始指出其他员工的不足，情绪也很激动。吴骅梅反对的态度很坚决，王阳决定放一放该事，尊重她的决定。过了三个月，该员工又犯了好几个严重的道德错误，至此，吴骅梅确实明白了事情的严重程度，主动辞退了这位员工。

王阳亲自抓财务人事，其他工部门工作逐渐让吴骅梅去抓，不打击她的积极性，不损伤她的权威性，一般分歧，尊重她，或者缓一缓，或者模糊处理。重要分歧，表明自己的态度，但不强迫，选择合适的时机介入。

第三年公司收入突破了600万元，所有员工都参与了大比例的分红。第四年，全体员工都很有信心为800万元目标打拼。王阳很自豪地说，冲突不可怕，天塌不下来，化冲突为机会，创业肯定会成功的。（该案例来自浙江大学2009级MBA学生王克阳）

讨论：

1. 按照TOPK性格模型，案例中的黄守凤、杨坚、吴骅梅和王阳各是什么性格？
2. 案例中的三个冲突是性格上的冲突吗？为什么？
3. 请分析王阳化解冲突的策略。

第12章 创业搭档的流动管理

探讨引进创业搭档的标准、节奏和融合管理
探讨创业搭档的退出类型和增补搭档的原则
描述管理创业搭档关系的章程

12.1 创业搭档的引进管理

如果我们从创业的角度来看《西游记》,我们会发现,《西游记》写了唐僧在如来和唐太宗的帮助下,自主创立了西游有限公司。唐僧作为股东,拥有100%的股权,属于单独创业。两个仆从和一匹马,可以类比为三位员工。后来,两个仆从被妖魔鬼怪吃掉了,来了第一个搭档孙悟空。按照TOPK性格模型理论,唐僧属于猫头鹰型性格,猫头鹰型的创业者,因自身能力不够,找来的第一个搭档是能力有差异性且很强的老虎型的孙悟空,当然,小说里,唐僧的四个搭档都是观音事先安排好的,但进入西游有限公司的时间是不一样的。第二个进来的是白龙马,属于考拉性格。接着是属于孔雀性格的猪八戒,最后是属于考拉性格的沙僧。每进来一个搭档,都有价值观的碰撞、性格的冲突、能力的施展、职责的分工、信任度的提升等情节。他们五个创业者,符合创业搭档的VCAT、TOPK、PRAPC原则,经过九九八十一难,最终取得了真经,实现了愿景,完成公司的使命和目标,也各自实现了自身的目标。

在现实世界里,很多创业者,其创业搭档,也是从0到1到2逐渐增加的。因此,作为主导创业的创业者,要对创业搭档的引进管理主动担负起责任。对于何时引进新的创业搭档,什么样的人才可以成为创业搭档,给予新来的创业搭档多少股权,给予新来的创业搭档什么岗位,要不要给予新的创业搭档以"试用期",如何帮助新的创业搭档融入公司,尤其是融入创业搭档班子,等等,都是主导创业者和他现有的创业搭档要考虑并讨论的议题。

如果是黄德单独创业,技术型创业。就公司的未来发展前景来看,最终需要三个创业搭档,而黄德是个理工科生,对文史哲管理经济等一窍不通。人际处理能力偏差,社会经验也不足。这个时候,他是一次性把三个创业搭档找来,还是先找一个创业搭档进来,成熟一个，再引进一个？

本书建议，一个人去同化和融合三个人是比较困难的，而一个人去同化和融合另一个人，是相对容易的。当两个人融合并达成了默契，再引进第三个创业者作为创业搭档，就是两个已经形成默契关系的人，去同化和融合第三人，这就相对容易。当三个人经过一段时间的磨合后，变成了默契的成熟关系，再引进第四个创业者，即第三个创业搭档，这就相当于三个默契的人，去同化和融合第四个人，3∶1是容易成功同化和融合的。

在努力想办法帮助新的创业搭档，融入现有创业搭档的过程中，需要现有的创业搭档，更主动更有责任地去努力找方法，不要让新的搭档游离在外。如果把选择搭档比喻为与搭档"恋爱"的话，融合就是"结婚的初期"。如何缩短磨合期，顺利地度过磨合期，让新搭档尽快落地并生根发芽，这就是新搭档的融合管理。很多创业者对寻找和选择搭档投入很大，非常重视寻找和选择搭档，但对融合搭档却忽视了。认为已经签约了，已经给股权了，而且又是公司的所有者了，新搭档就应该主动为公司做事情，主动融合到创业班子。事实却不是这样，融合是双方的事情，作为原有的创业者及其搭档，要主动融合新搭档。

戴维·盖奇认为，现有的几位创业者及其创业搭档要共同决定，新引进的创业搭档必须满足的条件，比如：①是现有股东们需要的；②具备能够为公司创造价值的知识和专长；③愿意专心致力于公司的事业；④认同现有创业搭档的价值观以及对杰出的承诺；⑤能让现有的创业搭档满意，能够与他们"投缘"。

双井公司新增创业搭档的条件（新入伙条件）：①新增加的创业搭档，必须经全体创业者同意；②新增加的创业搭档，要根据制度签署书面合伙协议；③新增加创业搭档时，必须把企业的经营状况和财务状况告知对方；④新增加的创业搭档，与现有的创业者享有同等权利的同时，要承担同等的责任和义务；⑤新增加的创业搭档，要对合伙前合伙企业的债务承担连带责任。

本书认为，每家公司引进新的创业搭档，其条件或者方法也许会有些差异，但成功引进创业搭档，并融合成功的创业公司，他们引进的新的创业搭档，一定符合创业搭档心智结构里的VCAT原则和TOPK原则。阿里巴巴的马云，在创业搭档的心智结构中只有TOP的情形下，引进考拉型的关明生，让创业班子的心智结构符合TOPK原则，是成功的。而他引进老虎型的卫哲，创业班子的心智结构依然为TOP，则是失败的。幸好，他及时运用除名退伙法，让卫哲退出了阿里巴巴的创业班子。

12.2　创业搭档的退出管理

创业尚未成功，便有搭档退出。公司创立初期，风险承受能力特别弱，一旦出现较大的波动，就很容易导致公司倒闭。创业搭档的退出及其退出时机的选择，虽然无法控制，但是可以事先约定好退出规则。比如，事先约定中途退出合伙的，股份不能带走。约定资金股和参与股分离，约定不按事先约定好的做，要赔偿高额违约金，等等。

洪秀全在创业搭档的退出管理方面是失败的，值得我们深思。洪秀全金田起义，有五个创业搭档：冯云山、萧朝贵、杨秀清、韦昌辉、石达开。在冯云山被敌军炮火炸死后，洪秀全的核心创业搭档，由 5 变成 4，创业班子由 6 人变成 5 人。虽然冯云山的死，是意外，或者是不可控制的。但及时引进性格与冯云山类似，能力相当的新搭档，应该是洪秀全可以自主和及时考虑的最关键性议题。冯云山逝世 3 个月后，萧朝贵战死。洪秀全的创业班子由 5 人变成了 4 人。4 人嘛，不就是一个好汉三个帮吗？洪秀全也许认为刘邦创业也不就是 4 人吗？没有必要在两个创业搭档因意外死亡退出合伙创业，再增加新的创业搭档。从形而上学的角度来看，确实没有错。但从创业搭档的心智结构来看，一个是白金组合，一个是黄金组合。刘邦的创业班子性格结构是 T1O1P1K1，而洪秀全的创业班子性格结构是 T1O1P2。结果是乐观而具有野心的老虎性格的杨秀清和果敢手辣的孔雀性格的韦昌辉，两人干上了，就好比西游记里的孙悟空和猪八戒干上了一样。韦昌辉干掉了杨秀清，洪秀全的创业班子，由 4 变成了 3，性格结构变成了 O1P2（白银组合）；如果这个时候，洪秀全引进冯云山类的人才，作为他的核心创业搭档，那么他的创业搭档的心智结构为 O1P2K1，创业班子的团结度将会大幅度提升。遗憾的是洪秀全不懂得退伙管理，也不懂得创业搭档性格结构的 TOPK 原则。结果两只孔雀势力相当，变成相互残害，相互看不惯；于是洪秀全请出猫头鹰型的石达开来天京，猫头鹰和孔雀，本是性格十字圆模型里的对角线关系，理性上，是完全互补型；感性上，属于完全对立，不是冤家不聚头的情形。三人矛盾激化，于是韦昌辉被洪秀全处死。洪秀全的创业班子，由 3 变成了 2。假设杨秀清因死亡退出合伙后，洪秀全创业班子的性格结构是 O1P2K1，那么韦昌辉死后，洪秀全创业班子的性格结构是 O1P1K1。这个时候，只要把老虎型的陈玉成晋级为创业班子的核心成员，即可让创业班子的性格结构变为 T1O1P1K1。遗憾的是，孔雀性格的洪秀全，与猫头鹰性格的石达开，势力相近而相害，石达开被逼走。洪秀全的创业班子只剩下他一人，成了真正的寡人了，创业搭档为 0 了。一年后，即 1875 年洪秀全提拔了五良将，1879 年封了六王，一下子创业搭档由 0 变成了 6。这六个王之间的信任度，以及他们各自与洪秀全之间的信任度远远不如永州封王时期。洪秀全第二次组建创业班子，采取的不是《西游记》里搭档"成熟一个，再引进一个"的逐渐引进法，结果，这次的封王变搭档，没能扭转太平天国失败的大势。创业搭档的心智结构，既不符合 VCAT 原则，也不符合 TOPK 原则。

　　创业搭档的退伙，是不可避免的，原因是极其复杂的，虽然是不可预料的，尤其是退伙的时间，特别是意外事故的发生。但是，作为创业班子的带头人，要把退伙管理作为战略规划来对待。当有创业搭档退出后，既要考虑退出引起的治理结构的变化，尤其是股权变化，更要考虑创业搭档心智结构的改变。如果心智结构发生了改变，创业者要主动化危险为机会，趁势完善创业搭档的心智结构。引进新的创业搭档，要采取渐进法，而不是一次性法。

　　创业搭档的退伙，一般分为两大类：自愿退伙和法定退伙。自愿退伙，是指创业搭档按照自己的意愿主动退出的退伙形式。它分为两种情形：协议退伙和通知退伙。协议退伙的情形有：第一，创业公司正常运营，在达到协议所设定的期限时，创业搭档提出退伙。第二，当一个创业搭档提出了自己退伙的具体原因，征得了全体创业搭档的同意后，创业搭档提出退伙。第三，当一个创业搭档违反了公司协议精神或合伙协议，按照协议内容主动退伙。

通知退伙，是指当未达到合伙协议（创业搭档关系章程）的经营期限时，创业搭档认为自己能力有限，不能胜任公司的工作，提前一个月（或30日）向创业公司递交退伙通知的退伙。

法定退伙，包括当然退伙和除名退伙。当然退伙，是指因创业搭档死亡或者被宣判死亡所导致的退伙。冯云山和萧朝贵，对于洪秀全及其创业班子而言，属于当然退伙。现实的企业里，当创业者死亡时，其股权一般来说由其继承人来继承，他的继承人是变成创业搭档还是变成股东，是需要事先讨论的。一般来说，变成股东的情形比较多，股权被回购（部分回购或全部回购）的情形也不少。当创业搭档自然或意外死亡后，公司的其他创业搭档要严格依法行事，秉承人间真情，并依据相应的条款，作出最合适的选择。同时，创业搭档的继承者，也要懂得权责分明，用最合理的方式维护自己的权益，承担自己的责任，做到双赢或好聚好散。

除名退伙，当创业搭档出现以下几种行为中的任何一种时，创业班子就可以联名除去其创业搭档的资格：第一，创业搭档未按照创业搭档关系章程、合伙协议，履行出资义务的。第二，创业搭档因故意犯罪或者其他重大过失给创业公司带来巨大损失的。第三，创业搭档在执行创业公司的事务时，有假公济私、中饱私囊等不正当行为的。第四，创业搭档违反创业搭档关系章程、合伙协议内的其他相关事项的。对创业搭档进行联名除名时，创业班子应当发除名决议及相关的书面通知书。自被除名人接到除名通知书之日起，除名正式生效。除名人对除名决议有异议的，可以在30日内，向人民法院提起诉讼。我们可以把杨秀清的死亡、韦昌辉的死亡、石达开的被逼走，类比为除名退伙。当然杨秀清和韦昌辉，也属于当然退伙中的被动死亡退伙。因此，除名退伙带给创业公司的一般是致命性打击。稍有不慎，创业公司就会破产关闭。

当然，退伙很难控制。但一般而言，可以设置好退伙后的股权变动机制，做好善后工作，不至于心寒。除名退伙，需要创业班子谨慎对待，因为除名退伙，很容易造成双输。

12.3　创业搭档的意外管理

除了比较严重的退伙流动事件外，在创业过程中，还会发生一些不致引起退伙的意外事件，这些意外事件，虽然不至于让公司倒闭关门，但会对创业公司带来些不利的影响。比如，公司的盈利超过预期，有人要提高薪酬收入；比如，重大项目失败了；比如，共同所有者身份变得抢手，其他员工想参股；比如，所有者手头拮据，某个创业搭档卷入了棘手的离婚官司需要很多钱；比如，家庭危机，需要请假半年；比如，某个创业搭档被判刑，需要坐牢半年以上等。

这些意外，尽管发生的概率极小，但是针对它们制定策略，为处理它们确立指导方针，最终达成有共识的意外事件的处理协议也是必要的。这会帮助创业者更加深入地了解彼此，并让他们更有自信地一起努力取得成功。

比如浦阳黄氏公司的意外管理共识：①如果公司非常成功，拥有了从未想到过的价值，有创业搭档想把这个价值变现。我们的约定是：创办浦阳黄氏公司不是为了迅速致富，但如果这种情况真的发生了，我们将尽力满足那个要变现的创业搭档的要求。我们一致认为，任何买断都不能损害公司以及余下的创业搭档的财务健康。②如果公司非常成功，获得了大量的盈利，而有创业搭档想通过提高工资来获得更多的回报。我们的约定是：我们一致认为，浦阳黄氏公司的第一要务是发展，而不是让个人迅速地致富，所以不管公司的盈利状况多么喜人，我们都只能适度地提高我们的工资。③如果某个创业搭档卷入了棘手的离婚官司或者遭受了某种财务灾难，由此受到了巨大的财务压力，很需要钱。我们的约定是：我们一致认为，尽管我们都不想让公司充当所有者的银行，但我们认识到，所有者为公司的成功作出了重大的贡献。因此，如果只是短暂需要，不会把公司推入危险之中，我们允许所有者利用公司的资源来摆脱困境。所有这样的借贷都将计息，并且要在12个月内偿还，除非所有者的情况非常紧急而严重。④如果某个创业者发生了家庭危机，并影响了他的工作。我们的约定是：我们一致认为，在发生个人危机或家庭危机的情况下，任何所有者都将自动获得为期6个月的带薪事假。陷入这种处境的创业搭档，应该尝试减少工作时间，而不是完全停止工作。超过6个月的事假，其间的薪水将减半；超过12个月之后，该创业搭档将被停薪。

12.4　成功创业的搭档关系章程

工商部门通常要求企业用它们指定的章程模板，股权的成熟和退出机制等议题，很难直接写进公司章程。但是，创业搭档之间可以另外签订协议，约定股权的退出机制；公司章程与创业搭档协议尽量不冲突；如果公司章程与约定好的创业搭档协议相冲突，以创业搭档协议为准。本书把非官方要求的创业搭档协议，称作创业搭档关系章程（俗称合伙关系章程），或者创业搭档关系协议，简称创业搭档规则。它既是一个过程，也是一个结果。作为过程，促使创业搭档之间交流讨论，增进了解和熟悉；作为结果，规范创业搭档之间的关系。

非家族成员的合伙创业，在关系管理领域，中西方存在很大的差异。东方喜欢采取君子口头协议，喜欢用特定的方式结拜为兄弟。如《三国演义》中刘关张的桃园结义。西方喜欢用事前的创业搭档关系章程，目的是消灭合伙人的记忆之争，为解决合伙冲突提供依据，为创业成功保驾护航。

公司合伙协议与创业搭档关系章程有什么区别呢？具体如表12-1所示。合伙协议与公司章程，作为法律文件，主要是保护合伙人不受彼此的伤害，具有法律效力，确保合伙关系的合法性，内容包括公司地址、名称、资金、股东的投入资金与利润分配等条款。俗称官方协议。而创业搭档关系章程，就是写下来的君子协议。君子口头协议，是江湖义气的做法，不符合契约社会或市场经济精神。把说过的话，写在纸上，会使创业搭档的认识从含糊变为清晰。俗称民间协议。

表 12-1 合伙协议和创业搭档关系章程的区别

序号	合伙协议（合伙章程）	创业搭档关系章程（合伙规则）
1	法律约束文件	不是法律约束文件，旨在灌输并帮助维护一种协作的合伙人精神
2	起到合同的作用	起到指南的作用，指引公司的经营、彼此的相处、潜在危机的处理等
3	由律师撰写，协议是目标	由创业搭档撰写，章程是次要的，达成章程的过程是主要的
4	需经受时间的考验和很小的改动	需定期检查并修订，保持更新，促进建立和维护牢固的协作关系

纸质化的创业搭档关系章程，是正确创业道路的开始，可以极大地降低产生误解和冲突的可能。它是一个秘密文件，只能透露给少数局外人（各自的配偶、顾问）。

它的内容广泛，没有标准样板。一般来说，有以下三个部分。

（1）商业问题。比如，愿景和战略发展方向、所有权划分、头衔和职责、权力与地位、雇佣和薪酬、公司治理与管理等。具体来说，包括进入规则（出资规则）、干活规则（分工规则、出力规则）、管理规则、账目规则、分钱规则、罢免规则、散伙规则、退出规则、其他规则等内容。

（2）创业搭档之间的相互关系。各自风格描述、各自价值观描述、双方的期望。

（3）公司和创业搭档的未来。加入新搭档的标准、应对意外事件的指导原则、解决冲突和沟通的原则。

规则重要还是感情重要？其实这是个伪命题。创业，不是儿戏，它是充满挑战的事业，既要有规则，也要有感情。本书根据四象思维，把感情作为横坐标，规则作为纵坐标，那么就会演绎出四种情形，如图 12-1 所示。如果创业者处在 D 象限，那么就不要进行合伙创业。如果处在 C 象限，那么可以进入合伙创业阶段，但需要用心培养彼此的感情。如果处在 B 象限，那么在创业之初应尽快共议好规则，建立规则，包括澄清每个创业搭档的责任、贡献、权限范围、薪酬水平、股权比例、股权动态管理、冲突管理等。如果处在 A 象限，那么创业成功将领先半步，创业的成功率将大幅度地提升。

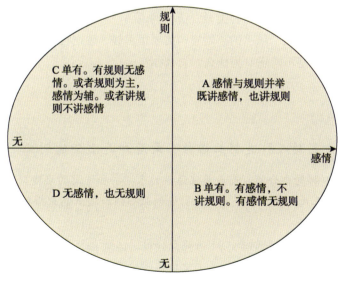

图 12-1 感情—规则的四象图

 **本章小结**

（1）创业搭档的引进管理包括：何时引进新的创业搭档，什么样的人才可以成为创业搭档，给予新来的创业搭档多少股权，给予新来的创业搭档什么岗位，要不要给予新来的创业搭档薪资？如果要给，给多少合适？要不要给予新的创业搭档以"试用期"，如何帮助新的创业搭档融入创业班子？

（2）对于初创创业者而言，引进创业搭档，最稳妥的原则是：渐进式和成熟式。成熟一个，如果公司还需要引进新的创业搭档，就再引进他。先一个创业搭档，和自己进行融合，形成一定的默契的成熟关系，两人共同商议引进新搭档的条件，再去引进第三个创业者，两人一起去同化和融合他。

（3）在引进新的创业搭档时，先要审视现有创业班子的 TOPK 情形，然后，按照 VCAT、TOPK、PRAPC 原则进行评估。

（4）创业搭档的退出及其退出时机的选择，虽然无法控制，但是可以事先约定好退出规则。

（5）创业搭档关系章程，本质是书面化的君子协议，目的是消灭创业搭档的记忆之争。为解决合伙冲突提供依据，为创业成功保驾护航。

 **本章思考题**

1. 《西游记》中的唐僧徒弟，加入取经团队，对我们引进搭档有什么启示？
2. 马云引进关明生是成功的，引进卫哲是失败的，请分析原因。
3. 请举例说明，创业搭档的退出管理为什么对创业成功很关键。
4. 创业搭档的退伙，有哪两种类型？请举例说明。
5. 某个创业搭档卷入了棘手的离婚官司需要很多钱，想把自己的股权卖掉，你作为创始人兼 CEO，同意还是不同意？为什么？怎么办？

本章案例

创始人引进创业搭档，最后却退出合伙创业

林政，坐在19楼的办公室，望着碧波荡漾的东湖水和逶迤的珞珈群山，思绪万千。今天他的第二次创业正式起航，第一次创业引进创业搭档和退出创业搭档的情形，再次在大脑里放映。

2013年10月，林政决定创业，11月建立公司，注册资金100万元。2014年2月，王火龙加入创业公司；王火龙是他在原雇主处工作时的下属，知根知底。2014年5月，引进创业搭档黄益禧。黄益禧是林政在外企工作时候的直属上级。6月引进李唐，李唐和王火

龙是同学。黄益禧占有10%股份，负责销售；王火龙占有41%的股份，负责全面工作和做公司法人代表。李唐占10%，负责技术；林政占39%，负责内部营运、生产和财务等。

引进创业搭档，林政当时的考量，除了外部创业环境外，是以信任、能力为第一参照系的；先谈一下信任问题，需要时间并且在多件事情上历练，李唐和王火龙交往多年，在和学校老师的合作中表现得比较守信和负责，能力方面，李唐研究生毕业1年后，和王火龙在2013年1月创立了一个出售论文和做数据分析的公司，生意不太好但是能生存；与黄益禧建立的彼此信任，是在外企中一起经历了一些困难的时刻，比如汶川地震的救助；黄益禧的能力没有问题，他在外企的销售业绩能够证明他的能力。

公司在2014年6月签署了一笔合同，毛利率不错，是黄益禧拉进来的；第三季度结束时又签署了五笔合同，第四季度换了办公室，招聘了8名员工，合同价值达到800万元，并和行业的重大客户建立了合作关系，以上项目都是黄益禧取得，然后由林政和李唐完成的；王火龙主要做了政府事务和投资的事情，12月的时候，公司在王火龙的努力下获得政府投资100万元，未来可能获得风险投资1 000万元。10—12月，黄益禧多次认为，王火龙和李唐应该关注四人创办公司的主营业务，他们原来创办的公司应该注销，原公司的人员全部并入新公司；林政先持中立态度，最终也支持黄益禧的观点。2015年1月，公司股东会议决定：林政转出29%股份给黄益禧，王火龙和李唐注销原公司。

黄益禧多次要求，公司要踏实开展医学教育的业务，所以希望个人持有67%的股份，公司围绕他的业务进行布局；而王火龙需要确立第一股东的地位不动，希望公司可以向医疗数据分析发出一个分支，并且认为医学教育黄益禧可以单独做；林政希望维持黄益禧39%、王火龙41%、林政10%、李唐10%的股权分配现状，公司分两条线做，王火龙项目的财务单独核算。李唐支持王火龙的观点。

2015年3月底，王火龙没有启动注销旧公司的手续，继续在做医疗数据分析模型并希望完成新公司的融资，矛盾冲突公开化；经过3个月20次左右的协商和争吵，从公司目标、利益分配、工资发放、业务合同签署、公章使用，最后发展到人身攻击和录音，林政心灰意冷，确定无法一起走下去，所以计划退出。黄益禧和王火龙也确定不能一起继续创业，因为他俩多次相互威胁。最后协商结果：按照黄益禧提出的收购要约，王火龙以收购退出搭档的股权的方式解决争端，林政与李唐按照收购条件自主决定退出与否。

2015年9月，四人达成收购协议：黄益禧提出收购方要以不低于170%入资款收购目标股份；王火龙选择以黄益禧出资款的170%收购黄益禧的全部股份，以林政出资款200%的价格收购林政的全部股份。林政与黄益禧退出股份。公司在2015年底完成股权转让。

林政总结了退出公司的原因，主要有：①自己并不了解数据挖掘和医学数据模型设计（DRG），它的核心是李唐；②偶然得知王火龙在处理退股的时候，采用了非法留存黄益禧违法证据的手段；③王火龙主动收回了属于林政负责的财务权限。

在退出之后，王火龙不支付议价款项，林政没能控制好情绪，和王火龙产生了格斗。第一次创业，以自己引进创业搭档，而自己不愉快地退出为结局。

林政反省自己：①自己过于关注内部，没有积极参与外部客户开发，导致王火龙的实际话语权过重。②和黄益禧沟通过密,没有支持王火龙工作,以施加影响,导致信任度下降;在协调方面做得不够好。③产生冲突的时候,没有尽全力创造更高的目标,创造相对好的股东沟通环境。[本案例由医多多(武汉)医学信息科技有限公司冷骏峰先生提供]

讨论:
1. 你认为林政引进创业搭档的最大失误在哪里?为什么?
2. 你认为林政退出创业时,最大的失误又在哪里?为什么?
3. 假设你是林政,你会怎么引进创业搭档?

附　录

【综合案例 1】

迈特公司创始人的冲突

案例版权：黄德华

迈特公司是医药行业的互联网公司，主要运营医生与药剂师的继续教育。主要客户是国家卫生健康委员会和医师协会、药剂师协会、中华医学会等。

公司由张三、李思、杨华三人共同组建，张三负责技术开发，李思负责运营与人力资源及财务，杨华负责营销与资本运作等。张三占 40%股权、杨华占 31%股权、李思占 29%股权。张三为法人代表，职务总经理；杨华与李思均为副总经理。

公司设在武汉，张三、李思为武汉本地人。杨华虽然在武汉有办公室，因公司的营销业务主要在北京，杨华的户籍与住宅均在北京，杨华在北京的时间多于在武汉的时间。

他们口头约定，三人薪酬一样，三年不分红，三年不变动股权，所有利润均投入公司的扩大再运营。

2012—2013 年，三人齐心协力，张三性格内向有耐心，李思性格内向有责任，杨华性格外向有激情，他们形成"金三角"管理层，队伍士气高昂，公司茁壮成长，两年都是微盈利。

2014 年，三人共同拟定全年 2 000 万元销售目标，预计净利润 500 万元。3 月，杨华为迈特公司拿到了 1 500 万元的订单合同。4 月，杨华向创业伙伴提出调整股权的要求，张三、李思均以约定期未满为由，给予了拒绝。

2014 年 5 月，李思听业内人士说，杨华在北京注册了一家公司，准备开展与迈特公司相同的业务。

讨论：1. 您是李思，接下来，您会如何做？
　　　2. 请用创业搭档的 VCAT 模型，分析迈特公司的创业者。
　　　3. 请用创业搭档的 TOPK 模型，分析迈特公司的创业者。
　　　4. 请用创业搭档的 PRAPC 模型，分析迈特公司的创业者。
　　　5. 请分析迈特公司的股权管理与薪酬管理的利弊。
　　　6. 请分析迈特公司的冲突管理失败之处。
　　　7. 假设重来，您是李思，您会如何做？

【综合案例 2】

创业搭档的引进与退出

2013 年春天，陈强在南非一个偏僻的小山村醒来，今天他要飞去美国，确认订单信息，同时去见一个他的老同学：大麦。当年，两个人是学院里的风云人物，成绩优异，体育方面也是佼佼者。本科毕业后，一个去了美国再深造，一个去了明星企业华为。5年来，两人时有联系，无论是陈强去美国开会学习，还是大麦回国来省亲，两个人总要见上一面，还是和念书时一样，无话不谈。这次，两个人聊得更久，入夜了，陈强没有回到公司为他安排的住所，和大麦喝了五杯咖啡，聊了整整一夜，两个人作出了一个决定，要回国创业。这次沟通后，两个人各自准备。

大麦在美国的公司马上要上市了，大麦是里面的技术骨干，从公司创立开始就负责公司最核心的代码编写工作。大麦这几天更是苦学公司产品的架构。与此同时，陈强回国后，开始密集的市场调研：产品的需求，现有市场，竞争对手。一系列的研究分析后发现，国内尚未有同质化的产品。三个月的分析后，陈强给大麦打电话，声音颤抖地说，我们的想法应该可行，哥们儿，回来吧。2013年夏天，陈强辞去了华为高薪的工作，结束了四处漂泊的生活，大麦也辞去了美国即将上市公司的技术总监一职，放弃了大笔的期权，回到了中国杭州。

两个人各自拿出积蓄的100万元人民币，作为前期的资本，各自占50%的股份，租了一个商住两用的小隔间，开始了他们的创业生涯。首先就是找技术人员，把产品的基础架构搭起来。两个人开始紧锣密鼓地安排面试，恰逢一家大型外企因为战略调整，释放了一个研发事业部，两个在国外工作学习过的创始人对外企出来的研发工程师特别有熟悉感和安全感，而且两人早期就统一过想法：技术是他们这个创业项目创业成功的关键。所以在薪资待遇上，他们绝不吝啬，甚至有点慷慨，给出了当时很多大型互联网公司都无法负荷的高薪。技术人员陆续到岗，三个月后产品渐具雏形，市场销售团队应运而生。

2013年冬天，他们迎来了第一轮500万元pre A的融资，公司搬进华星时代广场附近的小写字楼里，周围进出的都是创业公司的CEO，或者是投资人。他们热火朝天地开始了创业的第二阶段。2014年悄然而至，产品已经打磨得比较利索，使用起来感觉很不错，身边的朋友都抢先试用他们的产品。这时也迎来了他们的第三个合伙人。

第三个合伙人是陈强的旧上级，从华为出来后去了一家上市公司做市场和管理工作的王克。陈强和大麦觉得30人的公司需要一个擅长管理的人来打理，王克有丰富的大企业背景和管理经验，似乎是一个非常不错的人选。与此同时，产品已经准备好，市场却一直半温不火，创业到了这个时候，需要人来开拓他们的视野，给他们更多的方向和建议。那边，王克作为多年的职业经理人，35岁的到来使他不再有通达的上升通道，让他总觉得需要改变，他认识的很多人，曾经的同事、下属都在创业的热潮中如火如荼地工作着。他的一颗心也是躁动不安，但是他没有自己创业的勇气，身负一个家庭的经济重任，他舍弃不了那份让人羡慕的高薪。这时，陈强找到他，并说明pre A的融资正在入账的过程中，给予创业机会的同时，依然会给他可负担生活的薪资，正合他的心意。

同时，因为王克的加盟、pre A的到来，陈强和大麦认真地考虑了创始团队的股权激励计划。公司职工持股计划（employee stock ownership plans，ESOP）有很多方式，其实每种方式都有限制条件；当一些限制条件类似加上一些其他条件后，除公司会计账务处理和个人税收上的不同，比较常见的方式有：① option：期权，指的是在满足一些条件下，以某种价格购买公司股票的权力。② restricted stock unit（RSU）：限制性股票，一般情况下是免费或者象征性地给一点钱买的股票，但是有很多限制条件，除了年限之外还可以有业绩指标等。③ phantom stock：幽灵股票，实际上是一种奖金计划，指的是公司一定期限一定数量的股票其价格在股市上增加了多少获得的收益，同样有很多限制性条件，除了时间限制外，还包括业绩、销售等，一般都延期支付。实质上是现金的奖金，尽管也有以股票形式发放的。

大麦当时在美国的公司早期分发期权的时候是按照百分比的形式将期权给了早期员工。也就是说，当早期团队吸纳了一个新人加入时，他们通常会承诺每年给出1%的期权。当公司真正发展壮大之后，无法再用百分比的形式进行股权发放。由于给了早期员工过多的期权承诺，创始人发现在承诺了十几个员工之后公司的期权池就已经空了。

所以吸取了教训的大麦和陈强，按持有股数进行分配，即公司有100%的股份，他们把它分成10 000万股。核心创始团队拿走80%即8 000万股，剩下的20%即2 000万股放进期权池作为股权激励。如果公司要为未来员工进行期权发放，创始团队可以以股数的形式去操作。随着项目发展，公司估值翻倍之后，也可以进行增资扩股，把2 000万股变成20 000万股，甚至更多。

陈强他们参考了阿里巴巴最早原始股的方式来分配激励期权。vesting：期权是分成四年来发放，每月一次，也就是说，自合同规定的计算起始日开始，每工作满一个月，期权就到手了1/48。计算起始日：不管是一上来就给股份数的，还是过了半年才确定股份数的，对于创始团队成员来说，第一次给期权，计算的起始日期一般来说是公司和员工商定后双方都能接受的日期，有的公司是从入职日起算，有的公司是按照统一的起算日期，具体情况要看公司董事会的决议。如果是第二次发放期权，计算的起始日就由公司自己来决定了。cliff：由于员工进入公司后，有可能会发现彼此并不合适，但员工待了很短时间就离开公司却还能拿到期权，这对创业公司是不公平的，因此会设立一个底线。如果是4年期的vesting，那么cliff一般是一年，也就是说，员工入职一年之内不兑现，如果一年之内离开，没有期权。满一年后，一次性获得1/4的承诺期权数，之后每满一个月，就到手1/48。行权期限：公司一般会规定，员工离职之后多长时间内，必须决定是否行使这个购买的权力，通常会设定为180天，也就是说，如果你vested 1万股，离职后180天内必须决定是否要行权，也就是根据合同规定的价格购买这部分vested的期权数（或者待了一年, vested 1/4 的期权数；或者待满了 4 年，全部 vested。）。不过在国内，目前的外汇管理相关规定是不接受返程投资公司的员工在上市前行权的。

就这样，王克拿着还不错的工作和500万股期权，加盟陈强和大麦，成为技术入股的第一人，第三个合伙人。

然而，王克入职后，管理理念太过于大公司化，凡事讲流程，讲制度，反而忽视了创业团队的灵活性和人性化。原本人人平等、尊重和谐的职场氛围被打破，甚至连一向稳定的技术团队都有人提出离职。大麦努力挽留，最终人虽然留下了，但是面谈中提到的问题，让陈强和大麦不得不正视。王克虽然进入了创业团队，但是心态上，只想在这个团队获得未来的机遇，却没有眼下的付出，他仍然是大公司做派，对于成本没有概念，对于员工没有关怀，对于他负责的另一个部分：市场，没有尽心尽力去突破，半年过去，市场依然处在瓶颈状态，没有任何突破，他强调，是市场不够成熟，市场需要被教育。他甚至认为是产品定位的问题，他质疑，这个产品是不是真的符合中国市场。时间又过去了三个月，pre A 的 500 万元很快就要花完了，大麦和陈强这一次没有喊上王克，单独开了一个会。这是一个成败的关卡，业务没有突破，融资就要花完，如果不能迅速找到下一个机会点，就无法找到下一轮融资，公司将面临解散。

又是一夜，两人达成共识，要和大的商家合作，作为一个嵌入功能，而自己打单个市场放在另一个领域继续耕作。陈强接受自己当初让王克加盟是一个错误的决策，浪费了 9 个多月的时间。现阶段王克和团队无法融合，无法有明确的贡献，在创业公司里不能养闲人，只能让他离开。第二天，大麦找王克聊了公司的近况，而陈强为了避嫌也好、执行力也好，直接找到大公司去谈合作了。王克得知公司很快要玩完，立马就提出离开，但是股权激励的部分，他又不愿意放弃，要求保留。

陈强回来后，大麦和陈强一起商议，按照期权的协议，王克的期权应该全数回到期权池，陈强建议作为当时公司唯一的高管，给予 100 万股行权机会，也当公司为陈强的错误决定买单。王克得到消息，去咨询了一圈，行权价虽然低，但是个人所得税部分依然可观，又是几个月僵持不下，王克保留他行权的权力。这一边，大商家的合作顺利谈成，由于客户体验好，大商家提出要收购陈强和大麦的公司，王克在一边怂恿他们尽快变现。而陈强和大麦当初创业的梦想是要打造自己的品牌，他们接受投资，但是不接受收购。

2015 年年初，3 000 万元 A 轮融资到账。陈强和大麦带着 50 名员工，搬到了更宽敞明亮的办公室，2016 年，团队扩张到 150 人，2016 年年会，他们带着跟着他们创业的朋友在三亚开了一场别开生面的年会。他们的故事还会继续，可见有梦想的人生永远不会太无趣。

（案例来自浙江工业大学 MBA2016 级李娜）

讨论：

1. 大麦和陈强引进新的创业搭档王克，失败在哪里？为什么？
2. 大麦和陈强的股权设计，有哪些地方值得我们学习？
3. 对于王克的退出，大麦和陈强给予王克 100 万股的股权行权，你怎么看？

【综合案例 3】

创业搭档的分工：仰望星空，携手共进

ABB 印刷包装有限公司成立于 2009 年，主营业务是为客户提供包装解决方案并生产加工印刷纸箱、纸盒、说明书等各类印刷品。公司地理位置优越、交通便利、通信便捷，拥有先进生产流水线，可根据客户的要求制造各种形状、尺码的纸箱，并印制精美的图案及颜色，亦能灵活调整产品的组合方式，满足不同市场与客户的需求。经过数年的发展，企业目前年产值已达 4 000 万元以上。

该公司为典型的家族式企业，主要经营管理人为赵男、刘女、赵父、赵母四人，其中刘女为赵男之妻，赵父、赵母分别为赵男之父母。赵男为公司总经理，负责公司全面运营与技术；刘女负责市场销售；赵母负责财务；赵父协助赵男负责整个公司的日常运营与管理，并负责客服与后勤。

ABB 印刷包装有限公司总经理赵男毕业于杭州师范大学国画系，他一直有一个梦想，

就是能将自己的专业运用到现实生活当中去，生产出既有艺术气质，又有实用功能的产品；让产品具有美的特质，让被贴上冷冰标签的产品变得鲜活而有生气。心中有梦才有动力，正是有着这样一个美丽的梦想，大学毕业的赵男经过慎重的考虑，在妻子刘女的支持下，辞掉待遇颇佳的工作，回到自己的家乡——湖州，义无反顾地踏上了自主创业的征程。回到家乡，他接手了父亲创办的一家小型家庭包装印刷厂。首先，他提出企业不能再维持以前的经营模式：承接简单的外单加工，赚取加工费，而是要采用全新的商业模式：以自主设计和产品研发为主体，以为客户量身定制产品为服务，以全年订单销售为盈利方式。在这样的经营理念指导及家人的支持下，他对原有的作坊进行了改造，包括重新装修了厂房和办公区域；购买日本进口富士印刷机、打码胶印机、晒版机、压痕机；对已经建立的财务部、供应部、客服部、生产部等进行全面的调整和提升；从外地引进专业化的高级技术人员和以大学毕业生为主的设计人员，以当地劳动力为辅的技术人员。此举不但提高了企业全员的素质水平，也为当地解决了部分劳动力就业问题，使企业成功转型为创新型企业。

然而在这一过程中，并非一帆风顺，在企业调整改造时，需要大量的资金做支撑。在自己筹资、银行贷款、亲戚朋友借款之后仍存有缺口的情况下，在赵男尚在衡量时，其爱人刘女毅然决定将结婚用的新房卖掉，凑齐了资金，保证了企业能够正常运转。资金的问题解决了，接下来就要解决技术创新和市场的问题。为了学习最新的印刷包装技术，赵男和刘女走出湖州，到深圳、上海、杭州、宁波、温州等地学习取经，经常在车间和各种现场一去就是一天，甚至废寝忘食。就是凭着这股韧劲，夫妻二人不仅学到了专业技术，同时也结交了很多同行业朋友和上下游客户，刘女更在这过程中赢取了后期发展中多家客户的订单。在这样的精神鼓舞下，ABB印刷包装有限公司业务蒸蒸日上，订单源源不断。正是凭借着这种吃苦耐劳、踏实苦干、钻研乐观的精神，赵男把ABB印刷包装有限公司从一个高度带到了另一个高度。目前ABB印刷包装有限公司又搬迁到了新厂房，增加了印刷设备和包装流水线等配套设施，大量引进专业技术人才，与上海出版印刷高等专业学校建立了校企市场战略合作伙伴关系，形成了校企合作的设计印刷强大团队。

在公司的发展过程中，不得不提到公司的后勤管理与财务管理。在印刷这个竞争激烈、差异化不明显的行业，业内平均毛利率为10%~15%，而公司产品的毛利率达30%~40%；行业平均3人才能达到的产值，ABB印刷包装有限公司2人即可实现；公司产品质量和客户忠诚度非常高，客户一次合作后，基本都会选择长期合作；相同工作时间的员工，平均薪资待遇高出行业30%。因而公司员工流失率极低，这与印刷行业工人流动频繁的现象形成鲜明对比。这种特殊的优异表现，根源于企业优秀的后勤管理与财务管理。公司将"持续改进，客户满意，关心员工，以德为先"全方位渗透进企业的制度、工作流程及员工的思想和行为中。

赵母之前是从业多年的财会人员，拥有一丝不苟的认真精神。她制定的财务制度与公司发展过程中的实际情况紧密结合。无论是生产经营、融资成本或者是员工日常管理，均以"开源节流"为宗旨。她认为财务是公司的事，也是每一个人的事，财务与每个环节都息息相关。

在后勤上，赵父把公司打理得井井有条。他对员工生活非常关心，为员工提供了舒适的工作和生活环境，设置专人管理公司食堂，配有专业厨师和标准菜谱，员工伙食由公司负责。公司为外来员工提供独立宿舍，并配有卫生间、热水器、空调和网线。公司工会每年组织一次员工体检，筹办一次公司运动会，节假日还会组织各种活动，这在以农民工为主力军的印刷业是难得一见的。同时公司非常重视客户满意度，公司将客户反馈当作改进自身的重要机会。如果客户有不满或投诉，赵父会追踪其根本原因，不仅解决问题，还会改进流程，使相关问题不再出现。令人吃惊的是，公司甚至还会帮助客户改进其包装相关的工作流程，提升客户的效率，甚至帮助客户建立包装物质检测标准。

企业中赵男心思缜密，认真负责，严肃文静，考虑问题深远而细致周到且具有较强的决断能力，目标明确，执行力强，直面现实、不畏曲折，同时善于鼓舞士气、激发斗志。刘女性格外向、乐观、热心、大方，善于言辞，有很强的人际沟通能力、应变能力及决策力。夫妻二人更是在组织分工上一个主要负责坐镇战略谋划而另一个主要负责在外开疆拓土，虽时有些许小纷争，但二人配合得十分默契。

赵父为人很有耐心，能与任何人相处，在工作中跟员工能保持良好的关系，察人细微，对人很敏感，并能针对不同的人投其所好，且善于协调后勤工作中一些枯燥沉闷的问题，同时善于缓和各种场合的纷争，化解矛盾。而赵母作为公司财务负责人，平时话语不多，性情温和，但遇事比较冷静，考虑事情也较周全，注重细节，她善于将财务制度与公司经营的实际情况结合起来，进行循序渐进式的管理，有条不紊，在公司的发展上也贡献了很多决策上的建议。四人分工合作，同舟共济，仰望星空，携手共进。公司呈现良好的发展势头。（该案例来自浙江工业大学 2015 秋 MBA 杨杰）

讨论：
1. 用 TOPK 性格模型分析 ABB 印刷包装有限公司的创业班子。
2. 分析 ABB 印刷包装有限公司职责分工的成功之处。

【综合思考题】

观看电影《中国合伙人》，做以下思考题

1. 用 VCAT 模型分析新梦想公司的创业搭档。
2. 用 TOPK 模型分析成东青、孟晓骏、王阳的性格类型。
3. 用 PRAPC 模型分析新梦想公司的成功与失败。
4. 成东青为什么同意股权改造书？新梦想的股权初次划分和第二次调整给您什么启发？
5. 成东青第一次和王阳分钱时，多给王阳 1 万元。这对您有什么启发？
6. 成东青、孟晓骏、王阳在股权调整后，三者发生了很大的冲突，他们的冲突管理的成败，对您有什么启发？

参 考 文 献

[1] David Gage. 好搭档 创业成功的起点[M]. 姜文波, 译. 北京: 机械工业出版社, 2008.
[2] Noam Wasserman. 创业者的窘境[M]. 七印部落, 译. 武汉: 华中科技大学出版社, 2017.
[3] Stephen P. Robbins, Timothy A. Judge. 组织行为学[M]. 16 版. 孙健敏, 王震, 李原, 等译. 北京: 中国人民大学出版社, 2016.
[4] 黄德华, 张大亮. 销售队伍管理[M]. 北京: 清华大学出版社, 2014.
[5] 张德. 组织行为学[M]. 北京: 高等教育出版社, 2016.
[6] 黄德华. 创业搭档的黄金动物组合[J]. 销售与市场: 渠道版, 2009, 6: 87-88.
[7] 黄德华. TOPK 行为风格理论的应用价值[J]. 人力资源, 2010, 5(319): 16-19.
[8] 黄德华. 创业搭档的性格配方[J]. 商界评论, 2010, 6: 16-17.
[9] 黄德华. 美国 10 对最佳创业搭档的性格配方[J]. 科技智囊, 2010, 8: 19-19.
[10] 毛翠云, 张西良. 基于脑电图信号创业胜任力综合测评[M]. 北京: 化学工业出版社, 2017.
[11] Guy Kawasaki. 创业的艺术 2.0[M]. 刘悦, 段歆玥, 等译. 北京: 电子工业出版社, 2016.
[12] Chris Zook, James Allen. 创始人精神[M]. 刘健, 译. 北京: 中信出版社, 2016.
[13] 秦志华. 组织行为形成与发展[M]. 大连: 东北财经大学出版社, 2013.
[14] 黄培伦. 组织行为学[M]. 广州: 华南理工大学出版社, 2016.
[15] 王国元. 组织行为管理[M]. 北京: 华夏出版社, 2013.
[16] Richard L. Daft. 领导学[M]. 6 版. 苏保忠, 苏晓雨, 等译. 北京: 清华大学出版社, 2018.